KB151454

교육이 미래라고 믿는 당신에게,

PRIZE

Dale Russakoff 저 / 유성상 역

박영story

역자 서문

1억 불(1,200억 원)의 돈이 있다면 어떤 일을 할 수 있을까? 아니, 무슨 일을 하고 싶을까?

2010년 9월 24일, 페이스북 창업자이자 최고 경영자인 마크 주커버그는 오프라 윈프리쇼에 등장하여 미국 공교육개혁을 위한 자선기금으로 1억 불을 내놓는다고 발표하였다. 오프라 윈프리가 사회를 보는 가운데, 주커버그는 뉴저지 주지사인 크리스 크리스티와 뉴저지주 뉴어크 시장인 코리 부커와 함께 자신의 자선기금을 통하여 미국의 공교육개혁을 성공시키겠다고 선언하였다. 마크 주커버그나 오프라 윈프리만큼 전 세계적으로 잘 알려진 인물은 아닐지언정, 이날 쇼에 등장한 크리스 크리스티와 코리 부커는 미국 정치계의 떠오르는 별들로 향후 자신들이 소속한 정당의 정치적 리더십을 갖게 될 상징적인 인물들이었다. 사실 20대에 이미 억만장자가 된 성공한 기업가와 정치적 입장을 달리하는 두 정치계 거물들의 만남은 오로지 미국의 '공교육개혁'이라는 주제를 제외하면 달리 설명할 만한 연관성이 없었다. 이들은 2010년부터 2015년까지 5년 동안 사회경제적으로 가장 열악한 환경에 처해 있고, 전국적으로 학력이 가장 낮은 지역 중 한 곳인 뉴어크시의 공교육을 살리겠다고 뭉친 것이다.

흥미롭게도 이 시기는 페이스북의 창업과정에서 마크 주커버그의 비도덕적 행태를 다룬 <소셜네트워크>라는 영화가 개봉되어 상영되고 있을 때였다. 주커버그의 1억 불에 이르는 자선기금의 배경을 마치 이 영화에서 보여질 자신의 부정적인 이미지를 쇄신하기 위한 것으로 여길 수도 있지만, 본서에서 밝히고 있듯이 이는 전혀 사실과 다르다. 그렇다면 도대체 왜 마크 주커버그는 1억 불의 자선기금을 내놓게 된 것일까? 그는 1억 불의 자선기금을 내놓고 어떤 결과를 원했던 것일까? 그것은 겉모습대로 미국의 성공적인 공교육개혁의 모델을 만들기 위한 방법으로 충분하다고 여긴 것일까?

주커버그가 교육개혁을 위해 거액의 기금을 내놓은 것은 이것이 유일하지 않다. 2015년 10월 27일, 페이스북 창업자이자 최고경영자인 마크 주커버그는 그의 아내인 프리실라 찬과 함께 공동기자회견을 열어 샌프란시스코의 가난한 지역에 학교를 세워 질 높은 교육을 가난한 아이들에게 무상으로 제공하겠다고 발표하였다. 여기에 소요되는 모든 돈은 자신의 자선재단에서 충당할 것이라고 했다. 설립유형으로 보자면 사립학교일 것이고, 전 세계적으로 가장 부유한 사람이 관심을 둔 학교교육인 만큼 질적으로도 가장 뛰어난 학교가 될 것이라고 여겨졌다.

2016년 주커버그는 교육과 관련하여 또 다른 구상을 선보였다. 2016년 4월 8일 큰 돈을 들여 서아프리카의 라이베리아(Liberia) 초등학교 교육을 혁신하는 데 투자한다는 뉴스거리를 제공하였다. 두 사례가 전부 교육개혁과 학교혁신을 위한 주커버그의 관심을 실현하는 방안이라는 데서 목적이 같다. 물론 샌프란시스코에서는 재단이 직접 학교를 설립하고 운영하게 될 터이지만, 라이베리아에서는 초등학교교육의 질을 높이기 위한 방안으로 초등학교교육을 민영화하겠다는 스타트업 단체들에 투자한다는 것 정도에서 차이가 있을 뿐이다. 2015년 9월, 그의 이름을 딴 자선재단을 설립하고, 여기에 30억 불을 예치하였다. 주커버그는 이 책의 내용인 뉴저지주 뉴어크의 교육개혁실험이 끝난 이후에도 자신의 교육개혁에 대한 관심과 의지를 놓지 않고 있다.

성공한 기업가가 실패하고 있는 공교육의 개혁에 관심을 갖고, 이를 위해 기부금을 내놓는다는 것에 딱히 '왜'라는 질문을 던질 이유는 없어 보인다. 그런데 가만히 생각해보면, 공교육은 국가가 정부 예산으로 모든 사람들에게 공히 양질의 교육기회를 제공하는 것이라고 정의한다면, 여기에 기업가의 돈이 왜 필요한지, 그는 왜 굳이 공교육 개혁을 자기 자선사업의 핵심적 목표이자 과제로 제기하고 있는지 의아해하지 않을 수 없다. 물론 국가는 교육주체들의 다양한 요구에 부응하기 위한 질 높은 교육시스템을 유지, 변혁하는 데 필요한 재원을 확보해야 하고, 이는 국가의 다양한 요구들과 경쟁관계에서 이루어져야 한다. 따라서 국가의 정책을 위해 누군가 지지하고 지원한다면 고마운 일이 아닐 수 없다. 어쩌면 주커버그의 자선기금은 본인의 의지라고 해석할 수 있지만, 주정부의 수장인 주지사와 관심의 대상이 되는 도시의 시장이 적극적으로 기금을 내놓도록 설득한 결과라고 보아야 한다. 그런 점에서 교육시스템에 책임을 지고 있는 공적 기관의 의제를 기업가가 돕는 모양새임에 분명하다.

공교육의 이념과 실천은 프랑스에서의 혁명적 기운 속에서 배태되었다. 그러나 전세계적으로 공교육의 이상과 기대를 확산한 국가는 미국이었다. 미국의 독립 이후, 토마스 제퍼슨(Thomas Jefferson)이 '교육받은 시민'을 위하여 국가적 의무교육을 제안하였었다. 제퍼슨의 제안에 따라 연방정부에서의 공교육 체제가 법률로 제정되지는 않았지만, 공교육의 이념은 버지니아주에서 아주 초라하게 실천되기 시작하였다. 이후 공교육의 희망은 19세기 중반 호레이스 만(Horace Mann)과 캐서린 비처(Katherine Beecher)의 신실한 종교적 신념에 터한 보통학교 운동을 거치고, 20세기 초 학교가 국가의 미래를 기약하는 것이라 소망했던 공립학교 확장의 시기를 거쳐 발전해왔다. 그리고 1980년대 이후 지금까지 미국을 비롯한 전 세계는 교육개혁의 시대를 살아가고 있다.

본서의 배경이 되는 뉴저지 뉴어크는 전쟁터 같은 공교육 문제를 드러내고 있는 미국 도시 중 하나이다. 어쩔 수 없이 뉴어크에 살아가고 있지만, 언젠가는 꼭 떠나고 싶은 곳, 그럼에도 떠날 수 있는 가망성은 누구 하나 쉽게 재단하기 어려운 곳이다. 공립학교는 학교 교문 바깥의 피 묻은 상처를 그대로 안고 있다. 그 속에서 학생들은, 교사들은, 그리고 학생들을 학교에 보내고 있는 학부모들은 교육적 생존을 위한 하루하루의 투쟁을 벌이고 있다. 누구하나 제대로 책임지는 사람 없이 오로지 개인의 능력과 오감에 의존한 채. 학교와 교육을 희망이라고 여기는 사람들이 없겠는가마는, 그들의 희망적이고 낙관적인 기대와는 달리 현실은 훨씬 더 어려운 모습으로 고착화되어 왔다. 도대체 학교가 존재해야 하는 이유, 그리고 학교에서 배움이라는 것은 애당초 이들과는 아무 관계가 없는 것처럼 여겨진다 해도 누구 하나 거부할 수 없을 정도로 말이다.

'프라이즈(prize)'라는 제목과 함께 달려 있는 이 책의 원래 부제는, "누가 미국교육을 쥐고 흔드는가"("Who's in charge of America's Schools?")이다. 주거버그가 내놓은 1억 불을 포함하여 뉴어크에 주어진 2억 불이라는 거액의 교육지원금을 '프라이즈'라고 부른다. '프라이즈'는 그 행위의 결과에 근거하여 주는 것으로, 치하와 더불어, 격려 혹은 대중을 향한 동기부여의 의미를 담는 상징적인 것이다. 그러나 뉴어크의 공교육체제에서 주어진 '프라이즈'는 이러한 상징적 의미와는 거리가 있다. 오히려 하늘에서 뚝 떨어진 '선물'과도 같은 것이다. 마치 칼라하리 사막의 부시맨들에게 하늘에서 떨어진 '콜라병'과 같다고나 할까? 부시맨에게 '콜라병'은 공동체 붕괴의 매개였고, 마을의 평화를 깨뜨리는 문제덩어리였다. 교육개혁의 모델을 만들 수 있도록 하겠다는 '선의'로 시작한 주커버그의 1억 불 자선기금은 결과적으로 뉴어크 지역사회의 공동체를 해체하도록 하는 매개가 되었다. 뉴어크 교육개혁의 구체적인 대상으로서 학교, 교실, 교사, 학생, 그리고 학부모의 이해관계와는 상관없이 돈의 규모, 돈을 사용할 수 있는 정치적 권력, 돈이 만들어내는 상징과 이미지, 돈-권력-이미지를 둘러싼 긴장과 갈등은 당사

자들에게는 뼈아픈 경험으로 남게 되었다.

2009년 말부터 시작되는 '프라이즈'의 에피소드는 2015년까지 5년 동안의 교육개혁실험에 관한 다양한 이야기를 담고 있다. 비록 이 책에서 가장 유명한 사람이라면 페이스북 창업자이자 CEO인 마크 주커버그이겠지만, 뉴저지 주지사로 2016년 미국 대통령 선거에 등장했던 크리스 크리스티나, 2014년 뉴저지주 상원의원으로 연방의회에 진출한 코리 부커는 세계적인 유명인사라 할 수 있다. 크리스 크리스티는 대통령 선거전에서 낮은 지지율로 고전하다 일찍이 후보직을 사퇴하였지만, 다음 대통령 선거를 기약하는 공화당의 '잠룡' 대열에 끼어 있다. 코리 부커는 시의원으로 시작하여 시장, 그리고 연방의회 상원의원으로 경력이 화려하지만, 그의 꿈은 적어도 미국 민주당 대통령 후보가 되는 것이리라. 마치 그의 친구들이 예언했던 것처럼 미국의 다음 대통령이 되지 말라는 법이 어디 있겠는가? 그러나 이 책의 에피소드들은 한 기업인의 자선이 두 정치가의 야망과 맞부딪치면서 만들어내는 긴장과 갈등을 속속들이 보여주고 있다. 이들을 묶어주는 주제가 바로 '공립학교교육'이라는 것이 안타까운 일이다. 이미 저자가 이 책의 결론과 후기, 그리고 저자의 글에서 잘 밝히고 있듯이 이들의 불안한 관계는 애초 '교육개혁'을 하나의 수단으로 삼아 유지되고 있었다. 이 점 때문에 이 책의 주제는 '교육개혁의 길'을 따져 묻는다기 보다는, '교육개혁을 둘러싼 정치지형과 교육개혁의 정치역학'을 보여준다고 봐야 할 것이다.

이 책의 내용은 분명 미국의 교육 문제, 뉴저지주 뉴어크시의 공립학교 문제를 다루고 있다. 정치인들의 야망과 이들간의 긴장은 우리의 정치지형과는 거리가 멀어 보인다. 그러나 이 책의 내용은 단지 미국 한 도시의 이야기 혹은 정치인들의 이야기를 넘어서는 의미를 가진다고 믿는다. 교육을 주제로 한 이들의 이야기는, 우리나라 교육과 교육개혁의 문제, 그리고 보다 아래로부터의 교육실험을 시도하는 모든 이들에게 의미있는 배움거리를 줄 수 있다고 믿는다. 아니, 그렇게 되었으면 좋겠다.

역자는 2015년 어느 날, 미국에서 막 발간된 『PRIZE』에 관한 짤막한 서평을 담은 신문기사를 보게 되었다. 『PRIZE』는 평소 교육의 사회적 이슈, 교육의 정치적 역학, 교육개혁의 수사학에 관심이 많았던 역자의 눈을 휘어 잡았다. 그 이후 1년 하고도 반년이 더 지나 번역서를 내놓게 되었다. 평소 쓰던 말이 아닌 글을 우리 말에 맞게 번역한다는 것은 늘 새로운 모험임에 틀림없다. 더욱이 정제된 글쓰기의 고수라 할 수 있는 기자들의 선택된 단어와 문장의 내공을 충분히 소화하지 못한 채 기술적으로 글을 옮기는 것이 얼마나 어렵고 힘든 일인지 깨닫게 되었다. 이 책의 글이 전달하는 세세한 느낌들을 온전히 전달하지 못하고, 혹 잘못된 방식으로 오해될 수 있는 여지는 오롯이 역자 본인의 책임이다. 무엇보다도 인내심을 갖고 번역작업을 기다려 주었고, 또 세세하게 윤문과 수정작업을 도와준 박영스토리 출판인들에게 감사의 마음을 표한다. 이선경 실장 및 문선미 과장의 지지와 도움이 없었다면 거친 역자의 말들이 가감없이 전달될 수밖에 없었을 것이다. 어쩌면 번역이 출간되는 기회마저 없었을지 모른다. 또한 번역을 진행하는 중간 중간 바쁘다는 핑계를 대는 남편과 아빠를 너그러이 이해해 주었던 가족에게 감사과 사랑의 마음을 전한다.

2017년 3월
유성상

Contents

Prize
프라이즈

1장

협정

2009년 12월~2010년 7월

2009년 12월 어느 늦은 밤, 아주 크고 검은 SUV 차량 쉐비 타호가 뉴저지주 뉴어크 길거리를 천천히 지나간다. 이 도시에서 가장 폭력이 심각한 무시무시한 지역. 차 뒷자리에는 두 남자가 앉아 있다. 주지사로 당선된 크리스 크리스티와 뉴어크 시장 코리 부커였다. 공화당 출신인 크리스티와 민주당 출신인 부커는 정치계의 샛별 같은 존재였다. 2000년대 초반, 크리스티가 뉴어크에서 미연방 검사로 일하던 시절부터 두 사람의 우정이 시작되었다. 각자의 소속 정당들은 워싱턴에서 꽉 막혀 마비될 만큼 극단을 달리는 지금까지도, 그들의 친분은 변함없이 계속되고 있다. 한밤중에 부커가 크리스티를 초청해 차에 태운 채, 이 도시에서 마약 거래가 가장 활발한 거리를 지나고 있는 것이다. 물론 시간마다 순찰을 도는 경찰과 자원봉사자들도 그들의 거리 순시에 함께하고 있었다.

낙타처럼 죽 늘어선 차량들. 한때 활기 넘쳤던 센트럴 워드의 오렌지 가에서 그 행렬이 시작되었다. 길 건너편은 판자촌이었다. 너무나 적막하고 조용했다. 마치 모든 것이 숨죽인 채 죽어 있는 듯했다. 박스터 테라스

#1 크리스 크리스티   #2 코리 부커

는 1940년대, 공장노동자였던 백인과 흑인 모두의 고향이었다. 당시 뉴어크의 공장들은 세상에 존재하는 거의 모든 것들을 만들었다. 가죽, 플라스틱, 담배, 섬유, 염색제, 모자, 장갑, 맥주, 전자기기, 보석, 화학제품, 군용 의류 등. 뉴어크의 화려했던 제조산업이 몰락하면서, 그리고 백인들이 시 외곽으로 하나둘씩 이사하면서 박스터에는 흑인과 가난한 사람들만이 남아 거주하게 되었다. 이후 시간이 흐르면서 폭력배와 마약 거래상들이 이 거리를 차지해버렸다.

자원 순찰차량들은 버겐가에서 좌회전했다. 뉴어크에서 가장 가난하고 가장 폭력이 심각하다는 그 사우스 워드로 향하는 곳. 거리마다 자잘한 타이어 판매점과 자동차 수리점들이 즐비했다. 간판은 이탈리아어, 브라질어, 스페인어로 된 다양한 이름들을 달고 있었다. 단 한 군데 이질적인 곳이 있었다. 애플비와 홈디포(뉴어크에 홀로 서 있는 대형상점)로 상징되는 작은 상업개발지구다. 교차로마다 서 있는 전봇대에는 중고차나 집을 팔라는 제안을 담은 전단지들이 가득했다. "불평등이야말로 공정한 것이다." 1960년대 중산층을 겨냥한 상가들을 따라 버겐가를 직진해 간다. 티나가 아프리카식 머리 땋기를 주로 하는 베키 미용실이 있다. 주변에는 가구점, 패밀리 달러, 교회, 중국식당, 교육센터 등이 자리한다. 끝부분에는 가장 크고 가장 번창하고 있는 듯한 건물이 보인다. 코튼 장례식장이다. 가까이에는 꽃집이 있다.

뉴어크를 가로질러 운전한다는 건, 겹겹이 쌓인 절망과 희망, 그 오랜 지층을 여행하는 것과 같다. 도심에는 여전히 제2차 세계대전 이전, 번창했던 그날들의 기억을 간직한 건물들이 남아 있다. 그때 뉴어크는 전국적으로 가장 크고 발달한 도시 중 하나였다. 국내에서 가장 잘나가는 백화점이 뉴어크에 있을 정도였다. 뉴어크 백화점 설립자인 루이스 뱀버거는 웅장한 대리석 박물관을 지어 시에 기증했다. 바로 그 뉴어크 박물관은 여전히 도심을 주름잡고 있다. 20세기 초에 지어진 이탈리아식 르네상스풍 건물인 뉴어크 공공도서관과 마찬가지로, 낡고 텅 빈 빌딩들이 지금 거리 풍경을 가득 채우고 있다. 그러나 러트거스 대학교의 뉴어크 캠퍼스와 뉴저지 공과대학을 포함한 다섯 개 대학이 더 나은 미래를 향한 잠재성을 드러내고 있다. 또한 시장인 코리 부커는 공격적으로 지역을 개발하는 중이다. 그는 지난 40년만에 처음이라 할 수 있는 호텔들을 새롭게 세우고, 20년 만에 첫 대형마켓을 들

#3 뉴어크 박물관

#4 뉴어크 공공 도서관

여왔다. 곧 파나소닉과 푸르덴셜보험사가 새로운 회사 사옥을 지을 예정이다. 홀푸드마켓(Whole Food, 유기농슈퍼마켓)도 뒤이어 들어설 것이다. 그러나 이러한 변화의 상징들은 뉴어크 시민들의 마음속에서 금세 잊혀졌다.

함께 차를 타고 드라이브나 하자고 한 부커 시장의 표면적인 목적은, 주지사 당선인에게 범죄소탕 기술을 한번 보여주려는 것이었다. 그러나 부커에게는 또 다른 목표가 있었다. 바로 뉴어크에서 교육개혁운동을 성공적으로 추진하는 것. 부커가 정치권에서 부상하던 시기에 전국적으로 교육개혁운

동이 동시에 일어났다. 도심 교육에서 급진적인 변화를 실현하자는 운동이었다. 이러한 교육개혁운동은 부커의 정치적 도약을 부채질했다. 부커는 이 운동을 통해, 뉴어크뿐만 아니라 스스로를 위한 대담한 계획을 내다보기 시작했다. 부커가 이 일을 하려면 주지사 크리스티의 도움이 반드시 필요했다.

시청은 이 지역 학생들에 대해 끔찍할 정도로 무관심했고, 관료들의 부패는 광범위한 영역에 걸쳐 있었다. 정치적 후원 관계도 마찬가지였다. 이 모든 문제들이 연구 결과로 드러난 이후인 1995년, 주정부는 시 소속 학교들에 대해 통제권을 갖게 되었다. 그들의 결론은 다음과 같이 멋진 문장에 잘 요약되어 있다. "아이들이 뉴어크 공립학교에 오래 머무르면 머무를수록 그들이 학업적으로 성공할 가능성은 점점 더 작아진다." 주정부가 관리 부실의 기록을 집계하기 시작하고 15년이 지났다. 현재, 3~8학년 학생들의 40% 미만이 읽기와 수학 과목에서 자기 학년 수준에 맞는 성취도를 보이는 정도이다. 그러나 이러한 과정이 진행되는 동안 그 어떤 주지사도 이 뉴어크에 발을 들여놓지 않았다. 그런데 크리스티가 오고 있다. 크리스티는 주지사 임명까지 남은 몇 주 내로 뉴어크 공립학교의 최고 자리에 오른다. 매년 10억 불의 교육 예산을 주무르게 된다는 뜻이다.

부커는 도시들을 되살리는 데 헌신하겠다는 크리스티의 선거 캠페인을 주의깊게 지켜봐왔다. 크리스티는 유권자들에게 자신이 뉴어크에서 태어났다는 사실을 강조하곤 했다. 그는 4살이 되던 1967년에 교외로 이사했다. 온 도시를 감정적으로 또 실제로도 위협했던 문제의 폭동*이 발생하기 몇 주 전이었다.

"잠깐, 다른 길로 갑시다."

---

* 뉴어크 폭동은 1967년 7월 12일~17일에 걸쳐 일어났다. 이 사건은 흑인 택시기사인 존 스미스(John Smith)가 경찰차를 빙 돌아 뉴어크시 15번가에 이중 주차했다는 이유로 체포되었다는 소식이 전해지면서 전면 확대되었다. 심한 폭력에 시달린 택시기사에 관한 이야기가 전해지면서 폭동은 도시 전체를 집어 삼킬 듯 번졌다.

부커는 갑자기 운전기사에게 순시 차량들의 경로를 바꿔달라고 요청했다. 크리스티가 어린 시절 자랐던 동네로 돌아가보자는 것이었다. 주지사 당선인은 바로 그곳에서 갓난 남동생을 태운 유모차를 밀며 엄마와 함께 걸었던, 행복한 추억이 떠오른다고 말했다. 차량은 오렌지가 남쪽의 어느 황량한 길가에 멈춰 섰다. 차의 전조등이 3층짜리 벽돌 빌딩을 환히 비췄다. 벽에는 판자를 덧댄 창문을 가로질러 갱 낙서(gang graffiti)가 그려져 있었다. 우거진 잡초들 사이로 흩뿌려진 쓰레기 더미가 덩그러니 서 있다. 길 건너로 어렴풋이 보이는, 황폐하고 커다란 건물 하나. 웨스트사이드 고등학교였다.

이 학교 학생 중 거의 90퍼센트에 달하는 아이들이 극심한 빈곤 속에서 살고 있다. 고교 1학년까지 마치는 아이들은 기껏해야 절반도 안 될 것이다. 폭력이 아이들의 생활 깊숙이 뿌리내린 상태였다. 작년에만 웨스트사이드 고교생 3명이 갱이 쏜 총에 맞아 죽었다. 각각 다른 사건에 연루된 죽음이었다. 이 사건 발생 1년 전인 어느 무더운 여름 저녁, 대학에 갓 진학한 뉴어크 청년 3명이 무참히 살해당했다. 마치 처형식을 치른 듯한 현장이었다. MS-13이라고 알려진, 총과 칼 등으로

#5 웨스트사이드 고등학교

무장한 센트럴 아메리칸 갱의 지역 조직원들 짓이었다. 그리고 다른 한 명은 몹쓸 방법으로 불구가 되어버렸다. 희생자 중 한 명을 제외하고 모두 웨스트사이드 고교 졸업생이었다.

크리스티는 선거 캠페인에서 도심 학교 문제를 핵심 쟁점으로 만들었다.

"우리는 연이은 실패에 캐비어처럼 값비싼 비용을 지불하고 있습니다."

주정부에서 3/4을 제공하고 있는 뉴어크의 학교 예산을 지적한 말이었다.

"새롭게 출발해야 합니다. 뿌리에서부터 이 체제를 바로잡아야 합니다. 정말이지 너무나 화가 치미는 일입니다."

#6 Let's Move 캠페인-뉴어크에 온 퍼스트레이디 미셸 오바마와 시장 코리 부커 (2010년 11월 18일)

사실 그때까지 이 지역에 개혁이 절실히 필요했다는 점에 대해 논쟁이라곤 거의 없었다. 학생 대비 교육행정 담당자 비율이 주 전체 평균의 두 배에 이르렀다. 행정 서기들이 핵심 관료 자리 중 30%나 차지하고 있었다. 다른 도시들과 비교하면 거의 4배를 웃도는 수준. 심지어 어떤 행정서기는 아래에 또 다른 행정서기를 부리고 있을 정도였다. 급여 지불도 학생 관련 정보도 언제나 지연되었다. 그마저 정확하지도 않았다. 몇 달이 지나도 시험 점수나 출석 자료는 입력되지 않은 상태였다. 컴퓨터는 매번 학생 이름과 실제 성적이 맞지 않는 희한한 성적표를 내뱉었다. 허구헌날 마찬가지였다. 한마디로, 성적에 따라 학생에게 내리는 처벌이나 보상이 모두 잘못되었다는 뜻이다.

학교 건물 대부분이 80년 가까이 되었다. 심지어 일부는 벽면 조각들이 떨어져 나간 지 오래. 황당한 거짓말이 아니다. 2010년 11월, 퍼스트레이디 미셸 오바마가 "Let's Move"라는 비만퇴치 캠페인(부커는 이 캠페인의 전국 공동의장으로 퍼스트레이디와 함께 등장했다) 홍보 차 메이플가 학교에 오기로 한 이틀 전, 현관 위의 엄청나게 큰 상인방 벽돌이 보도에 떨어지기도 했다.

실은 다른 건물들 내부에서 더 심각한 일들이 벌어지고 있다. 이 지역에는 마그넷 스쿨이 4군데 있다. 이 가운데 두 학교에는 그나마 우수한 학생들이 다니고 있다. 토론 대회에서 우승하거나 명문 대학 진학을 꿈꾸는 몇몇 학생들. 그러나 총 75개 학교 중 23개의 공립학교는 사정이 달랐다. 3~8학년 가운데 채 30%도 안 되는 학생들만이 본인 학년 수준에 해당하는 읽기 능력을 갖추었을 뿐이다. 이러한 지역의 고교 졸업률은 54%. 그 가운데 대다수인 90%가 넘는 학생들이 지역 커뮤니티 칼리지에서 보충 교육을 필수로 이수해야만 했다. 뉴어크 성인 중 단 12.5%만이 대학을 졸업한 사람들이다. 전국 평균과 비교해보면 어떨까. 3분의 1을 겨우 넘는 수치이다.

뉴어크는 국가적으로 증가하고 있는 경제적 불평등, 인종간 분리를 드러내는 아주 극단적인 사례에 속한다. 뉴저지주는 백인이 절대적으로 우세한 비중을 차지하며, 전국에서 가장 부유한 주 가운데 하나이다. 그러나 뉴어크 학생 중 95%는 유색인종이다. 다시 말해 흑인이거나 히스패닉계이고, 도심 아이들의 88%는 절대적인 빈곤선 아래에서 가난과 더불어 살아가고 있다. 전국 평균의 두 배에 이르는 수치이다. 게다가 이 아이들 가운데 90% 이상이 아버지 없이 태어나고 자라난다. 부모의 보호를 적절한 수준에서 또는 전혀 받지 못하는 신생아는 놀랍게도 40%에 달한다. 태어나 첫 숨을 내뱉기도 전에 이미 불리한 출발선에 놓인 셈이다.

순시 차량인 타호의 뒷좌석에서 부커는 몸을 돌려 크리스티에게 제안했다. 뉴어크의 교육을 함께 변화시키자고, 변혁을 위해 함께하자고 말이다. 공립학교에 대해 합법적인 권위를 지닌 크리스티 주지사. 그리고 멋진 연설을 할 줄 아는 부커 시장. 두 사람이 협력하면 실패를 거듭하고 있는 지역 학교들을 폐쇄할 수 있다. 차터스쿨을 확장하고, 교사들의 정년보장 제도를 정비할 수 있다. 학생들의 학업 성과에 따라 교사에게 보상이나 처벌을 가할 수 있다. 이 모두가, 곧 물러날 민주당 소속 주지사 존 코르진(Jon Corzine)이라면 절대 시행하지 않을 정책이다. 그는 교원노조에 충직하기 때

#7 존 코르진

문이다. 그 코르진을 뒤엎어 버린 크리스티의 승리는, 부커에게 있어 '학교체제를 제대로 움직이도록 할 일생 일대의 기회'였다.

도심 근교 출신의 백인 공화당원과 도심 빈민가 출신 흑인 민주당원의 동맹. 이로써 기존 정치 체제를 혼란스럽게 만들고 뒤흔들어 놓자며, 두 사람은 배꼽을 잡고 웃었다. 그러면서도 부커는 경고했다. 교원노조 및 정치꾼들과 무지막지한 전쟁을 치르게 될 것이라고. 급여명세를 기준으로 뉴어크 교육청은 7천여 명을 고용하고 있다. 2만 7천명에 이르는 시 전체 고용인 중 가장 큰 비중을 차지하고 있는 것이다. 부커는 거듭 강조했다. 시스템을 뒤흔들어 놓는 이 과정에서, 시장 선거캠페인에서 떠돌았던 소문들을 반대 진영이 힘을 합해 다시 소환할 게 뻔하다고 말이다. '부커가 동성애자이고, 유대인이고, 공화당 이중대(closet republican), 백인들의 트로이 목마, 돈에 매수된 외부자'라는 악성 루머였다. 아스팔트처럼 깜깜한 어둠 속에서 두 사람은 거의 아무것도 볼 수 없었다. 그러나 이 모든 추악한 전망을 표현할 때, 부커는 크리스티가 분명 군침을 흘리고 있다는 인상을 받았다.

주지사 당선인(크리스티)이 대꾸했다.

"제기랄, 난 뉴어크에서 기껏해야 여섯 표쯤 받았을걸요? 어쨌든 우리 제대로 된 일을 한번 해봅시다."

서로의 정치적 견해 차 따위는 상관없었다. 부커와 크리스티는 공교육에 대해 완전히 하나가 되었다. 두 사람은 도심 교육청들이 학생보다는 교원을 포함한 공공노조를 더 신경 쓰고 있으며, 정치적인 후원관계에 얽혀 있을 거라고 짐작했다. 또한 두 사람은 새로운 교육을 위한 방안을 모색하는 전국 교육개혁운동의 일원이 되었다. 전국에서 가장 부유한 자선가들과 벼락 오바마 대통령을 포함한 양당의 영향력 높은 정치인들과 함께, 이 교육개혁운동은 기존의 낡은 시스템을 기업 차원으로 접근해 개선해보자는 목표를 내세웠다. 차터스쿨 확산, 교장과 교사들에게 학생들의 학업성취도에 따른 사업가 스타일의 책무성 요구, 그리고 최고의 학습성과를 올린 이들에게 부여하는 성과급 등이 포함된다. 이러한 전략이 어떤 장점으로 이어질지에 대해 의미심장한 공론이 벌어졌다. 교사들의 실적과 효과를 측정하는 데 학생들의 시험 성적을 반영하는 게 과연 타당할까? 연구자들은 의문을 제기했다. 또한 수십 년 동안 이어진 일련의 연구들은 예상과는 조금 다른 결과를 보고해왔다. 학교와 이웃에서의 직접적인 경험이, 교실에서의 교수─학습활동보다 학업성취도에 훨씬 더 큰 영향을 끼친다는 것이다. 그러나 교육개혁가들은, 최고 수준의 교사를 충분히 고용할 수 있을 만큼 훌륭하게 운영되고 있는 학교들은 빈곤, 결손가정, 폭력에의 노출 등 많은 부분을 극복할 수 있다고 주장했다. 그들이 제시하는 근거는 학업성취도가 높은, 도심의 여러 차터스쿨에서 얻은 결과다. 그 학교 중 몇 곳은 뉴어크에 있다. 재정 지원은 공공기관이 담당하지만 민간이 운영한다. 지역 학교들을 둘러싼 거대한 관료제로부터 벗어나, 운영의 자율성을 보장받고 있다. 특히 이 학교들 거의 대부분에 교원노조가 개입하지 않는다. 당시 전국 차원에 걸친 연구는 차터스쿨의 5분의 1만이 동일 지역 공립학교에 비해 표준화 시험 성적이 유의미하게 높았다는 점을 지적했다. 그러나 부커와 다른 개혁가들은 단호했다.

"우리는 공교육 문제의 해법을 알고 있다."

그들은 빈곤을 실패의 핑계로 이용하려 드는 변명에 대해 비판적이었고, 자신들과 경쟁할 (정치·사회적인) 점진주의에 대해서도 거리를 두었다. 교육에는 오로지 '변혁적인 전환'만이 필요하다고 되뇌었다.

크리스티가 부커에게 "제대로 된 일을 한번 해봅시다"라고 응수한 건, 교육개혁운동의 정당한 분위기를 반영한 것이었다. 이들 교육개혁가들은 자신들이 하려는 일을 1960년대 시민권운동에 견주었다. 그들은 반대자 중 대다수가 과거 시민권을 정립해온 인물들의 후손으로, 도심 정치인들은 안

#8 뉴어크시 교육청

정적인 고용이 거의 드문 도시에서의 공공 직업 보호를 선택했음을 잘 알고 있었다.

교육 논쟁에 참여하는 모든 주체들은 각자 다른 해법을 안고서, 그에 따른 '보상(prize)'을 바라보고 있는 듯했다. 황폐한 도시 뉴어크에서 맨처음이자 끝으로 의지할 수 있는 고용자인 시교육청은, 쓸데없이 부풀어 오른 월급생활자들로 가득 차 있었다. 최근 몇 년간 뉴어크에서는 수많은 정치인들이 교육청의 예산을 실제 '상(the prize)'이라고 표현했다. 뉴어크와 같은 교육청에서 학교 시스템이 교원노조에 의해 둘러싸여 있다는 점, 거대한 공공 관료들이 학생들의 학습에 장애물이 되고 있다는 점. 교육개혁가들은 그러한 문제점을 증명할 기회를 엿보았다. 무엇보다도 아이들이 모든 것의 중심에 놓여야 한다. 그 지점에 있어 학부모와 교사들이 지속적으로 던진 질문은 이러했다.

"그래서, 이 투쟁이 내걸었던 명분만큼 실제로 어린아이들의 삶을 더 나아지도록 했는가?"

북부 산업가들이 남부 전역에 노예들을 위해 다양한 능력에 걸맞는 학교를 세웠던 재건시대(the Reconstruction) 이래, 가장 가난한 미국인들을 위한 교육은 가장 부유한 사람들이 내세운 자선의 명분이기도 했다. 헨리 포드는 '포드 영어학교(The Ford English School)'를 세우면서, 대체로 외국에서 태어난 공장 노동자들에게 '가장 기초적인 읽기와 말하기 능력'을 가르치고자 했다. 20세기 초, 카네기 재단(Andrew Carnegie's Foundation)은 '카네기 학점(Carnegie Unit)'을 개발했다. 카네기 학점은 수업단위 시간(credit hour)이라고도 하는데, (유통 가능한) '학습 화폐(currency of learning)'가 되었다.

고등학교를 졸업하려면 학생들은 일정한 시수의 학점을 취득해야 한다. 이는 학생들이 학습한 분량이 아니라 교실에서 보낸 시간을 측정한 것이다.

20세기 교육 자선에서 가장 괄목할 만한 사례는 무엇일까? 1933년 백악관의 로즈가든에서 클린턴 대통령과 함께 서 있었던 아넨버그(Walter Annenberg). 그는 '국가의 미래를 밝히기 위해' 도심과 시골의 수천 곳의 학교들을 개혁하고자 5억 불을 기꺼이 내놓았다. 후대에 아넨버그 챌린지(The Annenberg Challenge)라고 알려진 이 자선은 6억 불의 대응 기부금을 모아들였고, 35개 주에 거쳐 150만 명 이상의 수많은 학생들이 이 혜택을 부여받았다. 그러나 이 사업의 평가 결과는 충격적이었다. 이러한 개혁과 노력을 통해 많은 학생 개인과 단위 학교에 혜택이 돌아갔지만, 그때까지 교육 시스템이 쌓아온 사회 구조적인 문제들을 전혀 해결하지 못했다.

'위기에 처한 국가(A Nation at Risk)'는 1983년 당시 가장 높은 수치의 경고를 담은 연방 보고서로, 공교육에 관해 쌓여온 불만을 터트렸다. 관련된 불만을 내세운 단체들도 덩달아 활발해졌다. 이 보고서는 미국 학생들이 다른 산업국가의 학생들에 비해 심각할 정도로 뒤처져 있으며, 이는 국가의 경제적 경쟁력을 위협하는 것이라고 선언하고 있다.

"만약 어떤 비우호적인 강대국이 오늘 우리가 직면한 극히 평범한 교육적인 성취를 미국에 강요한다면, 우리는 해당 국가의 이런 행위를 전쟁으로 간주했을 것이다."

당시 대기업 지도자들은 주지사들과 함께 해당 주의 학업성취표준을 높이도록 하고, 학생들의 학습 성과를 모니터링하기 위한 표준화 시험을 제도화하는 데 힘을 모

#9 Nation At Risk 보고서를 전달받는 레이건 대통령 (1983)

았다. 그들의 노력은 궁극적으로 2002년 조지 W. 부시 대통령이 서명한 '아

#10 NCLB 법안에 서명하는 부시 대통령
(2002년 1월 8일)

동낙오방지법(NCLB Act)'으로 이어졌다. 이 법으로 인해 시험은 극적으로 확대 시행되었고, 학생들의 성적을 인종과 가정의 수입 수준에 따라 보고하도록 했다. 가난하고 취약한 아동과 다른 아동들 사이에 학업 성취도 격차가 점점 더 커지고 있음을 보여주는 자료가 많아졌다. 그리고 1980년대 말, 주로 보수적인 공화당원들이 주도하는 교육개혁운동이 등장한다. 그들은 도심 학교구의 학부모들에게 종교계 또는 사립학교에 자신의 아이들을 취학하도록 할 수 있는 공공 바우처를 지급하라고 요구했다.

1990년, '티치포아메리카(Teach for America, 이하 TFA)'가 예비교사를 모집하기 시작했다. 명문대학의 졸업생들이 가난한 지역에서 2년간 학생들을 가르치도록 하기 위해서였다. 시스템의 내부에서든 외부에서든, 교육 시스템이 드러내는 불평등에 맞서 헌신적으로 투쟁할 미래의 지도자 세대 육성이 이 사업의 목표였다. 그들을 '교육기업가(education entrepreneurs)'라고도 했다. 이 말은 그 몇 년 전까지 모순된 표현이기도 했다. 이렇게 모집된 교

#11 TFA 교사모집 공고

사 중 다수가 차터스쿨을 세웠고, 새로운 교사와 교장 연수프로그램을 시작했다. 또한 교육 실천을 전문적으로 지도하는가 하면, 기존 학교교육 시스템을 일으켜 세우려는 벤처사업이 기획되었다. 1990년대 말까지, TFA 출신 교사들은 전국적으로 가장 큰 행운을 누렸다.

이미 고인이 된 초기 20세기 산업가들의 공익재단은 세대를 거쳐 오면서 교육자선사업을 장악했다. 2000년대가 시작되면서 교육자선사업의 지도

자 그룹에 일대 변화가 빠르게 일어났다. 즉, 마이크로소프트의 빌 게이츠, 월마트의 월튼가(家), 델컴퓨터의 마이클 델, 그리고 엘리 브로드, 캘리포니아 보험사와 부동산 거물 등 살아있는 억만장자들이 초·중등(K-12) 교육에 전국적으로 가장 많은 돈을 기부하고 있다. 이처럼 성공한 사업가들은, 새로운 기술과 비즈니스 모델로 기존 산업체계를 뒤흔들며 부를 쌓았다. 그들은 공교육에서도 같은 방식으로 노력하고 있는 젊은 개혁가들에게 눈을 돌렸다. 그들에게 교육 시스템, 특히 공교육은 한마디로 '문제 덩어리'였다.

"이는 자선의 의미에 있어 혁명이라 할 만한 변화였다."

뉴스쿨 벤처기금(The NewSchools Venture Fund)의 공동설립자 킴 스미스(Kim Smith)의 말이다. 뉴스쿨 벤처기금은 실리콘 밸리 벤처 자본가들이 지원하는 자선단체이다.

"과거에는 돈을 소위 주택이나 예술에 투자했는데, 그 필요란 결코 끝나지 않을 터였다. 당신은 그 투자가 언제까지나 지속되리라곤 믿지 않았다. 그러나 여기 이 그룹의 사람들은 변화의 지렛대가 무엇인지, 어떻게 기능하는지 잘 이해하고 있다. 당신이 제대로 된 교육을 제공한다면, 사람들에게 직업을 제공할 것이고, 감옥 가는 비율을 줄일 것이고 등등. 즉, 이 사람들이 가진 기본적인 생각은, 사람들에게 뭐가 잘못되었는지 따져보도록 하고 사업가들에게 이렇게 분석된 문제들을 해결하게끔 영감을 불러일으키자는 것이었다."

#12 뉴스쿨 벤처기금의 킴 스미스

newschools
venture fund

#13 뉴스쿨 벤처기금의 로고

그들은 '벤처 자선가들'이라 알려졌고, 스스로를 기부자가 아니라 투자자라고 불렀다. 그들은 공립 학교교육에 다양하고 광범위한 변화들을 모색하며 보상을 찾고자 했다. 자신들의 회사 성공 과정에서 효과를 발휘

14 Race to The Top을 발표하는 오바마 대통령 (2012년 6월 1일)

* Race to The Top은 43억 불의 예산이 투입되는 정책의제로, 각 주에 차터스쿨을 확대하도록 하고 교원 평가, 급여, 직업안정성을 학생들의 표준화시험 성적 증감과 연계하도록 하는 내용을 도입하고 있다.

했던 경영 컨설턴트들과 다양한 종류의 분석기법을 도입해, 교사와 학교의 효과를 측정하기 위한 데이터 기반 책무성을 강조했다. 오바마 대통령과 던컨(Arne Duncan) 연방교육부장관은 이러한 많은 내용을 'Race to the Top'에 포함시켰다. 이 법안의 명시적 목표는 한결같았다. 아이들에게 가능한 최상의 것을 제공하자는 것. 이러한 조치가 비록 성인들의 삶과 생계에 영향을 주어 피할 수 없는 비용을 치르더라도 말이다.

이 구상의 첫 논의 단계에서부터 민주당 정치인들은 거의 모두 이 제안에 퇴짜를 놓았다. 많은 흑인 지도자들이 늘 그랬던 것처럼 말이다. 교육개혁을 위한 이런 다양한 노력들이 도시에서의 민주당 텃밭을 위협하는 행동이라고 인식했기 때문이다. 구체적으로는 노동조합, 공공분야 일자리, 그리고 이러한 일자리들을 후원관계에 따라 나누어주는 정치인들에게 말이다. 그들은 이 운동이 미국의 가장 가난한 유색인종인 흑인계, 히스패닉계 학교 학생들을 위한 교육개혁운동으로서 과연 신뢰할 만한지 의심스러워했다. 백인 엘리트에 의해 주도되고, 전지구적으로 가장 부유한 사람들이 재정을 지원하는 운동이었기 때문이다. 다이앤 래비치(Diane Ravitch)는 이들을 '억만장자 클럽(billionaire boys' club)'이라고 이름 붙이기도 했다. 한때 교육개혁을 주도했던 교육 역사가로, 래비치는 지금의 교육개혁운동을 앞장서서 반대하고 있다.

바우처 운동의 서열 속에서 꽤 이르게 나타난 예외가 있다. 하워드 풀러(Howard Fuller)다. 시민권운동을 죽 이어온 '흑인 파워운동(Black Power Advocacy)', 흑인 해방운동, 그리고 '지역 조직화' 등에 꽤 오랜 기간 참여해오면서, 풀러는 고향인 위스콘신 주 밀워키에서 교육운동에 자연스럽게 맞닿게 된다. 밀워키에서는 저소득층과 소수민족 아이들이 지역 공립학교를 채 마치지 않은 채, 연이어 그만두는 판국이었다. 한

#15 밀워키 공립학교 학생들과 있는 하워드 풀러(1990년대 초)

때 시민권운동에서 활동하고 이후 교육감으로서 전쟁과도 같은 교육운동을 치른 후 그는 1995년 일터에서 떠났다. 그러면서 그는 선언처럼 한마디 말을 던졌다.

"교육청의 공립학교들이 아무런 희망 없이, 기존 사회질서라는 궁지에 빠져 헤어나오지 못하고 있다."

그러나 하워드 풀러는 보통 사람들의 생각과는 아주 달랐다. 그는 교육개혁가들에게 본질적으로 문제가 있다고 보았다. 그는 부커의 계획이 잘 되리라고 생각하지 않았다.

코리 부커는 시민권운동 이후 태어난 흑인 지도자 1세대의 아들이다. 1960년대 미국 남부의 분리 지역에서 성장하고 시민권운동에 참여했던 그의 부모는, IBM사의 경영진에 최초로 포함된 흑인들 중 한 명이었다. 부커는 형제들과 함께, 백인들이 주로 거주하는 헤링턴 공원 근교에서 자랐다. 뉴어크에서 20여 마일 떨어진 곳이었다. 그의 어머니 캐롤린은 회상한다.

"우리는 아이들이 보다 넓은 세상에서 헤쳐나가는 방법을 배우기를 바랐어요. 이 또한 우리의 일상적인 싸움 중 하나였죠."

부커에게는 그 일이 좀 더 수월해 보였다. 6피트 3인치의 키에, 사교적

이며 카리스마 넘치는 모범생 부커는 고등학교 풋볼 스타이자, 졸업반의 회장을 맡기도 했다. 한 번의 성공은 또 다른 성공으로 이어졌다. 그는 스탠퍼드 대학을 졸업한 뒤 로즈 장학생(Rhodes Scholar)으로 옥스퍼드 대학에 다녔고, 이후 예일 대학 로스쿨에 입학한다.

예일 대학에서 법학을 전공하고 40세에 자수성가한 백만장자 에드 니콜(Ed Nicoll)은 부커의 가장 친한 친구였다. 니콜은 당시 대부분의 학생들이 모호하고 추상적인 사고의 기술을 갈고 닦는 강의실에서 부커는 자기 가족과 관련된 전통·적인(folksy) 이야기를 장황하게 이야기했다고 회상했다. 부커의 이야기는 주로 사회정의로 이어져 끝나곤 했다.

"그는 계파에 상관없이 좌부터 우에 이르기까지, 모든 사람들을 휘어잡았습니다. 비밀스러운 추측이기는 했지만, 동급생들은 그가 다음번 상원의원이나 미국 대통령이 될 거라고 믿었죠. 코리가 이러한 일들을 수행하기위한 리더십을 보여주리라는 건 너무도 자명했습니다. 물론 그 전에도 사람들은 코리가 최초의 흑인 대통령이 될 거라고 말하곤 했지만요."

니콜이 회상했다.

#16 뉴어크 센트럴 워드 지역의 저소득층 주택단지.

로스쿨 졸업 후 부커는 돈을 많이 벌어들일 유망한 직업을 좇는 대신, 1997년, 가난한 주민들을 대변하고자 뉴어크로 갔다. 때문에 스캐이든재단 펠로우(The Skadden Foundation Fellow)로 선정되어 재정 지원을 받았다. 그는 센트럴 워드(Central Ward) 지역의 저소득층 주택지로 이사했다. 마약과 온갖 범죄가 들끓는 곳. 부커는 그곳에서 주민들을 모으고 설득해, 악덕 집주인들에게 항의하도록 하고 지역 활동가를 많이 양산하고자 했다. 주민들의 도움에 힘입어 그는 다음 해 시의원 선거에 출마했다. 그는 문제의 근원이 시청에 있다고 보았다. 즉, 악덕 집주인들이

‡17 CBS 뉴스에 등장한 코리 부커 (2016년 2월 12일)　‡18 지역 화재에서 인명을 구한 코리부커 CBS 영상
www.rsvlts.com

우익 정치인에게 자금을 지원하는 동안, 시청은 그 문제를 전혀 거들떠보지도 않고 있다는 지적이었다.

니콜은 금융 관련 일터를 잠시 떠나 부커의 선거 캠페인 자금을 모으는 데 힘을 보탰다. 그의 조언은 간단했다. 기부할 부자들에게 부커 자신의 이야기를 하라. 즉, 젊은 엘리트 흑인이 전국에서 가장 가난한 도시로 옮겨 와, 시민권운동에서 채 완수하지 못한 과업을 이루자고 도전장을 내던졌다고. 부커는 니콜이 상당히 유의미한 조언을 했다는 사실을 깨달았다.

부커가 덧붙였다.

"니콜은 제게 '투자가들은 비즈니스 모델이 아니라 사람에 도박을 건다'라고 알려준 첫 번째 사람이었어요. 물론 그다음에는 많은 사람들이 비슷한 조언을 해주었습니다. 투자가들은 성공한 사람들이 성공하는 방법을 찾아낼 것이라는 사실을 알고 있기 때문이죠."

부커는 14만 불 이상을 모금하는 데 성공했다. 당시 뉴어크 시의원 선거 역사상 전무후무한 액수였다. 1998년 봄, 지역구 내에 있는 모든 집의 문을 두드리는 것을 포함해 풀뿌리 선거운동을 마쳤을 때, 부커는 겨우 29살이었다. 그는 선거(runoff)에서 4선 시의원 조지 브랜치(George Branch)를 근소한 차이로 이겼다.

눈부신 이력과는 어울리지 않는 흙먼지 날리는 뉴어크의 주변 환경 덕분에, 부커는 단숨에 언론의 주목을 끌었다. <60분(60 Minutes)>과 CBS

저녁 뉴스에 출연했고, <타임>에 등장했다. 그가 법을 지키며 살아가는 거주자들에게 보다 안전한 환경을 달라고 요구하며 벌인 단식 농성과, 마약 거래가 횡행하는 골목에서 수주에 걸쳐 했던 야외캠핑이 그들 언론의 보도 내용이었다. 부커는 댄 래더 기자와의 인터뷰에서 말했다.

"저는 최전선으로 옮겨간 거였죠. 진짜로 정의가 실현되도록 하기 위한 마지막 보루 말입니다. 그것도 우리의 이 도심에서 말입니다."

그는 자신의 정치철학을 '실용 민주주의(Pragmatic Democratic)'라고 했다. 그러면서 부커는 빈곤 문제를 해결하기 위해 정부는 물론, 민간과 종교 재단들을 찾아다녔다. 도심 민주당원들이 주로 선택하는 표준적인 각본에서 더 나아가, 부커는 보다 일찍이 차터스쿨의 상징이 되었다. 그는 극빈 가정의 아이들이 최고 부잣집의 아이들과 마찬가지로, 정말 형편없는 학교라면 거부할 수 있어야 한다고 주장했다. 나중에 그는 같은 이유로 사립학교를 위한 바우처 제도를 옹호하는 등, 보다 혁신적인 방법들을 내세웠다.

거의 전적으로 부유한 백인들이 지지해온 공화당다운 바우처 운동에서, 부커는 아주 귀한 존재였다. 부커는 차터스쿨 운동과 이 운동을 통해 주요한 정치적 기부자들과 인연을 맺는다. 곧 그는 서로 다른 두 세계, 즉 문제투성이 뉴어크 거리와 부유한 기부자들의 엘리트 성채를 오가는 상황이 되었다. 두 곳 모두에서 부커는 능력 있는 모금가이자 넋을 홀리는 감동적인 웅변가로 1인 2역을 수행했다.

부커가 표방하는 교육적 언행의 영향으로, 보수적인 맨해튼정책연구원은 2000년 9월 부커를 강연자로 초빙했다. 이후 거의 10년이 넘도록 해당 연구원의 홈페이지를 장식할 만큼 그들을 감동시킨 연설에서, 부커는 뉴어크 주민을 정치인들의 볼모라고 표현했다. 사적 거래와 친인척 비리를 일삼고 후원자에게 특혜를 제공하며, 실제 뉴어크 주민들의 요구와 필요를 외면하는 정치인들이었다. 그는 이러한 묘사가 특별히 '모순된(repugnant)' 학교 시스템에 딱 들어맞는다고 말했다.

"저는 공교육을 우리 학생들이 각자 거주지(ZIP Code)에 따라 배정되는 어떤 공적인 공간, 또는 공적으로 운영되는, 또는 공적으로 재정 지원받는 건물 정도로 보지 않습니다. 공교육은 학교에서 공적 자금으로 우리 아이들을 가르치는 겁니다. 학교는 이 일을 수행하기 위해 최고의 설비와 수준을 갖추어야 합니다. 공립학교든 마그넷 스쿨이든 차터스쿨이든 침례교 학교든, 또는 유대교 학교든 말입니다."

이 연설로 부커는 전국적으로 유명해졌다. 부커가 말했다.

"저는 교육에 대해 당파적인 교의를 지키고 있는 민주당 집단에서 따돌림을 받는 신세가 되었죠. 그러나 곧 좌파든 우파든, 전국에 저와 비슷한 생각을 하고 있는 집단이 상당수 존재한다는 사실을 알게 되었습니다. 처음으로 시장 선거에 나섰던 2002년, 저는 같은 생각을 하고 있는 공화당원들과 뉴어크 바깥의 인사들로부터 기부금을 받았습니다. 그들 중 대부분은 도심에서 교육에 대해 '진실'을 말할 수 있는, 흑인 민주당원이 필요하다는 사실 때문에 그렇게 실행한 겁니다."

맨해튼에서 가족 소유의 헤지펀드를 맡고 있는 36세의 보이킨 커리 4세도 그중 한 명이었다. 부커에게 가장 후한 후원자이자 차터스쿨에 관한 민주적인 지원자인 커리. 그는 당시 뉴어크시에 대해 별다른 생각이 없었다고 고백한다.

"희망이 없어 보였습니다."

그는 이렇게 말문을 열었다. 그런 뒤 덧붙여 말했다.

"모든 사람들이 뉴어크에 대해 그냥 쳐다보고 한숨만 쉬었지요. 그저 생각만 하고 있었을 뿐입니다. '그래도 뭔가 할 일이 있다'고 말하는 사람들은 없었습니다. 그런데 부커는 자신을 통째로 내던질 각오가 되어 있었습니다. 희생하려 들지 않는 '우리'와는 달리, 그는 엄청난 정치력과 기술을 등에 업고 우리 앞에 등장했습니다. 그러고는 오래된 변화의 불꽃을 되살려냈지요. '그래! 아직도 우리가 세상을 바꿀 수 있어!'라고요."

커리는 부커에게 수표를 끊어주면서 자신의 하버드 경영대 친구 중 몇 명을 소개해 주었다.

"그 친구들은 코리 부커를 자기들 모임과 사무실에 드나들도록 했습니다. 그리고 함께 일하고 있는 헤지펀드 관련 인사들에게도 소개했지요."

부커와 함께했던 한 민주당 실행위원의 말이다.

"젊은 정치인에게 재정을 지원하는 사람들은 그렇습니다. 코리처럼 앞으로 크게 성공할 것 같은 정치인이, 이제 막 정치에 입문하는 단계에 있을 때 지원한다는 건 말이죠, 구글 주식 하나를 75달러에 사들이는 것과 다를 바 없다고 보는 겁니다. 그들은 부커가 채 시의원으로 당선되기도 전에 이미, 그가 미국 최초의 흑인 출신 대통령이라도 되는 양 표현했어요. 모두 이를 통해 한 건 올리고 싶어 했지요. 부커는 그때 스물다섯 살이었습니다. 그거면 되었던 거죠. 모두 그를 지원하는 데 적극적으로 참여했습니다."

#19 제임스와 부커

부커가 맨해튼연구원에서 그토록 비난했던 도심 정치 역학을 고스란히 실현하고 있는 4선 시장 제임스, 그에 맞선 2002년 선거에서 부커는 민주당은 물론 공화당 측에서도 300만 불 이상의 선거비를 후원받는다. 제임스 시장은 자신에 맞선 신참의 모금 운동을 비난하며 몰아세웠다. 그는 부커를 부자들의 첩자이자 백인 아웃사이더라 치부했다. 더욱이 부커가 뉴어크 투표자들의 열정을 선동하는 아주 전형적인 방법을 사용한다고 주장했다. '싱크 프로그레스(Think Progress)'의 분석에 따르면 실제로 56만 5천 불이 월가의 금융인들과 투자자들에게서 모금되었다.

선거 결과 제임스가 승리했지만, 그는 32년 정치 경력에서 가장 근소한 차이로 이긴 셈이었다. 커리가 재정 지원하고 그의 남동생 마셜이 제작한, 이 눈물겨운 선거에 대한 다큐멘터리 <Street Fight>는 2005년 오스카상 후보에 지명된다. 그리고 이후 부커의 정치사에 강한 인상을 남기게 되

#20 〈교육개혁을 위한 민주당원들〉과 오바마 대통령

었다. 그때의 선거는 커리, 위트니 틸슨, 찰스 레들리, 그리고 존 페트리 등 1990년대 후반 월가에서 부자가 된 헤지펀드 운용자들에게 깊은 영감을 주었다. 그들은 차터스쿨을 끌어 안고 당파적인 교원노조의 영향력을 반대하는 민주당원들을 찾아내 지원하고자 했다. 그들은 마침내 자신들의 스타 정치 모금가인 부커를 내세워 '교육개혁을 위한 민주당원들(Demorcats for Education Reform)'이라는 정치행동위원회를 결성한다. 2004년 일리노이주 연방 상원의원 선거에 나설 흑인 정치가 한 사람 또한 이 단체를 통해 자금을 지원받았다. 그의 이름은 버락 오바마였다.

　이렇게 외부 지원에 힘입어 부커가 2006년, 다시 시장 선거에 나섰을 때, 제임스는 후보 등록을 하지 않았다. 자신이 직접 나서지 않고 다른 정치 거물을 내세웠다. 현직 주 상원의원이었던 로널드 라이스다. 그러나 부커는 그를 상대로 압도적인 승리를 거두었다.

　시장이 된 후 부커는 학교구에 속한 공립학교에 거의 신경을 쓰지 않았다. 소위 교육개혁가들은 당황하지 않을 수 없었다. 부커는 그들에게, 주지사 코르진(Corzine) 무리가 보이는 지나친 충성 탓에 아무것도 실행할 수 없다고 둘러대곤 했다. 대신 그는 차터스쿨을 더 많이 유치했다. 이 일에 2008년 뉴어크 지역의 성장을 위해 조성한 '뉴어크 차터스쿨기금 (Newark Charter School Fund)' 모금액 2천만 불을 사용한다. 후원금은 주변 지역에 위치한 재단뿐만 아니라 게이츠재단(The Bill and Melinda Gates Foundation), 월튼가 재단(The Walton Family Foundation), GAP 의류매장 부호인 피셔기금(The Doris and Donald Fund), 애플컴퓨터 설립자인 스티브 잡스의 부인인 로렌 파웰 잡스(Lauren Powell Jobs) 등이 지갑을 열었다. 부커의 격려에 힘입어, 뉴어크시는 전국에서 가장 뛰어난 차터스쿨 중 일부를 육성할 수 있었다. 국가적인 모범이 된 차터스쿨 네트워크인 언커먼 스쿨(Uncommon School)과 KIPP에 의해 운영되고 있는 15개 학교가 이에 포함된다.

뉴저지의 문제 많은 도심 학교들을 통해, 크리스티는 2009년 주지사 선거에 나서도록 숱한 쟁점 사항들을 제공받았다. 교육개혁이라는 이슈는 색깔 짙은 민주당 텃밭주에서 공화당 후보가 가세할 수 있도록 힘을 실어주었다. 그만큼 교육은 분야와 정치색을 뛰어넘는 중요한 쟁점이었다. 크리스티는 이를 적극 활용했다. 공화당이 이전에 거의 선전하지 않았던 도심 지역 학교에 관심을 기울이고 있는 유색 인종, 즉 흑인과 히스패닉계 부모들에게 공격적으로 전달했다. 또한 주(州) 교원노조인 뉴저지교육협회(New Jersey Education Association)를 강하게 비판하면서 공화당 기치를 높여갔다. 교원노조는 뉴저지주에서 가장 큰 비중을 차지하는 정치지원 단체였다. 크리스티는 교원노조가 자신을 지지하기 위해 제안했던 면담조차 거부했다고, 거리낌없이 내세울 정도였다. 그는 다음과 같이 회상한다.

"당신들에게 정치적 지지를 받으려면 난 뉴저지 아이들을 팔아버려야 할 겁니다."

그는 교육개혁을 향한 열정을 삶의 경험을 통해 설명했다. 크리스티의 선조들은 이탈리아와 아일랜드에서, 신대륙에서의 기회를 찾아 뉴어크로 이주했다. 그가 유치원에 입학할 즈음 뉴어크는 갑작스레 퇴색하기 시작했고, 그의 가족은 교외인 뉴저지의 리빙스톤으로 이사한다. 그는 자주 말하

#21 위커힉 고교 엽서에 등장하는 학교전경   #22 오래된 엽서에 등장하는 배링거 고교 전경

곤 했다. 자신이 성공할 수 있었던 까닭은 당시 온 가족이 뉴어크 학교로
부터 탈출했기 때문이라고. 게다가 그의 부모가 각자의 부모에게서 1천 불
을 빌려, 2만 2천 불의 집을 저렴하게 구할 수 있었기 때문에 가능했던 일
이라고 덧붙였다.

"제 기억으로는, 부모님들이 이사할 수 있었기 때문에 제가 좋은 학교
에 갈 수 있었다는 겁니다."

1950년대까지 뉴어크 공립학교들은 우수하기로 유명했다. 당시 필립
로스(Philip Roth)가 아주 우수한 유태계 학교인 위커힉 고교(Weequahic
High School)를 졸업했고, 작고한 흑인 시인이자 희곡작가, 그리고 혁명가인
아미르 바라카(Amiri Baraka. 당시에는 르로이 존스(LeRoi Jones)라고 불렸다) 역
시 뛰어난 이탈리아계 학교인 배링거 고교(Barringer High School)를 졸업했
다. 그러나 이러한 학교들은 끝없이 이어진 불운한 재앙처럼 어찌할 수 없는
상황 속에, 도시와 더불어 누가 먼저랄 것도 없이 몰락의 길을 걷고 말았다.

2차 세계대전 이후 낙관적인 전망이 등장하면서 연방정부는 교외 지역
의 성장을 공격적으로 주도한다. 주택대출 지원과 전국에 걸친 고속도로 건
설 등이 이러한 교외 지역 경기 부양 사업에 속했다. 이러한 사업들은 빠른
시간 내 도심 한가운데의 직업들을 빼앗아 교외 지역의 중류 계층 월급쟁이
들에게 넘겼다. 크리스티의 집안과 같은 가계들은 이로 인해 소위 '아메리칸

드림'을 달성하는 데 큰 도움을 받았다. 물론 자녀들의 삶 또한 더 나아졌다.

그러나 꿈에는 다른 측면이 있기 마련이다. 이 정책들은 1960년대 뉴어크에 거주하던 10만 명도 넘는 백인 거주자들의 이주를 부채질했다. 뉴어크의 인종 구성에서 3분의 2에 해당하던 백인이 줄어들고, 10년 뒤 흑인이 차지하는 비중이 거의 3분의 2를 넘었다. 미국 도시 역사상 이처럼 빨리, 그리고 가장 떠들썩하게 인구 변화가 일어난 곳이 또 있을까. 인디애나주의 디트로이트시나 개리시를 제외한다면 말이다. 끊임없이 유입해 들어오는 이주민들이 일거리를 찾고 다시 이들이 중산층으로 성장해온 도시. 한때 번창하던 산업 중심지 뉴어크는 교외와 남부 지역, 기타 다른 곳에 공장들을 넘겨주고 빈털터리가 되었다.

흑인 가정들이 딥 사우스(the Deep South)로부터 대거 이주해 오던 절정기(the Great Immigration)에 경제적 토대는 붕괴했고, 보다 일찍 도착해 정착했던 인종 집단이 쌓아 올린 기회의 사다리는 치워졌다. 총 16만 명의 남녀노소가 뉴어크시 북쪽 지역에 자리 잡았다. 대체로 농촌 지역에서 옮겨온, 교육의 혜택을 거의 받지 못한 이들이었다. 이 도시에 좋은 직업의 공급이 점차 줄어들면서 새로 이주해 온 사람들은 또 다른 형태의, 그러나 전형적인 인종차별에 갇혀버리고 말았다.

흑인 가정들은 점차 슬럼에 모여들었다. 그 와중에 연방정부와 시청 모두 '도시재생(urban renewal)'이라는 도심회복 전략을 추진하고 있었다. 골칫거리인 다른 많은 지역들처럼, 뉴어크의 지도자들은 연방정부의 예산 지원을 받아 황폐해진 건물들을 밀어버리고 고층 사무빌딩들을 세웠다. 널찍한 시민 광장을 건립하고, 갈 곳 없는 빈민 가정들을 위해 공공 주택을 세우는가 하면, 교외 지역과의 출퇴근 고속 간선도로를 건설했다. 뉴어크시 도시사업 단장이었던 루이스 단지히(Louis Danzig)는 전국적인 도시재생운동의 지도자로, 연방정부로부터 자금을 확보하는 데 타고난 능력을 보여주었다. 이로써 다른 그 어떤 도시보다 빈민 슬럼가들을 더 많이 밀어내고, 많은 비중을 차지했던 주민들을 내쫓았다.* 빈민 슬럼가는 범죄, 질병, 게으름을 키우기 때문에 이론상 새로운 건물들이 들어서면 그 모든 것들이 사라진다. 물론 빈곤 문제도 마찬가지로 해결될 것이다.

"훌륭한 주택은 훌륭한 시민을 만든다."

단지히의 주장이었다.

놀라울 것도 없이, 상황은 그리 간단치 않았다. 다른 곳뿐만 아니라 뉴어크에서도 도심재생사업은 '흑인 제거(Negro Removal)' 사업으로 알

#23 도심재생사업이 흑인들의 보금자리를 뺏기 위한 것이라는 논평을 실은 신문기사 (1965년 9월 25일)

려졌다. 이후 주 차원에서 이루어진 연구에서 밝혀진 사실은 충격적이다. 집단 이주(massive dislocation)라는 명목에도 불구하고, 연방정부의 지원금 대부분이 나름 안정된 생활을 하고 있는 중류계층의 거주자들, 사업가들, 그리고 도심 대학과 연구소에 돌아간 것이다. 사업 기획자들과 개발업자들은 오랫동안 자리잡고 있던 지역 공동체를 파괴하고, 뉴어크시 센트럴 지역구의 주택단지 건설사업으로 주민들을 밀어넣었다. 이 주택건설사업에는 1층에 화장실도 없는, 아주 제한적인 녹지와 유휴 공간만을 구비한 세 동의 창고 같은 고층 아파트가 포함되어 있었다. 그 안에서 학부모가 아이들을 제대로 보살핀다는 건 실로 불가능한 일이었다. 1960년대 말까지 1만 8천여 명 이상의 주민들이 반경 1.5마일 내에 밀착 거주하고 있었는데, 그들 대

---

* 중산층에 의해 피폐한 도시를 복구 혹은 개선하는 현상을 가리키며, 종종 그곳의 하층 저소득계층 사람들을 쫓아내는 것으로 마무리되곤 한다. 젠트리피케이션이라고 함.

다수는 저소득층으로 흑인이거나 히스패닉계였다. 미연방 시민권위원회 앞에서 있었던 청문회의 내용에 따르면, '뉴어크시는 동부 해안지대에서 가장 변화무쌍한 곳 중 하나'였다.

"우리 뉴어크시는 실패하기 위해 세워졌다."

흑인 연구 및 뉴어크시 역사연구가인 리트거스 대학교의 교수이자 존경받는 시민지도자인 클레멘트 프라이스(Clement Price)의 말이다.

#24 클레멘트 프라이스 교수

"공교육에서, 주택정책에서, 그리고 일자리 기회에 있어서 이 실패는 계획된 것이었다."

루이스와 엘라는 1950년대 대이주 기간 동안 뉴어크시 북부로 이사 와 정착한다. 그들에게 뉴어크에서의 삶은 분명 성공을 향한 길이었다. 루이스는 결합 배관공으로, 주택개선사업을 시작했다. 엘라는 병원 카페테리아에서 일했다. 그들은 넘쳐나는 쇼핑 센터와 극장가와 함께 활기가 넘쳐나는 오렌지 가에서 두 블록 떨어진 곳에 집을 장만했다.

"굳이 도심에 갈 필요가 없었어요."

엘라는 회상한다. 그곳을 거닐기만 해도, 그녀와 세 자녀들은 이미 익숙한 가족들의 집을 지날 수 있었다.

"그 길을 따라 여기저기 집들이 있었지요."

1950년대에 이르러, 주정부는 도심과 서부 교외 지역을 연결하는 두 개의 연방 고속로 중 하나인 주간(interstate) 고속도로 280번 건립 계획을 발표한다. 때문에 오렌지가와 주변 이웃들은 서로 갈라져 떨어지게 되었다. 7마일 서쪽으로는, 크리스티가 미래에 살아갈 집이 들어설 리빙스톤으로 이어지는 고속도로 나들목이 생길 예정이었다. 아직 채 고속도로가 들어서지도 않았는데 이발소, 극장, 편의점들이 속속 문을 닫기 시작했다. 이사할 만한 여유가 있는 가정들은 연달아 빠져나가기 시작했다. 이때 뉴어크 시민들 대부분은 연방정부에서 지원하는 대출 프로그램의 혜택에서 제외되어 있었다. 금융당국은 신용도상 이들에게 담보 대출이 너무 위험하다고 판단했기 때문이다. 이로써 도시개선사업이 상당히 불편해지고 말았다. 때마침 루이스와 엘라가 사는 곳은 버려진 주택들로 얽어놓은 모양새를 갖게 되었고, 그 집들은 다시 더 가난한 무단 거주자들과 마약거래상들이 차지했다.

백인 아이들이 집단으로 떠나고 흑인 아이들이 남부에서 몰려들면서, 공립학교에도 고난이 파고들기 시작했다. 재개발 사업이 만연하고 많은 가족이 떠나갔다. 1940년대에는 이 지역에 흑인 학생의 비율이 10% 남짓이었지만, 1967년에는 그 비율이 71%에 이르렀다.

"저는 그들이 우리를 어떻게 다르게 대하기 시작했는지, 똑똑히 기억해요."

그 유명했던 위커힉 고교에서 1960년대 말 학교를 다녔던 안토니에트 (Antoniette Baskerville—Richardson)의 증언이다. 그는 나중에 교사가 되었고 퇴직 후 교육위원회(school board) 위원장(president)으로 일했다. 위커힉 고교의 인종 구성은 1960년대 뒤바뀐다. 1960년대 초 백인 학생이 81%를 차지했다면, 1960년대 말에 이르러 흑인 학생 비중이 82%에 이르렀다. 안토니에트는 교육청이 학교를 둘러싸는 철제 울타리를 만들던 기억을 떠올린다. 퇴학한 학생들이 이후 다시 학교 학생들과 만나지 못하도록 하자는 논의의 결과 벌어진 일이었다.

"우리가 동물처럼 취급당한다는 의미였죠."

교육청은 남아 있는 백인학생들이, 거의 흑인 학생들이 차지하게 된 학교를 떠나 다른 곳으로 전학하는 것을 허용했다. 이 학교들은 기간제 대체 교사들이 수업의 4분의 1을 떠맡고 있었다. NAACP는 1961년 보고서에 다음과 같은 기록을 남겼다.

"흑인 학생의 등록 비율이 높은 학교에는 교과서가 아예 없거나 너무 오래된 교과서만 준비되어 있었습니다. 이런 열악한 상황에서 교과서로서의 가치도 거의 없었습니다. 몇몇 학급에 비치된 도서들이라곤 겨우 만화

책뿐인 경우도 많았죠."

도시의 대다수 주민이 흑인이었는데도 그들은 정치적으로 너무나 나약했다. 경찰의 폭력성, 기준에 한참 못 미치는 주택 상황, 황폐해진 공교육을 보여줄 증거를 지역 공무원들에게 제시할 수 없을 정도였다. 1960년대 초 아일랜드계 주인을 몰아내고 자리를 차지해 주름 잡던 이탈리아계 정치 거물은 시청과 공립학교들을 꽉 움켜쥐고 흔들었다. 일자리를 매개로 범죄 조직과 후원 관계를 맺고 계약을 체결하기도 하고, 사업 중개료를 받아 챙겼다. 당시 시장이자 전직 연방 하원의원이던 휴 아도니치오(Hugh Addonizio)는, 명예로운 의회를 떠나 그토록 형편없는 도시를 위해 선거에 나서려는 동기를 다음과 같이 거창하게 설명하고 있다.

"워싱턴에는 돈이 없습니다. 그러나 뉴어크 시장이 되면 수백만 불의 돈을 벌 수 있지요."

1967년 7월 12일 밤, 뉴어크에 6일 동안 폭동이 일었다. 억압적인 인종

#25 1967년 뉴어크 폭동의 한 장면

#26 1967년 뉴어크 폭동의 한 장면

차별에 맞서 일어난 저항성 폭력이었다. 평생 그곳에 살아왔던 뉴어크 시민들은 이를 두고 아직도 '반항'이라고 표현한다. 사건의 직접적인 계기는 폭력적인 경찰 때문이었다. 한 흑인 택시기사가 이 경찰에게 맞아 '죽었다'는 소문(나중에 거짓으로 밝혀졌지만)이 폭동의 발단이었다. 경찰들이 택시기사를 붙잡아 야광봉과 방패로 폭행하고 있다는 경찰서에 3백 명도 넘는 군중이 모여 돌과 화염병을 던졌다. 폭동 가담자들은 창문을 깨부수고, 빌딩을 불태우

고, 상점을 약탈하고, 센트럴 워드에 대규모로 쓰레기를 쏟아놓았다. 주 경찰과 지역 경찰, 그리고 연방 수비대는 무차별 총격으로 대응했다. 때문에 다수의 연구에 따르면 집 현관에 있거나 보도를 거닐던, 또는 아파트와 차 안에 있던 남녀들, 그리고 어린아이까지 죽었다. 목격자들의 증언에 따르면 연방 수비대는 흑인 소유인 듯한 암시와 기호가 있는 가게들을 약탈하고 총격을 가했다. 약탈꾼들은 이렇게 공격당한 가게들을 두고 덤벼들었다. 주 위원회의 보고에 따르면, 26명이 사망했고 그중 대부분은 주 경찰과 연방 수비대가 쏜 총에 맞아 죽었다. 희생자 가운데 두 명은 백인이었고, 24명은 흑인이었다. 23명의 사상자들이 살해당했다고 분류되었으나, 단 한 건도 검찰에 기소되지 않았다. 재산 피해액은 천만 불을 넘어섰고, 부상자들은 수십 년이 지난 지금까지도 정확히 집계되지 않았다.

"우리의 조국은 서로 다른 두 세계로 나뉘고 있습니다. 하나는 흑인의 세계이고, 다른 하나는 백인의 세계입니다. 이 두 세계는 분리되어 있고, 또한 불평등합니다."

시민 소요에 관한 연방 자문위원회(The National Advisory Commission on Civil Disorders) 보고서의 결론이다.

1967년 주지사 리차드 휴즈(Richard Hughes)는 해당 폭동의 원인을 조사하도록 위원회를 조성한다. 보고서에 따르면, 도심재생사업과 관련해 "돈을 쟁탈하고자 맹목적으로 향하는 가운데, 프로그램에 따른 재정 지원의 주요 혜택을 입어야 했던 가난한 사람들은 그다지 주목받지 못했다." 또한 "게토(Ghetto) 학교들" 때문에, 대부분의 가난하고 흑인인 아이들은 "현재 상황에서 아무런 희망도 없다. 이러한 한계에도 불구하고 몇몇 아이들은 성공할 수 있

#27 리차드 휴즈

을지도 모른다. 그러나 운 나쁜 대다수는 결코 그러지 못할 것이다. 사회는 이처럼, 인간의 잠재력이 쓸모없이 버려지도록 방임해서는 안 된다."

이 보고서는 흑인으로는 최초로 학교위원회 위원장을 역임한 해롤드 애쉬비(Harold Ashby)의 증언을 다음과 같이 인용하고 있다.

"저는 뉴어크 어디선가 누군가는 말해야 한다고 봅니다. '멈춰'라고 말이지요. … 이들의 읽기 수준과 수학 수준이 올라갈 때까지는 뉴어크시의 그 누구도, 그 사람이 전문가이든 그렇지 않든, 우리는 우리 일을 잘하고 있다고 말할 수 없습니다. 왜냐하면 우리 아이들이 제대로 읽지도 제대로 셈하지도 못하기 때문입니다."

주 의회는 주지사인 휴즈가 학교들을 넘겨받아 인수하는 법안을 거부했다. 결국 이처럼 학교교육에 대한 방치와 태만과 부패의 순환고리는 멈추지 않았다.

#28 케네스 깁슨 시장

그 다음 선거에서, 흑인들 그리고 점차 늘어가고 있는 푸에르토리코 출신들은 케네스 깁슨(Kenneth Gibson)에게 투표하기로 연합했다. 깁슨은 개혁 플랫폼을 운영하고 있는 도시공학자로, 북동부 지역 주요 도시에서 시장에 당선된 첫 흑인이다. 그는 아도니치오를 꺾고 당선되었고, 아도니치오는 갈취죄로 재판을 받았다. 시장으로서 거둬들이겠다고 기대했던 부에 대해 했던 말들이 사실이라는 점을 염두에 둔다면, 아도니치오는 4명의 동업자들과 함께 시정 계약자들로부터 140만 불을 부당취득했다는 판결을 받았다. 그러나 이후 깁슨과 그의 후임자 제임스 또한 중죄자로 기소되었고, 유죄 평결을 받았다. 지난 44년간 재판에 회부되지 않은 뉴어크 시장은 단 한 사람, 부커뿐이다.

1994년 주 교육부 조사팀은 뉴어크 학교구를 통틀어 총체적으로 부실 운영, 부패, 교수법 실패가 만연하다고 보고했다. 심지어 학교위원회 위원들은 공용 자동차를 사적인 용도로 전용하고, 적도 열대 국가로 외유를 다녀오는가 하면, 값비싼 식사 등의 향응을 베풀었다. 조사관들은 초등학교로 사용되던 임대 빌딩에서 쥐가 들끓고, 석면 가루와 납중독성 페인트가 사용되기도 했다고 적발했다. 심지어 해당 학교위원회는 겨우 12만 불을 넘을까 싶은 이 빌딩을 구입하는 데 270만 불을 지급하려고 협상하기도 했다. 나중에 밝혀진 바에 따르면, 그 건물은 이탈리아계 정치 거물로 유명한 두 학교 교장들이 유령 회사를 통해 소유하고 있었다. 그들은 추후 여러 범죄 혐의로 기소되었지만, 결국 무죄 판결을 받고 석방된다.

1990년대 연속된 판결에서, 주 대법원은 각 교육청에 대해 불균등하게 시행되는 재정 지원은 주헌법의 교육권, 즉 뉴저지 빈곤층 아이들의 교육권을 위반하고 있음을 확인해주었다. 대법원은 재정지원의 균형을 맞추도록 수십억 불을 써야 한다고 주 의회에 명령했다. 이 판결은 흥미롭게도, 뉴어크시에는 뜻밖의 행운이 찾아올 전조가 되었다. 1995년 주정부는 뉴어크시의 교육청을 통제할 수 있게 되었고, 이로써 자금이 제대로 지원되기 시작했으니 말이다.

돈 문제는 뉴어크시 학교들을 통제하기 위한 싸움에서 늘 핵심이었다.

"모든 시장들이 학교 통제권을 되찾아 오려고 노력한 이유가 있습니다. 그 '보상(the prize)' 때문입니다."

주니어스 윌리엄스(Junius Williams)의 말이다. 그는 예일 법대를 졸업하고 1967년 뉴어크로 이주해 온 이래, 평생 교육 운동가로 활동하고 있다.

1950년대에 개혁 시장이 선출되어 부패로 가득찬 시청을 일소하겠다고 선언했을 때는 시혜적인 정치적 후원 관계를 시청에서 교육청으로 단순히 바꾸었을 뿐이다. 1980년대 초 취임한 깁슨 시장 때에는, 학부모, 교사, 그리고 정치 조직의 풀뿌리 캠페인이 시장으로부터 학교의 통제권을 빼앗아 새로 선출된 학교위원회에 넘기려 했다. 통제권의 이러한 이관은 민주주의 승리로 화제 삼을 만한 주제였다. 그러나 선거에 나서려는 다른 인물이 없는 상황에서 학교위원회 선거가 열렸고, 따라서 그 결과가 미치는 영향이란 정말 미미한 수준이었다. 학교위원회는 선거에 가장 많은 투표자를 움직일 수 있는 자들의 통제 아래 놓이게 되고 말았다. 노동조합들 또는 뉴어크 시에서 가장 막강한 정치 거물들. 교육청에게 있어 교육이란, 수십 년 동안 그저 부차적인 목적에 지나지 않았다.

"뉴어크의 학교들은 마치 도박장 앞에 자리잡은 캔디 가게 같았습니다."

비영리 단체인 뉴어크 교육신용기금(Newark Trust for Education)의 이사장 로스 다니스(Ross Danis)가 한 말이다.

"위협이 분명해지면 사람들은 모두 자기 자리를 찾고 캔디를 팔려고 하죠. 그러나 위협이 줄어들면 다시 도박장으로 돌아갑니다."

둘만의 비밀스러운 야간 순시 이후 몇 달이 지난 2010년 어느 여름날, 부커는 크리스티에게 '대외비 사본'이라 도장 찍힌 '뉴어크 공립학교-개혁계획'이라는 제목의 제안서를 내놓았다. 위로부터의 가열찬 교육개혁을 요청하는, 노조 및 정치꾼들과 보다 강력한(open) 정치적 싸움(political process)에 휘말릴 수 있다고 경고하고 있었다.

"진정한 변화에는 부상이 따르는 법이다. 기존 질서 아래 번영을 구가하던 사람들은 아주 소란스럽고 사악한 방식으로 싸울 것이다."

제안서에 담긴 내용의 일부다.

의견의 일치를 찾자면 진정한 개혁은 약해질 것이다. 이들이 내세운 교육개혁의 목표 중 하나는 '뉴어크를 전국적인 차터스쿨의 수도로 만드는 것'이었다. 전국의 학교개혁 조직들을 통틀어 유능한 교사들과 교장을 고용하고, 정교한 자료 및 책무성 시스템을 세우며, 교사 정년보장 제도 및 선임 특권 보호장치들을 약화하도록 하기 위한 '자선사업 지원금의 확대'를 요청하는 계획이었다. 정부의 재정 지원과는 달리 자선가들은, 우선적인 처방과 자금 사용에 있어 공공 감찰을 요구하지 않기 때문이다. 크리스티는 이 계획을 승인했다. 부커는 곧 이 제안서를 주요 자선사업가들에게 보내기 시작했다.

제안서를 전달하면서, 부커는 뉴어크 학교들을 아주 다른 종류의 보상

(a prize)으로 묘사했다. 즉, 뉴어크에는 전국에서 가장 문제 많은 공립학교들이 있다. 따라서 교육개혁 운동의 전략을 적용할 수 있는 실험실이 될 수 있다고 말이다. 그는 뉴어크시가 미국 도심을 통틀어 교육개혁을 확산하는데 매개 역할을 하리라 믿었다. 그렇게 '희망의 영토(a hemisphere of hope)'를 향해 변혁의 길로 나아가리라고 예견했다.

2장

―――――

선 밸리의 유혹

2010년 7월~9월

몇 주 뒤인 2010년 7월, 부커는 아이다호 중부 산간 지역에 위치해 있는 호화로운 선 밸리(Sun Valley) 리조트에 있었다. 어마어마한 억만장자, 백만장자들과 함께였다. 이런 자리는 보통 대규모 비즈니스와 회합이 뒤섞여 있다. 이번 모임은 뉴욕 금융재벌인 허버트 알렌(Herbert Allen)이 주최한 자리였다. 미디어 재벌과 투자자들에게 거래를 성사시키는 일에서부터 시시껄렁한 이야기를 늘어놓는 잡담에 이르기까지, 다양한 유형의 모임에 오로지 초대받은 사람들만을 위한 화려한 행사였다. 가장 부유한 사람들뿐만 아니라 비즈니스계에서 가장 유명한 사람들만이 초청되었다. 그해 초청인사 목록에는 페이스북 설립자인 26세의 마크 주커버그(Mark Zuckerberg)가 처음으로 포함되었다. 부커는 주커버그가 뉴어크 공립학교 개혁을 꿈꾸는 자신과 크리스티의 계획에 자금을 지원할 수 있다고 보았다. 실제로 주커버그는 부커를 만나고 싶어 했다.

뉴어크 시장 부커는 물론 자신만의 엄청난 사회적 연결망을 갖고 있었다. 그러나 이렇게 특수한 네트워크(connection)에 있어 그는 다시 한번 예일대 로스쿨 동기인 니콜에게 감사해야 할 것이다.

부커가 아직 시의원일 때, 니콜은 자신의 투자자 중 한 명에게 그를 소개했다. 마크 보드닉(Marc Bodnick)이라는 벤처 자본가였다. 부커는 니콜이 그를 간단명료하게 설명했음을 기억한다.

"이 친구는 완고한 민주당원이야. 교육의 실패를 아주 증오하고 있지. 이 친구가 부커, 자네의 바우처나 차터스쿨 등에 대해 모두 신뢰하고 있다는 말을 들었어. 어쨌든, 자네를 만나고 싶어하네."

이 두 사람, 즉 부커와 보드닉은 첫만남에서부터 서로 잘 통했다.

1 셰릴 샌드버그

부커에게 한 다리 건너 연결되었던 보드닉은 나중에 미셸 샌드버그와 결혼한다. 그녀는 2008년 페이스북 사장이 된 셰릴 샌드버그(Sheryl Sandberg)의 여동생이다. 부커에 따르면, 2010년 중반 보드닉이 부커에게, 페이스북 설립자가 교육을 위해 '뭔가 큰(something big)' 자선 기금을 제공할 것이라고 귀띔했다. 그때 보드닉은 샌드버그, 주커버그, 부커 세 사람 모두 매년 열리는 알렌의 선 밸리 연회에 참석할 것임을 알았다. 그리고 부커는 또 다른 전갈을 받았다고 한다.

"보드닉이 제게 말했죠. '셰릴과 그의 남편이 너와 연결되어 있다는 점을 절대로 잊지 마. 그들이 너를 주커버그와 연결시키고 싶어하니까'라고요."

선 밸리 행사에서 늘 그렇듯, 패널 토론은 미국과 전세계에서 가장 인상적이고 뛰어난 사람들 중 몇몇을 돋보이도록 한다. 도시의 미래에 관한 토론이 비즈니스, 문화 그리고 영향력에 있어 중심에 자리한 지도자들을 포함한다는 건 그리 놀랍지 않다. 여기에 뉴욕 시장 마이클 블룸버그(Michael Bloomberg), 시카고 시장 리차드 데일리(Richard Daley)도 함께였다. 세 번째 패널 초청자는 바로 코리 부커. 이미 오래전 부와 영향력을 잃어버린 도시 뉴어크의 시장이었다. 주커버그와 마찬가지로, 부커는 선 밸리에 처음 참석한 인사였다. 따라서 자신이 얼마나 이 모임에 어울리지 않는지, 농담을 섞어가며 이야기를 시작했다. 부커는 자신이 시장 세계에서, 하버드와 예일 옆에 있는 지방 전문대처럼 느껴진다고 말했다.

그러나 어울리지 않으리라는 점 때문에 부커는 오히려 더 큰 호기심의 대상이 되었다. 사실 그는 대부호들과 권력자들 사이에서 별로 긴장하지 않았고, 편안한 마음가짐이었다. 부커는 수년간 맨해튼 연예인들이 벌이는 연회와 할리우드 영화 개봉행사에 매번 초대되곤 했다. 또한 전국 수준으로 개최되는 정치모금 행사, 자선행사, 대학 졸업식, 그리고 주요 TV의 야간 토크쇼 등에 자주 초대되는 연사로 불려 다녔다. 이리저리 다닐 때마다, 부커는 부유한 사람들이 뉴어크의 개혁을 위해 수표를 꺼내고 싶어지도록 유혹했다. 브래드 피트는 저소득 퇴역군인용 주택 마련을 위해, 본 조비는 에이즈(HIV/AIDS) 환자들을 위해, 그리고 오프라 윈프리는 가정폭력에 노출된 여성들을 위해 기꺼이 돈을 내놓았다. 샤킬 오닐은 12개의 상영관을 갖춘 영화관과 고층 아파트를 지을 수 있도록 자금을 지원했다. 이토록 다 쓰러져가는 도시의 시장이 전국에서 가장 부유한 사람들로부터 기금을 지원받는 방식에 대해, 심지어 연방 상원의원들이 놀라 자빠질 지경이었다.

부커와 주커버그는 알렌의 선 밸리 타운하우스에 차려진 저녁 뷔페 자리에서 드디어 만났다. 멀리 골프장과 개울이 내려다 보이는 장소였다. 그들이 앉은 식탁에는 다른 몇몇과 함께 아마존의 제프 베조스(Jeff Bezos)와 거대 미디어 사장 마이클 아이즈너(Michael Eisner) 등이 동석했다. 식사 뒤 주커버그는 부커와 함께 산책하면서 설명했다. 도심 교육을 가로막고 있는 장애물들을 걷어내기 위해, 준비된 도시를 찾고 있다고. 자신의 돈이 큰 성과를 내고, 향후 전국적인 모델이 될 수 있기를 바란다고 덧붙였다. 한껏 고무된 부커는 적극적인 기세로 응대하며, 자신이 어떻게 그토록 열심인 모금가가 되었는지 보여주고자 최선을 다했다.

2 코리 부커와 마크 주커버그

뉴어크 시장(부커)은 이들의 마음을 아주 잘 꿰뚫어 보고 있었다. 벤처 자선가가 반드시 '성공사례(proof point)'가 될 만한 도시를 찾는다는 사실을. 그들에게는 여러 다양한 구상을 시도해서, 가난한 아이들의 학업 성취도를 눈에 띄게 개선시켰다는 사실을 증명할 도시가 필요했다. 부커는 이미 쓸모없는 황량한 땅에 차터스쿨이 성장할 수 있도록 하는 등, 교육개혁과 관련된 몇몇 구상을 시행해왔다. 그는 이런 작업을 해왔다는 점을 강조했다. 뉴어크가 허드슨 강 너머의 훌륭한 교사군에 근접해 있으며, 뉴욕과는 달리 충분히 통제 가능한 규모라는 점을 말이다. 뉴욕의 경우, 교육개혁의 영웅이라 불리는 시교육감 조 클라인(Joel Klein)이 교육시스템의 토대를 흔들고자 했지만 시 전체 120만에 이르는 학생들에게 영향을 미치기는커녕, 시작조차 제대로 하지 못했다. 부커는 2008년 뉴어크 차터스쿨기금으로 2천만 불을 모금하면서부터 뉴어크의 초기 몇몇 차터스쿨들과, 뉴저지의 관대한 학교기금 지출방식이 거둔 성공을 강조했다. 예를 들어 학생 1인당 교육비 규모를 캘리포니아에서보다 두 배 이상 사용할 수 있도록 한 것이 대표적이다. 지금 부커는 주커버그에게 자신들의 비전에서 다음 단계를 던지고 있다. 즉, 뉴어크에서 교육개혁이 성공한다면, 뉴어크는 중요한 모델이 될 것이다. 뉴어크에서 성공한 방식은 미 전역의 도심 학교구로 확산될 것이라고 말이다.

주커버그와 나란히 걸으며 부커는 말했다.

"도시들이 직면하고 있는 질문은 '가장 어려운 문제인 범죄, 보건, 교육을 과연 우리가 다룰 수 있을까?'가 아닙니다. 진짜 중요한 질문은 '그럴 만한 의지를 갖고 있는가?'라고 할 수 있지요."

그는 계속해서 덧붙였다. 교육 개혁에 성공하려면 전국에서 가장 좋은 모델을 채택해 뉴어크에 실현해야만 한다고.

"우리는 4만 5천이라는 수를 세지 않을 수 없습니다. 뉴어크의 학령기 아동 수이지요. 그들 모두에게 높은 수준의 학습환경을 제공해주어야 합니다."

모두 부커 시장이 나중에 회상한 내용이다. 큰 체격에, 머리를 빡빡 밀고, 적갈색의 눈에 지나치게 낙관적인 전 스탠퍼드 대학교 풋볼 선수. 그는 타고난 승리자의 자신감을 담아 덧붙였다.

"당신이라면 이 도시 전체를 뒤집을 수 있습니다!"

"부커라면 제가 투자하고 싶은 친구가 될 수 있겠다는 생각이 들었어요. 변화라는 걸 만들어낼 사람입니다."

주커버그가 나중에 기자에게 한 말이다. 주커버그는 당시 자기가 자선사업에 대해 얼마나 모르고 있었는지, 솔직히 드러내며 말했다. 그는 얼마 전 평생 벌어들인 부의 절반을 사회에 기부하겠다는 선언에 빌 게이츠, 워렌 버핏과 동참했다. 그러나 다른 연로한 억만장자와는 달리, 주커버그는 재단을 설립하는 데 투입할 시간이 없었다. "회사를 경영한다는 건 하루 온종일을 투자해야 하는 노동입니다."

그는 이렇게, 어느 정도 말할 필요없는 설명을 덧붙이고 있다. 그는 뉴어크의 학교를 돕는 일에 더하여, 자신의 목표는 경험으로부터 뭔가 배우는 것이어야 하며, 그 과정에서 좀 더 나은 자선사업가가 되는 것이라고 말했다.

공교육에서 주커버그가 치른 개인적인 경험은 아주 제한적이다. 주커버그는 공립학교에서 학교생활을 시작하기는 했지만, 엘리트 대학 예비학교인 필립 엑스터 아카데미(Phillips Exeter Academy)를 졸업했고 하버드 대학교를 2학년때 자퇴한다. 오히려 그는 아내인 프리실라 찬(Priscilla Chan)의 경험에서 자선사업의 동기를 찾았다. 주커버그의 애인이던 당시에도 그녀는 아이들에 대해 무한한 애정을 드러냈다. 부부가 된 뒤 그들은 자선사업에 헌신하겠다고 마음먹는다. 2010년 초, 두 사람이 이 주제에 대해 이야기하

#3 프리실라 찬과 마크 주커버그

고 있을 때, 찬은 소외계층의 아이들을 돌보기 위해 지역 보건소에서 소아과 의사가 될 준비를 하고 있었다. 따라서 그녀는 주커버그처럼 많은 시간을 들여 자선사업에 적극적으로 참여할 수가 없었다.

유리벽으로 둘러싸인 페이스북 본사 회의실에서 주커버그 옆에 앉아, 찬은 삶의 경험을 토대로 말했다. 어떻게 도심 한가운데 아이들이 맞닥뜨리고 있는 문제들로 이끌렸는지를. 그녀 또한 '소외계층' 가정 출신으로, 중국−베트남 이주민인 부모는 하루 18시간을 일하면서 세 딸에게 더 나은 삶을 만들어주려고 노력했다. 아버지는 중국 식당을 운영했고 어머니는 두 직장에 근무했다. 조부모는 함께 살면서 찬을 보살펴주었다. 그녀가 다녔던 공립학교 교사 중 두 사람과는 아직도 친밀하게 지내고 있다. 이 두 선생님들은 찬이 지닌 잠재력을 내다보고, 궁극적으로 하버드 대학에 진학할 수 있는 경로에 들어서도록 아낌없이 도왔다. 친척들을 통틀어 찬은 첫 번째로 대학에 진학했고, 이어 두 어린 자매들 또한 대학 진학에 성공한다.

찬은 하버드대학에 입학한 뒤 첫 며칠간 얼마나 감격에 겨웠는지 떠올리지 않을 수 없었다. 그녀는 보스턴의 저소득 가정이 밀집해 있는 도체스터(Dorchester) 구역의 두 주택 단지에 속한 아이들을 위한 방과후 프로그램에 자원봉사자로 참여했다.

"저는 마치 … '오 신이시여, 이 아이들이 바로 접니다.' 저는 그저 예

외적으로 이 길 어느 곳에선가 운 좋게 빠져나와 상황이 아주 좋아졌던 것뿐이죠. 저는 이 아이들을 돌보아야 합니다. 이 아이들이 저 자신이고, 아마도 한두 개의 작은 변화만으로도 그들 삶의 궤도를 바꿀 수 있을 것이기 때문입니다."

찬은 눈물을 훔친 뒤, 마음을 가라앉히기 위해 잠시 멈추었다.

"저는 이 이야기를 시작하면 꼭 울게 되네요."

아주 조용히, 주커버그는 일어나서 그녀에게 클리넥스 휴지 상자를 건넸다. 마치 운동 트레이너와 희극배우 사이를 오가는 사람처럼, 그는 주먹을 위 아래로 흔들면서 낮은 목소리로 말했다.

"힘 좀 써봐."

그녀는 웃으며 티슈를 눈에 대고 꾹 눌러댔다. 그리고 말을 이었다.

찬은 2학년 이후 3년간 프로그램을 운영하면서, 이후 대학 4년 내내 그 프로그램을 위해 일했다. 학교에서 학업에 정진하도록 하는 것도 중요했지만, 이 프로그램은 보다 더 현실적이고 중요한 문제 해결에 집중했다. 예를 들어 이웃간 경쟁에서부터 건강문제에 이르기까지, 아이들이 빈곤 속에서 성장하면서 날마다 부딪혀야 하는 문제들을 헤쳐 나가도록 도왔다.

#4 프리실라 찬

찬은 의대에서 소아과 의사들로 구성된 단체인 '취약계층을 위한 소아과 지도자들(Pediatric Leaders for the Undeserved)'에 적극 참여했다. 그리고 주민의 자격으로 샌프란시스코 카운티 지역병원에서 이들의 양육을 돌보았다. 그녀는 다시금 개인적인 연관성을 느꼈다.

"병원의 제 진료실에 찾아오는 이 모든 히스패닉계 이주민 가정들, 그들은 저와 같아요. '당신은 저와 마찬가지입니다. 그저 예외적으로, 우리는 완전히 다른 삶을 살고 있을 뿐입니다.'"

그녀 자신에게 있어, '완전히 다른 삶들,' 즉, 그녀가 아동기에 겪었던 고난과 억만장자라는 현재 현실의 대비에 대해 찬은 이렇게 말한다.

"누구라도 충격받을 만하지요. 당신은 제가 가졌던 것과 정말 똑같은 배경을 가질 필요가 없습니다."

찬의 전혀 다른 경험은, 주커버그가 교육과 뉴어크를 보는 시각에 영향을 끼쳤다. 그녀는 대학 졸업 후 의대에 진학하기 전 1년 동안 산호세의 사립학교에서 과학을 가르쳤다. 주커버그가 말한다.

"찬이 하버드를 졸업하고 교사가 되겠다고 했을 때, 사람들은 그녀가 그냥 자선사업을 하려는 것 같다고 말했습니다. 글쎄요. 제 입장은 이랬습니다. 더 많은 월급을 주는 직업을 가지려는 사람들보다 더 큰 영향력을 가져야 한다는 것이었죠. 뭐, 사실 기본적으로 경제적인 면으로는 비효율적이라고 봐야겠지. 하지만 사회에서는 이러한 역할을 보다 더 가치 있다고 인식해야 합니다. 이러한 방식을 만들어가려면 어떻게 해야 할까요?"

주커버그의 희망은 미국에서 가장 중요한 일 중 하나인 도심 학교에서 가르치는 직업을 매력적으로 만드는 것이었다. 가르치는 직업이 페이스북에서 일하고 있는 가장 훌륭한 재능을 가진 사람들에게조차 매력적인 일이 되는 것 말이다.

가장 뛰어난 인재들을 주커버그 자신이 뽑지 않았다면 결코 페이스북의 성공을 이끌 수 없었을 것이다. 공립학교라 해서 굳이 다를 이유가 있을까?

"경제적으로, 저는 이것이 전세계의 가장 중요한 문제라고 생각해요."

주커버그가 극빈 가정의 아이들을 위한 공교육에 대해 한 말이다.

찬은 재미있다는 듯 미소를 지으며 주커버그에게 고개를 돌려 질문했다.

"우리는 달라요."

그녀의 설명이었다. 주커버그는 이 문제를 체계와 경제적인 면에서 들여다보았지만, 찬은 같은 문제를 현장의 입장에서 바라보았다. 즉, 개별 아이들의 요구가 무엇인지 따져묻는 방식으로 말이다. 그녀의 입장에서, 아이들에게 투자한다는 건 그 자체로 높은 가치였다.

"가장 멋진 일이지요! 그 뒤에 무슨 일이 일어날지 결코 알 수도 없고, 실제로 좇아갈 수도 없어요. 그냥 이렇게 생각할 수밖에요. '그 아이들이 나중에 자라면 무슨 일을 하게 될까?' 세상에, 누가 알겠어요?"

선 밸리에서의 담화 이후 부커와 주커버그가 서로 주고받은 이메일과 문건에서 확인할 수 있는 그들의 목표란, 단순히 뉴어크의 교육을 뜯어 고치는 일 정도가 아니었다. 미 전역의 도심에서 보전할 성공적인 교육 모델을 만드는 것이었다. 그것도 5년에 걸쳐서 말이다. 부커는 뉴어크처럼 문제 많은 지역에서 성공한다면, 주커버그는 한 도시에서 또 다른 도시에 걸쳐 적용할 수 있는 개혁의 모델로 부상하리라고 주장했다.

같은 해 8월, 부커는 주커버그에게 매킨지 컨설턴트들이 무상으로 도와 준비한 제안서 하나를 보낸다. "전국 교육변혁모델 창안(Creating a National Model of Educational Transformation)"이라는 제목. 겉표지에는 하늘을 바라보고 있는 흑인 아이들에 둘러싸인 시장, 부커의 사진이 있었다. 이 문서는 줄곧, 국가 모델로서 뉴어크가 지닌 잠재력을 반복해 언급했다.

"우리 청소년 인구는 통제 가능한 규모로, 뉴어크는 지역사회 변화를 위한 가장 이상적인 실험실이 될 것입니다."

"뉴어크의 성공적인 수월성 모델은 프로그램의 파급 효과와 모범적인 사례들을 확산하기 위해, 지역뿐만 아니라 국가 수준의 협력자인 비판적 대중에게 전달될 것입니다."

성공을 위한 4가지 성과 기준이 마지막 페이지에 나열되어 있는데, 그 중 하나만 굵은 글씨로 박혀 있었다.

"미국 도심 지역 청소년들의 삶을 변혁하기 위한 국가적 차원의 복제(national replication) 청사진."

'전국 모델'이라는 용어는 뉴어크시, 뉴어크의 학교, 그리고 뉴어크의

#5 페이스북 본사

아이들이 지닌 특수한 문제점에 전혀 주목할 수 없도록 했다.

몇 주가 지나, 주커버그는 부커를 페이스북 본사가 있는 팔로알토로 초대해 조금 더 대화를 나누었다. 이후에도 비밀리에 전화 통화를 이어갔다. 이때 사용된 부커의 비밀 스케줄 명칭은 'Mr. Z'였다. 뉴어크 학교측 또는 지역 정치인 중 그 누구도, 한치 앞에서 무슨 일이 일어날지 모르고 있었다. 두 사람의 대화는 한밤중까지 이어졌다. 이 유선상의 대화에는 셰릴 샌드버그, 부커의 교육자문 책임가인 드숀 라이트(De'Shawan Wright)가 함께했다. 라이트는 말했다.

"시장, 샌드버그, 주커버그, 그리고 저는 새벽 2시 또는 3시에 전화로 만났습니다. 교육개혁에 대해, 변화의 방편에 대해, 이를 체계적으로 어떻게 실현할 수 있는지에 대해서요. 그리고 이러한 교육적 유토피아에 이르도록 하는 정치역학, 정책, 법안들이 무엇인지, 장애물들은 무엇인지에 대해 대화를 나누었습니다."

주커버그는 자신의 주요 목표가 최상의 교사가 되도록 동기를 부여하고, 이들을 키우고, 또 그만큼 보상할 수 있도록 방안을 만들어야 한다는 점에 있어서 분명한 태도를 견지했다. 미 전역의 모든 학교구와 거의 마찬가지로, 뉴어크 또한 얼마나 오래 교직에 몸 담았는지, 대학원 졸업장은 몇 개인지에 따라 월급이 정해졌다. 이러한 기준들이 효과를 높이는가의 여부와는 아무 상관성이 없는데도 말이다. 다시 말해, 학생들의 삶을 변혁하는 교사들은 쓸모없는(deadwood) 교사들과 같은 수준의 월급을 받는다.

"어떤 사람들이 이러한 시스템에서 일하고 싶겠어요?"

미 전역의 330만에 달하는 공립학교 교사들에게 거의 비슷하게 적용되고 있는 이런 조건에 대해, 주커버그는 큰 소리로 되물으며 의아해했다.

주커버그가 일해온 세상. 그곳은 뉴어크 공립학교와 그보다 더 대조적일 수가 없었다. 페이스북에서, 그가 앉아 있는 체육관만 한 방은 코딩 중인 20대 청년들이 가득하다. 그들 중 대다수가 전 세계에서 최고 수준인, 최신 기술 관련 회사에서 일했다. 물론 더 경력이 길고 경험이 많은 뉴어크 학교 교사들의 월급을 부끄럽게 할 만한 연봉과 보너스 제안과 함께. 서버 전산망 주위에는 사기를 높이는 글들이 빨간 글씨로 적혀 있다.

집중하고 계속 보낼 것.
신속하게 움직이고 일들을 끝낼 것.
완수가 완벽보다 낫다.
두려움이 없었다면 도대체 뭘 할 수 있었겠나?

물론 주커버그가 뉴어크의 학교들을 방문한 적은 없었지만, 아마도 그랬으리라. 그 학교들에서 빠르게 움직이는 것이라곤 없었을 터이고, 이미 많은 것들이 부서졌을 것이며, 소속된 대부분의 사람들이 변화를 두려워하고 있을 것이었다.

선 밸리에서의 대화 이후 한 달이 지나, 부커는 맥킨지 문서에 뽑아낸 6가지 아젠다를 주커버그에게 보냈다. 부커가 크리스티에게 설명했던 원래 계획을 토대로 순서대로 나열한 목록이었다. 우선 학생들의 성취도 상황을 추적할 수 있는 데이터 시스템을 만들어, 관련된 모두에게 책무성을 요구할 수 있도록 했다. 차터스쿨과 단성(single-sex) 학교, 중도 탈락률이 유난히 높은 학교들을 포함해 새로운 학교 모델을 제시했다. 또한 앞으로 문을 열 학교들을 위해 최상의 교사들을 고용하고 훈련하는 시스템이 필요하다는 점, 반항적인 청소년들을 위한 공적 지원과 서비스를 제공하기 위해 지역사회 인식개선 프로그램을 시행해야 한다는 내용이 포함되었다.

주커버그에게 있어 가장 주목되는 어젠다는 무엇이었을까? 바로 학생들의 학업 성취도를 향상시키는 뉴어크의 교사들에게 획기적인 보상체제를 갖춘다는 새로운 업무계약이었다. 이러한 변화로 인해 교사 전문성의 지위가 높아지리라고 그는 믿었다.

"꽤 오랫동안 소위 가장 뛰어난 사람들, 정말 뛰어난 그 많은 사람들을 대하는 유일한 방식이었지요."

그가 내린 결론이다.

부커는 주커버그에게 5년간 1억 불을 요청했다. 그러나 시장 부커는 당시 이 제안들에 어느 정도의 비용이 소요될지, 정확히 인지하지 못했다고 시인했다. 이 액수는 단지 그가 이 일의 규모와 노력에 쏟아질 사회적 관심에 따라 선택한 것일 뿐이었다.

"액수가 커야 한다는 점을 우리는 잘 알고 있었습니다. 우리 둘 다, 이 일이 아주 담대하고 또 사람들의 시선을 사로잡아야 한다고 생각했으니까요."

부커의 말이다. 주커버그는 물론 이 제안을 받아들였다. 단, 부커가 다른 기부자로부터 동일한 금액, 즉 1억 불을 대응자금으로 확보해야 한다는 단서가 붙었다.

부커는 눈 하나 깜짝하지 않았다. 비록 이 단서가 2008년 전세계를 강타한 금융위기로 휘청대고 있는 긴급한 경제상황에서, 어마어마한 규모의 자금을 끌어내야 한다는 고초를 의미했다 해도 말이다.

2010년 늦은 여름, 부커는 크리스티에게 전화를 걸어 1억 불에 관한 정보를 전했다. "믿기 어려웠죠." 크리스티의 회상이다.

"제가 '이봐, 진짜야?'라고 외쳤죠. 부커는 '주지사님, 저는 이 거래가 취소될 수 있다고 봅니다. 진짜 그럴지도 몰라요. 그러니 당신이 도와주셔야 합니다'라고 하더군요."

#6 부커와 크리스티

부커는 크리스티에게 요청했다. 주지사령으로, 부커 자신이 학교 통제권을 갖도록 해달라고. 그러나 크리스티 주지사는 반대했다. 대신 부커에게 그 모든 결정과 정책에 있어 비공식적으로 조력자 역할을 해주겠다고 제안했다. 그 시작은 이 프로젝트를 감당하고 끌고 갈 수 있는 '수퍼스타' 교육감을 공동으로 선정하는 작업이 될 것이라고 덧붙였다. 부커의 첫 지명은 존 킹(John King)이었다. 그는 뉴욕주 교육위원회 부위원장으로, 뉴욕시와 보스턴에서 최고 성과를 내고 있는 차터스쿨을 이끌어 왔다. 또한 그는 브루클린에서 어린 시절 고아가 된 이후, 삶을 견뎌낼 수 있도록 영감을 주고 이끌어준 공립학교 교사들에게 감사를 표명하는 사람이었다.

주커버그와 찬은 킹을 팔로알토로 초대해 한 주간 함께 지냈다. 샌드버그도 함께였다. 크리스티는 저지 해변에 위치한 주지사 해안 휴양지에 그를 초청했다. 부커는 킹과 그의 아내 멜리사와 함께 뉴어크를 돌아보았다. 그들은 공원과 비즈니스 센터에 내려 주위를 둘러보곤 했다. 비즈니스 센터는 부커가 시장이 되기 전에는 존재하지 않았던 곳이다.

그러나 존 킹은 심사숙고 끝에 이 제안을 거절했다. 주커버그, 크리스티, 부커는 5년 내에 그들만의 국가 모델을 만들어내기를 희망했다. 킹은 생각이 달랐다. 그는 이 작업을 완수하는 데 오랜 시간이 걸릴 것이라 믿었다. 시스템의 토대가 만들어져온 과정의 변화가 있었던 만큼의, 그리고 전 도

#7 (사진 왼쪽부터) 던컨 교육부장관, 존 킹, 오바마 대통령

시에 걸쳐 아이들과 학교를 위한 기대감을 높여야 할 만큼의 오랜 시간이.

"킹이 보기에는 달성하기 힘든 목표였죠. 이들이 실현하려고 하는 것, 즉, 극빈 가정의 아이들을 돌보아 동일하게 높은 학습 성과를 이끌어낼 수 있는 도심 학교구라니. 그 누구도 완성하기 어렵다고 생각했지요."

이 제안에 대해 킹과 대화를 나눈 한 지인의 말이다.

"긴 시간을 투자해야 할 뿐만 아니라, 이를 가능하게 할 만한 엄청난 정치 자본이 투입되어야 했습니다."

킹은 이 5년짜리 계획에 의문을 던지며, 오로지 더 높은 자리를 탐내는 정치인들은 이 계획을 간과하리라는 점을 강조했다.

주커버그 또한 정치에 대해 같은 질문을 갖고 있었다. 특히 부커와 크리스티 사이의 권한 분배에서 생기는 정치적인 지형 문제 말이다. 그는 크리스티와 직접 만나게 해달라고 요청했다. 2010년 8월, 주커버그는 찬과 함께 뉴어크로 날아가 컨티넨탈 항공사 프레지던트 클럽 라운지의 독립된 공간에서 주지사와 시장을 만났다. 두 부부는 특이한 화학 반응을 감지할 수 있었다. 서로 다른 정파에 속한 유력한 두 정치인 사이에서 일어나는 반응이었다.

2002년 부커가 시장선거에 나서서 실패했을 때였다. 미 연방 검사로 뉴어크 검찰청에서 근무하던 크리스티가 당시 부커의 지지자들에 관한 폭력과 협박 내용을 담은 보고서에 따라, 선거 당일 모니터 요원으로 자원봉사를 했다. (물론 그는 잘못된 부분을 전혀 발견하지 못했다.) 둘의 관계에 있어 또다른 중요한 계기는 2006년에 있었다. 경찰서에 등록된 신용카드 정보에서, 새로 취임하는 시장에게 의심스러운 정황이 담긴 돈 뭉치가 발견되었다는 보고가 있었다. 조사가 이루어졌다. 그러나 실제 이 돈은 이전 5선 시장이었던 제임스의 소행임이 밝혀진다. 부커는 이 기록들을 크리스티에게 전달했고, 크리스티는 그 기록들을 들추어 가며 평생의 값진 선물을 발견하게 된다. 즉, 제임스에게 유죄판결을 내리고 감옥에 넣게 된 재판으로, 그는 인생의 분기점을 맞는다. 검사로서 크리스티의 경력에 가장 크고 중요한 재판 중 하나가 된 셈이다.

#8 크리스티 주지사가 교원노조와의 타운홀미팅에서 질문에 답변하고 있다. (2012년 7월 25일)

주지사 취임 후 겨우 9개월밖에 안된 크리스티는 공화당 내에서 떠오르는 정치인이 되었다. 이제 그가 부풀려진 예산을 칼로 쳐내며 주교원노조와 정치 전쟁을 벌이고 있었다. 백 만 명도 더 되는 사람들이 유투브(youtube)로 그와 주 교원노조가 타운홀미팅을 하는 장면을 지켜보고 있다. 이들은 크리스티가 자신과 자신의 교육관련 정책을 공격하는 교사들에게 수치심을 안기는 장면을 지켜보았다. 한 비판가는 이를 두고 '괴롭힘'이라고 표현하기도 했다. 공공분야 노동자 보호로 고통받고 있는 공화당원 역할을 보여주는 사례로, 크리스티는 공화당 전당대회 대통령 선거자료에 언급되기도 했다.

국가 정치 지형이 양분된 상태임을 염두에 둘 때, 주커버그는 뉴저지의 가장 가난한 아이들에게 관심을 이끌자는 하나의 목표를 위해 민주당원과 공화당원이 연합하는 이 상황에 깊은 인상을 받았다. 그런데, 과연 지속 가능할 것인가? 그는 부커와 크리스티에게 만약 3년 뒤 두 사람이 주지사 자리를 놓고 격돌한다면 무슨 일이 벌어질 것 같냐고 물었다. 두 사람 모두 교육과 관련해서는 완전히 동의하고 있지만, 그로 인해 둘의 정치 문제에 끼어들면 안 된다는 점을 분명히 했다. 킹 또한 같은 질문을 던졌더랬다. 그는 크리스티에게, 만약 부커가 2013년 크리스티를 상대로 주지사 선거에 나

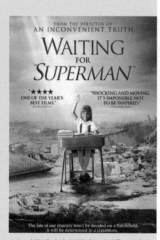

#9 다큐멘터리 영화 〈슈퍼맨을 기다리며〉 포스터

간다면 교육감은 이 선거의 영향을 어떤 식으로 받을 것인지 물었다. 크리스티의 답변은 이랬다.

"그런 경우라면, 교육감은 그 한 해 동안은 집무실 책상 밑에 숨어서 보내면 됩니다."

홍보 효과를 극대화하는 수단으로, 부커는 1억 불의 기금을 알리는 데 오프라 윈프리쇼(The Oprah Winfrey Show)에 출연하길 원했다. 흥미롭게도 그날은 9월 24일로, 〈슈퍼맨을 기다리며(Waiting for Superman)〉라는 다큐멘터리 영화가 처음으로 공개되는 날이었다. 게이츠 재단으로부터 2백만 불의 자금지원을 받아 홍보가 이루어졌던 이 영화는, 차터스쿨에 아이들을 보내기 위해 애쓰는 다섯 가정의 이야기를 다루고 있다. 영화에 등장하는 차터스쿨들은 헌신적인 교사들과 리더로 구성된 팀이었고, 극빈층 아이들을 대학에 보내는 기록을 보여주고 있었다. 다섯 가정 중 네 가정은 도심에 살고 있고, 그들의 아이들이 할 수 있는 유일한 선택은 제대로 기능하지 않는 공립학교에 가는 것뿐이었다. 소위 중도 탈락생 양산 공장보다 아주 조금 나은 정도랄까? 영화에는 차터스쿨 다섯 개 중 오로지 한 학교 정도만 전통적인 공립학교보다 학업 성취도가 더 낮

다는 음성 멘트가 흘러나온다. 그러나 이 영화는
전체적으로, 도심 교육의 위기를 해결할 수 있는
유일한 방법으로서의 차터스쿨에 대해 우레와 같
은 박수를 보내고 있다.

　그러나 상황은 그리 단순하지 않았다. 같
은 주말 개봉이 예정된 또 다른 영화가 있었다.
<소셜 네트워크(Social Network)>. 아론 소르킨
(Aaron Sorkin)이 페이스북 설립 과정을 소설화한
영화다. 이미 잘 알려져 있는 이야기로, 이 영화
에서 주커버그는 명성과 부를 향한 여정에서 자
신을 믿는 친구들을 배신하는, 천재이지만 거만

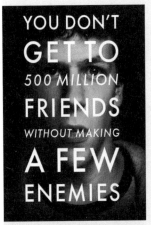

#10 영화 <소셜 네트워크> 포스터

한 청소년으로 등장한다. 회사 이미지를 퇴색시킬 수 있을 만한 이 영화의
감춰진 파급력에 대해 페이스북 본사는 잔뜩 긴장하고 있었고, 그 기운이
영화관을 휩쓸 것이라고 우려했다. 이때 페이스북의 대외홍보팀은 주커버그
에게 비판거리가 될 만한 빌미를 제공하면 안 된다고 조언했다. 즉, <소셜
네트워크>를 보려는 관객들로 영화관이 미어터지더라도, 주커버그는 남들
의 이목을 사로잡을 제스처를 보여서는 안 된다고 단호히 말했다. 선임 자
문관은 그에게 경고했다. 주커버그가 자선하려는 1억 불이 가난한 아이들
에게 보다 나은 내일을 만들어주기 위한 재원이자 담대하고 이타적인 기부
로 받아들여지는 게 아니라, 영화로 인한 이미지 손상을 회복하려는 시도
라는 비판을 받을 수도 있다고 말이다.

　주커버그는 부커와 크리스티, 윈프리에게 쇼 일정을 연기해달라고 요
청했다. 그러나 그들은 오히려 그대로 진행하는 게 좋겠다고 답해왔다. 부
커가 다른 1억 불을 모금하기 위한 전략으로 <슈퍼맨을 기다리며 (Waiting
for Superman)>의 홍보 마케팅을 활용하고자 했기 때문이다. 이에 주커버
그는 기금을 익명으로 제안하겠다고 했다. 그러나 부커와 크리스티, 그리고
윈프리는 또다시 이에 반대했다. 다른 기부자들을 끌어 모으기 위해 주커

버그의 이름과 보증이 필요하다는 답이었다. 주커버그는 머릿속으로 아주 복잡한 계산을 해야 했다. 그는 최종적으로 <소셜 네트워크> 영화를 보고 싶어 하는 관객의 수가 페이스북에 매일 접속하는 고객 수의 겨우 2퍼센트 정도에 불과하다는 결론을 내렸다. 결국 그는 한번 해보자고 응답했다.

비록 페이스북은 이 기금이 영화와는 아무런 연관이 없다고 주장했지만, 커다란 영화 상영관에서 곤봉으로 한 대 얻어맞아 실신한 상황에 처한 젊은 억만장자에 관한, 놀랄 만한, 우호적인 이야깃거리를 만들어내리라는 점에는 의심의 여지가 없었다. 크리스티와 부커 또한 정황상 큰 이득을 챙기게 되었다. 부커는 당시 대규모의 재정 위기에 처해 시청 직원의 거의 4분의 1에 해당하는 인력을 해고해야 할 상황에 놓여 있었다. 크리스티는 주정부를 통해 <레이스 투 더 탑(Race to The Top)> 기금에 거의 4억 불에 이르는 어설픈 시도를 하도록 하는 바람에 마찬가지로 대규모 해고를 앞두고 있었다.

발표일이 다가오는 어느 날, 뉴어크 주민들은 여전히 지역 공립학교에 닥칠 혁명에 대해 전혀 모르고 있었다. 부커와 주커버그 주위의 팀들은 곧 대응 자금이 평범한 미국 사람들뿐만 아니라 부자들에게서 쏟아져 들어올 것이라고 잔뜩 기대에 부풀어 있었다.

"전 국가적인 자극이겠지요. 진짜로 사람들이 참여하도록 하는, 그들을 끌어들이는 자극 말입니다."

부커의 말이다. 샌드버그는 부커의 기금모금 책임자인 바리 메이츠에게 이메일을 보냈다. 그녀와 주커버그가 모금에 참여하도록 권유하고 있는 억만장자에 관한 최근 상황을 알리기 위해서였다.

"주커버그는 이번 주에 게이츠와 계속 대화를 나눌 거예요. 저는 사촌인 데이비드 아인혼(David Einhorn)에게 전화할 거고요. 주커버그는 브로드(Broad)와 저녁 약속을 잡고 있어요. 오프라가 직접 기금을 출연하면 어떨까요? 멋지지 않나요? 그녀가 과연 그렇게 할까요? 저는 뉴스쿨벤처기금(New Schools Venture Fund)의 존 도어르(John Doerr)와도 계속 이야기 중입니다."

이 이메일은 빌 게이츠, 헤지펀드 매니저인 아인혼, 부동산과 보험재벌인 브로드, 그리고 실리콘밸리 벤처 투자자인 도어르에게 함께 전송되었다. 아인혼과 윈프리는 기부하지 않았다. 브로드의 경우, 먼저 교육감이 누가 될지 궁금해했다고 샌드버그는 보고했다. 게이츠는 재단을 통해 3백만 불을 기부했다. 주커버그는 사실 게이츠라면 천만에서 천 오백만 불 정도는 기부하리라 기대했던 터였다. 도어르 기금은 높은 수준의 차터스쿨 네트워크를 확산하는 데 사용한다는 조건을 달고, 천만 불을 내놓았다.

#11 레이 체임버스

민간출자로 큰 돈을 벌었고 수십 년간 교육과 고향 아이들을 위해 통 큰 기부를 해온 레이 체임버스(Ray Chambers). 그는 뉴어크에서 태어나고 자랐다. 그는 지역사회 지원 형식으로 지역 자선단체들을 통해 1백만 불을 협력하겠다고 약속했다. 그러나 메이츠는 이런 상황들로부터 그리 깊은 인상을 받지 못했다.

"제가 보기엔 참여 방법이 너무 작아, 저는 손대고 싶지 않았습니다."

그녀가 시장에게 보낸 이메일 내용이다. 결론은 다음과 같았다.

"5년간 총 1백만 불의 기금이라니, 그때 모였던 사람들을 생각해보면, 무의미할 만큼 적은 액수예요."

이 교육개혁이 시스템 변화에 초점을 맞추고 있었으므로, 메이츠는 한 이메일에서 '주커버그의 돈은 교실로 가지 않을 거예요'라고 적기도 했다. 이러한 기금의 성격상, 자기 학년 수준의 학력에 수년 정도 뒤처진 아이들을 지원하려고 필사적으로 방편을 찾아나서는 교사와 학교들이 있는 해당 지역에서, 홍보는 분명 가장 중요한 도전과제가 될 것이었다. 그런데 뉴어크에서의 반응에 대해 관심을 보인 사람은 부커도, 그의 기금 모금담당인 메이츠도 아닌 샌드버그였다. 뉴어크의 주민들은 곧 자기 지역의 공립학교들을 변혁하려는 거대한 규모의 계획이 시행되리라는 사실을 전국에 방영되는 텔레비전을 통해 알게 될 터였다. 샌드버그는 이메일에서, "지역사회 인식조사(piece)" 계획에 관해 질문하면서, "너무 비판적"이라고 생각했다. 그녀는 또한 부커가 언론에 배포할 보도자료에 대해 부정적이었다. 이 제안을 전국 모델이라고 지나치게 강조하고, 되려 뉴어크를 위해 실현되어야 한다는 점을 간과하고 있었기 때문이다.

"제가 던진 질문은 이겁니다. 지역사회의 변화를 위해, '국가 또는 전국'이라는 단어가 너무도 많이, 너무 자주 사용되고 있는 게 아니냐는 겁

#12 윌리엄 애크먼

니다. 잘 준비된 계획으로 기본적으로 뉴어크 지역에 집중해야 합니다. 그리고 이 계획이 성공을 거둔다면, 그때 전국의 모델로 가져가면 된다고 생각해요."

부커는 오프라쇼에 참석하기 위해 시카고로 가는 비행기에서 전화를 한 통 걸었다. 가장 호의적인 지지자 중 한 사람, 뉴욕 시 헤지펀

드 매니저이자 억만장자 자선사업가인 윌리엄 애크먼(William Ackman)에게 호소하려는 심산이었다. 두 사람은 부커가 시의원 시절, 시장 선거에 나서려고 할 무렵 처음 만났다. 거의 10년 전이었다. 애크먼은 당황스러울 만큼 놀라웠던 그때의 반응을 여전히 기억한다.

"살아오면서 믿기 어려울 정도로 감동을 주는 정치인을 만난 건 처음이었어요. 그때 '저 친구라면 세상을 바꿀 수 있겠어. 함께하고 싶다!'고 생각했죠."

그는 그 뒤 수년간, 부커가 선거 캠페인이나 자선사업을 위한 캠페인을 할 때 수백만 불을 모금하도록 돕곤 했다. 개인적으로도 뉴어크 경찰서에 최신 설비를 들이는 데 1백만 불을 기부하기도 했다. 이때 시장은 좀더 많이 기부해달라고 요구했었다. 액수는 5천만 불 선이었다. 결국 애크먼은 2500만 불을 제시했고 부커는 이를 받아들였다. 그 규모는 그가 원

래 하고자 했던 기금 규모보다 컸다. 그가 지금까지 단일한 자선사업의 명분에 기부했던 것보다 훨씬 큰 금액이었다. 그러나 부커가 그 기준선을 너무 올려 잡았을 때, 애크먼은 이를 지나치게 낮추는 건 너무 소심한 행동이라고 느꼈다.

"기금모금을 위한 전략으로는 아주 훌륭했죠. 정말, 정말로 큰 숫자를 부르는 것 말이에요."

한바탕 웃으며 그가 말했다.

그달 초 부커는 애크먼 퍼싱 스퀘어 재단의 이사회에서 뉴어크 학교를 개혁하기 위해 주커버그에게 전달했던 여섯 가지 핵심 내용을 담은 제안서를 발표했다. 다른 많은 벤처 자선가들과는 판이하게 달리, 그들은 돈을 어떻게 사용할 것인지, 프로그램 진행 과정과 일정은 어떻게 되는지, 성과를 측정하기 위한 지표와 내용을 담은 메트릭스는 어떻게 되는지 꼬치꼬치 따져 묻지 않았다.

"그 아이디어는 교육을 개선하겠다는 것이었죠. 그들이 어떻게 일할지가 아주 자세히 드러나 있었습니다. 그가 최고의 팀, 우수한 인재들을 영입해 성공을 거두리라고, 아이디어를 입증하리라고 확신했습니다. 제대로 성과를 낼 아이디어였습니다."

애크먼이 말했다.

사실 이 모든 것은 부커의 로스쿨 친구인 니콜(Ed Nicoll)이 수년 전 한 말과 일치한다. 투자자는 사람을 볼 뿐, 비즈니스 계획서를 보지 않는다고 말이다.

2010년 9월 24일, 주커버그, 부커, 그리고 크리스티는 오프라 윈프

#13 오프라 윈프리쇼에 함께 앉아 있는 크리스티, 부커, 주커버그
(2010년 9월 24일)

#14 발표 후 박수를 받고 있는 주커버그

리쇼의 무대에 놓인 검은색 가죽 의자에 나란히 앉았다. 주커버그는 그때까지 공인 이라고 하기에는 조금 애매 한 입지에 머물러 있었다. 그 런 그가 무대에 오르며 긴장 된다고 털어놓았다고 크리스 티는 회상한다. 크리스티는 이 젊은 거물에게, 정말 재

미있을 거라고 약속했다고 말했다. 카메라가 돌기 시작했다. 부커와 크리스 티가 먼저 말을 꺼냈다. 뉴어크 학교들을 변혁하기 위해 초당파적인 협정을 했다는 내용을 거론하면서.

"그래서, 주커버그, 이 모든 일에서 당신 역할은 무엇인가요?"

윈프리가 짐짓 아무것도 모른다는 듯 물었다.

"저는 스타트업, 교육재단을 시작하도록 할 겁니다. 첫 번째 프로젝트 는 1억 불 챌린지 기금이 … (될 겁니다.)"

윈프리가 너무 당황했다는 듯, 천천히 감탄사를 연발하며 "1…, 억…, 불요?(ONE. HUNDRED. MILLION. DOLLARS?)"라고 큰 소리로 말했다. 그 래서 주커버그는 채 문장을 끝낼 수 없었다. 청중들은 우레 같은 박수 갈 채를 보냈다.

"요, 요, 요, 요, 요!!!"

윈프리가 환호성을 외쳤다. 윈프리, 부커, 크리스티, 그리고 스튜디오의 청중들은 주커버그에게 폭발적인 기립 박수를 보냈다. 세상에서 가장 젊은 억만장자 자선사업가 주커버그. 그는 그 대단한 환호성 속에, 불편한 듯한 표정으로 얼굴은 빨개진 채 자리에 계속 앉아 있었다.

미국의 여러 지역 가운데 왜 굳이 뉴어크를 골랐느냐고 윈프리가 물었 다. 그러자 앞섶을 연 블레이저코트와 운동화를 신은 이 젊은 기업가는, 어

두운 색 정장을 입은 정치인들에게 몸을 살짝 돌리는 듯하더니 대답했다.

"이 사람들을 신뢰하기 때문에 뉴어크를 선택했습니다. 기업을 경영하면서 제가 해야 하는 가장 중요한 일은 투자입니다. 정말로 훌륭한 지도자가 될 사람들을 찾아내 투자하는 겁니다. 지금 우리가 여기서 하려는 일입니다. 저희는 1억 불의 기금을 마련해, 부커 시장과 크리스티 주지사가 뉴어크를 전 미국을 위한 교육 혁신(educational excellence)의 상징으로 만들 수 있도록 도울 겁니다. 그들의 노력과 과정이 원활할 수 있도록 돕고자 합니다."

3장

에이븐가에서의 조망

2010년 9월

여기, 오프라쇼에서의 설정과는 거리가 먼 장면이 하나 있다. 뉴어크의 젊은 교사 프린세스 윌리엄스(Princess Williams)는 공교육 개선에 있어 아주 다르게 접근하고 있었다. 18개월간, 윌리엄스는 체리티 헤이굿(Charity Haygood), 도미니크 리(Dominique Lee)와 다른 세 교사들, 그리고 학교 관리자들과 함께 에이븐가 학교를 맡을 준비를 해왔다. 뉴어크에서 가장 열악한 곳. 극빈 가정들이 줄지어 있는 이웃들 중 한 곳이다. 부커는 이 지역에 가장 필요한 건 시스템 전체를 뒤집어 엎는 것이라고 했다. 그 의견에 그들 모두 동의했다.

그러나 교사로서 그들은, 교육을 혁신한다는 건 뭔가 더 필요하다는 사실을 잘 알고 있었다. 엄격한 책무성과 성과 인센티브, 데이터에 대한 강조를 넘어서는 그 무언가가 말이다. 그들은 뉴어크 아이들이 교실에서 보이는 온갖 문제점에 대해 완전히 도가 튼 상태였다. 그리고 아동별로, 교사별로, 그리고 학교별로, 저 밑바닥에서부터 시작하는 게 가장 바람직하다는 사실도 잘 알고 있었다. 그보다 나은 모델을 이야기하기 어렵다는 점도.

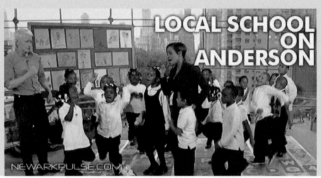

#1 프린세스 윌리엄스와 학생들. CNN

부커, 주커버그, 그리고 크리스티가 계속 실패하고 있는 지역 위주로 교육에 대한 국가 모델을 5년 안에 만들어내겠다고 TV에서 선언하던 순간. 윌리엄스, 리, 그리고 헤이굿은 전체 경력과 모든 경험을 뉴어크 학교에 쏟아붓겠다고 결의했다. 그들은 TFA를 통해 뉴어크 학교구에 처음 발을 내딛었다. 그 뒤 스스로를 교육개혁가라고 생각했다. 에이븐가의 유치원에서 주임교사로 시작한 윌리엄스는 뉴어크 아이들을 가르치는 일을 일종의 숙명처럼 느꼈다.

윌리엄스가 담당하고 있는 유치원 교실, 즉 112호를 가리켜 리는 "미래(the future)"라고 불렀다. 문은 방 쪽으로 열려 있었고, 간단하며 집에서도 할 수 있는 학습 활동들을 하도록 꾸며진 방이다. 주별 활동계획이 일자별로 적힌 큰 달력, 그날의 날씨를 보여주는 차트, 학교가 시작된 이래 하루하루를 열거해 반복되는 색깔로 표시해 놓은 포스트잇 메모지 등이 보인다. 학생들이 직접 만들어 놓은 작품들이 아이들의 눈 높이에 맞춰 긴 줄에 매달린 채 방을 가로질러 걸려 있었다. 그날에는, 0부터 10을 점, 별모양, 또는 블럭으로 꾸며 만들어놓은 채색 종이들이 걸려 있었다. 윌리엄스는 각 작품들마다 정성스러운 표시들을 남겨놓았다.

갈색 7부 바지와 장밋빛 블라우스를 입은 교사는 작고 예쁘장했다. 실제 나이인 27살보다 어려 보인다. 그녀는 알파벳이 적혀 있는 카페트 위에 가지런히 앉아 있는 23명의 아이들의 시선을 완전히 사로잡고 있었다. 그녀는 잔뜩 흥분된 어조로 아이들에게 안내했다.

"오늘 우리는 두 개의 새로운 글자를 우리에게 보여주고 싶어 하는 아주 특별한 손님을 맞이할 거예요. 자, 두구두구두구 두구두구두구…!"

아이들은 빠르고 리드미컬하게 각자 다리를 두드렸고, 뭔가 기대하는 눈빛으로 윌리엄스에게 눈동자를 고정했다. 교사는 검정색 눈을 더 크게 뜬 채, 과장된 자세를 취하며 화이트보드 뒤에 도착했다. 그러고는 천천히, 흰 안경을 낀 부엉이를 내보였다. 부엉이는 알파벳 O자가 박힌 카드를 주둥이에 물고 있다. 아이들은 "우…" "아…" 탄성을 내뱉는다. 몇몇은 기쁨에 겨워 까르르 웃어댄다.

"에코를 소개할게요!"

윌리엄스는 솜털 인형을 무릎에 꼭 끌어안으며 말했다.

"귀여운 에코가 우리에게 어떤 글자를 가져왔지요?"

아이들은 한꺼번에 큰 목소리로 대답한다. 교사는 부엉이가 물고 있는 카드를 뒤집어 아이들에게 보여주었다. 문어 사진이 보인다.

"O, Octopus(문어), 오우…(발음)"

아이들 모두가 따라했다. 그때 윌리엄스는 에코를 화이트보드 뒤로 감춘다. 이번에는 G 글자가 박힌 카드를 꺼낸다. 카드 다른 면에는 보드 게임이 있었다.

"G, Game(게임), 지…(발음)."

아이들이 또 이구동성으로 따라 외친다.

윌리엄스는 여자아이 한 명이 에코를 쳐다보지 않는다는 걸 눈치챘다. 소리를 내 불러 세우거나 학습 분위기를 망치지 않도록, 그녀는 주의를 집중시킬 아이디어를 떠올린다.

"샤 자이다(Sah' Jaidah), 우리 눈이 글자를 보면 우리 뇌가 이 글자들을 기억해서 소리로 연결해준단다."

샤 자이다는 바로 에코를 쳐다보았다. 이제 에코는 연(Kite) 그림과 함께 K를 보여주고 있다. 뒤이어 모자(Hat) 그림의 H를 보여준다. 윌리엄스는 아이들에게 입 앞에 손을 모아보도록 했다. 'h' 소리를 만들 때 나오는 온기를 느껴보도록 말이다.

이 모든 과정은, 마치 발레리나가 우아하고 가볍게 걷는 것처럼 아주 쉬워 보였다. 그러나 윌리엄스가 그날, 그리고 매일 만들어내고 있는 이 모든 교육 과정에는 끊임없는 노력이 묻어 있다. 진지한 사고와 준비, 그리고 사랑의 결과였다. 그녀는 경험을 통해 잘 알고 있었다. 배움이라는 것이 자기 앞에 앉아 있는 그 모든 아이들에게는 어떤 생명줄이라는 사실을. 아이들이 배우는 것을 사랑한다는 것, 배우고 싶어 한다는 것, 그리고 지금 유치원에서부터 그 배움을 시작한다는 것을 확인시키는 것. 윌리엄스가 자신의 소명이라고 여기는 일이었다.

윌리엄스는 어떤 교실에서든 매순간마다, 아주 평범한 것들을 경외감을 갖고 전달하려는 듯 다루었다. 소리(phonics) 학습을 쉽게 하려고 특별히 에코의 방문을 기획하고, 'h' 소리에서 공기의 흐름을 지각으로 연결시킬 수 있도록 잠깐 멈추는 식으로 말이다. 에코가 손 닿는 자리에 놓여 있다는 건 우연이 아니다. 학습 활동 중 무엇에도 방해받지 않고 자유로이 그날의 학습을 진행하면서, 윌리엄스는 늘 그 자리에 있었다. 공부가 어렵다는 생각을 깨고 아이들 마음이 두둥실 떠 다닐 수 있도록 도왔다.

그때 마치 위험한 장면을 표현하듯, 끽끽대는 소리와 비명이 바로 옆 반 유치원 교실문을 넘어 들려왔다.

"네, 저는 고기 그물을 걸쳤네요."

아이들의 아우성 위로 비명 같은 교사의 소리가 뒤섞인다. 아마도 이런 상황이 몇 분간 계속되었던 것 같다. 이때 윌리엄스의 학급은 자리를 옮겨, 소리 학습 이후 쓰기 활동을 하려던 참이었다.

"워크북에서 O 페이지를 찾아보세요."

그녀는 아이들에게 마치 보물 탐험을 떠나보내기라도 하듯 이야기했다.

"오호라, 래니스(Lanice)가 찾았네? 자, 찾은 사람들은 모두 엄지손가락을 힘껏 올려봅시다!"

그녀는 책상을 이리저리 돌아다니며 그 페이지를 잘 찾도록, 미처 찾지 못한 아이들을 도왔다. 옆 반에서 시끄럽던 소리가 가라앉을 즈음, 윌리엄스의 학생들은 더 바쁘게 움직이고 있었다. 오렌지(orange), 바다(ocean), 문어(octopus), 부엉이(owl) 등의 그림에 있는 O에 신나게 동그라미를 그리면서 말이다.

윌리엄스는 즐겁게 공부할 수 있도록 이끄는 방법을 끝없이 알고 있는 듯했다. 아이들에게 단어를 보이는 대로 읽어보라고 하면서, 그녀는 선택지를 주었다. 각 글자를 가지고 서툴게 반조(banjo) 기타를 튕기듯 놀아보라고, 농구공을 던지듯 던져보라고, 발로 차거나 구멍을 뚫어 보라고도 했다. 알록달록한 모자로 휘감긴 땋은 머리를 한, 킥복싱을 좋아하는 여자아이 샤니야(Shaniyah)는 c-a-n의 각 글자를 열심히 발로 차고 있었다.

어느 날은 정사각형과 직사각형의 차이를 설명하면서, 윌리엄스는 가장 작은 아이와 가장 키 큰 아이 각각 두 명씩을 불러 세우고 아이들에게 물었다. 이 네 명의 몸으로 정사각형을 만들 수 있느냐고. 거의 절반에 해당하는 아이들이 '아니요'라고 대답했다. 아이들 전부가 대답하지는 않았기 때문에, 그녀는 불려 나온 키가 크고 작은 아이들에게 4각형 모양으로 누워보라고 했다.

"네 변의 길이가 모두 같나요? 아니면 두 개는 다른 두 개보다 짧거나 긴가요?"

몇몇 아이들은 여전히 미심쩍어했다. 그러자 윌리엄스는 마스킹 테이프를 가져다 아이들을 따라 죽 붙여보았다. 그러고는 네 명의 아이들을 일으켜 세웠다. 남아 있는 4각형 모양을 관찰하도록 했다. 분명히 각 변은 똑같지 않았다.

"우와!"

모두가 소리쳤다. 그러자 윌리엄스가 이게 뭐냐고 묻는다.

"직사각형이요."

감격스럽게도 이제 아이들 모두가 한목소리로 대답했다.

학교를 시작할 무렵에는, 그녀가 맡은 아이들 중 책 표지의 앞뒤를 구분할 수 있는 학생이 거의 없었다. 단어를 왼쪽에서 오른쪽으로 옮겨 가며 쓰고 읽는다는 사실을 아는 아이도 마찬가지로 거의 없었다. 가장 가난한 학교구의 아이들을 위해, 뉴저지에서 자격을 갖춘 교사들을 통해 무료로 취학 전 교육을 제공하고 있는데도 말이다. 윌리엄스는 시카고 대학교에서 개발된, STEP이라는 읽기 교육 프로그램을 활용했다. 이로써 각 아동들의 읽기 능력을 측정하고, 각자에게 필요한 적절한 교수법을 택할 수 있었다.

그러나 기자재와 교육 방법을 넘어서서, 윌리엄스를 학생들에게 고스란히 연결하는 그 강력한 힘은 어떻게 만들어진 것일까? 그녀는 그녀의 아이들 가운데 하나였다. 그녀는 그들의 일부였다. 아이들은 그 사실을 완벽하게 느낄 수 있었다.

언젠가 동화구연(storytelling) 시간이었다. 세부 내용들을 생생하고 꼼꼼하게 가르치면서, 윌리엄스는 화이트보드 앞에 앉아 최근 가족들과 함께 했던 바베큐 파티 장면을 그리고 싶다고 말했다. 그 그림에 어떤 자세한 내용이 들어 있어야 할까? 아이들 모두가 각자의 생각을 던졌다. 그릴, 햄버거, 핫도그, 잔디, 태양, 하늘, 아기 조카, 엄마, 이모 등등. 윌리엄스가 그림을 그리는데, 문득 한 남자아이가 질문했다.

"아빠는 어디 있어요?"

단 한 번도 아빠라는 존재를 갖지 못했던 한 여자아이가 그 남자아이를 화난 표정으로 쳐다보더니, 마치 당연하다는 듯 큰 소리로 말했다.

"윌리엄스 선생님은 아빠가 없는 게 아니야!"

윌리엄스는 자기는 아빠가 있긴 하지만, 그 파티에는 함께 있지 않았다고 대답해주었다.

"아이들은 내가 뉴어크 출신이라는 걸 알아요. 이 아이들은 부모 중 한 명이 감옥에 있다거나 둘이 자주 다툰다는 걸 이야기해요. 수업 중에 불쑥 그런 이야기들을 하곤 하지요."

어느 날 수업이 모두 끝난 뒤, 아이들의 최근 그림들을 담고 있는 긴 줄 아래 아동용 의자에 앉아 윌리엄스가 말했다. 언젠가 한 작은 여자아이가 털어놓았다고 한다. 그 전날 밤, 엄마의 남자친구가 아빠를 때려 눕히는 광경을 보았다고 말이다. 뭐라고 대꾸해야 할지 생각할 겨를도 없이, 경험에서 우러난 반응이 흘러나왔다.

"선생님도 그런 거 본 적 있어. 언젠가는 사람들이 서로 그렇게 대하는 상황이 생기지 않도록 우리가 선택할 수 있을 거야. 네가 그럴 수 있도록 선생님이 도와줄게."

가난이라는 것이 아이들의 시야에 꽉 차 있다는 사실을 너무 잘 알고 있다. 때문에, 윌리엄스는 그들에게 최선을 넘어설 수 있는 '탁월성'이 있어야 한다고 말한다. 하루의 끝자락마다 그녀는 그렇게 해온 아이들 한 명 한 명을 본다. 이 난관을 돌파하지 못하는 아이들은 틀림없이 실망했다. 그러나 윌리엄스는 그 아이들을 다독인다. 이미 자신들 스스로 어떻게 할 수 있는지, 어떻게 해야 하는지 잘 알고 있다고 말이다.

"뿌루퉁할 필요 없단다. 다 잊어버리렴."

옆에서 아이들이 깊은 숨을 몰아 내쉬며 그녀의 말을 따라한다.

"저는 아이들이 좀 더 탁월해지도록 밀어붙입니다. 평범한 것에 절대 안주하지 말라고 말이지요. 그러면 이 아이들은 최고가 될 거예요."

윌리엄스가 말했다. 때로 그녀는 밤 시간 침대에 누워, 어떻게 하면 이 아이들이 스스로에 대해 더 기대를 높이게 할 수 있을지 고민했다. 머리 땋기를 좋아하는 아이라면, 윌리엄스는 "오호라, 외과의사가 되려면 꼭 필요한 정말 훌륭한 기술인 걸?"이라고 말한다. 학급에서 너무 시끄럽게 떠드는 아이가 있다면, "토론자가 되면 어떻겠니? 한번 진지하게 생각해보려무나"라고 말하는 식이다.

"저는 통계가 되어버린 제 친구들과 우리를, 과연 무엇이 다르게 만들고 있는지 생각합니다. 네, 저는 사람들이 총 맞아 죽는 장면을 목격했고요. 네, 저는 제 집에서 사람들이 체포되는 광경도 봤어요. 그러나 어떤 선생님도 제게, '네가 경험한 것들 때문에 너에 대한 기대가 줄어들었다'라고 말하지 않았습니다. 우리는 이렇게 말해야 합니다. '이러한 상황을 네가 정말 감당하기 어렵다는 걸 잘 알아. 하지만 이런 상황이라고 해도, 너를 수준 낮은 곳에 묶어두는 핑계로 사용하지는 않을 거야. 마찬가지야. 너도 너 자신에 대한 기대를 낮추지 말아야 해.'"

윌리엄스는 직접 겪은 처절한 경험 속에서 이러한 상황을 이해해왔다. 막 7살이 되었을 때, 엄마는 윌리엄스와 두 아들을 데리고 집에서 도망쳐 나와 '매맞는 여성의 집'을 찾아갔다. 물론 의붓아버지로부터 도망친 것이었다. 그때부터 집 없는 사람들로서 불안정한 삶이 이어졌다. 그러나 이러한 모든 일들을 겪으면서, 윌리엄스의 엄마 사만다 루시안은 아이들이 좀 더 나은 삶을 만나는 가장 확실한 길인 공부에 집중하도록 했다. 그녀는 공부에 관한 한 자신의 어린 시절이 너무나 혹독했다고 말했다. 그래서 지금 자녀들에게 가장 좋은 것을 주고 싶고 또 그럴 수 있기를 기대한다고 덧붙였다.

윌리엄스는 남자 형제들이 그랬듯, 엄마의 기대를 자신의 기대로 삼았다. 돈이 떨어지면 집 안의 전기가 나갔다. 그럴 때면 책을 싸 들고 아파트 현관으로 나가 형광등 밑에서 숙제를 했다. 선생님이나 엄마에게 숙제를 하지 못해 야단 맞은 적은 없었다. 그녀는 중학교 졸업식에서 대표로 고별사를 낭독하는 영예를 누렸다. 부유한 가정 아이들이 다니는 뉴저지 소재 사립 여학교 켄트 플레이스(Kent Place) 고교에 장학생으로 입학했다. '더 나은 기회'(A Better Chance)라는 이름의 그 장학금은 우수한 유색인종 학생들에게 수여했고, 전국 교육 프로그램의 일환이었다. 학생으로서, 그리고 댄서로서 윌리엄스는 자신의 능력을 유감없이 발휘했다. 이때도 가족들은 다시 노숙자가 되었는데, 윌리엄스는 특권층의 딸들과 함께 수업을 듣기 위해 뉴어크 쉼터에서 버스를 타고 통학했다. 휴일이 다가오면 같은 반 아이들은 해외여행 이야기를 거리낌 없이 내뱉었다.

"마치 그런 일들이 매일 일어나는 것처럼요. 걔네들은 비행기를 타고

마드리드에 가고, 놀이공원인 Six Flags에 갔습니다."

#2 뉴어크 홈리스 쉼터

이때가 1990년대 중반이었다. 도심 빈곤 지역에 사는 아이들은 결코 꼭대기 계층에 이르지 못했다. 그러니 어느 날 장신구를 단 땋은 머리의 윌리엄스가 켄트 플레이스 여학교에 도착했을 때 어땠을까. 윌리엄스는 자신의 눈에 비친 사람들의 모습을 떠올렸다.

"글쎄요, 저는 그들에게 마치 문화적인 장애물 같았죠. 걔들은 제게 '네 머리가 다 자랐어'라고 하더군요."

고교 2학년 중반쯤이었던 듯하다. 윌리엄스는 깊은 절망감에 휩싸여 뉴어크 집 근처의 웨스트사이드 고교(West Side High School)로 전학했다. 윌리엄스는 그 학교에 자신만큼이나 똑똑해 보이는 아이들이 있음을 알게 되었다. 만약 기회만 주어진다면, 그녀가 그랬던 것처럼 그 아이들 또한 훌륭히 해낼 수 있으리라고 확신했다. 그러나 학교 시스템이 문제였다. 학교 시스템은 노력이라는 건 전혀 쓸모없다는 듯 아이들을 대했다. 물론 그녀를 가르쳤던 몇몇 선생님들은 훌륭했다. 윌리엄스는 전반적으로는 하루하루 도전을 안겨주는 어려운 교과서에서부터, 난관도 없고 지적인 도전의식을 전혀 발휘할 필요없는 수준의 수업에 이르기까지 두루 경험하고 있다고 느꼈다. 고급반, 해부학, 생리학이라곤 찾아볼 수 없는 수업까지 말이다.

"웨스트사이드 고교에서 마음가짐이랄까, 의지라는 건 이런 의미였죠. '이 아이들은 AP(Advanced Program)를 할 수 없어. 여기 학생 중 누구도 이런 준비라곤 전혀 되어 있지 않아. 어쩔 수 없는 애들이지 뭐.' 이런 거였죠."

윌리엄스가 회상했다. 그런데 더 심각한 문제는 따로 있었다. 거의 대부분의 아이들이 스스로에 대해 같은 종류의 기대감만을 지니고 있다는 사실이었다.

"그 친구들은 마감 시간이 될 때까지도 숙제라곤 하지 않았어요."

이와 대조적으로, 그녀와 친구들은 공부모임을 계속했다. 다른 아이들이 떠드는 사이 카페테리아에 둘러 앉아 계속 읽고, 쓰고, 공부했다. 몇몇 아이들은 왜 점심시간에 공부를 하냐고, 왜 책이 가득 든 가방을 갖고 다니냐고, 왜 책을 모두 들고 다니냐고 묻곤 했다고 윌리엄스는 회상한다.

지식 그리고 향상과 탁월함에 대한 욕구. 윌리엄스는 켄트 플레이스 고교에서 그러한 가치를 배웠기 때문에 평범한 보통 학생일 수 있었다. 그러나 집 근처 학교의 아이들 대부분은 같은 이유로 그녀를 아주 별난 학생으로 여겼다.

웨스트사이드 고교 3학년 때, 윌리엄스 가족은 다시 노숙자가 되어 가족 친구 집의 지하실에 머물러 살게 되었다. 방 하나짜리 공간. 전등이라곤 하나뿐이었다. 윌리엄스는 대학 입학 지원서를 작성하기 위해 그 하나밖에 없는 등 밑에 앉아 되뇌었다.

"이걸로 나는 여기에서 벗어날 수 있을 거야."

그녀가 강렬히 기억하는 장면이다. 윌리엄스는 뉴욕 대학교에 입학했다. 그리고 전국의 내로라하는 엘리트들과 함께 공부하고 졸업했다.

뉴욕에 있는 동안, 그녀는 뉴욕시(New York City) 공립학교에서 일과 학습 병행 프로그램(work-study program)에 참여했다. 초등학교에서 교사들의 지도를 받으며 읽기를 어려워하는 아이들을 지도하는 일이었다. 그녀가 보기에 그 교사들은 정말 우수했다. 교사 스스로뿐만 아니라 아이들을 보듬고 요구를 들어주는 데 풍부한 경험을 갖고 있었다. 윌리엄스는 곰곰 생각해보았다. 만약 웨스트사이드 고교의 친구들과 동급생들이 이렇게 훌륭한 선생님들과 함께 공부하고 지도받을 수 있었다면 어땠을까. 무엇이 달라질 수 있었을까.

"그때 나는 교사가 되고 싶다고, 그것도 뉴어크에서 교사가 되고 싶다고 결심했습니다. 명석한 아이들이 능력을 잘 개발할 수 있도록 돕고 싶어요. 지금까지 사람들이 제게 선사했던 것들을 다시 제 고향 마을에 쏟아붓

고 싶은 거죠. 저는 뉴어크에서 아이들을 가르칩니다. 그 이유는 제가 이 도
시를 사랑하기 때문이에요. 이 도시를 사랑하는 이유는 여기에 미래의 재
목이 정말 많기 때문입니다. 제 삶을 이 도시에 투자하고 싶어요. 왜냐고요?
저는 그 미래를 믿으니까요."

윌리엄스가 말했다.

윌리엄스가 잠재된 재목들을
그토록 많이 보았다는 에이븐가 공
립학교는 105년 역사를 지니고 있
다. 엄청나게 큰 3층짜리 붉은 벽
돌 건물로 블록 전체를 차지하고
있다. 이 거대한 규모는 이 학교에
서린 열정을 보여주는 듯하다. 물
론 윌리엄스의 것과 같은 열정 말
이다. 1900년대 초 뉴어크와 공교
육은 수십만 명의 이민자와 그들의
자녀들에게 기회를 열어주는 통로
였다. 도시는 제조업과 도매업에서
전국적으로 명성을 떨치고 있었다.

#3 에이븐가 공립 초등학교

#4 1910년대 에이븐가 공립학교

도시의 지도자들은 미래를 내다보고 공공기관, 도서관과 박물관을 지었다.
대중들이 문화를 가까이 접하게 하고 문해력을 키워 민주주의의 엔진으로
삼고자 했다. 극도로 가난하고 이주민들이 모여 사는 에이븐가와 같은 지역
에서, 공립학교는 여름 내내 문을 열고 취약 계층 아이들에게 '진정한 미국
인이 되는 과정'을 쉬지 않고 가르쳤다. 그리고 '빠른 시간 내 더 많은 사람
들이 보다 나은 진보적인 삶의 기회를 갖도록' 이끌었다. 세기 전환기, 즉,
1900년대가 시작되던 시기 뉴어크의 교육감이던 에디슨 폴란드(Addison B.
Poland)가 남긴 말의 일부이다.

1900년대 초 에이븐가 지역은 독일 이민자들이 거의 대부분이었다. 그들은 공장에서 일했고, 아이들을 이웃 학교에 보내는 서너 가정이 한집에 모여 살았다. 한 세기가 지나 경제 상황이 기울고 폭동이 휩쓸고 지나갔다. 백인들은 모두 떠났다. 이제 거의 흑인과 가난한 사람들만 남았다. 절반이 넘는 아이들은 소위 정부에서 분류하는 방식대로 '극빈(extremely poverty)' 가정에서 태어나 자란다. 이들 가정은 미 연방 빈곤 수준의 50%에 머물러 4인 가족 기준 수입이 연 11,000불에 미치지 못한다. 학교는 주변 이웃과 흥망성쇠를 같이한다. 짐작할 수 있듯, 학교 내부에서는 제대로 돌아가는 일이 없다. 심지어 시계도 제대로 작동하지 않는다. 시계마다 서로 다른 시간을 가리키고 있다. 모든 것이 잘못되어 있다. 3학년에서 7학년에 이르는 학생의 6분의 1도 채 되지 않는 수만이 최근 치러진 주 읽기 시험(the state literacy test)을 통과했다. 수학은 상황이 훨씬 더 나쁘다. 특히 중학교에서는 7학년 학생들의 4%만이 수학 시험에서 기준을 통과했다.

"에이븐가 학교 학생들에 대해 보다 관대한 표현을 써서 기술한다면, 그들을 '반문해자(半文解者, semi-literate)'라고 할 수 있겠다."

윌리엄스가 수년간 끌어 모은 온갖 노력의 결과를 종합 정리하면서, 정책분석가 고든 맥킨즈(Gordon MacInnes)가 쓴 표현이다.

"수학 시험의 결과를 놓고 묻고 싶다. 도대체 에이븐가 학교가 학생들에게 수학을 가르치는 데 최소한의 노력이라도 하기는 했던 걸까?"

맥킨즈는 뉴어크를 포함해 전국적으로, 빈곤이라는 것이 배움에 있어 엄청난 장애물이 된다고 강조했다. 국가 전체에 이러한 양상은 일관되게 나타나고 있다. 다시 말해 아이들이 가난하면 가난할수록, 시험 성적은 더 낮아진다. 그러나 그가 에이븐에서 가난 때문에 직면하는 문제보다도 더 심각하다고 깨달은 사실이 있다. 교육청이 아이들의 필요에 대해 부당하고도 철저하게 무시하고 있다는 점이다. 맥킨즈는 평소 정책분석 보고서에 써오던 중립적이고 건조한 톤을 버리고, 분노와 경악에 가득차 다음과 같이 적고 있다.

"이토록 오랫동안 누적된 뉴어크의 형편없는 결과에 대해, 뉴어크 공립학교 행정시스템(Newark Public Schools administration, NPS)은 어째서 단 한 번이라도 제대로 된 관심조차 기울이지 않았던 것인가. 도저히 납득할 수 없다."

2010년 여름 동안, 에이븐가 학교의 지도자로 새로 임명된 도미니크 리와 체리티 헤이굿은 윌리엄스 및 다른 교사들과 함께 학교의 학업 성취도 결과를 두고 진지하게 논의하고 있었다. 이를 통해 교사들을 지원하고 그들의 능력을 강화하는 데 필요한 교육개혁 전략을 개발할 요량이었다. 그 자리에 모인 이들은 각자 이곳 뉴어크에서 교사의 길을 걷게 된 개인적인 사정이 있었다. 당시 25세인 리는 미시건 주 폰티악에서 저소득 주택개발 프로그램(low-income housing program)을 통해 어린 시절을 보냈다. 아빠 없이 엄마와 살았고, 그마저도 가끔 정기적으로

#5 도미니크 리

엄마와 떨어져 있어야 했다. 그런데 마치 마법처럼, 리의 말로는 신의 은총에 따라, 텍사스에 살던 아버지가 그를 보살피려고 두둥!하고 나타났다. 그가 막 십대에 접어들 무렵이었다. 엑슨(Exxon)사에서 관리직으로 근무해온 그의 아버지는 두 거대 정유회사의 합병 이후 디트로이트 지역의 엑슨모바일(ExxonMobil)사에 자리 잡게 되었다. 리는 블룸필드힐즈(Bloomfiled Hills) 교외에 위치한 아버지의 집으로 옮겨 갔지만, 여전히 도심 학교인 폰티악 고교(Pontiac High School)에 다니고 있었다. 늘 그렇듯 성적표의 B와 C가 익숙했지만, 그는 아버지가 제시한 새로운 기준에 부딪혀야 했다. 이제는 오로지 A만 허용된다는 것. 리는 반에서 1등으로 졸업했고 미시간 대학교(University of Michigan)에 입학했다. 그리고 우등으로 대학을 마쳤다. 여기에 그가 즐겨 강조하는 이야기가 있다. 대학 졸업자로서 그는 아버지 집안에서는 3대째이다. 그러나 어머니 가계에서는 1세대였다.

#6 말콤 X 샤바즈 고교 전경

　"제 사례는 통계 자료에 등장할 만합니다. 저는 전혀 교육받지 못한 홀어머니를 둔 흑인 남자이니까요. 그야말로 '놀라운 은총' 아닌가요? 하나님이 '저와 같이 가엾은 놈을 구원하신 것'이지요."

　대학을 졸업하고, 리는 뉴어크의 말콤X 샤바즈 고교(Malcom X Shabazz High School)에 사회와 영어를 담당하는 교사로 부임했다. 당시 그의 학생이었던 사람들은 리의 이미지가 훨씬 더 젊어 보였다고 떠올렸다. 물론 그 누구도 이 사실을 명확하게 기억하지는 못했다. 샤바즈 고교의 학생들은 대체로 자신의 학년보다 4년 아래 또는 그보다 더 낮은 수준의 읽기 능력을 보였다. 대륙의 이름을 대지 못하고, 주지사(governor)와 시장(mayor)의 차이를 구분하지 못했다. 6피트 5인치(대략 195.6cm)의 키로, 훤칠하고 각진 얼굴에 힘이 넘쳐 보이는 리는 억누를 수 없을 만큼 긍정적이었다. 학생들과 스스로에게 무한 긍정의 힘을 불어 넣는 사람이었다. 그런데 남북전쟁(The Civil War)과 함께 기초 지식을 가르치며 지난 3년을 어렵게 보내고 나서, 그는 보다 커다란 문제에 직면했다는 느낌에 사로잡혔다. 뉴어크에서 가장 가난한 아이들을 가르치고 있는 4개의 중학교에서 샤바즈 고교에 아이들을 보내고 있었고, 이들 학교의 졸업생 중 4분의 1 정도만이 읽기와 수학에서 우수하다고(proficient) 평가될 뿐이었다.* 이때 그는, 뉴어크의 이 4개 중학교에서 근무하는 교사 중 나름 열성적인 사람들을 모아 소모임을 만드는 아이디어를 떠올렸다. 그래서 소위 '탁월함의 문화(culture of excellence)'를 조성하고, 그로써 신참 교사들과 경험 많은 교사들이 함께 교수학습의 질을 높이자는 목표를 세웠다. 그는 자신의 생각을 가리켜, "가장 궁핍한 아이들의 필요를 채워주기 위한, 일종의 순진한 꿈"이라고 표현했다.

그는 먼저 헤이굿에게 전화를 걸었다. 그녀는 TFA를 통해 이미 13년 전 이곳 뉴어크에 왔다. 당시 교육청 소속 공립학교의 교감이던 헤이굿은 뉴어크를 고향처럼 여기고 있었다.

#7 체리티 헤이굿 교장

그들은 곧바로 마음이 통했다. 헤이굿은 덴버에서 자랐고, 고등학교를 마치지 않은 홀어머니에게서 자랐다. 그러나 어머니는 그녀에게 최선을 다해 일하는 것의 가치를 일깨워주었다. 그녀는 내내 학교성적이 부진한 마뉴엘 고교(Manuel High School)에 다녔다. 그러나 대학을 준비하는 학급의 교사들과 급우들은 그녀가 꿈을 잃지 않도록 붙들어주었다. 불행하게도 그녀가 졸업하자마자 그 학교는 문을 닫았다. 뒤에 다시 문을 열기는 했지만 말이다. 헤이굿은 콜로라도 대학교(Colorado College)에 진학했다. 가난한 집안 사정으로 대학 내내 전액 장학금을 받았다.

그녀 또한 리와 닮은 종교적 신념을 지니고 있었다. 수년간 헤이굿과 인권변호사인 남편은 교회에서 청소년 그룹을 이끌며, 부모가 마약 중독과 질

---

* 주 단위 시험 결과는 4단계로 나뉜다. advanced, proficient, basic, lower basic 등이다.

병으로 고생하고 있는 그곳 아이들을 보살폈다. 헤이굿은 말한다.

"뉴어크에 살고, 필요한 뭔가를 해야 한다면, 신념을 갖고 행동할 수 있을 만큼 용감해야 합니다. 높은 지위에 있는 사람들의 일이 아닙니다. 오히려 섬기는 사람에 대한 이야기이지요. 다른 사람들의 발을 씻겨줄 수 있는 마음가짐이 있는, 종과 같은 사람 말입니다. 무엇보다도 당신이 모든 것에 대해 답을 줄 수 없다는 사실을 먼저 이해하는 게 중요해요. 이는 나 자신보다 훨씬 더 큰 가치의 문제입니다. 부커보다 크고, 오바마보다도 더 큽니다. 당신은 반드시 겸허해야 한다는 사실을 깨달아야 합니다."

2009년, 그들은 엄숙하게 계획을 세우기 시작했다. 뉴어크의 다른 학교에서 4명의 동료가 동참했다. 오로지 윌리엄스만이 이 도시, 뉴어크에서 태어나 자란 사람이었다. 어느 날 저녁 식사 자리에서, 그들은 이 조직의 이름을 어떻게 붙일지 머리를 맞대었다. Building Responsible, Intelligent, Creative Kids, 이렇게 BRICK(Brick City(벽돌의 도시, 1940년대 뉴어크의 별칭으로, 도시의 한가운데에서 벽돌로 주택을 건설하는 프로젝트

#8 BRICK 로고

가 진행되었던 데에서 연유)를 암시하는 듯한 이름)이라는 이름이 탄생했다.

18개월 동안 그들은 지금까지의 연구들을 조사하고, 교육 전문가들을 컨설팅하고, 나름 높은 성취도를 보이고 있는 도심 학교들을 방문했다. 물론 여기에 차터스쿨도 포함된다. 초기 차터스쿨들은 공립학교가 채택하고 확산할 수 있는, 혁신적인 실천들을 만들어내기 위한 연구 실험학교로 큰 기대를 받았다. 그러나 실제로 뉴어크나 다른 어느 곳에서도 기대했던 그 확산(cross-pollination)은 거의 일어나지 않았다. 그럼에도 불구하고 BRICK 팀은 도시에서 가장 우수한 차터스쿨로부터 많은 배울 점들을 직접 찾아냈다. 차터스쿨의 지도자들 또한 그들을 기꺼이 돕고자 한다는 사실도 깨달았다. 그들은 비영리단체를 조직했다. 이를 통해 유치원부터 3학년에 이르는 아이들을 대상으로 한 시카고 대학교의 개발 초기 문해교육 프로그램을

#9 TEAM 아카데미   #10 TEAM 아카데미 로고

구입할 자금을 모아왔다. 이 프로그램은 전국적으로 이름난 두 차터스쿨에서 사용하고 있었다. 전국 KIPP 조직의 팀스쿨(TEAM Schools)과 언커먼스쿨(Uncommon Schools)의 보조금을 받고 있는 학교로, 노스 스타 아카데미(North Star Academy)였다. 윌리엄스가 지금 유치원 학급에서 사용하고 있는, 바로 그 STEP 프로그램이다.

   그들은 가장 우수한 교사들을 고용할 수 있고, 학생들의 필요에 맞춰 학교 운영계획을 세울 수 있는 차터스쿨의 자율성을 부러워했다. 더 구체적으로 말하자면, 교원노조의 계약과 정년보장, 그리고 교육청의 관료 시스템에 묶여 있지 않다는 점이다. 그러나 BRICK의 공모자들은 공립학교에서 일하자고 결의했다. 차터스쿨이 가장 어렵게 살고 있는 가정 출신 아이들을 돌보지 않는다고 확신했기 때문이다. 가장 많은 학습이 필요한 아이들. 에이븐가 학교에 다니는 부류의 아이들 말이다. 몇몇 차터스쿨이 오히려 이런 결핍된 아이들을 결사적으로 피하거나, 오히려 쫓아내고 있다고 그들은 판단했다.

#11 노스 스타 아카데미

#12 노스 스타 아카데미 로고

취약 계층 아이들을 철저히 받아들이고 있다는 TEAM 학교들도 실은 선발

기준에 차별이 있었다. 그러니까, 자녀 교육에 열정이 차고 넘치는 부모들이 떼 지어 입학을 신청하고 있었다. 에이븐 학교의 교사들은, 학교구가 너무 황폐해져 결코 다시 고칠 수 없을 것이라는 말에 거의 모욕을 당하는 기분이었다. 윌리엄스는 TEAM과 노스 스타 아카데미에서 일해보면 어떻겠냐는 제안을 거절했다. 비록 그녀가 그 두 학교에서 이루어지고 있는 최고 수준의 교수 학습과 열정에 깊은 인상을 받았다 해도 말이다.

"제 소명은 공립학교를 수리하는 겁니다. 뭔가 부서졌고, 우리에게 손질할 수 있는 힘이 있다면 왜 그걸 내버려두겠습니까? 이렇게 말하는 것과 다를 바 없어요. '나쁜 일들이 많이 일어나니, 우리는 뉴어크를 완전히 밀어 버리고 여기에 새로운 사람들을 들여와야 한다'고요. 말도 안 되죠."

이는 뉴어크에 있는 많은 사람들이 주지사 크리스티에게서 들었던 메시지다. 그는 "시스템을 뿌리째 뽑아내고 다시 시작해야 한다"고 주문했다. 당시 이 지역 공립학교에서 80퍼센트 이상의 아이들과 함께, BRICK 교사들은 이곳이야말로 소속감을 갖게 한다고 느꼈다. 리는 말한다.

"공교육을 바꾸고 싶다면, 공립학교를 공략해야 합니다."

당시 뉴어크 교육감이던 클리포드 자니(Clifford Janey)는 BRICK팀을 격려하며 학교를 위한 제안서를 작성해보라고 했다. 그들은 학교 교육 시작

#13 클리포드 자니

단계의 초기에 집중해, 학생들이 3학년까지는 읽기 능력에 숙달할 수 있기를 바랐다. 우선 유치원과 1학년, 그리고 2학년만을 승인해달라고, 그리고 향후 매년 한 학급씩 늘려가자고 제안했다. 뉴어크에 있는 대부분의 차터스쿨은 한 학년만으로 시작해, 처음 입학한 학급이 다음 학년으로 진급하는 방식을 택하여 매년 1개 학년씩 더했다. 그리고 자신들이 원하는 교사들을 고용할 수 있도록 교원노조 계약으로부터 면제받게 해달라고 요구했다. 이 또한 차터스쿨의 특징 중 하나다.

2010년 4월, 자니는 리와 그의 팀에게 에이븐가 학교를 이끌도록 임명했다. 그런데 그들이 제안한 3개 학년 대신 9개 학년 전부를, 즉 유치원에서 8학년에 이르는 6백50여 명의 학생 전부를 완전히 맡겼다. 게다가 기존의 교사들을 그대로 넘겼다. 그들은 에이븐가 학교 학생들이 수년간 실패하도록 했던 장본인들이었다.

만약 그들에게 선택의 여지가 있었다면 어땠을까. 그들은 그 학교 교사 40여 명 중 3분의 1을 기준 미달로 거부했을 것이다. 리의 고백이었다. 그러나 그들은 제대로 된 지원을 받는다면 좋은 교사가 될 만한 유능한 교사들이 남아 있음을, 그리고 몇몇 교사들은 예상보다 더 탁월한 교사가 되리라는 사실을 깨달았다. 아이들과 천재들이 줄곧 실패하는 학교에 저당 잡혀 있다는 사실. 이는 교육개혁운동의 자기 주문처럼 떠돌고 있었다. 그런데 BRICK팀 리더들은 유능한 교사들 또한 거기서 헤어 나오지 못하고 있다는 것을 알게 되었다. 즉, 뉴어크 전체의 교사들은 잠재된 능력을 채 펴보지 못하고 수 년 동안 고달픈 생활을 하고 있는 것이었다. 이는 뉴어크 학교의 교장들이 자기 학교 교사들의 장학, 그리고 그들의 성장을 지원하는 데 거의 신경을 쓰지 않기 때문이었다. 예를 들어 에이븐가 학교에는 3학년 팀의 아주 뛰어난 인재로, 샤론 라파포르트(Sharon Rappaport), 테레사 올리베이라(Teresa Oliveira), 레기나 쉐로드(Regina Sherrod) 등이 있었다. 그들은 학생들을 열성으로 지도해 상당히 인상적인 성적 향상을 기록했다. 그러나 이후 수년간 형편없는 교사들과 함께 근무하면서 그런 소질과 능력을 잃고 말았다. 아주 극소수의 교사들만이 교장에게서 유의미한 지원을 받고 있었다. 따라서 리와 헤이굿은 이미 아주 잘하고 있는 사람이 아니라, 자신의 교과를 제대로 알고, 학생들과 탄탄한 관계를 형성하고 있으며, 보다 유능한 교사가 되겠다는 목표에 따라 실천하려는 의지가 있는 이들을 찾았다.

BRICK팀의 지도자들은 관리 책임을 나누었다. 교사들을 관찰하고, 그들의 능력을 향상시키도록 돕는 데 온 시간을 할애하는 건 헤이굿의 몫이었다. 꼬불꼬불한 검정 포니테일 머리에, 노란(원문: 노랑, 사진: 빨강—역자 주) 셔

#14 도미니크 리와 체리티 헤이굿의 학교 운영관련 강연(2011년)

츠와 네이비 색깔의 바지로 정해진 BRICK 유니폼을 차려입은 그녀는 온몸으로 친절과 상냥함을 뿜어내고 있었다. 심지어 가혹한 평가지들을 나르고 있었는데도 말이다. 리가 말했다.

"헤이굿은 진짜로 당신에게 이렇게 말할 수 있어요. '당신, 정말 형편없어. 정말 별로야.' 그런데 신기하죠? 이런 이야기를 듣더라도 당신은 얼굴에 미소를 짓고 있을걸요?"

헤이굿은 처음에 라파 포르트와 몇몇 경력이 오래된 교사들은 새로 등장한 리더들에게 일종의 적개심을 가졌다고 했다.

"그들이 들어와 이렇게 말하더군요. '우리는 학교에서 더 오랫동안 있을 거예요. 그리고 학교에 나오는 날도 더 늘어날 겁니다.' 그래서 제가 대꾸했죠. '누가 당신들을 들여보냈어? 여기는 우리 학교라고!'"

그러나 그녀는 곧 마음을 바꿔먹었다고 말했다. 신참내기 중 한 명인 크리스 퍼피치(Chris Perpich) 때문이었다. 그는 겨우 라파 포르트 나이의 반밖에 안 되는 나이였지만, 그녀의 소위 교수학습 코치였고, 학교의 교감이 되었다. 그런데 한 번에 하나씩, 조심스럽고 신중하게 제안을 하면서 그는 그녀를 좀 더 출중한 교사가 되도록 이끌었다고 한다.

새로운 리더들은 모든 교사들에게 요구했다. 개별 학생들에 맞춰 'BRICK PLAN'을 개발해야 한다고. 가족과 교사들에게 아주 구체적으로 책임감을 갖도록 하는, 개별화된 학업 향상 프로그램이었다. 연방법은 이러한 조치를 장애 학생에게 의무적으로 시행하라고 명시하고 있다. 그러나 BRICK 지도자들은 학생들의 부모라면 모두 자신의 아이들이 읽기, 쓰기, 수학에 있어 전국 수준에 비교해 어떠한지, 또한 학습기준에 도달하려면 어떻게 아이들을 도와야 하는지 알아야 한다고 생각했다. 마치 정해진 규칙인 양 실패를 경험하고 여러 해가 지나다 보니, 부모들은 아이들에게 도대체 무엇을 기대해야 할지조차 모르는 듯했다. BRICK PLAN은 매일 밤 가족들이 아이들과 함께 해야 할 과제 세 가지와 교사들이 매일 아이들과 함께 수행해야 할 교과학습 지원 활동 세 가지를 목록으로 작성하도록 했다.

　뉴어크 학교들이 갖는 비참한 아이러니가 하나 있었다. 꽤 오랫동안 지속적으로 퇴락의 길을 걸어왔는데도, 이 공립학교들은 문서상 모든 법적 요구 기준들을 완벽히 갖추고 있다고 보고된다는 점이다. 2009년 한 외부평가에는, 에이븐가 학교의 교육과정이 수학 및 영어 교과에서 주 표준을 잘 따르고 있다고 기록되어 있다. 이 지역의 정책문서는 다음과 같은 내용을 명시하고 있다. 학교 교장은 교사들을 정기적으로 관찰해야 하며, 그들이 학생 모두를 잘 지도하고 있는지 수시로 피드백을 제공하고 조언해야 한다고.

　그러나 이 지역의 다른 많은 학교들과 마찬가지로 에이븐가 학교 내부를 들여다보자. 이 문서에 담긴 내용을 제대로 보여주고 있는 모습이라곤 거의 찾아볼 수 없다. 위에 언급했던 외부평가 이후 만들어진 연방정부 재정지원 신청서의 내용에 따르면, 너무 많은 교사들이 "아이들의 관심을 사로잡고 동기유발하기란 불가능하다"고 늘어놓고 있다. 뿐만 아니라 "고차원적인 질문법은 거의 사용하지 않고 있다"는 내용도 들어 있다. 교육과정 운영 수준은 효과적인 교수 학습이 빠진 채였고, 물론 적합성과도 거리가 멀었다. 대다수 학생들이 회상하는 바에 따르면, 지난 몇 년간 교실에서 공부하겠다고 앉아 있는 동안, 아무렇지도 않게 뛰어다니거나 소리 지르고 심지어 싸움을 벌이는 아이들도 많았다고 한다. 교장이나 교사들이라도 그들을 말릴 만한 재간이 없었다. 에이븐가 학교는 심지어 지역신문인 <스타 레저 (Star Ledger)> 교육 섹션 1면을 장식할 만큼, 경찰 사건기록에 자주 등장했다. 1996년 에이븐가 학교 유치원 교사는 공무상 위법행위로 기소되었다. 기소 내용에 따르면, 해당 교사는 한 아이가 자신의 수업 계획서를 찢었다는 이유로 동급생들을 줄 세워 때리라고 지시하였다. 1998년에는 두 남자가 학교 바로 옆 아파트에서 헤로인과 코카인을 팔려다 고발당했다.

법규와 현실 사이의 괴리는 교육 분야에만 한정되지 않았다. 에이븐가 학교에서 언덕을 따라 내려가다 보면, 몇 년간 시내 표지에 적혀 있는 내용이 보인다.

"쓰레기 투기 금지. 벌금 1000불."

그렇다. 이곳에 사는 어느 누구도 벌금으로 낼 만한 1000불을 갖고 있지 않다. 따라서 겉으로 보기에 '가혹한 결과'라는 건 그저 농담일 뿐이다. 마치 사방에 어수선하게 널려 있는 깨진 술병, 찌그러진 맥주캔, 사탕 껍질 등이 깨끗하게 청소되길 바라는 것처럼 말이다. 학교위원회의 위원인 마르케스 아킬 루이스(Marques−Aquil Lewis)가 한번은 이렇게 말했다.

"이게 뉴어크예요. 법규는 어기라고 만들어진 거지요."

이러한 배경에 따라, 에이븐가 학교의 새로운 리더들은 2010년 여름, 지역의 집집마다 문을 두드리며 학부모들을 방문했다. 학교를 바꾸도록 함께 노력하자며 온 동네를 헤집고 다녔다. 그들이 지역민들의 신뢰를 얻게 된 계기는 에이븐가 학교 운동장 조명을 제대로 밝힐 수 있도록 교육청을 설득하는 데 성공했을 때였다. 이로써 야간 운동이 활발해질 수 있었기 때문이다. 리는 교육청을 성공적으로 설득해 오래된 학교 건물 내부를 다시 페인트칠하도록 했다. 예전의 베이지색과 갈색 톤이 아니라 원색(primary colors)으로 강렬하고 대담하게 칠했다. 늦은 여름, 4백여 명의 남녀, 그리고 아이들이 모여 학교 주변 이웃에서 바베큐 파티에 참석했다. 아마도 학교 이벤트로서는 가장 많은 사람들이 참석한 행사라 기억될지도 모른다.

그러나 의심은 여전히 남아 있었다. 가끔 질문이 맴돌았다. 에이븐가 학교를 차터스쿨로 바꾸려는 것 아닐까? 차터스쿨이란, 뉴어크 사람들 일부에게는 부정적으로 인식되었다. 이타성이라는 가면을 쓰고 외부에서 나타난 이기적인 부자와 백인들의 학교를 지칭하는, 불신의 또 다른 표현이기도 했다. 그 연원은 뉴어크의 도심재생사업 시절로 거슬러 올라간다.

리는 BRICK 팀이 지역 공립학교들에 단단히 헌신할 것이라고 확인시키면서 이러한 소문들을 돌파해갔다. 그러나 이 문제는 끊임없이 마음을 괴롭혔다. 에이븐가 학교 학생들의 실패와 추락에 대해서는 교육청의 책임을 이토록 오랫동안 묵인해 왔으면서, 차터스쿨에 대해서는 왜 이렇게 분노하고 두려워하는지 말이다.

#15 BRICK 아카데미 교실 수업 모습

어느 날, 이 소문과 관련한 다른 질문에 답하면서 리는 무심결에 이렇게 말했다.

"아니요, 우리는 차터스쿨이 아닙니다. 그런데 수학성적 우수자 비중이 4%밖에 안 된다는 것보다 차터스쿨을 더 끔찍해하는 이유가 대체 뭡니까?"

BRICK 아카데미(BRICK Avon Academy)라고 새로 명명하여 교문을 열던 날. 오래 전부터 계속되어 온 퇴보의 연속이긴 했지만, 개중에서도 무척 심각한 사고가 6학년에서 발생했다. 오프라 쇼에서의 선언이 있기 3주 전이었다. 베야(Alif Beyah)가 문제의 주인공이었다. 그는 기초 과목들을 통과하지 못했는데도 매년 다음 학년으로 진급했다. 역시 훈육이 제대로 안 된 학생이었고, 공부를 거부하고 수업 분위기를 온통 망치고 뒤엎기 일쑤였다.

"그는 어느 날 복도에서 제게 마치 망아지처럼 굴었죠. 그래서 정학을 시켜버렸습니다."

중학교 학년들을 담당하는 교감인 와이드만(Melinda Weidman)의 말이다.

그런데 다음 날 아침, 베야가 찾아와서 사과를 하는 것이었다. 다시 학급에 돌아가게 해달라고 빌면서 말이다. 그래서 그녀는 그를 근신 처분으로 돌리고, 학교 수업 시간에 정확하게 맞춰 등교하라고 지시했다. 그의 잘 못된 행동을 지적하며 불러 세우자, 그는 순순히 자백하며 진심으로 후회하는 표정이었다.

고등학교 사회과 교사였던 와이드만은 푸른 눈, 긴 금발, 그리고 군인처럼 쩌렁쩌렁한 목소리를 지닌 자그만한 여자였다. 떠들썩하고 장난치기 좋아하는 8학년 아이들도 그녀가 다가오는 걸 눈치채면 바로 몸을 곧추세웠다. 아마도 싸움이 일어나면 그녀가 자기들을 보호하기 위해 기꺼이 본인의 안전을 내던질 수 있으리라는 걸, 그 아이들은 잘 알고 있었기 때문일지도 모른다. 이미 그런 일을 목격한 적이 있었으니까.

와이드만은 베야의 어머니 밀즈(Lakiesha Mills)와 돈독한 관계를 맺고 있었다. 밀즈는 베야의 아버지와 최근 헤어졌다는 사실을 털어놓았다. 그녀는 정오부터 저녁 늦게까지 여러 장소를 떠돌며 가판 매점을 한다. 저녁 시간에 맞추거나, 아이들의 숙제를 점검하고 자는 시간에 맞춰 귀가한다는 게 그녀로서는 거의 불가능했다. 엄마로서 그녀는 베야가 점점 뒤처지고 있다는 사실, 그리고 익숙한 소용돌이에 거칠게 빠져드는 모습을 보며 기절할 지경이었다. 학교에서의 실패, 절제하지 못하는 분노, 그 결과 결국 맞닥뜨리게 될 퇴학. 길거리 말고는 아무 갈 곳도 없을지 모른다.

그녀는 사력을 다해 도움을 요청했다.

크고, 검은 눈에 약간 수줍어하는 미소를 지닌 베야. 학교 교사들은 빳빳하고 콩 꼬투리처럼 길쭉한 이 문제아가 실은 좋은 아이라고 결론 내리기 시작했다. 그가 거쳐온 길 어디선가 길 밖으로 잠시 튕겨 나갔을 뿐이다. 지금은 10대가 되어가는 경계에서, 가장 높은 위험에 놓인 것이다.

"저는 그저 그 아이를 자세히 들여다보기 시작했을 뿐입니다. 대체 무슨 일이 일어났는지 알고 싶었던 거죠."

와이드만이 말했다.

그를 이해할 실마리가 지금까지의 베야에 대한 기록에 남아 있었다. 교육청에서 소위 '학생생활기록부(cumulative record card)'라고 하는, 매년 덧붙는 수기 차트로, 규격보다 약간 큰 바닐라색 종이이다. 유치원부터 시작해 학년마다 해당 교사와 성적이 누적 기록된다. 3학년 때(그는 이 시기 동안 적어도 글 읽는 법을 익혀야 했다)까지 매년 그는 D학점 또는 F학점을 받았다. 베야도 인정하듯이, 그는 한마디로 무법자였다.

"저는 그때 잘못하고 있었죠. 그냥 교실에 앉아 있기만 할 뿐, 공부라곤 하지 않았어요. 뭐, 올바른 행동이 아니었죠."

#16 미국의 학생생활기록부(Cume Card). 단, 교육청 및 학교설립유형에 따라 서로 다른 양식을 갖는다.

예전을 돌아보면서, 그는 왜 그랬는지 설명하지 못했다. 물론 그의 엄마도 이 '왜'라는 질문에 대답하지 못했다. 밀즈는 베야가 단지 노력하지 않는다고 생각했을 뿐이다. 베야가 3학년일 때 교실에서 보조교사로 있었던 사촌은 밀즈에게, 베야가 주목받거나 공부하기를 거부했다고 전했다. 밀즈는 베야를 맡은 교사들이 책임져야 할 부분을 회피한 것 같다고 말했다.

그런데 교실 수업의 문제를 훈육의 문제와 따로 이야기하기란 쉽지 않다. 특히나 아주 어린아이들의 교실에서는 더욱 그렇다. BRICK팀은 효과적인 교사들이야말로 아이들의 비행을 제대로 다룰 수 있는 강력한 대책이라며, 해독제라고까지 표현했다. 효과적인 교수법, 공감, 그리고 리더십 모두가 잘 어우러져 아이들의 주의를 사로잡고 집중시키는 교사들 말이다. 그들은 공부를 싫어하는 아이들이라 해도 긍정적인 방향으로 잡아 이끄는 어떤 능력이 있다. 상황이 이렇다면, 베야는 당시 천편일률적으로 아주 형편없는 교사들을 만났다는 게 헤이굿과 리의 결론이었다. 선생님에 대해 어떻게 생각하느냐는 질문을 받고, 베야는 대체로 선생님들을 좋아했다고 답했다. 그러나 교실은 혼란 그 자체였고, 그는 그 혼란에 늘 가세했다고 기억한다.

"다른 아이들이 떠들고 있으면 저는 늘 걔들 옆으로 갔으니까요."

당시 에이븐가 학교에는 급여명세표 상으로는 자격을 갖춘 전일제 교사 네 명이 고전하는 아이들을 지원하기 위해 근무하고 있었다. 뉴저지 대법원의 획기적인 판결이라고 할 'Abbot vs. Burke' 사건의 후속 조치로 이루어진 결과였다. 1990년대 일련의 판결에 따르면, 법원은 주에서 가장 가난한 아이들에게 교육적 기회를 보장한다는 명분에 따라, 뉴저지에서 가장 가난한 지역과 가장 부유한 지역에 재정 지원을 동등하게 하라고 의회에 명령했다. 그러나 베야와 그의 어머니에 따르면, 베야는 단 한 번도 베야가 개별 지도를 받아본 적이 없다.

3학년을 다시 반복해야 하는 상황에서, 베야는 에이븐가 학교에서 가장 현명하고 강직한 교사 중 한 명인 라 포르트의 학급에 두 번째로 들어섰다. 베야는 이미 충분히 악명을 떨치고 있었다. 라 포르트의 말이다.

"출석부에서 그 아이의 이름을 보았죠. 전 길게 한숨을 내쉬고 생각에 잠겼습니다. '우리는 이 일에서 꼭 성공을 거두어야 해.'"

라 포르트는 다섯 명의 자녀를 둔 엄마로서, 저녁 식사 자리에서 받아야 할 만한 존중과 협력을 학생들에게 받아야 한다고 믿었다. 그런 점에서 그녀는 맡은 학생들에게 상당히 세심하고 조직적으로 다가가는 방법을 잘 알고 있었다. 아주 뛰어난 학생부터 심한 문제아에 이르기까지 모두. 1960년대 브루클린의 윌리엄스버그에서 태어나 자란 그녀는, 자신이 '빈민가(게토)'의 아이들과 동료로서 서로 연결되어 있다고 느꼈다. 그 아이들은 교육을 현재를 탈출할 티켓이라 생각하고 움켜쥐고 있는 것이다. 그녀는 베야가 읽기에 있어 아무런 기초가 없다는 사실을 바로 알아차렸다. 또한 스스로 공부하고 노력을 기울이는 데 집중할 수 있도록 정신적으로 도와야 하는 아이라는 것 또한 알게 되었다.

"그 아이가 정말 잘하고 싶어 하고, 스스로를 대견해하고 싶어 한다고 저는 확신해요. 당신이 칭찬해주면 베야는 수줍어하며 얼굴을 발갛게 붉힐 거예요."

그녀는 베야와 자율 독서 시간에 함께 앉았다. 큰 소리로 책을 읽어주면서 내용에 대해 이런 저런 질문도 하고, 글자의 소리가 어떻게 연결되는지 공부도 했다. 그가 긍정적인 반응을 보일 때마다 라 포르트는 온갖 칭찬을 아끼지 않았다. 그녀는 베야의 엄마, 아빠와 함께, 베야가 학교와 집에서 어떻게 하고 있는지 가끔 의논하면서 건강한 관계를 지속했다.

마찬가지로 라 포르트는 베야가 수학에 나름 강하다는 것을 눈치챘다. 그래서 방과 후에 남아 낙제한 아이들에게 제공하는 개인지도를 받아보라고 권했다. 그의 태도는 급속도로 달라졌다. 그의 엄마도 이러한 변화를 보고 무척 놀라워했다.

"그분은 베야가 정말, 정말로 사랑했던 선생님이었어요. 그 또래 아이들에게 어떻게 접근하고 함께해야 할지 잘 알고 있는 분이었죠. '라 포르트 선생님이 하라고 했어요. 나 이거 해야 해요.' 베야가 집에 돌아오면 늘 하는 말이었어요. 베야는 방과 후에 남아 공부하는 걸 좋아했고, 선생님을 도우면서 보람을 느꼈어요. 자기가 수학을 잘할 수 있다고 믿기 시작했던 거예요. 라 포르트 선생님이 그 아이를 안아주셨죠. 처음으로 베야는 노력하고 싶어했어요. 선생님과 공부를 편안하다고 느끼기 시작한 것 같았지요."

그해 말, 베야는 주정부 표준학력평가의 읽기, 쓰기에서는 낙제했지만, 수학은 가볍게 통과할 수 있었다. '탁월한 수준(advanced proficient)'에 겨우 5점 모자라는 점수였다. 그는 태어나 처음으로 A와 B학점들을 받아 우등생 명부에 올랐다. 물론 여전히 C학점을 받은 읽기와 쓰기는 제외하고 말이다.

그러나 라 포르트와 함께 승승장구하던 해가 지나고 난 뒤 베야는 4학년과 5학년에서 다시 D와 F학점을 받는 열등생으로 돌아갔다. 그의 학생생활기록부의 '교과 수업과 과제 제출에 따른 학습 증거를 제시하시오'라는 기재란을 보면, N이라는 표시가 박혀 있다. 즉 '아무 증거가 없다(not evident)'고 표시되어 있는 것이다. 그러나 에이븐가 학교 체제 아래에서 2년을 더 보낸 뒤, 베야는 다음 학년으로 진급했다.

　부커, 크리스티, 주커버그가 연합한 계획에서부터 BRICK에 이르기까지, 뉴어크에서 실시된 그 모든 학교 개혁의 노력을 뒷받침하는 생각이 있다. 앞으로는 결코 베야 같은 아이들이 없어야 한다는 것이다. 뉴어크에서 가장 가난한 지역의 5살 아이들이 읽기와 수학 기초를 탄탄히 하도록 가르치고, 그에 더해 공부를 좋아하도록 준비시키는 일. 그것은 더 나은 삶을 향한 진로에서 가장 핵심적인 일의 첫발일 뿐이었다. 지금까지는 가난한 아이들을 상대로 모든 지역에서 불평등이 위험한 수준으로 쌓여왔다. 연구에 따르면, 최저소득 가정 출신의 아이들은 부자들이 대화에서 일상적으로 사용하는 단어 중 아주 일부만을 알아 듣는다고 한다. 세 살이 될 때까지, 저소득층과 중산층 이상의 아이들 사이에 단어 숙달의 정도 차이는 얼마나 될까? 거의 2천 만 개가 넘을 정도로 그 간극이 엄청나다. 당연하게 들리겠지만 가난한 집 아이들은 책에 덜 노출된다. 유치원 이후 이 차이는 매년 점차 벌어지고 더 견고해진다. 기본적인 읽기 능력을 갖추지 않고 1학년에 입학하는 아이들은 마치 지적 측면에서 벼랑에서 떨어지는 것과 마찬가지이다. 초등학교 교육은 결국 이렇게 요약된다. 초등학교 3학년까지 읽는 법을 배운다. 그때부터 배우기 위해 읽는다. 3학년이 지나면 읽기는 모든 교과의 기초가 된다. 수학은 언어 문제로 옮겨 간다. 사회 교과와 과학 교과는 보다 많은 문헌들에 대한 검토를 요구하며, 언어기술(language arts)은 소설들로 옮겨 간다. 에이븐가 학교 3학년 학생들의 형편없는 읽기 능력은, 이 아이들이 중학생이 되어 치르는 주표준학력평가의 읽기·수학 과목에서 겨우 한 자리 수에 지나지 않는 통과 비율로 직접 연결되고 있다. 고학년에서 진도를 따라오지 못하는 아이들은 절망하고, 따돌림 당하고, 그러다가 대개 바깥으로 돈다. 뉴어크 지역 자료로 분석한 컨설팅보고서에 따르면, 자신의 학년 수준보다 낮은 학습 능력을 지닌 고등학교 입학생들의 경우 단 4%만이 졸업에 필요한 주표준학력평가를 통과했다.

모든 교육개혁가들의 사업은 똑같은 목표를 담고 있다. '잠재력 있는 극빈층 자녀들을 유린하고 있는 가난, 그 해로운 조류를 거꾸로 돌리는 것.' 그런데 그들 사이에도 차이가 크다. 다시 말해 어디에서부터 시작하는지, 위로부터 시작하는지 또는 아래로부터 시작하느냐에 따라 그 차이는 점점 더 벌어지게 된다.

4장

지역사회 참여시키기

2010년 9월 ~ 2011년 2월

부커의 계산은 맞아떨어졌다. <슈퍼맨을 기다리며>의 개봉에 맞춰 이루어진 주커버그의 선언으로 젊은 억만장자, 시장, 주지사, 그리고 뉴어크는 현란한 쇼처럼 미디어의 주목을 받았다. 오프라 윈프리쇼가 끝난 뒤 3시간이 되지 않아 TV 채널마다 빠짐 없이 이 소식을 다루었다. 미 전역과 전 세계에 걸쳐 263개의 뉴스 기사가 쏟아져 나왔다. 돌아온 월요일, NBC는 <교육의 나라(Education Nation)>라고 이름 붙인 TV 프로그램을 거창하게 홍보하기 시작했다. 게이츠 재단과 브로드 재단이 이 프로그램의 제작에 많은 부분을 후원하고 있었다. 그런데 이 프로그램은 각종 언론의 논조에 어느 정도 비판적인 시각을 담아내려는 의도를 갖고 있었다. 왜냐하면 언론에서 쏟아져 나오는 뉴스들이 소위 벤처 자선사업가들의 관점에 밀착되어 있었기 때문이었다. NBC는 그 주 MSNBC의 모닝조(Morning Joe) 프로그램에 부커와 크리스티, 그리고 연방교육부장관인 던컨(Arne Duncan)을 출연진으로 등장시켜, 주커버그의 1억 불 기금과 뉴어크의 공교육을 둘러싸고 세 사람이 어떤 헌신을 할 수 있는지에 대해 대담을 나누었다.

뉴어크의 시민들은 시장과 주지사, 그리고 억만장자가 자기 지역의 공립학교를 변화시켜보겠다는 계획이 과연 무엇인지 궁금해 오프라쇼를 시청해야 했다. 부커는 전국의 TV 시청자들 앞에서 선언했다. 이 프로젝트가 시민들의, 즉 뉴어크 학부모들과 변화를 바라는 그들의 요구에 의해 추진될 것이라고 말이다.

"저는 뉴저지의 뉴어크가 뒤처져 있는 미국을 이끌 수 있다고 믿습니다. 그러나 우선 뉴어크가 앞서 나아가려면, 외부로부터 사람들이 들어와 이래라 저래라 방법을 지시하지 않도록 해야 합니다."

부커를 향해 몸을 움직이며 던컨이 말했다.

"그렇게 하도록 한 건 정말 잘한 일이에요.

"그는 교육 정책을 결정할 때 학부모들을 참여시켜 권한을 강화하는 과정을 자리잡도록 하려 합니다. <슈퍼맨을 기다리며>에 등장하는 부모들은 너무 오랫동안 그 권한을 박탈당했던 거예요. 이제 그는 부모들을 직접 차의 운전석에 앉히려고 합니다."

#1 미셸 리 교육감과 펜티 시장

풀뿌리 민주주의의 성공은 학교 교육 개혁운동을 구호로 내세웠던 주요 정치인들의 실패를 배경 삼아 등장했다. 2주 전쯤, 워싱턴 D.C. 교육감 미셸 리(Michelle Rhee)에 반발하던 투표자들은, 그녀를 교육감에 지명하고 그 자리에 앉힌 아드리안 펜티(Adrian Fenty) 시장의 재선을 막았다. 영화 <슈퍼맨을 기다리며>에서 교육개혁의 영웅으로 등장하는 미셸 리는, 교육청을 옭죄는 관료제 속에서 마치 십자군 전사처럼 일했다. 수백 명의 교사들과 수십 명의 교장들을 해고하고, 학생의 성적을 반영한 책무성을 엄격하게 적용하였다. 미셸 리는 자기 길에서 벗어나 있는 모든 것들을 쓸어버리려는 듯 빗자루를 쥔 모습으로 <타임(Time)>의 표지를 장식했다.

"제휴와 협력, 그리고 모두가 동의할 수 있는 하나의 합의된 의견에 도달하려는 것은 그리 좋은 방식이 아닙니다."

아스펜연구소(the Aspen Institute)의 강연에서 던진, 그녀의 유명한 선언이다.

전국적으로 도심 학교에 강력한 충격이 필요하다는 점은 누구도 부인하지 않는다. 많은 학교가 가난한 지역 출신 아이들을 실패의 길로 이끌어왔다. 거의 재앙과 맞먹을 수준으로 말이다. 그 중심에서 교사, 교장, 행정조직의 책임감은 거의 찾아볼 수 없었다. 선거에 나서는 사람들 중에도 그들이 의지할 만한 사람이라곤 없었다. 민주주의는 노조와 강력한 정치 지도자들을 선호했다. 정치 지도자들을 따르는 충직한 사람들은 학교 위원회 참석자로도 활발히 참여했다. 이들이 내세우는 후보자들은 아이들의 교육보다는 어른들의 직업을 위해 더 열심히 일하는 경향이 있었다. 학교위원회보다는 교육개혁에 나름 더 우호적인 시장이나 주지사 후보들이 나서는 지역, 예를 들어 뉴올리언스, 워싱턴 D.C., 뉴욕, 그리고 뉴어크 등에서는 공무원들이 정치적으로 그리 대중적이지 않은 변화들을 시행하는 데 있어 자유 재량을 갖게 되었다. 그러나 심지어 미셸 리의 교육개혁 운동에 대해 협력하고 지지했던 사람들조차 그녀가 보인 독재적인 접근에 대해서는 비판했다. 비슷한 문제와 경고가 뉴어크에도 불쑥 나타나기 시작했다.

"교육개혁은 지도자나 특권에 대한 문제가 아닙니다. 지역사회에 대한 것이지요."

미국흑인대학기금(The United Negro College Fund)의 이사장이자 변치 않는 개혁가였던 마이클 로맥스(Michael Lomax). 그가 온라인 잡지인 <The Root>에서 한 말이다.

"교육개혁은 유색인종 공동체에 강제로 주입되어서는 안 됩니다. 실제 그렇게 될 수도 없는 노릇이고요. 우리 아이들에게, 그리고 모든 아이들에게 무엇이 최선인지 확실하게 하기 위해, 우리 모두가 동등하게 협력해야 합니다. 이를 간과한다면 아무것도 실현되지 않을 겁니다."

부커, 크리스티, 그리고 주커버그가 뉴어크에서 실현하려고 시작한 개혁. 즉, 실패하고 있는 도심 학교구를 바꿔 전체적으로 높은 학업 성취를 보이도록 하겠다는 이 개혁은, 근현대를 통틀어 제대로 결실을 맺은 적이 없었다. 교육개혁운동과 오바마 행정부는 전국의 학교구 중 학생들의 시험 점수에 따라 교사들의 책무성을 제고하는 동시에 차터스쿨의 빠른 확산이 주축을 이루는, 어찌 보면 유사한 전략을 옹호해왔다. 이러한 전략들을 떠받치고 있는 가치는 사실상 과학적인 연구에 기반했다고 보기 어렵다. 오히려 교원노조와 거대한 관료체제가 미칠 부정적인 영향에 대한 개선책이라고 교육 운동가들이 판단한 바를 따랐을 뿐이다. 기껏해야 그 결과란 것들은 뒤죽박죽이었다.

모든 것을 파괴해버린 허리케인 카트리나의 도시 뉴올리언스는 몇몇 학교구를 제외하면 대체로 차터스쿨의 도시가 되어가고 있었다. 물론 그 학교들 모두 교원노조가 없다. 3~8학년 아이들을 대상으로 한 주표준학력평가에서 적어도 기초 수준을 넘는 성적을 보이고 있는 학생 비율이 20% 높아졌다면서, 교육개혁가들은 모범적인 사례라고 목소리를 높이고 있다. 그러나 다음 학년으로 진급하는 단계에서 '잘 준비된(well prepared)', '완성된/숙달된(mastery)' 수준에 이른 아이들은 그저 12% 선이었다. 많은 연구자들이 의문을 제기했다. 교육과정에서 보다 광범위한 학습을 촉진하도록 하기보다는, 지나치게 시험 준비만을 위하여 운영되고 있는 게 아닌지.

#2 카야 헨더슨

미셸 리의 정책을 계승하며 자리를 이은 카야 헨더슨(Kaya Henderson) 교육감의 워싱턴 D.C.에서는, 2013년 읽기와 수학 능력에 관한 전국학업성취도평가에서 학생들이 전체 도심 학교구 중 가장 높은 성적을 보였다. 전국학업성취도평가 결과는 이전 10년에 비해 도심 학교의 성적이 전국적으로 향상되었음을 드러내고 있다.

그러나 우수등급(proficiency)은 여전히 적은 상태에 머물러 있다. 또한 워싱턴 D.C.와 다른 지역에서 모두, 가난한 아이들 및 소수인종 아이들과 나머지 다른 아이들과의 격차는 오히려 더 벌어졌다.

"이 결과는 엄중한 메시지를 보여줍니다. 이렇게 거대한 규모의 취약계층 아이들을 어떻게 성공적으로 가르칠 수 있을지, 아무도 모른다는 겁니다."

공교육혁신센터(The Center on Reinventing Public Education)의 설립자 폴 힐(Paul Hill)의 말이다. 그는 전통적인 공립학교, 차터스쿨, 계약학교(contract schools)를 묶은 '포트폴리오(portfolio)' 학교구를 만들자고 주장했다. 그러나 2012−2013학년도를 기준으로 한 연구에서 저소득층 가정 출신의 아이들이 미국 공립학교에서 차지하는 비율이 50%를 넘어섰다는 점, 이것이 미국에서의 50년 교육 역사상 전무후무한 수준이었다는 점에서, 포트폴리오 학교에 대해 내놓은 이러한 전망은 점차 퇴색되어가기 시작했다. 그럼에도 불구하고 힐은 각 공동체에 속한 학생들의 요구에 부응하기 위해 다양하게 접근해야 하며, 또한 그 방안들이 시급하고 광범위하게 탐색되어야 한다고 주장했다. 전국평가 결과가 그러한 요구를 잘 드러내고 있다는 것이다. 이러한 주장은 사실 보다 겸손한 처방이라 할 수 있다. 부커를 비롯한 다른 많은 교육개혁가들이 "우리는 어떻게 해야 성공할 수 있을지 잘 알고 있습니다"라고 내거는 대중적인 구호와 비교하면 말이다.

부커는 즉각 지역사회의 참여를 독려하는 캠페인에 착수한다. 그리고 자선기금의 첫 지출을 승인했다. 이 일을 담당하기 위한 1백만 불 계약(결국 나중에는 2백만 불로 올라가긴 했지만)은 지역사회의 일원이 아니라, 교육개혁 운동에서 강한 인지도를 지닌 외부 컨설턴트가 맡았다. 뉴욕시 터스크전략사(Tusk Strategies in New York City)의 브래들리 터스크(Bradley Tusk)였다. 고용과 관련해 그의 경력을 확인할 만한 자료는 공개되지 않았다. 물론 그가 뉴어크에서 했을 법한 경험도 전혀 없었다. 터스크는 뉴욕시장 마이클 블룸버그(Michael Bloomberg)의 재선과, 차터스쿨을 확산하고자 하는 뉴

#3 브래들리 터스크

욕주 캡(cap)을 선전하는 캠페인을 성공적으로 도왔다. 또한 NBC의 <교육의 나라(Education Nation)> 팀과 웹페이지를 통해, '정치적 교육개혁의 지형이라고 자주' 언급된 이니셔티브를 자문했다. 또한 미셸 리가 워싱턴을 떠난 이후 시작한 '학생 우선 구상(Student First Initiative)'(이 단체는 교원노조에 대한 정치적 대항마로서 전국적인 로비를 수행하고 있다)에 자문을 해준 바 있다.

뉴어크에서 터스크는 지나칠 정도로 광고판, TV, 라디오 등에 의지했다. 지역의 활동가들이 이웃, 친구들, 가족들로부터의 입소문이 다 더 강력할 거라고 충고했는데도 말이다. 그가 고용한 사람들은 모두 교육개혁운동과 연결되어 있었다. 그는 전국적인 커뮤니케이션사인 "SKDKnickerbocker"를 불러들인다. 이 회사의 주요 인사들 중에는 전 오바마 백악관 커뮤니케이션팀장이자 미셸 리(당시 워싱턴 D.C. 교육감)의 자문관이었던 아니타 던(Anita Dunn)도 포함되었다. 그는 '교육개혁, 바로 지금(Education Reform Now)'이라는 단체와도 계약을 체결했다. '교육개혁을 위한 민주당원들(Democrats for Education Reform)'의 하위 조직으로, 차터스쿨을 옹호하고 헤지펀드 매니저들의 후원을 받고 있는 정치활동위원회였다. 이 단체는 뉴욕에서 차터스쿨을 확장하자는 캡(cap)을 선전하기 위한 캠페인을 터스크와 함께 벌인 바 있다.

부커는 이 캠페인을 '가차없는 확산(relentless outreach)'이라고 이름 붙였다. 그러나 이 캠페인에 따라 11월 초에 발표한 지역사회 참여 노력의 대외 이미지는 11개에 이르는 일련의 토론회일 뿐이었다. 적어도 뉴어크 주민들에게는 토론회 그 이상도 이하도 아니었다.

"저희는 아래로부터의, 교사가 이끄는 개혁을 원합니다. 이것이야말로 지속가능한 방법입니다."

한 포럼에서 시장(부커)이 한 말이다. 비록 그는 이미 그 모든 것들을 놓쳤는데도 말이다.

"저희는 이제 모든 재원들을 동원할 수 있게 되었습니다. 그 무엇이 필요하든 말이지요. 그러나 저희에게는 변화와 개혁을 위한 지역사회의 비전도 필요합니다."

부커가 지역사회의 비전을 제시하라고 요청한 것은 티네샤 맥해리스(Tynesha McHarris)를 떠올리게 한다. 뉴어크 활동가 중 떠오르는 스타로, 그녀는 도시의 취약계층 청소년들을 향한 헌신으로 존경받고 있었다. 25살의 젊은 그녀는, 출감 청소년들을 위한 정착 프로그램, 150명에 이르는 초등학교 학생들을 위한

#4 티네샤 맥해리스

여름방학 집중 문해교육캠페인, 성폭력에 노출되어 있는 십대 여학생들을 위한 리더십 이니셔티브 등을 조직하고 운영했다. 뉴어크에 위치한 러트거스 대학교의 학부생 시절, 맥해리스는 샤바즈 고교(Shabazz High School) 앞에서 벌어진 시위 행렬을 이끌었다. 그들은 끝없이 땅바닥에 처박힌 채 추락을 계속하고 있는 학생들의 학습 성과를 지적하며, 이에 대한 행동을 요구했다. 놀라울 만큼 아름다우면서도 거친 흑인의 면모를 지닌 맥해리스는 직접 만든 포스터를 들고 있는 시위군중 한가운데에 서 있었다. 그 포스터에는 "도대체 말콤 X(Malcolm X)는 말콤 X 샤바즈 고교에 대해 어떻게 생각할까?"라고 적혀 있었다.

다른 많은 지역 활동가들처럼 그녀도, 부커와 그의 영웅적이고 전국적인 명성에 회의적이었다. 부커가 계획한 대규모의 일들이 아직 채 마무리되지 않았는데도 말이다. 친한 친구인 제레미야 그레이스(Jeremiah Grace)가 열 차례의 지역사회 포럼을 조직하고, 지역의 가정을 하나하나 방문해 참여를 호소하는 캠페인을 하겠다고 서명했을 때 맥해리스는 경고했다.

"제레미야, 조심해. 누구도 부커를 가까이하고 싶어 하지 않아."

그러나 그레이스는 부커가 자기에게 교육과 관련한 시 전체의 토론을 활성화할 수 있도록 자율권을 주었다고 했다. 그래서 맥해리스의 도움이 필요하다고 말이다. 맥해리스는 이를 하나의 기회라고 판단했다.

"저는 제가 보아온 것들에 지쳐 있었어요. 뉴어크 아이들이 정확하게 자신이 다녔던 바로 그 출신 학교에 갇혀 있다는 사실 때문에 환장할 지경이었죠. 저는 그 학교들이 정말이지, 한심할 정도로 형편없어서 절망하고 있었어요. 지금도 저는 마음속에 2007년 도시학교위원회(the Council of Great City Schools)가 작성한 뉴어크 보고서를 담아 놓고 있어요. 그 보고서에 보면, 도시 학교들에는 어떤 비전도 공유되고 있지 않았죠. 저는 뉴어크를 위한 공유 비전을 만드는 데 참여하고 싶었습니다."

맥해리스, 그레이스, 그리고 다른 조직가들은 수십 명의 시급 활동가들을 고용했다. 그리고 포럼에 참여할 수 있는 시민들을 확보하기 위해 수천 가정의 대문을 두드리도록 했다. 무엇보다도 이들은 그 과정에서 백여 개가 넘는 비영리시민단체들로부터 지지를 얻었다. 집집을 방문하는 조사자들이 받는 주요 질문 가운데 다음 질문은 여기에 옮겨 놓을 필요가 있다.

"이게 부커를 위한 일인가요?"

이 질문에 대한 모범답안은, 뉴어크의 모든 사람들을 위해서라는 대답이다. 물론 부커까지 포함해서 말이다.

시장은 몇 차례에 걸쳐 이 조사요원들과 함께 가정 방문에 참여했다. 토요일 아침마다 스텔라 가든주택단지(the Stella Garden housing project)가 시행되는 장소에서의 가정 방문도 포함했다. 그는 시민들에게 말했다.

"우리는 사람들을 공립학교 시스템에서 쫓아내고 싶지 않습니다. 전국에서 가장 모범적인 공립학교 시스템을 만들고 싶을 뿐입니다."

뉴어크 도시 전체의 여론은 한 국면에 대해 뚜렷하게 일치하고 있었다. 뉴어크가 학교 학생들을 실패하도록 방관하고 내버려두고 있다는 것. 아주

#5 2011년 6월 20일 총에 맞아 죽은 13살 소년 단테 영과 사망 장소에서의 추모 광경

적극적인 지역 공립학교 지킴이라 할 수 있는 사람들조차도, 새로 선출된 시공무원들도 수세대에 걸쳐 자녀들을 사립학교 또는 종교계 학교에 보내고 있었다. 따라서 많은 지역 공립학교 부모들은 차터스쿨에 목매는 현실이었다. 최고 수준의 차터스쿨은 등록을 기다리는 학생수가 수천 명을 넘기도 했다. 실패한 교육은 지역 모임에서 단골로 오르는 화제였다. 뉴어크 반폭력연맹(the Newark Anti-Violence Coalition)이 매주 정기적으로 여는, 살인 희생자들을 위한 기도회 주제 중 하나도 교육 실패에 대해서였을 정도였다. 이 모임은 사우스 9번가와 사우스 오렌지가에서 열렸다. 교회 입구 현관 아래, 13살짜리 단테 영(Dante Young)이 총에 맞아 죽은 바로 그 장소였다. 이 자리에서 그의 누이는, 멀리 떨어져서 벽에 기댄 채 이 모임을 지켜보고 있는 젊은 남자들을 향해 소리쳤다.

"너희 모두 책가방을 메고 있지만, 책이 들어 있지는 않겠지. 학교로 돌아가. 다들 공부하라고. 이 골목에서 벗어나야 해!"

비슷한 메시지가 뉴어크의 젊은이들에게 퍼져갔다. 그 주인공은 평범한 전도사가 아니었는데도 상당한 권위를 자랑했다. 악바르 프라이(Akbar Pray). 그는 1980년대 악명을 떨친 마약왕이었고, 감옥에서 교육 전도사로 거듭난 인물이다. 그는 이미 폭력에 의해 세 아들을 잃은 후였다.

"게임은 끝났다."

그가 온라인을 통해 전하고 있는 음성메시지와 글에서 한 말이다. '교육받는 것, 이것이 보다 나은 삶으로 나가는 유일한 방법이다.' 그가 다음 세대에게 훈계하는 내용이기도 했다.

"저는 매일 이곳에서 마주칩니다. 교육받았다고 하기 어려운, 즉 거의 읽을 줄 모르는 사람들, 막 감옥에서 나와 도대체 무엇을 어떻게 해야 할지 갈피를 못 잡는 형제들, 그리고 막막한 이민자들을요. 그들이 이런 제도화된 덫에서 도대체 어떻게 벗어날 수 있을까요? 그것이 제가 고민하는 것입니다."

프라이가 보여준 지도와 관심에 대해 뉴어크 고교 학생들이 답신을 보냈다.

나는 종신형을 선고받고 26년째 수감 생활을 하고 있는 나이 든 죄수를 인터뷰한 적이 있다. 뉴욕주 오티스빌(Otisville)에 위치한 연방 교도소의 면회실에서 만난 그는, 학생들의 답신으로 감동을 받았다고 했다. 그는 복잡 미묘한 감정을 담아 몸을 앞으로 굽혔다. 아주 개인적인 생각을 나누고 싶은 듯했다.

"그런데, 그들 중 몇몇은 아예 한 문장도 제대로 쓰지 못했어요."

그가 낮은 목소리로 속삭이며 덧붙였다.

"이 학교, 도대체 뭐가 잘못된 겁니까?"

지역사회를 끌어들이는 캠페인은 뉴어크에서의 교육 파트너십(Partnership for Education in Newark, PENewark)을 불러들였다. 그리고 맥해리스는 청중들에게 감정을 담아 전달하며 토론을 전개하기 시작했다.

"모든 뉴어크 사람들의 목소리를 모으는 게 우리의 목표예요."

나이 불문하고 다양한 거주자들이 토론회에 나와 '영향력 있는 목소리를 만들어내기 위해' 이 제안들을 진지하게 받아들였다. 아웃리치 캠페인 문구가 약속하고 있는 것처럼 말이다.

교육청이 학습을 책임져달라는 것. 아마도 가장 일관된 청원일 것이다. 여기에는 아이들과 가족들의 사회적인 건강뿐 아니라 정서적인 건강까지 포함된다. 빈곤이 학생들의 학습 성과에 미치는 효과는, 교육에 관한 정치색이

짙은 토론장에서 늘 설전이 오가는 메뉴였다. 교육개혁가들에 따르면, 지역 공립학교들은 빈곤을 실패에 대한 핑곗거리로 삼을 뿐이었다. 형편없는 교사, 덩치만 커지고 무능한 행정관료들, 그리고 낮은 기대 목표 같은 실제 문제를 해결하려 하지 않았다. 전통적인 공립학교를 옹호하는 지킴이들이 볼 때 교육개혁가들은 모순적이었다. 그들이 보기에, 교육개혁가들은 공교육을 불신하고 노조를 악마화하려는 캠페인을 벌이면서도 오히려 문서상 깔끔하게 정리되어 있는 빈곤의 희생자들을 고의적으로 소홀히 여기고 있다. 그러나 포럼에 참여하는 사람들에게 빈곤이란 너무도 명백한 삶의 실제이자 현실로, 그저 토론의 대상이 아니었다. 학교는 핑계가 필요하지 않았다. 오로지 아이들과 가족들을 지원하는 데 도움이 필요할 뿐이었다.

한 포럼에서, 마약 중독과 무차별적인 폭력이 그리 이상하지 않은 환경에서 자란 젊은 남녀가, 다음 세대들을 또 파괴해버리는 갱들간의 전쟁을 화두로 꺼냈다. 자신들의 경험이 떠올라서였는지 감정이 북받쳐 있었다. 그들은 부모로부터 전혀 공부에 도움을 받지 못하거나 무신경하게 팽개쳐진 아이들을 자원하여 돕기 원했다.

"저희는 그러한 일들이 얼마나 끔찍한지 보면서 자라왔어요. 그런 우리를 절대 그냥 이대로 내버려두지 마세요. 우리가 스스로 바꿀 수 있다고 해온 지금까지의 방식으로는 그 누구도 이 현실을 바꿀 수 없습니다."

대학예비학교를 거쳐 대학에 풋볼선수 장학금을 받고 진학했던 현직 변호사 칼빈 사우더(Calvin Souder)의 말이다. 사우더는, 2000년대 초반 로스쿨에 다니면서 5년간 뉴어크에서도 가장 열악한 지역의 학교 중 하나인 베링거 고교(Barringer High School)에서 교사를 했다. 그가 가르쳤던 아이들 중 가장 도전적이었던 몇 명은, 갱이 되어 교육을 포기했던 옛 동급생들의 자녀들이었다. 칼빈이 말했다.

"어느 정도 성공한 우리 같은 사람들은 좋은 차에 올라타, 마약거래가 성횡하는 바로 옆 이웃 지역과 공원을 돌아다니며 아이들을 만날 때마다 말해야 합니다. '난 교육을 잘 받았어. 그리고 성공했지. 경찰이 내 차를 빼앗겠다고 다가오지는 않아. 왜냐하면 내가 주인이거든. 그거 아니? 내가 가진 것이 마약 딜러들 것보다 더 좋은 거란다.'"

사우더의 이야기는 손길이 미치기 가장 어려운 학생들을 돕기 위한 제안들을 쏟아놓도록 유도했다.

"교사들은 우리 같은 사람들을 교실에 불러서, 아이들에게 전하도록 해야 해요."

스스로를 뉴어크 학교의 산물이라고 여기는 크리스탈 앤더슨(Chrystal Anderson)의 말이다. 그녀는 큰 멘토링 단체의 코디네이터로 일하고 있다.

"그저 '자, 읽고 쓰는 법을 내가 가르쳤지? 이제 집에 갈 시간이야' 하는 태도로는 안 됩니다. HSPA 시험을 통과하는 것만으로는 안 된단 말이죠."

주에서 실시하는 고교생들의 학업성취도평가를 거론하며 그녀가 한 말이다.

"저는 제 프로그램에서 매일 아이들을 만납니다. 그 아이들 집이라는 곳은 마약으로 풍비박산났죠."

뉴어크의 웨스트사이드 공원에서 야간 스포츠 프로그램을 관리하는 샤리프 오스틴(Shareef Austin)이 말했다.

"저녁에 이 아이들을 걱정하다 보면 눈물이 마르지 않습니다. 이런 상황을 여기에서 경험하며 자라지 않았다면, 우리가 할 수 있는 방식대로 도울 수 없을 거예요."

학교 상담사들은 젊은 부모들을 위해 워크숍을 열어달라고 요구했다. 부모들이 집과 학교에서 아이들을 성공하도록 돕는 방법을 가르치게 하자는 이유였다. 한 사회복지사는 자신이 준비해온 교육과정을 공유하겠다고 제안했다. 그 제목은, "공부하는 아이의 부모가 되는 법"이었다.

이처럼 포럼에서 지역 주민들이 직접 참여하는 과정은 감동적이고 좋은 아이디어였다. 그러나 티네샤 맥해리스는 지역사회를 결합하려는 노력에 대해 본래 던졌던 의문을 해결하지 못한 채, 여전히 답을 찾고 있었다.

'왜 내 월급이 '교육개혁, 지금(Education Reform Now)'이라는 단체에서 들어오고 있는 것일까?'

그녀가 던진 질문이다. 차터스쿨과 연계된 이 단체는 월가 금융인들의 지원을 받았고, 터스크가 불러들였다는 소문이 있었다. "도대체 터스크가 누군데?"라고 그녀는 반문하지 않을 수 없었다. 얼마 지나지 않아 맥해리스는 터스크가 자신에게 일을 주는 사업책임자라는 사실을, 그리고 자신의 주급은 채 600불이 안 되지만 회사는 백만 불을 벌어들인다는 사실까지 알게 되었다.

레크리에이션 강사 오스틴은 마약 중독에 빠진 아이들에게 관심을 갖도록 청원하고 있다. 그는 누구도 터스크 또는 그처럼 굴러 들어온 친구들을 따라야 할 이유가 없다고 했다. 부모가 부재한 아이들을 지도하려는 오스틴 같은 사람들의 관심사에 대해 그들은 그리 주의를 기울이고 있지 기 때문이다.

"추측하건대, 이러한 아이디어는 맨꼭대기에 사는 상류층 사람들에게는 보잘것없어 보일 만한 것들이죠. 하지만 우리에게는 엄청 큰 거예요. 우리는 이것들이 아이들에게 무엇을 의미할 수 있는지 잘 알고 있으니까요."

오스틴의 말이다.

계획된 지역사회 참여 캠페인의 두 번째 단계는 시행되지 않았다. 부커의 선임 측근 중 한 명은 개인적으로 터스크의 업무를 '쓸데없는 일'이라고 여겼다. 비용을 지불하고 있는 뉴어크미래재단(Newark's Future Foundation) 이사진 중 한 사람도 말했다.

"이건 지역사회 참여(public engagement)가 아니었습니다. 그냥, 홍보였을 뿐이에요."

부커와 주커버그가 이미 어젠다에 합의했었다는 사실을 맥해리스와 다른 팀원들은 전혀 몰랐다. 그 속에 들어 있음직한 중요한 선택사항에 대해서 그 누구도 그들에게 알려주지 않았다. 예를 들어, 계속 실패하는 학교는 문을 닫게 한다든지, 차터스쿨의 수를 확대한다든지, 교사들의 정년권을 약화하는 등등의 문제들 말이다. 만약 그들이 이 사실을 알았다면, 주민들에게 이러한 문제 사이에서의 선택으로 무엇을 잃고 또 무엇을 얻게 될지 물었을 터였다. 이를 중요한 지역사회 소통으로 이끌 수 있었을 것이다. 대신 광범위하게 토론이 벌어졌다. 어느 뉴어크 학교의 교장은 보다 강력한 교복 정책이 도움이 될 것이라 주장하며, 교복을 입지 않으려는 아이들에게 던져질 분명한 결과들을 제시했다.

"차터스쿨에서는 교복을 입지 않고 등교하면 바로 집으로 돌려보낼 수 있습니다."

어느 교감은 예술을 교육과정에 포괄적으로 적용하고 있는 미시시피 주의 교육개혁 이니셔티브를 언급했다. 한 뉴어크 고교 1학년 학생은, '모든 사람이 정말로 배우고 싶어 하는 환경'을 바란다고 했다.

"주위 사람 모두가 정신없게 한다면 어떻게 공부에 집중할 수 있겠어요?"

몇몇 논평은 부커와 주커버그의 어젠다와 동일한 선상에 놓여 있었다. 특히 각 학교의 자율성과 교장의 권한을 높여야 한다는 점에서 말이다. BRICK 아카데미에서 열린 한 포럼에서, 교사들과 학교혁신 지도자들은 중앙 행정부서에서 쓸 곳을 정해 내려 보내주는 예산 외에, 정말로 필요한 곳에 돈을 쓸 수 있기를 바랐다. 교장인 헤이굿은 포럼이 열리는 자리에서 강조했다. 에이븐가 학교는 가난과 폭력으로 고통받고 있는 지역에 살고 있는 650명의 학생들을 맡은 사회복지사가 단 한 명뿐이라고.

"우리에게 자율적인 권한이 있다면, 예산을 다르게 배분해 사용할 겁니다."

BRICK 아카데미의 교감은 학교에 주차원의 복무연한에 따른 선임권한 보호제도(state seniority protections)의 면제가 필요하다고 했다. 학교는 이로써 많은 수의 젊은 교사들이 해고로 직장을 잃지 않도록 할 수 있다는 것이다.

"정말이지 귀중한 제안들입니다!"

#6 부커와 그의 기금담당 자문관인 바리 메이츠

부커가 회의실 뒤편에서 큰 소리로 외쳤다.

뉴어크 사람들에 의해 추진되는 "아래로부터의" 개혁을 공공연히 약속해 놓고도, 부커는 오프라쇼에서의 발표 직후 조용히 교육컨설팅 팀을 고용했다. 여기에 뉴어크 사람들은 없었다. 이 팀의 업무는 지역의 요구를 '사실에 기반해' 조사하고, 여름 내내 부커와 주커버그가 서로 합의했던 변화를 위한 기초작업을 시작하는 것이다. 부커는 골드만삭스(Goldman Sachs)의 사회공헌담당팀에서 50만 불을, 브로드재단(the Broad Foundation)에서 50만 불을 모금했다. 그 돈으로 그는 글로벌교육자문단(Global Education Advisers)이라는 회사에 비용을 지불하기 시작했다. 이 회사 소속 컨설턴트들은 하루 활동에 1,000불 이상의 일당을 받았다. 회사와 소속 컨설턴트들에게 투입된 돈은 총 280만 불에 달했다. 주커버그의 재단, 스타트업: 교육(Startup: Education), 그리고 매칭자금으로 윌리엄스 애크먼 퍼싱 스퀘어 재단(The Williams Ackman's pershing Square Foundation)이 지불한 규모를 넘어서는 금액이었다. 공적 자금을 사용하지 않았기 때문에 공시에 대해 아무런 법적 제한이 없었다. 터스크를 고용한 과정에서 확인했듯이, 어느 누구도 명확한 서류를 제출하지 않았다.

공공사업과 민간사업의 합병은 '거기부터(from there)' 시작되었다. 공시(public notice) 없이, 부커는 자신의 시정 측근 두 명을 고용한 뒤 자선기금에서 급여를 제공했다. 이들에게 매칭기금을 확보하도록 하고, 일과 관련된 사람들을 관리 감독하기 위한 지역 재단을 설립하도록 했다. 부커의 기금조성담당관 바리 메이츠(Bari Mattes)는 2010년 10월부터 2011년 7월까지 12만 불을 수령했고, 2010년, 이에 더해 10개월간의 급여 8만 3,000불을 시청에서 지급받았다. 부커의 교육자문관인 라이트(De'Shawn Wright)는 9만 4,500불을 받았고, 2010년 급여로는 최고인 14만 불을 받았다. 뉴어크 차터스쿨기금(Newark Charter School Fund)에서 지출된 급여였다. 달리 말하면, 차터스쿨뿐 아니라 지역 공립학교에 영향을 미치는 정책에 대해 부커를 자문했던 이들의 급여 중 적지 않은 양이 세금이 아니라 차터스쿨 단체에서 사적으로 모금된 자금에서 나온 것이다.

이 둘이 서로 아주 밀접하게 관련되어 있는 만큼, 그 둘을 조정하는 문제는 추구하는 가치면에 있어서 아주 복잡했고, 개인적 이해관계도 서로 엉켜 있었다. 뉴어크 학교위원회 자문단(주정부가 모든 권한을 갖고 있기 때문에 기껏해야 '자문(advisory)' 정도 수준에 머물 수밖에 없다) 의장인 샤바르 제프리스(Shavar Jeffries)조차 주커버그의 돈을 누가, 어디에 쓰고 있는지에 대해 아무것도 몰랐다. 실제로 그녀는 부커와 주커버그가 추구했던 교육개혁안의 대부분을 적극 지원했다.

"이 문제는 제게 블랙홀과 같습니다. 그러니 관련된 모든 사람을 의심할 수밖에 없는 거죠."

그가 주커버그의 재단 실무팀장 젠 홀러랜(Jen Holleran)에게 보낸 이메일 내용이다.

"저는 어떻게 기금 사용이 결정되는지, 그 모든 결정들이 지역사회의 결정 및 계획과 어떻게 맞닿아 있는지 알고 싶습니다."

제프리스는 공교육에 있어 민간 자선사업을 둘러싼 곤란한 질문 중 하나를 지목한 셈이다. 거의 모든 자선사업은 본질적으로 민주적인 운영과는 거리가 멀다. 무엇을 먼저 할 것인가. 그 우선순위는 부유한 기부자와 이사회가 결정한다. 그들은 범위에 있어 공공정책의 방향을 지역사회와 거리를 두고 만들어갈 수 있다. 주커버그, 부커, 그리고 크리스티의 대변인들은 이들 간의 협력을 다리 셋 달린 의자로 비유했다. 시장, 주지사, 그리고 자선사업가가 지역사회의 방향을 공동으로 계획하고 있는 것이다.

부커는 주커버그의 자금과 대응 기부금을 관리할 지역 재단을 만들자고 주장했다. 민간 기부금이 어떻게 지출되고 있는지에 대해 지역사회의 영향을 반영하기 위해서였다. 그러나 뉴어크미래재단(the Foundation for Newark's Future) 이

#7 그렉 테일러

사회의 이사진 자리는 최소 1,000만 불(나중에는 5만 불로 낮아진다)을 제공한 기부자들에게 주어졌다. 두말할 필요도 없다. 뉴어크 주민과 지역 재단에 돌아갈 자리는 없었다. 그런데 이 기준에 적합한 사람들이라곤 주커버그, 억만장자 금융인 애크먼, 그리고 골드만삭스뿐이었다. 당연직 위원으로 부커와 함께 이들의 대변인이 참여해 이사회를 구성했다. 결과적으로 기부자들이 자신들의 돈을 어떻게 쓸지 결정하는 모양새가 되었다. 그들은 이 위원회의 첫 CEO로 그렉 테일러(Greg Taylor)를 영입하고 연봉 38만 불을 책정했다. 그러나 그는 이사회가 자신의 제안들을 너무도 소홀히 여긴다고 생각해서, 절망을 안고 2년도 채 지나지 않아 CEO를 그만두었다. 그러고는 전국농구협회(the National Basketball Association, NBA)로 옮겨 자리를 잡았다.

이사회는 뉴어크 도심에 위치한 높다란 검은색 유리 사무실 빌딩에서 매달 회의를 열었다. 2011년 5월, 회의가 있던 어느 날이었다. 로비에 있는 두 평면 TV에서 애크먼과 억만장자 투자자 소로스(George Soros) 사진들 위

로, "누가 GM 주식을 팔아치우고 있는가(WHO'S DUMPING GM STOCK?)"
라는 큰 글씨로 제목을 단 뉴스가 나온다. 파사익 강(Passaic River)이 내려
다 보이는 창이 있는 14층의 회의실에서, 애크먼의 재단 CEO가 뉴어크미
래재단 이사회를 주재하던 중이었다. 이때 소로스 재단이 주커버그의 1억
불 기금에 대응 기부금을 고려하고 있다는 보도가 흘러나왔다. 비록 소로
스는 기부하지 않겠다고 결정하기는 했지만, 당일 주식 시장을 움직였던 두
남자가 미국에서 가장 가난한 도시 중 한 곳에서 벌어지고 있는 교육개혁
의 방향을 움직일 수 있는 지위에 있었다. 결코 우연이라 할 수 없는 일이
다. 아주 복잡하게 얽혀 있는 모양새였지만, 공적 비즈니스의 잠재적인 효
과는 결국 사적인 이해관계와 연결되어 있었다. 또한 그들의 사기업을 운
영하는 사람들의 관심사들을 공적 영역에까지 확대해 적용하려는 것이었
다. 제프리스가 '무엇이 투명한 것인가'라는 가치에 대해 품고 있는 생각과
는 판이하게 달랐다.

뉴어크 시민들을 아우르는 부커의 사적인 행동과 그가 내세운 공적인
맹세 사이의 괴리는, 2011년 1월 초 어느 일요일 아침, 보다 명확하게 드러
났다. 그는 개혁을 향한 노력이 어떻게 진행되고 있는지 듣고자 하는 7명의
억만장자 대리인들과 함께 회의를 하고 있었다. 그러나 그 자리에 참석한 그
어떤 사람들에 대해서도 뉴어크 주민들은 아는 것이 없었다.

#8 크리스토퍼 서프

프레젠테이션은 글로벌 교육 자문
단(0Global Education Advisers) 컨설팅사
의 설립자인 크리스토퍼 서프(Christopher
Cerf)가 이끌었다. 12월, 크리스티는 서프
를 그의 교육위원으로 임명하고 주를 아
우르는, 특별히 뉴어크 공립학교들의 교육
개혁을 맡도록 했다. 따라서 그는 당시 주
지사를 대신해 뉴어크 공립학교를 관리하

고 있었다.

큰 키에 적당한 몸매, 자신감을 뿜어내는 서프는 다양한 방면에서 학교 개혁가들의 전형이라고 할 만했다. 실패하고 있는 지역의 가장 가난한 아이들을 위한 자신의 관심과 열정을 확신에 찬 어조로 웅변하는 민주당원으로서, 그는 제대로 교육받았고, 많은 성취를 이루었으며, 자신의 비전이 옳다고 확신하는 데 결코 흔들림 없는 사람이었다. 그는 교육개혁의 정치적 지형을 논쟁할 때 종종 전쟁을 비유로 들었다. 암허스트 대학교(Amherst College)와 콜롬비아 대학교 로스쿨(Columbia Law School)을 졸업했고, 오코너(Sandra Day O'Connor) 연방 대법원 판사의 서기와 클린턴 정부의 백악관 자문위원을 역임했다. 서프는 교육개혁운동에 있어 환승을 위한 일종의 중앙역과 같은 존재였다. 지난 8년간의 행적을 따져보면 교육개혁과 관련해 모든 차원에서 어떻게든 연결되어 있었다. 그는 에디슨 프로젝트(the Edison Project)의 일반 자문으로 활동했고, 이후 그 회사의 대표가 되었다. 이 회사는 나중에 에디슨 학교 주식회사(the Edison Schools Inc.), 그리고 지금은 에디슨 러닝(The EdisonLearning)이 되었다. 흥미롭게도 이 회사는 영리를 목적으로 공립학교를 운영하며, 정부가 운영하고 교원노조가 깊숙이 관여하는 공립학교들과는 초기부터 대립각을 세워왔다. 이 회사는 최종적으로는 자신들이 약속한 이익, 즉 학생들의 성적을 눈길을 끌 만큼 향상시키는 데 실패했다. 그러나 이 회사는 교육개혁운동의 몇몇 리더들을 위한 좋은 훈련장이 되었다. 에디슨사에 있는 동안 서프는 엘리 브로드(Eli Broad)가 설립한 브로드 교육감 아카데미(The Broad Superintendents Academy)에 참여한다. 브로드는 LA의 억만장자로, 그의 자선사업은 높은 성과를 내는 비즈니스의 연장선에서 공립학교들을 새롭게 개척하는 데 목표를 두었다. 당시 서프는 뉴욕시 학교 시스템을 새롭게 디자인하려는 조엘 클라인(Joel Klein) 교육감과 4년간 함께 일하고 있었다.

"저는 밑바닥에서부터 모든 것을 다시 조직하라는 요청을 받았습니다. 1,500개의 학교, 110만 명의 학생들, 그리고 1년에 220억 불의 비용이 드는 시스템을요."

서프는 어느 날 커피를 함께 마시며 설명했다.

"제 전문 분야는 시스템 개혁입니다. 자잘한 정치 문제, 이기심, 부패, 그리고 목표 달성할 저해할 오랜 관행 등을 상대하는 거죠."

서프는 뉴어크 근처의 부커가 살고 있는 교외에서 기금 모금자 자격으로 부커와 만났다. 부커가 처음으로 시장 선거에 나설 때였다. 젊은 시의원인 부커는 뉴어크 공립학교들에 대해 통렬히 비판하고 차터스쿨에 열정을 드러냈다. 서프는 그런 부커를 보며 온몸에 소름이 돋을 정도로 강렬한 인상을 받는다. 서프는 곧 부커의 비공식 교육자문이 되었다. 부커가 2006년 시장이 되던 해였다. 서프는 부커에게 강력하게 조언했다. 동료인 민주당 출신 주지사 코르진(Jon Corzine)에게 주정부 관할인 공립학교의 통제권을 요구하라고 말이다. 부커는 반대했다. 민주당원이라면 누구라도 교원노조의 다른 편에 있는 시장에게 도심 학교를 넘겨주려 하지 않을 것이라고 반박하면서. 자신의 유명세를 이용해서 코르진을 압박하고 싶지는 않다는 부커의 말에 서프가 격앙된 이후, 두 사람의 관계는 소원해졌다.

"학교 선택, 차터스쿨, 그리고 바우처 제도를 지지하는 목소리를 대변하는 흑인이라면 모두 부커를 선택했어요. 그런데 이 10억 불짜리 지역에 전혀 손대려고 하지 않고 있었단 말입니다."

서프가 말했다.

크리스티가 2009년 선거에서 승리한 뒤, 서프는 다시 시도했고, 결국 원하는 것을 얻었다.

"저는 부커가 항복할 때까지, 그를 창피하게 만들었어요."

서프의 말이다.

회의용 테이블 주위로 사람들이 모여들었다. 시 차원에서 공적으로 접근 가능한 TV 스튜디오에서 서프가 전하는 이야기를 듣기 위해서였다. 그들은 뉴어크뿐 아니라 전세계 모든 도시들에서 모인 돈보다 더 많은 돈을 가진 부자들의 대리인이었다. 예일 대학교에서 경영학을 전공하고 사립학교에

#9 부커와 서프

서 교사와 교장을 역임한 젠 홀러랜은 지금 주커버그를 대리하고 있다. 윌리엄 애크먼 퍼싱 스퀘어 재단(William Ackman's Pershing Square Foundation) 및 실리콘밸리 벤처 투자자 존 도어(John Doerr)의 뉴스쿨 벤처기금(NewSchools Venture Fund) 책임자들이 테이블에 함께 앉아 있다. 게이츠재단(the Gates Foundation), 피셔재단(the Fisher Foundation), 월튼재단(the Walton Foundation), 그리고 로버트슨재단(the Robertson Foundation), 스티브 잡스의 부인인 로렌 잡스(Laurene Powell Jobs), 그리고 뉴어크의 푸르덴셜재단(Newark's Prudential Foundation), 빅토리아재단(Victoria Foundation), 젬재단(Gem Foundation), MCJ 아멜리오르 재단(MCJ Amelior Foundation) 등이 지금을 지원하고 있는 뉴어크차터스쿨기금(Newark Charter School Fund)의 CEO가 함께했다.

서프가 일어나 기부자들에게 말할 준비를 했다. 그는 뉴어크를 가리켜 교육개혁의 새롭고 중요한 전장이라고 불렀다.

"지역사회의 총체적인 교육개혁. 이는 학생들을 실패하도록 방치했던, 얼어붙은 이 지역을 새롭고 다른 곳으로 바꾸는 작업입니다."

#10 왼쪽부터 서프, 교육감 클라인, 뉴욕시장 블룸버그, 브로드 교육감 라일즈(2012년)

그는 뉴어크를 교육개혁의 완벽한 실험장이라고 표현했다.

"뉴어크는 규모면에서 통제 가능하고, 탁월한 시장이 지도하고 있으며, 주 정부에서 관할하고 있죠. 저희는 지금도 가능한 모든 차원에서 관리에 임하고 있습니다."

서프는 이미 기부자들에게 잘 알려진 인물이었다. '변혁대장(chief of transformation)'이라 불리는 클라인 뉴욕시 교육감의 선임부관으로, 뉴욕시 혁신과 전략을 맡았던 전력 때문이다. '변혁'이란 교육개혁가들에게 아주 인기 있는 말이었다. TFA는 "변혁적인 교사(transformational teachers)"를, 뉴리더스포뉴스쿨즈(New Leaders for New Schools)는 "변혁적인 원리(transformational principals)"들을, 브로드 센터(the Broad Center)는 "변혁적이고 지속가능하며 확산 가능한 개혁(transformational, sustainable, and replicable reforms)"을 불러올 "변혁적 기술과 의지(transformational skill and will)"를 지닌 교육감을 길러내겠다고 약속했다. 창업자들이 후원하고 있는 뉴스쿨벤처기금은 제10회 CEO 모임의 주제를, "교육 기업과 공교육의 변혁(Education Entrepreneurships and the Transformation of Public Education)"
이라 붙이기까지 했다.

서프는 계속해서 기부자들에게 말했다.

"시스템이 여기에서처럼 이렇게 망가졌다면, 늘 해오던 방법과 똑같이
해서는 절대 고칠 수 없으리라 확신합니다. 아마 이렇게 말하는 사람들도
있겠죠. '젠장, 이곳에는 읽기 프로그램(literacy program)이 필요해.' 우리는
그 부분에 대해서도 모든 것을 다 해봤죠. 저희는 뭔가 바람직한 변화에 그
치는 게 아니라 보다 더 대단한 변화를 이루기를 원합니다. 그런데 이 모든
것들을 관료들이 주도해왔고 또 여전히 주도하고 있습니다. 일방적이고, 처
방 위주인 위로부터의 정책들 말입니다. 어쩌면 정말 끔찍한 것에서 조금 덜
끔찍한 방향으로 변화하는 것마저도 아직 실현되지 않았을지도 모릅니다."

청바지와 회색빛 스웨터를 입은 56세의 서프는 은빛 머리칼을 빛내며
콧등 위에는 돋보기 안경을 걸쳐놓고 있었다. 그는 검정색 마커를 들고 화
이트보드 앞에 서서 뉴어크의 청사진을 그려 보였다. 그와 클라인이 뉴욕
에서 죽 해왔던 바를 복사하기라도 한 듯, 유사한 모양의 청사진을 말이다.

서프에 의하면, 실제로 그와 부커는 최근 조엘 클라인(Joel Klein) 당시
머독 뉴스재벌회사의 부회장(그는 곧 'Amplify'라 명명될 새로운 교육기술팀을
이끌고 있었다)이 주관하는 이전 프로젝트를 함께 시행했다고 한다. 지나치게
중앙으로 편중되어 있는 학교구의 규모를 대폭 축소하고, 각 학교들의 '포트
폴리오'를 만들어 재편하는 계획이었다. 이 계획에는 전통적인 공립학교, 차
터스쿨, 그리고 학생 요구에 따른 프로그램학교들, 예를 들어 단성학교 또
는 중도탈락자들이 다시 시작하도록 보조하는 학교 등이 포함되어 있었다.
기업 운영에 쓰이는 방법들은 새롭게 재편된(transformed) 각 학교구에 맞는
모종의 운영 전략을 제시해줄 수 있을 것이다. 예를 들어 학생들의 학업성취
도 향상 정도를 추적하는 최고급 데이터시스템 구축, 학교장을 CEO로 대우
함으로써 학교예산, 교직원 관리, 교수학습방법 등 성과에 기반해 책무성을
요구할 수 있도록 최대한 자율성을 인정하는 것, 형편없는 교사는 해고하고

잘 가르치는 교사들에게는 인센티브를 허락하는 것, 그리고 교원정년제도를 느슨하게 해 해고를 자유롭게 하도록 교원노조와 재협상하는 것 등이다.

주커버그와 다른 기부자들은 다음과 같은 스타트업 비용을 지불하겠다고 동의를 마친 상황이었다. 포트폴리오 전략 차원에서 지역공립고교를 신설해 전국적으로 모범이 될 만한 프로그램으로 채우고, 더불어 차터스쿨을 신설하는 프로젝트였다. 임기 말 레임덕에 갇힌 교육감 클리포드 제이니(Clifford Janey)는, 중도탈락학생의 복학 및 차터스쿨과 사립학교로 전학한 학생들을 다시 전학해오도록 할 요량으로 몇몇 새로운 모델을 도입했다. 그러나 그에게는 이 모델에 소요될 재원뿐 아니라 새로운 학교들을 세우고 운영할 인력이 턱없이 부족했다. 그런데도 기부자들은 새로운 학교들의 신설을 두고, 학부모와 학생에게 실질적인 혜택을 제공할 수 있는 '이른 성공'이라고 생각했다.

이러한 모든 문제적 변화들이 발생하리라는 건 최근 막을 내린 시민참여 공공 토론회에서 충분히 암시되었는데도 말이다. 이러한 변화에는 어두운 그림자도 함께 깃들어 있었다. 교육청에 고용되어 있는 수백 명의 저숙련 기술노동자들이 일자리를 잃는 것에서부터 수천 명의 학생들이 학교를 다시 지정받아 적응해야 하는 등의 부작용들 말이다.

부커는 기부자들에게 그때까지 베일에 가려 있던 또 다른 계획을 전했다. 그는 뉴어크에서 가장 규모가 큰 두 차터스쿨 체인으로부터 학생 입학 정원을 두 배로 늘리겠다는 확약을 받았고, 그는 이에 대한 반대 급부로 해당 학교들의 스타트업 비용을 보전하기 위해 주커버그, 애크먼, 그리고 다른 기부자들의 기금을 연계해주겠다고 약속했다. 이렇게 되면 향후 5년 내지 10년 동안, 뉴어크시의 차터스쿨 학생 수가 1만 명 늘어나며, 지역공립학교 취학생 수는 그만큼 줄어들게 된다. 시장은 폐쇄되는 공립학교 건물을 차터스쿨 확장에 필요한 공간으로 이용할 수 있도록 하겠다고 강조했다.

"여러분은 그 장소를 함께 무상으로 점유하게 될 거라고 발표하게 될 거예요."

서프는 기부자들을 향해 마치 뉴어크에 뉴욕시 클라인 교육감의 또 다른 정책 명령을 이행하듯 선언을 내렸다.

"그 주에 있었던 가장 행복한 뉴스거리였습니다."

부커가 감탄하며 말했다. 이는 새로운 차터스쿨들이, 학생수가 적은 기존의 지역 공립학교에 무상으로 문을 열 수 있게 된다는 의미였다. 예상대로 이 정책에 대해 뉴욕 차터스쿨 및 전통 공립학교의 학부모들은 분노하고 긴장했다. 차터스쿨의 가용재원이 너무도 뻔히 많았기 때문이다. 실제로 뉴어크에서 차터스쿨들은 재원 부족에 시달리는 공립학교들에 장소 사용료를 지불할 것이고, 이 사안은 그렇게 마무리될 것이었다.

회의용 테이블 주위에 앉아 있는 기부자들은 시장과 이사진 사이에 아주 편안한 교감이 흐르기 시작했다고 느꼈다. 갈색 풀오버 스웨터와 검정 바지를 입고 있는 시장은 의자에 깊숙이 허리를 박고서, 서프의 발표를 주의 깊게 듣고 있었다. 그 커다란 두 손을 머리 위로 해서는 손뼉을 치며, 가끔 동의한다는듯 고개를 끄덕이면서 말이다.

미 전역의 능력 있고 소명의식이 강한 교사들이 뉴어크를 가장 매력적인 장소로 여기게끔 하는 것. 두 사람은 그 일이 얼마나 중요한지를 피력했다.

"우리는 뉴올리언스도, 그렇다고 워싱턴 D.C.도 아닌 뉴어크에서 교사로 일한다는 걸 가장 '섹시하게' 부각할 필요가 있어요."

부커가 한 말이다.

"우리는 카바레 쇼를 하게 될 거예요."

서프가 덧붙였다.

"함께 블루스를 노래할 거고 말이죠."

부커가 머리를 젖힌 채 큰 소리로 웃으며 응대했다.

서프와 부커, 그리고 기부자들은 지역의 변혁 과정에서 다양한 방면의 일을 맡을 외부 전문가들을 어떻게 영입할지에 대해 머리를 맞댔다. 그들은 학교 재정 분야에 있어 '전국에서 가장 똑똑한 사람'과, 교사평가체제에 있어 일종의 비범한 '브레이니악(brainiac. 천재)'을 원했다. 서프는 클라인과 긴밀히 함께 일했던 팀의 몇몇 사람들을 추천했다. 서프는 "앞으로 닥칠 전쟁과도 같은 갈등을 유연하게 처리하고, 기존 체제에 대항할 만한 논리를 개발해낼 소통·전략"이 필요하다고 표현했다. 그 자리에 함께 한 모두가 서프의 의견에 동의했다.

클라인과 함께 일했거나, 또는 TFA, 맥킨지 교육팀의 경력자들, 현재 차터스쿨 네트워크, 학교 교육청, 그리고 주정부 교육부처, 벤처자선사업단체, 기타 다른 교육 관련 기관에서 일하고 있는 사람들이 거명되었다. 이렇게 가상으로 소집된 전문가들은 BRICK 아카데미의 리가 표현한 대로 말하자면, '학교실패산업(School Failure Industry)'의 대표들이었다. 이들은 실패하는 학교들을 위한 벤처자선단체 또는 오바마 정부의 기금(race to the top)이 향하는 학교구들에 이끌려왔다. 여기에는 조엘 클라인이 이끌었던 뉴욕, 미셸 리가 이끌었던 워싱턴 D.C., 그리고 부커와 서프 팀이 자리하고 있는 뉴어크가 포함된다. 그들은 사회소통 캠페인을 벌였고, 데이터 시스템을 구축했으며, 성취도 평가결과를 분석하고, 교사훈련 및 평가방법을 교장들에게 훈련했다. 교사 정년규정을 개정했고, 교육청 조직을 재편하고, 노동계약협상을 자문했다. 지역 아이들은 거의 유색인종으로 흑인과 히스패닉이었지만, 고용된 컨설턴트들은 거의 전부 백인들이었다. 공립학교 예산이 점차 삭감되고 있는 열악한 상황에서 그들이 벌어들이는 돈은 피할 수 없는 긴장감을 조성했다. 뉴어크와 다른 동부해안 지역에서 컨설팅 비용은 하루 1000불에 이르렀다. 이들 전부에게 지불한 비용은 뉴어크에 사용된 자선기금 2억 불 중 2천만 불을 넘어섰다. 뉴어크에 투자된 총 기금의 10%를 넘어선 규모였다.

"모두가 보수를 받고 있어요. 그런데 라힘(Raheem)은 여전히 읽을 줄을 모르네요."

뉴어크가 속해 있는 에섹스 카운티 도심연합회 회장인 비비안 프레이저(Vivian Coax Fraser)가 한 말이다.

서프가 자신의 과거 동료들에게 뉴어크에서의 컨설팅 일자리를 만들어 주는 동안, 그는 정작 선물과도 같은 자선기금에서 자신의 몫을 조금도 챙기지 않았다. 서프가 자신의 컨설팅 회사에서 처음으로 수입을 올리기 전, 크리스티는 그를 교육위원으로 임명했다. 그러나 서프는 자신이 관여하는 일을 대가로 결코 돈을 받으려 하지 않았다고 크리스티는 말한다. 유서 깊은 법조계 집안 출신 변호사. 인맥이 풍부한 정치인이자 기업가. 그리고 공공정책 관련 경력을 지닌 그가 그 시간 동안 민간·영역에서 일했다면? 적어도 0이 연달아 6개 붙은 연봉을 받아 챙기고 있었을 것이다. 대학생 둘과 사립학교 학생 하나인 세 자녀를 둔 그는 대신 교육위원의 자리를 맡았고 연봉 14만 불을 받았다.

그가 뉴어크 주민들에게 자신의 역할에 대해 설명하기가 얼마나 어려웠을까. 충분히 상상이 가는 대목이다. 자신의 친구들과 동업자들에게 일자리와 계약 건을 부지런히 가져다주려고 공적 자금을 사용하는 도심 정치인들을 혐오하는 사람이 있었다. 지금은 개인 돈으로 같은 일을 한다고 가정해보자. 서프는 자신의 선택이 능력에 기반한 것이었다는 점, 이 일로 아이들에게 혜택이 돌아간다는 점, 그리고 오랜 인습과도 같은 정치적 후원관계가 아니라는 점에 대해 결코 의심하지 않았다.

"저는 이 일이 어떻게 도움이 될지 제대로 몰랐습니다."

서프의 말이다.

그러나 뉴어크 일간지 <스타 레저>에서는 이 건을 그렇게 다루지 않았다. 2011년 2월 23일 1면을 장식한 신문기사를 보면, '주정부 교육위원이 세운 회사가 뉴어크 학교들을 뒤집어엎으려고 고용된 상태이다'라고 보도했다. 이 신문은 대외비로 관리되고 있던 회사 작성 명부를 인용해, 차터스쿨과 새로 신설되는 고교 공간을 마련하기 위해 학습 성취도가 낮은 공립학교 십여 개를 폐쇄 또는 통합한다는 옵션에 대한 내용을 다루었다. 수천 명이 일자리를 잃고 쫓겨날 수 있다는 우려도 빼놓지 않았다. 뉴어크의 주민들에게 대단한 뉴스거리가 아닐 수 없었다. 교육개혁이 이루어지는 전 과정에 주민들을 참여하도록 하겠다던 시장의 맹세에도 불구하고 말이다. 물론 서프에 의해 설립되고 억만장자에게서 비용을 지불받는 회사의 역할 또한 만만치 않은 뉴스거리였다.

문제가 발생한 당일 저녁, 학교자문위원회(advisory school board)는 월례회를 갖기로 했다. 대개 이 모임은 하품 나오는 따분한 회의로, 야외활동 정책이나 학용품 같은 기자재 계약 등의 안건에 대해 표결하는 식으로 진행되었다. 대체로 참석률이 저조했다. 그런데 이번에는 조금 달랐다. 회의 시작 시간이 다가오자, 거의 600명이 넘는 부모들과 활동가들이 운집했다. 그들은 뉴어크 학교들을 통폐합하고 없애려는 부유한 외부인들의 명명백백한 음모에 대해, 저마다 분노를 터뜨리고 있었다.

"우리는 우리 아이들을 무너뜨리려고 여기에 오는 부자 백인들이 절대 발을 들여놓지 못하게 해야 합니다!"

한 어머니가 화가 잔뜩 나서 외쳤다. 복도와 발코니 등에서도 온갖 사람들이 모여 외쳤다.

"크리스티는 대체 어디 있는 건가?"

"부커는 지금 어디에 숨어 있나?"

이 회의는 15번가 학교(The Fifteenth Avenue School)에서 열렸다. 이 학교 또한 다 허물어져가는, 실패의 길을 걷고 있는 학교였다. 전등도 깜박거리고 마이크 장치조차 제대로 작동하지 않았다. 주 표준학력평가에서 우수등급(proficiency)을 받은 학생이 채 20%가 되지 않는다는 결과에 따라, 컨설턴트들이 학교 폐쇄를 제안했던 학교들 중 한 곳이었다. 만약 그렇게 된다면 이 학교 학생들은 주변의 다른 학교로 뿔뿔이 흩

#11 15번가 학교 전경

어져야 한다. 주변의 학교들도 그래봐야 그렇고 그런 수준인, 엇비슷한 실패율을 갖고 있는 학교일 테지만. 유출된 한 문서에 따르면, 이 학교에는 뉴어크에서 학업 성취도가 뛰어난 차터스쿨이 자리 잡도록 계획되어 있다. 이 계획은 나중에 현실이 된다.

학교위원회 위원들은 한 명씩 돌아가며 마이크를 잡았다. 그들은 이 계획에 대해 아무것도 모르고 있었으며, 주지사와 시장, 그리고 여러 외부 세력에 의해 모욕당하고 상처를 받았다고 선언했다. 음향장치가 수시로 고장을 일으키는 바람에, 이들의 말은 중간중간 끊어지는 듯 들렸다. 사람들로 꽉 들어찬 강당의 학부모와 활동가들은, 꺼진 마이크를 두드리며 아무런 말 없이 연단에 있는 위원회 위원들을 올려다 보았다. 뉴어크 주민들처럼 그들 또한, 불평하는 아우성 위로 아무런 권한도 힘도 없다며, 크게 소리를 질러댔다.

부커, 서프, 주지사, 주커버그 등과 같이 힘을 가진 사람들은 그 자리에 없었다. 그 자리에 처음 참석한 임시 교육감 데보라 터렐(Deborah Terrell)에게 이목이 집중되었다. 그녀는 제기된 문제들에 관한 대화를 이끌어 가고자 노력했다. 교육감 제이니는 지난달 사임했다. 부커는

#12 데보라 터렐

기부자들에게 터렐이 지금 당장 선택할 수 있는 유일한 인물이라고 말했다. 그는 서프의 대리인으로, 부커와 크리스티가 함께 일할 교육감을 찾아 고용할 때까지 전권을 위임받은 상태였다.

"우리 아이들은 마땅히 받아야 할 교육을 받고 있지 못해요. 이는 우리 어른들의 잘못입니다. 이 사실을 먼저 인정해야 합니다."

터렐이 격한 감정을 실어 말했다.

"우리가 알고 있는 공교육은 더는 뉴어크에 남아 있지 않습니다."

소란했던 군중은 그녀가 말하는 동안, 존중하는 의미에서 차분함을 유지했다. 큰 키에 나름의 멋을 지닌, 늘 청결하게 두건을 쓰고 옷을 갖춰 입는 터렐은 노련했다. 공간 전체에 권위를 드리우는 학교장 같았다. 그녀는 진정한 존경을 받으며 등장했다. 뉴어크의 두 초등학교가 연방정부에서 수여하는 블루리본상(the Blue Ribbon Award)을 거머쥐도록 이끌었다. 뛰어난 학업 성취 또는 학업성취 향상을 보인 학교에 수여되는 상이다. 강당에 꽉 들어찬 모든 사람들과 마찬가지로, 그녀 또한 그들의 일원으로서 중요한 주제에 대해 자신의 이야기를 하려고 일어나 정확히 말했다.

"저는 뉴어크에서 태어나 이곳에서 자랐습니다. 저는 이곳에 살고 있고, 이곳 학교를 졸업했습니다. 제 아이들 또한 이곳에서 자랐고, 이곳 학교를 다녔습니다."

이 상황에서 누구도, 뉴어크 학교구가 학생들을 실패하도록 만들고 있다는 말을 꺼내 그녀를 방해하지 않았다. 뉴어크 학교 건설에 소요된 1억 5천만 불의 주정부 예산지출의 성과가 의심스럽다는 시설관리국장의 보고서 내용에 대해 논의가 이어졌다. 그 보고서가 다루고 있는 핵심 내용은, 누군가가 이곳 아이들을 볼모로 돈을 벌어 부자가 되고 있다는 군중의 주장을 재확인해주는 듯했다.

주정부는 5년 전, 번개로 훼손된 학교를 재건하는 계획에 1,450만 불을 지출했다. 그러나 지금은 결국, 다시 짓지 말자고 결정한 것이다. (서프는 나중에 이 결정을 번복해 학교 재건은 계속된다고 결론 내렸다.) 최근 건축된 세 학교는 이러저러한 결함들을 갖고 있었다. 지붕에서 물이 새는 문제부터 안전하지 않은 손잡이에 이르기까지. 그리고 이 학교들은 여전히 준공 검사 필증을 부여받지 못하고 있었다. 두 학교의 보일러는 수리한 뒤 거듭 고장났지만, 주 정부 예산이 부족해 고칠 엄두를 내지 못하고 트럭에 탑재된 이동 보일러를 사용하고 있다.

"도대체 돈은 어디로 간거야? 도대체 어디에 쓰인 건데? 도대체 어디로?"

운집한 군중은 되풀이해 물었다. 그 소리는 점차 커져갔다.

뉴어크에서 가장 영향력 높은 비즈니스 지도자들과 지역 지도자들은 시장으로부터의 적절한 설명을 요구하며 시청 전화통화를 장악했다. 도대체 그는 어떻게 그렇게 차분히 있을 수 있단 말인가? 도대체 앞으로 어떻게 할 것인가? 뉴어크에서의 교육혁신을 위한 10여 년의 노력이 흐른 후, 그들은 주커버그의 기금과 시장 주지사간 협조가 마침내 지속가능하고 긍정적인 변화를 가져올 것이라는 희망을 품었다. 그러나 이 모든 노력들이 이미 흩어져가는 듯했다.

시장은 흑인역사 연구가이자 걸출한 뉴어크 역사 연구가인 프라이스 교수를 찾아가, 부디 신뢰를 회복할 수 있게끔 도와달라고 했다. 이를 위해 관심있는 시민 지도자들을 모아달라고 부탁했다. 부커는 프라이스에게 장막에 가려진 평화전도사로서 함께 해달라고 강력히 간청했다. 어쩌면 '평화전도사'라는 말은 프라이

#13 프라이스 교수

스가 스스로에게 부여한 비공식적인 직함이었을지도 모른다. 즉 뉴어크의 시민 수호자로서 말이다. 그는 연방 공무원의 아들이자 교사로서 워싱턴 D.C.의 인종 분리지역에서 성장했다. 신사적이며 훌륭한 학자인 그는 뉴어크를 통틀어 존경이 담긴 애칭, '닥터 프라이스'로 통했다. 친구들은 그를 '클렘(clem. 그의 이름을 줄여 붙인 애칭)'이라고 부르기는 했지만 말이다. 그는 66세를 맞던 해 러트거스 대학에서 최고 교수 중 한 명의 반열에 오르기도 했다. 주지사 자문위원회 수석교수이기도 한 그는, 많은 학술적 및 시민사회적 활동에 더해, 최근 역사 수호를 위한 대통령자문위원회의 부의장으로 임명되었다. 이토록 폭넓은 일과 출장 일정 때문에, 그는 시 수호자로서의 임무에 거의 시간을 들이지 못했다. 그러나 부커가 전화를 걸어왔을

#14 프라이스 교수와 부커 시장

때, 그는 한숨을 한 번 내쉬 더니 이내 도울 수 있는 데 까지 돕겠노라고 동의했다.

토요일 이른 아침, 프라이스는 러트거스 대학교 뉴어크 캠퍼스 콘클린관에서 20명의 사업계 및 지역사회 지도자들을 불러 모았다. 푸르덴셜재단, 주요 사업가 연맹, 소규모의 지역사회 자선단체, 뉴어크에서 가장 오래된 푸에르토리코인 단체의 지도자들과 존경받는 종교인들을 포함한 집단이었다. 종교계 지도자 한 명이 일어나 기도로써 회의 시작을 알렸고, 프라이스는 뉴어크 역사의 기원으로 말문을 열었다. 그에 따르면, 그들이 모여 있던 건물은 1960년대 흑인 학생들의 점거 농성이 벌어졌던 그 유명한 장소였다. 그 시대는 뉴어크 인구의 대부분을 차지하는 흑인들이 부패와 소수 백인에 대항해 궐기했었다. 시위에 참여한 학생들은 흑인 교수들과 행정 직원을 더 고용하라고, 흑인 학생들의 입학을 더 늘리라고 요구했다.

부커는 그 자리에 서프를 데려갔다. 그가 컨설턴트로서 했던 일뿐만 아니라 이 지역에 대한 비전을 펼쳐 그곳에 모인 사람들에게 설명하고 보여주고자 했다. 테이블을 에워싸고 있던 사람들은, 이런 식으로 나서려는 두 사람의 잘잘못을 재빠르게 지적했다. 즉, 뉴어크의 가장 어둡고 가장 인종차별적인 공포심을 조장하고 들춰내려는 그들의 태도 말이다.

"당신들이 내놓는 변화의 이론이라는 건 완벽해 보입니다. 그러나 바로 여기 이곳은, 더도 덜도 아닌 그저 평균적인 뉴어크의 악몽일 따름이지요."

〈스타 레저〉에 누설된 보도내용에 관해 한 지도자가 말했다.

"우리는 어딘가 우리가 모를 음모가 도사리고 있다고 봅니다. 이러한 음모론이 이미 우리 사이에 많이 퍼져 있죠. 아무런 제보자가 없는데도 말입니다. 이건 말이죠, 완벽한 뉴어크 음모를 양산하고 있습니다."

"이게 뉴어크라는 도시의 DNA예요."

프라이스가 말했다.

"비록 음모라는 증거가 없다고 해도, 누구나 그것을 상상해내는 능력이 있습니다."

그 방의 지도자들은 주커버그의 기금으로 부커가 단추를 잘못 꿰고 있다며, 분명한 태도로 분노를 표명했다.

"도대체 이 일을 추진하는 과정에서 어떤 틀이라는 게, 원칙이라는 게 있기는 한 거요? 책임 있는 역할들은 뭐고, 지역사회를 참여시키겠다고 한 계획은 대체 어디 있소?"

주 전체에서 가장 큰 기업 연맹체인 뉴어크동맹(the Newark Alliance)의 CEO 알 쾨페(Al Koeppe)가 질문을 던졌다.

"당신들은 마치, 당신들이 하고자 하는 일에 할 수 있는 한 가장 적극적으로 반대하도록 만들려는 사람들인 것 같아요."

지역조직운동의 지도자로, 부커에게 줄곧 비판의 칼날을 들이대온 리차드 카마리에리(Richard Cammarieri)의 말이다. 그는 프라이스의 초대로 참석한 것이었다.

서프는 자신의 동기가 이타적이라는 점을 강조했다.

"공교육은 공평한 기회라는 숭고한 이상을 지니고 있습니다. 공교육은 촉매와 같이 지렛대 역할을 해 그러한 신화를 수행합니다. 저 또한 '공평한 기회'란 실은 거짓에 지나지 않는다는 사실을 누구보다 잘 압니다. 이곳 뉴어크에서 거짓말이고, 또한 뉴욕과 미 전역의 도심 지역에서도 그건 거짓말입니다. 저를 멍청한 놈이라고 불러도 상관없습니다. 하지만 저는 이 문제를 해결하는 데 제 인생을 걸었습니다."

서프와 부커는 지역사회 인사들의 의견을 보다 자주, 정기적으로 경청하겠다고, 학부모 및 교사들로부터 더 많은 피드백을 요청하겠다고 맹세했다. 부커는 자기 일과 관련해 지금까지 저지른 과오들은 사안이 너무 긴급했기 때문이었다고 둘러댔다.

"학부모들은 개혁의 총체적인 측면을 전부 다 들여다볼 시간이 없습니다. 그들에게는 단지 '변혁적인 개혁'이 필요할 뿐입니다."

부커가 한 말이다. 게다가 그는 3년 내에 자신이나 크리스티, 어쩌면 둘 다 직위에서 물러날 수도 있다고 덧붙였다. 만약 크리스티가 물러나게 된다면, 친 교원노조 성향을 지닌 민주당 인사가 들어설 확률이 높다. 그러면 뉴어크 학교들에 대한 통제 권한은 다시 지역사회로 돌아올 터였다. 부커가 덧붙인다.

"다른 누군가가 이 자리를 차지하기 전에 저희는 가능한 많은 일을 해두고 싶은 겁니다. 10억 불의 예산으로 우리가 하고자 하는 선택에 저항하는 데에 기존 세력들이 많은 노력을 쏟아붓고 있어요. 그만큼 절체절명인 일들인 거죠."

무참히 부서지고 황폐해진 지역을 3년 내에 '보수'한다는 말의 의미는, 뉴어크에 사는 가족, 아이들, 학교들과 함께 수십 년 동안 일해온 많은 이들에게 결코 현실적으로 보이지 않았다. 그러나 부커는 그들에게 부탁했다. 자신의 뒤에서 협력하고, 개혁의 노력을 위한 대중의 지원을 끌어 모을 수 있도록 도와달라고.

서프는 이러한 과정이 원망과 비난을 사게 될 수 있다고 경고했다.

"진정한 변화란 불가피하게 어려운 일이고, 상당히 인기 없는 일일 수밖에 없습니다. 그리고 변화에는 부상자가 따르는 법입니다. 최소공약수, 그러니까 전체 합의를 이끄는 방법으로는 결코 진정한 변화를 만들어낼 수 없습니다. 학교 개혁이 실패해온 이유 중 하나는, 합의에 너무 큰 의미를 부여해왔기 때문입니다."

전 학교위원회 위원 카마리에리가 단어 선택에 신경을 곤두세우며 말을 꺼냈다.

"우리가 '학교 아이들'과 '변화에는 부상자가 따르는 법'이라고 이야기할 때, 저는 상당히 염려됩니다. 저는 아이들과 관련하여 그 어떤 위험도 감내하고 싶지 않습니다. 부디, 조심해서, 신중하고 완전하게 계획하도록 하세요."

프라이스가 껄껄 웃으며 덧붙였다.

"'변화로 이득을 얻는 사람이 있기 마련이지요'라고 하면 안 되나요? 마치 그랜트 장군 같은 투로 이야기하면 안 됩니다. 오히려 링컨 같은 어투로 말하도록 노력해보세요."

5장

──────

반(反)부커 후보의 등장

2010년 11월 ~ 2012년 4월

뉴어크 센트럴 고교(Central High School) 2층, 밀라그로스 해리스 (Milagros Harris)는 18명의 2학년, 3학년 학생들에게 역사적인 상상에 대해 설명하고자 있는 힘껏 노력하는 중이다. 아이들은 십대들이 싫증 날 때 짓 곤 하는 그 특유의 인상을 쓴 채, 그녀 주위에 다양한 자세로 앉아 있었다. 해리스는 아이들에게 '역사와의 대면'이라는 수업을 통해 아이들에게 홀로 코스트를 소개하고 있었다. 해리스는 당시 평범한 독일인들의 인식에 대해 깊이 생각해보라고 했다.

"그때 독일인들 모두가 유대인들을 죽이길 원했을까요?"

그때까지 거의 드러누운 자세로 책상에 엎드려 있던 한 남학생이 말했 다. 자신이 보기에는 그들은 원하지 않았을 거라고 말이다. 바로 해리스가 듣고 싶었던 그 대답이었다. 그녀는 감탄하며 다음 질문을 이어갔다. "만약 대부분의 사람들이 그처럼 엄청난 유대인 학살을 반대했다면, 그들은 왜 그걸 멈추지 않았을까?"

누구도 답하려 하지 않았다.

#1 뉴어크 센트럴 고교의 학생들이 교사의 수업을 듣고 있다.

그녀는 그래도 계속 질문했다.

"유대인에 대해 보다 정확한 정보를 얻으려고 노력했을까? 사고방식에 영향을 주기 위해 계속해서 전달된 메시지에 어떤 단어들이 있었을까?"

"공공성(publicity)요?" 한 남학생이 질문하듯 대답했다.

"그것도 하나의 메시지이지. 그러나 내가 찾고 있는 단어는 바로, '선전(propaganda)'이라는 말이야."

그녀가 대답하고는 또 되물었다.

"누구 이 단어의 뜻을 알고 있는 사람 있을까?"

학생들 중 누구도 대답하지 않았다. 그녀는 독일이 맞닥뜨린 문제에 있어 유대인들을 비난의 소용돌이로 몰아넣기 위해 나치스가 어떻게 선전(propaganda)을 활용했는지, 그 예를 들어 선전이라는 단어를 정의하고 설명했다. 그녀는 히틀러가 독일인들에게 유대인을 인간보다 못한 부류라는 고정관념을 주입했다고 덧붙였다.

"무관심(indifference)이 곧 적이지. 히틀러에 반대하는 독일인도 많았겠지. 그러나 이러한 반대가 아무런 영향을 미치지 못했기 때문에, 또는 독일 내 유대인들의 삶이 그들에게는 그리 중요하지 않았기 때문에 아무것도 하지 않았던 거야."

학생들은 선뜻 이해가 가지 않는 듯 빤히 쳐다보았다. 해리스는 아이들에게 "무관심"이라는 말을 아느냐고 물었다. 그들은 그 뜻 자체를 몰랐던 것이다. 해리스는 학생들을 독려하며 설명을 이어갔다.

"자, 이 말을 나눠보자. In-difference. 아무런 차이를 모른다는 말이야. 차이를 모르니, 크게 중요하지 않겠지. 그러니 아무 일도 안 하는 거지."

몇몇 아이들은 슬슬 재미있어 하면서, 어떻게 평범하고 멀쩡한 사람들이 악마의 얼굴 앞에서 수동적인 태도로 남아 있을 수 있었는지, 그에 관한 이야기를 더 듣고 싶어 했다.

"뉴어크에 사는 사람 중에서 누구도 갱들을 좋아하지 않아. 하지만 갱들을 막으려 하지는 않지. 그러다 죽을 수도 있거든."

교실 뒤 한구석에 있던 남자아이가 말했다.

"어떤 사람도 다른 사람이 곤란할 때 그 속에 함께 빠져들고 싶어 하지는 않아."

교실의 다른 한쪽에서 다른 남자아이가 대꾸한다.

"뉴저지의 뉴어크에서는 총에 맞는 게 차라리 나을지도 몰라."

교사 해리스의 교실에서 자주 볼 수 있는 광경이다. 역사와 전쟁에 관한 수업은 냉혹할 정도로 갱과 폭력이 스며들어 있는 뉴어크의 현재로 향했다. 종합고등학교인 센트럴 고교는 마그넷학교나 차터스쿨과는 달리 입학을 원하는 아이들은 누구나 들어갈 수 있는 공립학교였다. 표준화 평가성적에서 8학년 성적으로 말하자면, 1학년 가운데 4분의 3 정도가 고교 졸업이 결코 쉽지 않은 위험 수준에 해당한다. 해리스는 센트럴 고교에서 상당히 인기 있는 교사다. 그녀는 전직 미용사였다. 고객들은 똑똑한 그녀에게 대학에 진학하면 어떻겠냐고 권했고 대학장학금을 받을 수 있도록 도왔다. 푸에르토리코 출신으로 몸집은 작지만 불같이 열정적인 해리스는 늘 새로운 머리 스타일로 멋을 냈다. 딸은 콜럼비아 대학에 다니고 있었고, 5살인 또 다른 딸은 놀랍게도 이미 고교생 수준의 읽기 능력을 갖춘 상태였다. 해리스가 맡은 학급의 학생들은 그녀와 모든 것을 다 터놓고 대화하는 사이였다. 심지어 어린 아빠들, 어린 엄마들, 충격으로 죽은 부모 이야기들, 게토를 떠

#2 밀라그로스 해리스

나는 꿈에 대해서까지 말이다.

"제 안에 아직도 미용사가 숨어 있는 게 틀림없어요. 모두가 제게 이야기하거든요."

학생들은 해리스 선생님만이 학교생활을 흥미롭게 만들어주는 유일한 사람이라고 말했다. 해리스는 학생들이 완전히 이해할 때까지 수업 내용을 끝까지 설명해준다. 그렇게 아이들은 스스로 자긍심을 갖게 되었고, 스스로 점점 더 똑똑해지고 있다고 느끼게 되었다.

해리스의 학생들이 '스테레오타입(stereotype)'이라든가 '선전(propagan-da)'이라는 말들과 씨름하는 동안, 아이들은 '전쟁 지대(a war zone)'에서 어떻게 살아가야 하는지 아주 잘 알고 있었다. 그들 모두 소위 전쟁 지대의 한구석에서 자라왔기 때문이다. 교실 뒤편의 게시판에는 최근 진행된 수업 프로젝트가 걸려 있다. 아이들이 매일 각자 집에서 학교로 걸어오는 길을 구글지도(Google Maps)로 만든 작품들이었다. 지도 위에는 각자 매일 지나다니는 모든 길에 표식을 달아놓았다. 오직 한 학생만 자신의 등굣길을 상가 지역(도미노 피자, Domino Pizza)이라 분류하고, 나머지 모든 학생들이 표시한 길들은 위험 지대(Danger Zone), 살인 지대(Killing Zone), 도둑 지대(Robbery Zone) 등으로 분류되어 있었다. 크립스 갱 관할 지대는 파란색으로, 블러즈 갱들의 관할 거리는 빨간색으로 표시되어 있다. 각 블록마다 위험 수준이 매겨져 있었는데, 불쾌한 정도(frowning)에서부터 '주위를 경계하시오'라는 경고(warning) 수준까지, 아주 상세히 구분되어 있었다.

어둠의 땅에서조차 희망을 만들고자 하는 마음으로, 해리스는 질문을 던졌다.

"'선전(propaganda)'과 '스테레오타입(stereotype)'의 희생물이 되지 않으려면 도대체 무엇을 할 수 있을까요? 사회운동(activism)은 어떤가요?"

2011년 11월, 그녀는 센트럴 고교 교장인 라스 바라카(Ras Baraka)를 연사로 초대했다. 그가 오랫동안 사회운동가(activist)로 살아왔기 때문이다.

뉴어크에서 자라난 42세의 바라카는 유명한 시인이자 극작가인 아미리 바라카(Amiri Baraka)의 아들로 태어났다. 그는 뉴어크의 현대사에서 가장 주목할 만한 급진적인 목소리를 내왔다. 뉴어크시의 흑인 리더십은 사람들을 실패로 이끌고, 궁극적으로 이전의 백인들과 다를 바 없는 권력구조에 봉사하게 할 뿐이라고 선언한 사건은 아주 유명하다.

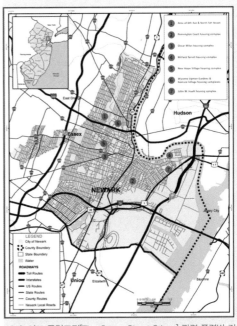

#3 뉴어크 폭력조직[The Grape Street Crisps] 관련 폭력범 검거 현황

"도대체 우리에게 흑인 귀족 서열 1, 서열 2, 서열 3을 두는 따위의 일이 무슨 쓸모가 있다는 말이지요?"

아미리 바라카가 어느 토요일 아침, 공립학교 학부모 역량강화 수업에서 뉴어크의 역사를 회고하며 던진 말이다. 희망이 더 가까운 듯했던 시대에, 아미리 바라카는 1970년 뉴어크 최초의 흑인시장을 선출했던 흑인 및 푸에리토리코인들의 연합운동을 주도했었다. 깊게 패인 두 눈, 날카로운 시선, 깊이 주름진 이마. 아버지인 아미리 바라카를 쏙 빼닮은 라스 바라카는 초선 시의원으로, 아버지에 비해 두 배도 넘는 일을 해왔다. 그는 또한 산문시를 광적으로 좋아했다. 센트럴 고교 안마당에는 그런 장문의 시들이 늘 게시되어 있었다. 그는 자신이 태어나고 자란 사우스 워드를 대표한다. 그곳은 현재 뉴어크시 중에서도 가장 넓고 가장 가난한 관할구역으로, 흑인

#4 라스 바라카와 그의 아버지 아미리 바라카

밀집도 또한 가장 높다.

　시의원으로서 바라카가 자임하고 있는 역할이란, 스탠퍼드대-옥스퍼드대-예일대 계보를 잇는 부자들을 접대하는 시종과도 같은 역할을 하는 시장 부커를 반대하는 일이었다. 바라카는 카리스마 넘치는 거리 웅변가로 인상적인 연설을 쏟아냈다. 마치 부커가 부유한 청중을 향해 강한 인상을 남겼듯, 바라카는 뉴어크의 가난한 사람들을 선동했다.

　바라카는 부커와 마찬가지로 시민권 혁명이 막 지나간 이후인 1969년에 태어났다. 부커가 교외에서 자라며 선조들의 약속과 되갚아야 할 의무감을 배우는 동안, 바라카는 시민권운동에서 미완으로 남은 일들에 집중하며 자랐다.

　"저는 켄 로빈슨(Ken Robinson)이 당선되기 전날까지 엄마 뱃속에 있었어요."

　그의 아버지 아미리 바라카가 '흑인 귀족 서열 1위'라고 불리는 남자에 대해 하는 말이다.

　"저는 변혁의 열기 속에서 자랐어요."

　해리스의 수업에 참관한 자리에서, 그는 1980년대 백인과 흑인 남성들의 징역 판결에서 드러난 불평등에 저항해 참여했던 시위에 대해 학생들에게 들려주었다. 하워드 대학교 3학년 재학 당시, 그는 대학 행정빌딩 학생 점거 시위를 주도했다고 한다. 이 일로 학교 이사였던 리 애트워터(Lee

Atwater, 전 로널드레이건 대통령 자문위원이자, 전미 공화당 위원회 의장이었다)를 물러나게 했다. 그는 '이사(trustees)'라는 말에 익숙하지 않은 대부분의 학생들을 위해 정확한 뜻을 설명하려고 잠시 뜸을 들였다. 그러고는 다시 말을 이어갔다.

"우리는 그가 인종차별주의자였기 때문에 시위를 했습니다."

해리스는 바라카에게 언제 활동가가 되었냐고 물었다.

"열일곱, 열여덟, 그때쯤이었어요. 우리 지역사회에 대해 사람들이 뭔가 이야기하기 시작했죠. 제가 그때 나섰습니다."

"남자아이로서, 저는 이 지역사회에서 아무 역할도 하고 있지 않아요."

한 남자아이가 마치 거창하게 생각한 듯 딱히 누구에게랄 것 없이 말했다.

해리스는 그 학생에게 물었다. 이 지역 사회에 나름대로 긍정적인 영향을 끼쳤다고 생각하는 사람들이 누구냐고 물었다. 학생은 골똘히 생각하다가 대답했다. 그는 나름의 롤모델로 사촌을 언급했다. 그 사촌은 갱 리더였다. 그는 갱이 지역사회에 나쁘다는 건 잘 알고 있지만, 사촌을 존경한다고 했다. 그가 어린아이들이 갱이 되지 않도록 막기 때문이었다.

"어린애들이 구석진 골목에서 그와 어울리려고 할 때마다, 사촌은 이렇게 말해요. '여기서 꺼져. 너희는 여기 있으면 안 돼'라고요."

해리스는 그 남학생에게 현명하다고 칭찬했다. 인생은 그에게 롤모델을 부여하지는 않았다. 그래서 그는 흠 많은 사람들 속에서 나름 본받을만한 자질들을 찾아내 스스로의 인생 모델을 만

NEWARK HOMICIDES SPREAD LIKE A CONTAGIOUS DISEASE

A recent study tracking the nearly 2,400 homicides that have occurred in Newark between 1982 and 2008 show violent killings in the state's largest city move like an infectious disease, and can be tracked and treated like a public health issue. The Michigan State report found that Newark's killings moved in clusters, spiraling south and west out of the Central Ward after the 1980s.

*Shading indicates level of concentration

1982　1984-1985　1987-1988

2000　2001　2003

Source: Justice Quarterly　THE STAR-LEDGER

#5 뉴어크의 갱관련 피살 사건의 추이 (1982–2003)

들어가고 있었다.

"앞선 우리 선조들은 그리 훌륭하지 않았어요. 그래서 존경할 만한 사람들이 없어요." 파랗고 하얀 학교 유니폼을 입고 있는 일부 아이들 중 한 명이 따져 묻듯 말했다.

"롤모델이 필요없다는 건, 잘못된 행동에 대한 일종의 변명 아닌가요?" 아이들의 얼굴을 응시한 채 발걸음을 옮기며 해리스가 반격했다. 몇몇 학생은 그렇지 않다는 듯 고개를 흔들었다.

"롤모델 없이 누군가의 롤모델이 될 수 있나요? 롤모델의 기준을 세울 수 있어야 하지 않나요? 이대로라면 그게 대체 뭔지 압니까? 기준을 더 높게 잡아야 해요. 실수로부터 배우고, 그렇게 꿋꿋하게 나아가야 하는 거예요."

바라카는 실천 행동의 한 형태로 교사를 시작하게 되었다고 아이들에게 말했다. 20여년 전 하워드 대학교에 입학하기 위해 버스에 탔을 때, 그의 가장 친한 친구도 똑같이 버스에 올랐다. 그러나 친구가 탄 버스는 감옥으로 가고 있었다고 그는 말했다.

"나는 이런 말도 안 되는 일에 맞서려고 교사가 됐어요. 더 많은 우리 친구들이, 더 많은 우리 아이들이 감옥으로 향하는 버스에 타지 않도록 막을 수 있기를 바라요. 그 친구들이, 그 아이들이 감옥이 아니라 대학에 가기를 바란다고요."

그는 뉴어크에서 교사가 되었다. 그리고 코치로, 교감으로 승진했다. 20여 년이 지난 지금은 그는 교장이다.

그러나 뉴어크 학교들의 조류를 바꿔놓지 못했다. 해리스는 가족이나 친구가 감옥에 간 학생들이 얼마나 되는지 물었다. 과반수가 넘는 학생들이 손을 들었다. 이어서, 친구들이나 가족과 친척 가운데 폭력으로 인한 피해자가 얼마나 되는지 다시 물었다. 그러자 다시 학생 가운데 절반이 손을 들었다. 도대체 이러한 현실에 대해 어떻게들 생각하냐고 해리스는 물었다.

"하나님, 감사합니다. 다행히 저는 아니네요."

붉은 스웨터와 통 넓은 흰 바지를 입은 남자아이가 대답했다.

그 말을 듣고 해리스는 즉흥적으로 아이들에게 숙제를 냈다. 구글 검색으로 '무관심'이라는 단어와 '마틴루터 킹'에 대해 찾아오라고. 그녀는 적어도 누구 한 사람이라도, 귓가에 맴도는 킹 목사의 다음과 같은 말들을 적어오리라 기대했을 것이다.

"우리는 이 세태를 유감스러워 해야 합니다. 나쁜 사람들을 향해 나쁜 말을 하거나 폭력적인 행동을 하는 것뿐만 아니라, 쪼그리고 앉은 채 그저 '조금만 더 기다려보자고'라고 하는, 좋은 사람들이 드러내 보이는 무서울 정도의 침착함과 무관심에 대해서도 말입니다."

바로 그때, 교실에서 대화하던 사람들을 가로지르는 음악 소리가 들려왔다. 수업 종료를 알리는 소리였다. 결국 이 귀한 시간에 전달하려던 내용은, 뉴어크 출신인 휘트니 휴스턴 덕분에 유명해진 이 말이었다.

"우리는 거의 전부를 얻지 않았나요?"

바라카는 센트럴 고교에서 우상과도 같은 존재였다. 학생들을 그를 비-락(B-Rak)이라고 불렀다. 스타 래퍼처럼 말이다. 학생들은 그가 자신들이 어떤 곳에서 나고 자랐는지, 또 어떤 문제를 안고 있는지 잘 이해한다고 말했다. 그의 아버지가 아주 유명하다는 사실도 다들 알고 있었다. 그가 어렸을 적 집에 가면, 니나 시몬

#6 라스 바라카

(Nina Simone)이 피아노를 치고 있고, 마야 앵거루(Maya Angelou)가 시를 읽어주고 있었을 것이라 믿었다. 그러나 또한 학생들은 그가 폭력과 가난에 저항하며 이토록 장황할 정도로 연설하는 이유는 개인적인 사정 때문이라고 알고 있다. 1960년대에, 그의 아버지는 백인 경찰들에게 무자비하게 구

타를 당했고, 누이는 살해당했으며 형은 머리에 총을 맞아 평생 불구가 되었다. 그는 공공행사에 늦게 나타나곤 했다. 그 이유로 그는 가족들을 애도하는 행사가 잦았기 때문이라고 설명했다. 최근 살해된 학생을 추모하는 철야집회 등을 포함해서 말이다.

2008년 그가 부임하기 전, 센트럴 고교는 무질서하고 소란한 싸움으로 악명이 높았다. 해리스의 학생들은 매일 오후 벌어지던 난타전을 구경하려고 초등학교와 중학교에서 경주라도 하듯 달려갔던 일들을 떠올렸다. 한번은 전임 교장이 공개적으로 선언하기도 했다. 학교 바깥의 사회로부터 쏟아져 들어오는 폭력을 도저히 막을 수가 없다고. 바라카는 갱 멤버들을 불러 모아놓고, 센트럴 고교는 신성한 장소이니 싸움을 금지한다고 선언했다. 그는 그들에게 말했다.

"만약 분노가 솟구쳐 참을 수 없거든 교장실로 알려라, 그러면 내가 그 분을 삭일 수 있도록 돕겠다."

얼마간의 시간이 흐르는 동안, 그는 나름대로 학교를 평정했다. 바라카는 아버지 없는 아이들과 정기적으로 만나 책을 선물하고, 손수 피자를 사 먹이며 대화를 나누었다. 그러고는 그 아이들에게 대학에 가야 한다고 설득했다. 매일 방과 후, 그는 센트럴 고교의 유니폼인 짙은 파란색 스웨터나 바람막이 점퍼를 입고, 특히 겨울에는 양모로 짠 센트럴 고교 모자를 갖춰 쓰고 아이들과 함께 학교 주변, 갱이 설치는 지역을 거닐었다. 가슴을 앞으로 내밀고 얼굴을 잔뜩 찌푸린 채, 아이들이 집에 안전하게 들어가도록 이끌었다.

바라카가 교장이 되고 얼마 지나지 않아, 열 여섯살의 3학년생 해커 그린이 재킷을 입은 한 남자와 센트럴 고교 근처 거리에서 싸우다가 총에 맞아 중상을 입었다. 당일 뉴어크에서 일어난 5건의 차량 총격 사건 중 하나였다. 혼란스럽고 고통스러웠던 바라카는 전교생을 체육관에 불러모았다. 그러고는 인생이라는 것이 이 아이들에게 가르치고 있는 '구역질나는 일'에 대해 처음으로 고함을 질러댔다.

"이건 정상이 아니다! 난 너희들이 이 상황이 얼마나 비정상인지 깨닫길 바란다."

그는 눈물을 떨군 채 강단을 오가며 절규했다.

"너희들은 이런 하루하루가 마치 정상인 양 살고 있어. 친구들과 죽음에 대해 너무 쉽게 입에 올리고, 학교에서 집까지 안전하게 가기도 어렵고, 하루 걸러 하루 결석하고, 모든 과목에서 계속 낙제하고, 불결한 곳에서 살고, 길거리 한가운데서 서로 싸우겠다고 찾아오는 부모들이 널려 있는 것… 이건 비정상 그 자체야!"

그는 '비정상'이라는 단어에 탄식을 섞어 길게 내뱉었다.

"한 주 걸러 병원에 가야 하고, '고이 잠드소서(Rest in Peace)'라는 말이 새겨진 티셔츠를 입고 다니고, 그 말을 건물 벽에 쓰고 다니질 않나… 이건 결코 정상이라고 할 수 없어. 비정상이라고. 정상이 아니야. 그 어떤 아이들도 이러지 않아. 이런 일들이 벌어진다고 해서, 그냥 네 삶 자체가 이미 힘든 거라고 여기지 마. 그래도 된다고 생각하지 마. 이런 일들이 계속되는 건 너희가 억압당하고 있다는 뜻일 뿐이야."

그는 도심 한가운데에 있는 학교들이 처한 냉혹한 현실을 되짚으며 말을 끝냈다.

"그래서 우리가 도대체 뭘 해야 하냐고? 억압을 딛고 넘어서는 거지. 그래야 하지 않겠니?"

강당에 앉아 있던 센트럴 고교 학생들은 활기를 찾기는커녕 더 우울하고 부끄러워졌다. 부커를 촬영하고 있는 그 유명한 선댄스 채널(Sundance Channel)의 리얼리티쇼 <브릭시티>의 카메라 감독들이 마침 이

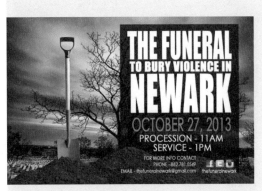

#7 뉴어크의 한 단체가 마련한 폭력추방캠페인 포스터

연설을 찍으려고 와 있었다. 이 프로그램의 첫 시즌을 장식할 만한, 꽤 그럴듯한 장면이 나온 셈이다.

부커가 선댄스 채널에 등장한 바라카를 향해 안쓰러운 듯 말했다.

"난 당신을 유명해지게 할 수 있어. 그거 알아?"

#8 〈브릭시티〉 촬영 중인 부커시장

〈브릭시티〉가 가장 큰 관심을 기울이는 인물은 의심할 여지 없이 부커였다. 이 지역 바깥의 사람들에게 그는 영웅이자, 범죄와 싸움을 벌이는 뉴어크의 시장이었다. 지역 사회 내에서 그에 대한 평가는 명확히 갈리고 있었지만 말이다. 오프라 쇼 이후 주커버그의 기금에 관해 이어진 전국의 언론 기사 중 어느 한곳에도 거론되지 않았지만, "록스타 시장"(윈프리는 부커를 이렇게 소개했었다)은 엄청나게 심각한 자금 위기에 처해 있었다. 뉴어크가 잘나가던 시대의 유물로 남아 있는 뷰아츠시청(Beaux Arts City Hall)은 말로 표현할 수 없을 만큼 더러워진 상태였다. 누구라도 알아차릴 수 있을 정도였다. 빌딩의 금빛 돔 밑으로 벽과 벽을 가로질러 설치된 거대한 망들은 건물 3개층의 어느 면에서나 볼 수 있었다. 지방정부가 수리할 수 있는 상황이 아니어서, 임시방편으로 발라 놓은 회반죽과 페인트 조각들을 받아내기 위한 것이었다. 당시 부커는 4천여 명에 이르는 시 소속 피고용자들을 해고했고, 시청은 한 주에 하루씩 문을 닫아야 했다. 건물의 전등과 난방 시스템을 꺼 비용을 아껴야 했기 때문이다. 남아 있는 극소수의 필수 요원들은 자켓을 입고 있거나 스카프를 두른 채 책상에 앉아 오들오들 떨어야 했다. 건물의 주요 엘리베이터 옆면에 붙은 게시문에는, 예산 삭감으로 인력이 감축되어 피

고용인들은 모두 전보될 예정이라고 써 있었다.

#9 뉴어크 시청건물

이 모든 상황 가운데 최악은, 부커가 정치적인 문제로 골머리를 앓고 있다는 점이었다. 2010년 5월, 부커가 투표자의 60% 지지로 재선된 이후 6개월이 지나고 있었다. 시의회는 공개적으로 파업을 선언하고, 실행했다. 부커가 시의회와 당시 치러진 재선 캠페인에서 그토록 엄청난 재정 위기를 의도적으로 숨겨왔다는 사실 때문이었다. 부커의 첫 임기 동안 있었던 폭력적인 범죄물이 <브릭시티> 프로그램을 타고 전국으로 특별 방영된 이후, 살인과 무차별 폭력이 또다시 조명받게 되었다. 2010년 여름은 지난 20여 년간 가장 잔혹한 해였다. 무려 34건의 살인이 발생했다. 갱들이 저지르는 처형 같은 살인도 아주 많았다. 설상가상으로 이 시기, 즉 2010년 11월 9일 부커는 167명의 경찰관들을 해고했다. 자신의 첫 임기 동안 고용했던 경찰관들도 모두 해고되었다. 노조 지도자들이 시장의 특권으로 부커가 요구한 내용을 받아들이지 않았기 때문이었다. 그는 세 개의 블랙베리 휴대전화 중 하나를 만지작거리다가, 쉐비 타호 SUV 뒷자리에서 노조협상 책임자에게 전화를 걸었다. 그러고는 너무도 분명해 보이는 어투로 다시 고함을 질렀다.

"위기가 눈앞에 와 있다고!"

그때 부커와 그의 경호대는 뉴어크를 빠르게 지나, 맨해튼 한가운데 위치한 포시즌호텔을 향해 가고 있었다. 그는 그곳에서 뉴어크와 전국에 걸쳐, 도움의 손길이 필요한 엄마들에게 주택과 서비스를 제공하는 HELP USA 기금 지원을 위해 오찬 연설을 할 예정이었다. 그는 자주 오찬과 만찬 자리에서 부유하고 인맥이 넓은 청중 앞에서 연설하곤 했다. 연설의 대가는 대

#10 HELP USA의 로고와 HELP USA 대표인 마리아 쿠오모 콜

* 뉴욕 주지사 앤드류 쿠오모의 누이이자 전 뉴욕주지사 마리오 쿠오모의 딸, 그리고 패션 디자이너 케네스 콜(Kenneth Cole)의 부인이다.

략 3만 불 정도였다. 이 날은 그가 초대한 친구와 HELP USA 위원장인 쿠오모 콜 앞에서 무료로 연설하는 자리였다.

부커의 운전사가 지금껏 잘 달려온 쉐비 타호를 뉴욕시에 세우려고 했을 때, 갑작스레 소란이 일었다. 전쟁을 치르고 있는 시장이 호텔 복도에서 감쪽같이 사라졌다가, 사람들이 꽉 들어찬 연회장에서 '도심 슈퍼맨' '코리 부커'가 되어 등장한 것이다. 그는 박박 민 머리와 매력적인 미소를 지닌, 6피트 3인치의 건장한 체격을 과시하듯 머리를 이리저리 돌렸다. 콜 여사가 강단에서 낮은 소리로 읊조리듯 말을 시작했다.

"제가 이 세상에서 가장 좋아하는 한 사람을 소개하려고 합니다. 저기 강 건너에서 교육에 혁명적인 변화를 일구어내려는 사람입니다. 너무나 대단하고 역동적인 분이지요."

박수 소리가 점점 더 커졌다. 모여 있던 사람들은 각자 스마트폰을 꺼내 들고 사진을 찍기 시작했다.

부커는 어느 곳을 가더라도 늘 해왔던 대로 거의 비슷한 내용으로 연설했다. 청중의 가슴을 울리는, 감동을 끌어내는 연설이었다.

"우리는 우물 깊숙한 곳에서 퍼 올린 물을 마시지만, 정작 그 우물을 파지는 않습니다. 우리가 먹는 잘 차려진 진수성찬은, 미국을 위해 분투한 선조들이 우리를 위해 마련해놓은 것입니다. 뉴어크에서 오클랜드까지, 우리 아이들은 매일 우리의 양심에 매번 같은 다섯 단어—모든 이를 위한 자유와 정의(liberty and justice for all)—를 호소하고 있습니다. 그러나 우리는 이를 이루는 데 계속 실패하고 있습니다."

그가 즐겨 사용하는 표현이다. 청중 앞에서 이러한 문구들을 얼마나 자주 반복하든, 그의 연설은 늘 열정이 넘치며 자연스러웠고 변함없이 청중의 기립 박수를 받았다.

부커의 청중은 어울리지 않을 만큼, 대부분 백인이었다. 그러나 그와 백인 청중 사이에는 그 어떤 인종적인 거리감도 보이지 않았다. 부커의 성장 과정을 잘 아는 한 백인 민주당 관계자는, 이러한 관계적 친밀성이 부커의 어린시절과 별반 다르지 않다고 말했다.

"모든 또래 백인 아이들을 하나같이 편안하게 만드는 흑인 아이였죠."

거무스름한 피부, 교외에 거주하는 중상류층과의 폭넓은 인맥, 그리고 IVY출신들과의 학연 때문인지, 부커는 폭동을 일으키고 늘 분노에 휩싸여 있는 흑인이라는 이미지와는 거리가 멀었다. 거주자 대다수가 백인인 뉴저지 교외 해링턴파크에서 자란 부커는, 스스로를 인종을 초월한 사람이라고 했다. 사업가들의 언어뿐만 아니라 힙합 세대들의 언어에 이르기까지 대상에 따라 어투를 바꿀 수 있을 만큼 언변이 뛰어났고, 영어뿐 아니라 스페인어를 유창하게 구사했다. 심지어 유대인이 쓰는 말인 이디시어까지 할 줄 알았다. 그는 분노보다는 사랑에 대해 더 자주 이야기했다.

"광적인 사랑 … 비논리적이고, 비합리적이며, 비현실적인 그런 사랑. 이러한 사랑은 노예, 불평등, 그리고 시민권 운동을 거치면서 미국 흑인들에게 여전히 남아 있다."

그가 언젠가 던진 말들이다.

2010년 12월, '눈 지옥'이라 불릴 만큼 험하게 눈보라가 몰아치던 날, 부커가 제설기를 탄 모습이 미전역에 방송되면서 화제가 되었다. 그는 한 손에 블랙베리 휴대폰을 든 채, 폭설 때문에 비탄에 잠긴 자신의 유권자들에게 보여주기라도 하듯 트위터 입력창에 글을 쓰고 있었다. 한 남자가 그의 트위터에 "눈에 갇힌 제 누이, 출산한 지 얼마 안 된 산모에게 기저귀가 필요합니다"라고 올렸다. 부커는 이 트위터 문구에 당장 "자, 지금 갑니다"라고 답한 뒤 그녀의 집앞에 도착했다. 물론 한 손에는 기저귀를 든 채였다.

CoryBooker Cory Booker
On it. RT @LadiShanti: @CoryBooker can we please have trucks on Wainwright Street ASAP? My street is terrible!
1 hour ago

CoryBooker Cory Booker
@MsXmasBaby I called but couldn't get through but we got the Brown Nisan Moreno.
1 hour ago

CoryBooker Cory Booker
I just doug out ur car. All the best RT @MsXmasBaby: Is there NE city volunteers 2 dig some1 out? I'm going 2 have medical procedure done

#11 부커 시장이 트위터를 이용해 폭설로 인한 문제를 해결하고 있는 모습

기저귀를 손에 들고 있는 모습은 곧 그의 트위터 페이지를 가득 채웠다. 또 수술이 예정되어 있던 한 여성은 차가 얼어붙어 꼼짝할 수 없었다. 부커는 그녀의 청원을 게시판에 올리고는 답신을 달았다.

"지금 당신 차를 꺼내줄게요. 평안을 기원하며."

네트워크 뉴스팀이 그리 멀리 있지 않았던 모양이다. 트위터에서 빠릿빠릿하게 행동하는 시장을 촬영하고 방송에 내보냈다. VanityFair.com은 다음과 같은 글을 올렸다.

"트윗 시장, 부커로부터 온 가장 용감한 눈사태 구조 트윗 10선."

Time.com은 그를 '눈보라 속의 수퍼 영웅'이라며 추켜세웠다. ABC 뉴스 기자 제이크 테이퍼(Jake Tapper)는 트윗을 날렸다.

"어떻게 해야 당신을 워싱턴 D.C. 시장으로 영입할 수 있을까요?"라고.

한편 뉴어크로 다

#12 제설 작업을 하고 있는 부커 시장

시 돌아가보면, 남부 지구와 서부 지구처럼 가장 인구가 많은 선거구들은 대체로 눈에 갇혀 있었다. <스타레저>는 시장의 '눈사태대응 처리'에 대해 뉴어크 주민들이 드러내는 불만을 옮겨 실었다. 도시 전체에 걸쳐 주요 도로의 눈이 아직 치워지지 않았다는, 도시 바깥 뉴스들이 전혀 다루지 않은 내용이었다. 2006년 부커의 시장 인수위원회에 참여했던 시민사회 지도자 하워드 목사(Reverend William Howard)는 분노하며 질문을 던진다.

"시장은 도대체 제설기를 타고 무엇하고 있나? 책상에 앉아 따뜻한 코코아차라도 마시며 이 무시무시한 재정 위기를 해결해야 할 게 아닌가?"

부커는 하루에 서너 번 정도 영감을 주는 트위터 문구들을 올린다. 그 문구들은 아주 인기가 높다. 그가 문구를 올리면 수천에 이르는 트위터 친구들이 리트윗(retweet)해 바로바로 퍼진다. <스타 레저>의 영상 리포터는 그 가운데 빈센트 반 고흐로부터 인용한 트윗을 하나를 읽었다. 부커가 위생시설 근로자들에게 보내는 글이었다. 그들은 당시 시청 앞에서 부커가 자신들이 하는 일을 외주로 돌리려 한다는 이유로 농성을 벌이고 있었다.

"마음속의 혼란스러운 목소리를 따른다면, 결코 그림을 그릴 수 없을 겁니다. 그저 어떻게든 붓을 들고 그리세요. 그러면 마음속 목소리가 사그라들 겁니다."

리포터는 농성 중인 근로자들 한 사람 한 사람에게 이 글을 읽어 주었다. 그들은 마치 다른 별에서 온 이야기를 듣고 있는 것처럼 반응했다. 그 중 한 사람의 말이다.

"난 빈센트 반 고흐에게 신경쓸 시간 따윈 없어요. 우리는 우리 일을 지키고 싶을 뿐입니다."

부커가 내부적으로 많은 문제를 안고 있다는 건 그리 놀랄 만한 일이 아니다. 경찰, 교사, 법 집행관, 거리 청소부를 강제로 해고하면서까지 일자리를 감축하고 주정부 지원을 받았지만, 한 도시의 시장으로서 제대로 처리하지 못한 건 남아 있었다. 경제적 빈곤 문제였다. 빈곤은 뉴어크, 특히 아이들 사이에서 더 심각해지고 있었다. 2011년도 조사에 따르면, 43.5%의 뉴어크 시민들이 절대 빈곤선 아래에 놓여 있었다. 10년 이래 가장 높은 수치였고, 전국 평균 기준 두 배에 해당했다. 부커가 시장으로 재임했던 기간 내내, 시청의 예산은 적자를 막기 위한 수백만 불의 주정부 긴급구제자금에 의존해 왔다. 2010년 크리스티가 주 산하 지방정부 원조를 삭감하고 경

#13 뉴어크 시청에서 추진하는 대규모 해고 청문회
　 를 기다리고 있는 경찰과 소방공무원들(2010년
　 11월 23일)

#14 저지(Jersey)시 경찰의 무차별적인 해고에 대한
　 반대시위 (2011년 1월 17일)

기 침체로 인해 미 전역의 가난한 도시들이 황폐해졌다. 부커는 시 소유인
16개 빌딩을 매각하고 다시 그 건물에 월세를 내며 사용해야 했다. 그러는
동안 재산세를 16% 올리고 시청의 일자리 1/4을 감축했다.

　 그러나 지방의 자그마한 뉴스 기사가 전세계에 바로 전달되는 정보통신
시대에도, 뉴어크에서 일어나는 일들은 그저 뉴어크에만 머물러 있었다. 부
커가 굳이 트위터창에 글을 쓰지 않는 한 말이다. 영웅적이고 희망에 가득
찬 그의 이야기가 전 세계 언론에 홍수처럼 떠다녔다. 그가 트위터와 페이
스북에 올린 뒤 TV 토크쇼에 다시 소개되고, 미 전역을 다니며 했던 수많은
연설에서 다시 쏟아낸 이야기들이었다. 이렇게 그는 자신을 깎아내리는 뉴
스들을 아주 효과적으로 막아낼 수 있었다. 어느 곳에서든 뉴어크 바깥 세
상에서는 오로지 부커가 하는 이야기들만 보고 들을 수 있었기 때문이다.

　 뉴어크시의 안과 밖이 서로 어떻게 단절되어 있는지, <브릭 시티>는
너무나 분명히 드러내 보여주었다. 이 TV 프로그램에서 부커는 도시의 모
든 거리와 골목, 그리고 이웃 주변에 늘 함께 있는 사람으로 비춰지고 있다.
프로그램의 사전 홍보 영상에서 부커는 '거리낌 없고 카리스마 넘치는 시
장'으로서, 반세기 넘도록 이어진 폭력, 빈곤, 부패로부터 도시를 구해내기
위해 시민들 곁에서 전쟁을 벌이고 있었다. 시민사회지도자들은 이 TV쇼가

'시의원 크럼프(Councilwoman Mildred Crump)'의 말을 인용하여 뉴어크를 '마약에 찌들고 살인을 일삼는' 사람들이 들끓는 도시로 비춰지도록 하고 있다며 불평을 쏟아냈다. 이 TV쇼에는 호전적인 이 지역 조직폭력단 소속 갱 두 명이 부커와 함께 등장한다. 그런데 흥미롭게도 이렇게 도시에 부정적인 내용을 담은 TV쇼임에도 불구하고 오로지 부커만은 부정적인 이미지를 피하고 있었다.

<브릭 시티> 제작진들은 2011년 학교위원회 회의에 나타났다. 뉴어크의 한 1학년 학부모 엄마가 보다 개선된 학교를 요구해야 한다며, 참여한 학부모들을 향해 별반 감동 없는 청원을 하고 있었다.

#15 부커가 화재에서 주민을 구해내고 그 과정을 술회하고 있는 장면

"도심 한가운데에 사는 우리들은 정부가 돌봐줘야 한다는 생각을 갖고 있어요. 만약 정부가 그렇게 하지 않는다면, 우리는 소리를 지르고 미친 듯 화를 내며 집에 가겠지요. 그러고는 우리가 해야 할 일을 했다고 생각하고요."

당시 집을 사서 뉴어크에 이사온 싱글맘이자 뉴욕시 공립학교 교사인 케예타 헨드릭스(Keyeatta Hendricks)의 말이다.

"아닙니다. 지금 그래서는 안 됩니다. 우리는 협력해야 하고, 우리 스스로 뭔가 해야 합니다. 알 샤프톤(Al Sharpton)이 한 이야기를 들었어요. '정부는 우리에게 할 만큼 했다'라고요. 저는 이 말을 믿습니다. 우리는 우리를 스스로 지켜야 합니다."

분노와 원한에 찬 한 엄마가 뉴어크에서 공공에 속한 이야깃거리를 꺼낸 것이다. 그런 의미에서 상당히 용감하고 마음을 두드리는 연설이었다. 그러나 이 연설 이후 그녀에게 <브릭 시티>의 카메라 감독이 다가가, 그녀

#16 타임지 올해의 100인에 선정
된 코리 부커

의 이야기를 방송에 사용해도 되는지 묻고 서명을
요청했다. 뉴어크에서의 공공의 삶이 마치 리얼리티
쇼의 소재가 되어버린 듯한 느낌을 주는 장면이었
다. 뉴어크 바깥에서야 TV의 리얼리티 쇼일 뿐이겠
지만, 그 쇼의 내용은 곧 누군가의 실제하는 삶이
된다는 점에서 아이러니가 아닐 수 없다.

2011년 링키드인(LinkedIn)과 트위터처럼 잘나
가는 실리콘밸리 벤처사업체들을 돌아보면서, 부커
는 CEO들과 전문기술인들 회의에서 미래 정치인으
로서 환영받았다. 회의 참석자 모두 인터넷상에 각
자의 인생이 뚜렷이, 잘 알려진 사람들이었다. 같은
해 4월 <타임>은 세계에서 가장 영향력 있는 100인 명단에 부커를 포함시
켰다. 그리고 1년 뒤, 그는 하루 동안 9개의 TV 채널에 등장하게 되었다. 그
가 화재에 휩싸인 집에서 주민을 구해내고, 불길에서 뛰쳐나온 지 채 몇 초
도 지나지 않아 이에 대해 트윗을 날린 직후였다. 그는 이 일에 관한 이야기
를 정확히 140자로 전달했다. 이는 트위터에서 허용하는 최대 글자수이다.

"관심 가져주신 모든 분들께 감사를 보냅니다. 연기를 조금 들이마셔
힘들기는 해요. 그러나 그 집에서 여성을 구출해 함께 병원으로 가고 있습
니다. 저는 괜찮습니다."

2주 후 그는 로스앤젤레스로 날아가 <엘렌쇼>에 출연했다.

"안녕하세요. 귀하(your honor), 전하(your highness), 폐하(your excellency).
도대체 제가 뭐라고 불러야 하나요?"

쇼의 MC 엘렌은 그를 이렇게 맞이하며 슈퍼맨 복장을 선물했다. 또 부
커를 소개하면서 그의 일생을 다룬 비디오를 보여주었다. 그러나 그 내용은
시장 직무와 관련해 추상적이고 과장된 내용들이 섞여 마치 모호한 수수께
끼처럼 들렸다. 이런 저런 사진 속의 그는 등을 구부정하게 하고 앉아 있거
나, 농구를 하거나 보도를 손질하고 있는 주민들과 어깨를 맞댄 모습이었

#17 엘렌쇼에 등장한 코리 부커. MC로부터 슈퍼맨복장을 선물받았다. (사진에서는 가운데가 코리 부커)

다. 해설자는 그가 "뉴어크 주민들이 '집'이라고 부르는 주택단지에 살고 있다"고 했다. 그러나 그는 실제로 시세에 따라 월세를 내고 일반 주택에 살고 있었다. 방송에서는 그가 범죄율을 '거의 50%'나 줄였다고 했지만, 당시 FBI 자료는 당시 범죄율은 11% 정도 감소했으며 오히려 폭력범죄는 증가했다고 보고하고 있다. 또한 '학교들이 변혁 중이다'라고 소개했지만, 이 또한 증빙할 만한 아무런 데이터가 없었다.

각종 연설과 전국에 방영되는 TV를 통해, 시장은 뉴어크를 분투하고 있지만 여전히 낙관적인 도시로 그려내고 있다. 자신의 리더십으로 이끌고 그에 따라 열정을 불사르는 사람들 덕분이라고 말이다. 그러나 어느 학교 위원회 회의에서 시민운동가들은 그를 가리켜 '헐리우드 스타 시장(Mayor Hollywood)'이라고 불렀다. 그들 눈에는 그가 유권자들보다 전국의 유명인사들에게 더 헌신적이었기 때문이었다. SNS에는 어디든 등장하지만 뉴어크에서는 실제로 보기 힘들다는 점 때문에, 바라카는 그에게 '가상의 존재(The Virtual One)'라는 이름을 붙였다.

이 시기에 바라카는 부커에 대항하는 그룹의 지도자로 부상하고 있었다. 이들 그룹은 매력적인 부커의 정치 스타일뿐만 아니라 구체적으로 그가 내세운 교육개혁 의제를 공개적으로 조롱했다. 바라카는 부커-크리스티-주커버그 전략이 궁극적으로 실패할 운명일 수밖에 없다고 했다. 학생들의 학업 성취에 진짜 적이라 할 수 있는 빈곤에 대해 어떻게 해결할지, 그 어떤 제도적인 방안도 없었기 때문이다. 그는 어쩌면 당연한 질문을 던졌다. 왜 교육개혁가라는 사람들은 학교와 교실에 어마어마한 영향을 미치는 빈곤에 대해서는 거의 언급하지 않는지, 오히려 어울리지 않을 만큼 불균형한 방향으로 시스템을 바꾸는 데 초점을 두고 있는지 말이다. 게다가 바라카는 뉴어크 주민들이 부유한 외부인들에 대해 갖고 있는 두려움을 노련한 솜씨로 부추겼다. 그는 부커, 크리스티, 주커버그를 10억 불의 교육청 예산, 즉 주커버그의 기금 운영 통제권을 갖기 위한 금전적인 음모의 일부라 보았다.

"늑대가 우리 문 앞에 와 있어요. 그리고 여기 아이들을 잡아먹으려는 늑대와 협상하려는 두 명의 내부자가 있습니다."

바라카는 부커와 크리스티를 두고 이렇게 말했다.

"우리에게 아무런 대응 방안이 없다면, 그들이 모든 것을 다 가져갈 겁니다."

그는 가난한 지역의 학교를 폐쇄하겠다는 부커와 크리스티의 견해를 계급 전쟁(class warfare)에 비유했다.

"은행이 실패하면 그들은 8억 불의 긴급구제자금을 지원하죠. 그렇다고 은행 문을 닫게 하지는 않습니다. 그들은 파산해 문을 닫기에는 너무 거대하니까요. 어째서 뉴어크의 공립학교들에 대해서는 폐쇄하기엔 너무 크다고 하지 않는 겁니까?"

다른 한편, 교육개혁가들은 바라카를 모든 도심 공립학교의 고통 유발 요인이라 간주했다. 공공연히 그는 교사와 교장의 책임을 회피한 채 가난한 학생들의 낮은 학업성취도를 억압과 가난의 탓으로 돌렸다. 부유한 뉴저지 전통에 따라, 그는 두 가지 공적 직위를 가지고 있었다. 따라서 일 년에

20만 불의 수당을 받는데, 그가 이를 너무도 뻔뻔하게 옹호했다는 점을 강조했다. 그는 자신의 시청 급여명세에 형제인 바라카 주니어(Amiri Baraka Jr.)를 집어넣었다. 바라카는 이 문제에 대해 군중 앞에서 이렇게 설명했다.

"그들은 내가 두 가지 일을 가지고 있다며 공격합니다. 제가 그보다 많은 직함을 갖고 있다는 사실을 그들은 알 리가 없지요. 시의원, 교장, 누군가의 아버지, 제 아이들의 아버지, 경찰관, 갈등해결사, 사회복지사, 야구팀 코치, 경기 응원단장 등. 네, 저는 직함이 많습니다. 문제는 제가 그런 일들을 한다고 해서 돈을 받지는 않는다는 겁니다."

그를 지지하는 사람들이 소리 높여 응원했다.

그러나 센트럴 고교 내에서 바라카는 경솔한 정치인이라기보다는 실용적인 교육자였다. 교장으로 부임한 첫 2년 동안, 센트럴 고교는 매년 3학년을 대상으로 치르는 주표준학력평가에서 처참할 정도로 낮은 성적을 기록했다. 이로써 센트럴 고교는 연방정부에서 제시한 낙오방지법(No Child Left Behind Act)에 따라, 폐쇄될 위기에 놓였다. 결국 바라카는 교육개혁운동에서 선도적으로 시행되었던 교수학습 기술들을 일부 차용하면서, 아주 공격적이고 전향적인 전략을 시행에 옮겼다. 그는 자선사업가인 엘리 브로드(Eli Broad)의 리더십 아카데미에서 훈련받은 콜로라도주 가난한 지역의 교육감에 특히 영향을 많이 받았다고 말했다. 흥미롭게도 엘리 브로드 리더십 아카데미는, 바라카가 부커 일당을 아우르는 음모 조직의 일부라고 통렬히 비판한 바 있다. 그런데도 그는 "어디서든 아이디어를 가로채왔어요"라고 당당히 말했다. 연방정부의 학교개선기금으로 그는 학교수업 일수를 늘이고 소규모 학습과정을 도입했다. 예술과 드라마를 수업교과에 접목했으며, 시험 준비에 박차를 가하도록 했다. 또한 읽고 쓰기 수업을 위해 교사들을 훈련할 전문 컨설턴트를 고용했다.

영어와 수학 이외에도, 센트럴 고교에서 시험 준비 수업은 동기유발에 큰 비중을 두었다. 교사들은 학생들에게 반복해 말했다. "너는 이 시험에서 통과할 거야. (너 자신을 위해, 학교를 위해, 그리고 우리 지역사회를 위해) 너는 반드시 통과해야만 해"라고 말이다. 시험을 치르기 바로 전날 바라카는 전교 차원에서 응원대회 일정을 잡았다. 그 자리에서 교사들, 행정직원들, 행정서기, 다른 학년 학생들 모두 시험을 치르는 3학년 학생들에게 애정공세를 퍼부었다. 지난 수년 동안, 많은 학생들이 주표준학력평가를 치르는 시간에 엎드려 잤다. 왜냐고 묻는 사람들에게, 여러 번 시험감독을 담당했던 한 교사는 이렇게 설명했다.

"싫증이 난 거죠. 따분해합니다. 그 아이들은 자신들이 실패할 거라고 믿어요. 학생들 모두 항상 자기들끼리 이야기합니다. 아무리 해도 결국 실패할 거라고요."

이 교사는 시험 시간 동안 자는 아이들을 깨워 똑바로 앉히는 데에만 상당한 시간을 썼다고 이야기했다. 그러나 2011년에는 모든 학생들이 처음으로 시험 종료 벨이 울릴 때까지 앉아서 문제를 풀었다. 누구도 졸지 않았다. 영어교과 담당 부장은 소수가 참석한 학부모 회의에서 의기양양하게 그 소식을 전했다. 시험 성적이 학교에 전달되는 4월, 72명의 학생들이 수학과 읽기/쓰기 평가를 통과했고, 지난해에 비해 전체 성적은 적어도 5배 이상 향상되었다. 바라카는 학생 모두를 즉흥적으로 다시 강당에 불러모아, 센트럴 고교에 일어난 변화에 대해 눈물을 흘리며 이야기했다. 시험에 통과한 학생들을 한 명 한 명, 강단 중앙에 불러 세우고, 풋볼 MVP나 받을 법한 기립박수를 받도록 했다. 그 다음 주, 서프는 학생들을 칭찬하고자 센트럴 고교를 특별 방문했다. 바라카는 다시 한 번 학생들을 강당에 집합하도록 했다. 주 교육부는 그해 여름 워크숍에 그를 초청해서 실패하고 있는 학교를 어떻게 전향적으로 변화하도록 했는지에 관해 기조연설을 해달라고 요청했다.

학업성취도가 향상된 요인은 분명 좀 더 나은 시험 준비에 있었다. 그러나 일부 다른 요인, 즉 학생들에게 스스로 충분히 노력하면 해낼 수 있다고 설득한 것 또한 훌륭한 효과를 불러왔다. 센트럴 고교에서의 경험은 이런 질문을 던지게 만든다. 과연 학업성취에서 어디까지가 실제 희망을 불어넣은 '효과'에 의한 것일까?

바라카와 그 학교 학생들은 부커와 완전히 다른 뉴어크에 살고 있는 듯했다. 시장은 자칭 "희망이라는 감옥에 갇힌 자"로, 타고난 낙관론자였다.

센트럴 고교의 많은 학생들에게 희망이란 그리 쉽게 불러올 수가 없었다. 1학년 영어 담당교사인 데이비드 간츠는 매일 시를 공부할 자료를 만들어냈다. 그 방법에 따라, 그는 칠판에 단어를 쓰고 무엇이든 마음에 떠오르는 것을 쓸 수 있도록 아이들에게 수 분의 시간을 주었다. 어느 날, 그는 에미넴(Eminem, 미국의 래퍼)의 "내가 무너질 때까지(Till I Collapse)"라는 노래를 틀고, '희망'이라는 단어를 칠판에 썼다.

14살인 타일러는 직접 쓴 다음 시를 급우들 앞에서 읽었다.

우리는 살기를 희망해.
아이를 가질 수 있을 만큼 오랫동안 말이야.
우리는 매일 집에 갈 수 있기를 희망해.
우리는 누군가의 총에 맞는 다음 희생자가 되지 않기를 희망해.
우리는 뉴어크의 어느 죽음의 웅덩이에서 생을 마치지 않기를 희망해.
나의 희망, 너의 희망, 우리 모두의 희망이야.

마크라는 남자 아이는 이런 시를 썼다.

우리 엄마의 희망은 내가 거리에서 희생당하지 않는 거예요.
나는 이 희망이 저를 찾아오기를 희망해요.

칼리프: "나는 지금 나보다 좀 더 오래 살 수 있기를 희망해."
닉: "뉴어크에 산다는 건 말야, 내게 집에 안전하게 가기를 희망하라고 가르쳤지."
타릭: "희망, 지금 내가 갖고 있지 않은 한 가지."

어느 날, 교사 활동을 모니터링하고 각자에게 줄 피드백을 노트하면서, 바라카는 부커와 크리스티가 제안했던 논쟁적인 변화들 중 일부에 대해 동의하게 되었다고 말했다. 그는 교사와 교육행정가로 보낸 20여 년 동안 교사 정년보장제도가 골칫거리라는 사실을 알게 되었다고 말하곤 했다. 잘 가르치지도 못하는 교사들을 학생들에게 맡기는 꼴이 된다는 게 그 이유였다. 그는 최근 콜로라도주의 법에 한층 편안함을 느낀다고도 했다. 그 법은 교육개혁운동을 거쳐 마련된 것으로, 가장 낮은 등급을 연이어 두 번 받으면 교사 정년보장을 철회하도록 하고 있다. 또한 교사들은 학생들을 얼마나 잘 가르치는지에 따라 급여가 결정되어야 하며, (교원노조측에서 그토록 신주단지 모시듯 신성시하고 있는) 얼마나 오래 근무했는지에 따라 결정되면 안된다고 생각했다. 모두 정확히 주커버그가 당시 주창하던 내용들이었다. 그러나 그는 차터스쿨에 대해서는 맹렬히 반대 입장을 고수했다. 차터스쿨은 곧 학교를 민영화하는 것이라고 주장했다. 물론 이러한 입장도 나중에는 조금 누그러지게 된다.

학교가 파한 어느 오후 한쪽 벽면에 학생들의 성적 자료를 걸어놓은 회의실에서 그가 말했다.

"많은 사람들이 소리 없이, 이러한 것들에 대해 동의하고 있어요. 이처럼 전제적인 방식으로 못살게 굴면 사람들은 분명 이렇게 말할 겁니다. '안 돼, 여기서 꺼져버려!!' 이런 방식은 이쪽 사람과 저쪽 사람을 싸우도록 맞붙이는 것이고, 결국 뉴어크 사람들을 경시하는 겁니다. 사람들은, 누군가 우리 집에 와서 그 집이 자기들 거라고 말하는 상황들을 알고 있습니다. 그런데 이제 누군가 우리 동네에 와서 말합니다. '저희는 당신들을 고치러 왔어요!'라고요."

그는 웃었다.

"그들은 하나같이 <슈퍼맨을 기다리며>를 이야기하고 있어요. 글쎄요. 슈퍼맨은 실재하지 않죠. 누구 그것에 대해 아는 사람 있습니까? 그 어디에도 그의 적은 없어요."

그의 또 다른 직업인 정치인으로서, 바라카는 다른 흑인 시의원들과 함께 (현재 아두바토가 쥐고 있는) 학교위원회의 주도권에 도전하는 후보자 명부를 정리하고 있었다. 현재는 빅 스티브(Big Steve)로 훨씬 더 잘 알려진 시 최고 권력 브로커인 스테판 아두바토(Stephen Adubato Sr.)가 주도권을 행사하고 있다. 거의 80세가 다 된 아두바토는 뉴어크에서 아주 우수하다고 평가받는 사회복지프로그램, 유치원, 차터스쿨 등과 함께 가장 크고 가장 강력한 지역사회

#18 스테판 아두바토 주니어

조직을 거느려왔다. 그는 지역에서 가장 만만찮은 일인 투표자−투표수 운용을 감독했다. 이로써 그는 정치인들에게 없어서는 안 될 인물이 되었다. 그들은 그의 조직, 즉 운영에 있어 거의 대부분 정부 계약에 의존하고 있는 노스워드센터가 잘 굴러가도록 지원을 아끼지 않았다. 민주당원인 그는 부커와 크리스티 모두와 가까운 관계였다. 선거가 끝난 다음 날 아침, 크리스티는 아두바토의 뉴어크 차터스쿨인 로버트 트리트 아카데미(Robert Treat Academy)를 가장 처음 방문했다. 아두바토는 민주당 정치 시스템이 돌아가도록 하는 데 핵심적인 역할을 담당하고 있었다. 특히 크리스티의 예산 감축안, 연금 및 사회보장 개혁 등을 통과하도록 결정적인 의회표들을 모아주는 데 큰 역할을 했다. 따라서 빅 스티브는 공화당주(red−state) 가치를 민주당주(blue−state)에 팔아버릴 수 있는 공화당원으로 전국적인 평판을 키울 수 있도록 하는 주지사의 역할을, 아주 중요하면서도 보이지 않는 그 역할을 담당하고 있었다. 아두바토는 크리스티와 부커의 교육개혁 어젠다에 대해서도 적극 지원하고 있었다. 학교위원회 선거는, 이러한 모든 이유 때문에 뉴어크 정치판도에서 나이 많은 이탈리아 출신 미국인 보스의 집권을 깨뜨릴 방도를 찾으려는 흑인들의 역사적인 연합 후보 선출 노력과 마찬가지였다. 위원회라는 것이 자문 역할에 그치고 실질적인 힘이 없는데도, 선거는 바라카에게 시 전체에 걸쳐 기초를 다지게 해서 궁극적으로는 시장 선거에

나설 수 있는 기회를 제공했다.

바라카가 교사정년보장제의 개선과 교사들의 능력별 급여에 대해 사적인 견해를 밝히기는 했지만, 시의회 의원들은 부커와 크리스티가 제안한 모든 것과 싸움을 벌이겠다고 맹세했다. 교원노조와 교장연합회는 이에 서명했다. 학교구 내의 모든 피고용인들을 대표하는 노조들도 동참했다. 시청 바깥에서 조직된 노동자 시위에서, 시의원인 크럼프가 군중들에게 '노동자와 관련된' 후보를 뽑으라고 종용했다. 그녀는 이때 뉴어크의 아이들을 위해서라거나 그들의 교육을 위해서라는 식의 단서를, 즉 이해관계를 달지 않았다. 그녀가 앞서 말했고 시위대는 그 말을 그대로 따라했다.

"우리는 노동자와 아무런 관련이 없는 사람들과 오로지 노동자와 연결된 사람들 중 분명한 선택을 해야 합니다. 일자리, 일자리, 일자리. 안전하고 보장된 일자리!"

후보명부에 오른 사람들은 '아동 최우선'을 가장 대표적인 슬로건으로 내세웠다.

바라카의 후보명부를 지원하고 있는 시의회 의장 도날드 페인(Donald Payne Jr.)은 공공연히 교육개혁운동을 소위 투스키지 실험(the Tuskegee Experiment)과 견주어 말했다. 이 실험의 설정은 다음과 같다. 아무도 모르게 매독에 걸린 흑인 소작농들이 40여 년 동안 치료를 받지 못했다. 이때 정부측 의사들은 이들을 활용하여 아무런 진찰이 없었던 이 병의 진행상황을 연구했다. 부커는 이를 두고 비양심적이라고 표현했다. 뉴어크에서 선출된 모든 공직자들이 그렇듯, 페인 또한 자녀들을 사립학교(이 경우에는 가톨릭계 사립학교)에 보냈다. 이는 부커가 종종 제기하는 문제였는데, '연결망이 좋고 선출된 사람들'은 공립학교가 아이들 모두에게 훌륭하다고 하면서 도대체 왜 자신의 자녀들은 제외하는지 물었다.

선거는 2011년 4월 말 예정이었다. 투표 몇 주 전, 2월 유출된 컨설턴트의 보고서로 인한 열광이 잦아들었다. 그러나 교육개혁이라는 이름의 노력 뒤에 있는 전반적인 동기에 대한 민초들의 의심은 여전히 남은 상태다.

3월, 부커는 시정연설에서 급진적 개혁을 위한 신호탄을 전달했다.

"대담한 행동과 변화는 어렵고, 큰 희생을 치릅니다. 그러나 우리는 우리 아이들을 위해 앞으로 나가야만 합니다."

그러나 학교위원회 선거 운동이 절정으로 치달을 무렵, 그는 눈에 띌 정도로 침묵을 지켰다. 그에 따르면, 아두바토의 후보명부를 지지하고 지원한다는 건 보다 큰 목표물을 돕는 셈이었다. 즉 시장에 대항하는 조직들을 단합하도록 부채질함으로써 단지 바라카의 세력을 돕는 것이었다. 스스로 이미 잘 알고 있듯, 전국 무대의 "록 스타 시장"은 유권자들을 전혀 뉴어크시 학교위원회 선거를 위해 움직이게 할 수 없었다. 단, 자신이 지지하는 후보에 반하는 투표를 이끄는 것을 제외하면 말이다. 부커는 분명 아두바토의 후보자들을 위한 전화 통화를 하지는 않았다. 선거 당일, 지역사회 지도자 중 한 사람이 투표장소에서 바라카의 후보명단을 지지하는 전단지를 나눠주고 있었다. 이유를 묻자 그녀는 이렇게 대답했다.

"이 선거에 대해 시장으로부터 그 어떤 입장도 듣지 못했어요. 그러니 저는 원하는 누구라도 지원할 수 있어요."

차터스쿨을 확대하고, 교육청의 공격적인 개혁을 제안한 부커의 어젠다를 지지하는 학교위원회 의장 샤바르 제프리스(Shavar Jeffries)는 잔뜩 화가 나 있었다.

"시장이 학교위원회 선거명부에 대해 아무런 영향력도 행사하지 못하면서 어떻게 수십 년간 실패해온 학교들을 폐쇄시키고, 형편없는 교사들을 해고할 수 있단 말인가요?" 그는 반문했다.

"풀뿌리 조직 수준에서는, 싸움에서 실제로 이기게 할 만한 조직이 없어 보였습니다."

학교위원회 선거는 4월 마지막 수요일에 열렸다. 대개의 도시에서 열리는 선거 일정과는 아주 달라서, 함께 치르는 또 다른 투표 일정이 없었다. 선거란 늘 그렇듯, 실제 투표 참여자들은 예상한 바와 같이 최소였다. 노조에 호의적인 상황에서, 그리고 수천 명의 직접 투표장에 올 수 있는 사람들을 조직할 수 있는 강력한 정치 조직이 가장 중요했다. 시 전체적으로 15만 명이 투표등록을 마친 상황에서, 3석을 뽑는 위원선거에서 당선되기 위해 후보자들에게 필요한 표는 채 5000표도 안 되었다. 아두바토에게 역사적인 패배를 안기며, 바라카의 선거 명부에서 2명이 당선되었다. 그중 한 명은 48표 차이로 승리를 거머쥐었다. 환호성을 지르는 군중들이 '아동 최우선(Children's First)' 본부에 모여들었다. 본부가 위치한 베르겐가의 블럭을 채우고도 남을 많은 사람들이 밤늦도록 떠나지 않고 있었다. 축하가 한참 무르익어가는 상황에서, 시의원인 존 라이스(Jon Rice Jr.)가 승리의 메시지를 전했다.

"우리는 집집마다 찾아다니며, '당신이 부커 시장과 크리스티 주지사가 우리 학교들에 하고 있는 일에 반대한다면, 우리가 곧 당신의 팀'이라고 말했어요." 바라카의 팀장이었던 아미르 바라카 주니어(Amir Baraka Jr.)는 책상 뒤에 앉아, 투표를 독려하며 하루 종일 집을 돌아다니고 문을 두드렸던 수백 명의 남녀에게 75달러짜리 수표를 쓰고 있었다.

"부커와 크리스티에 대항한다면 그 무엇이라도, 저는 그것을 위해 일할 겁니다. 무료로 말이죠."

한 남자가 말했다. 물론 바라카 주니어가 건네는 수표를 받아들면서 말이다.

6장

뉴어크의 슈퍼맨 찾기

2011년 1월~5월

다큐멘터리 영화 <슈퍼맨을 기다리며>는 나름대로 사회적인 행동 전략을 갖추고 있었다. 미국 전역의 교육개혁가들은 지원자들을 모으기 위해 영화 상영을 주최했다. 주커버그도 2010년 페이스북 본부에서 몇 블록 떨어져 있는 팔로 알토 극장에서 400여 명을 초청해 <슈퍼맨을 기다리며> 상영회를 공동주최했다. 그와 공동으로 주최한 사람들은 벤처캐피탈리스트 존 도어르와 그의 부인 앤, 셰릴 샌드버그, 그리고 그녀의 남편인 서베이 멍키의 최고경영자 데이브 골드버그였다. 실리콘 밸리를 주도하고 있는 벤처 캐피탈리스트들, 잘나가는 스타트업 회사들과 전문기술회사들의 경영자들, 그리고 개인주식투자자들로 극장이 꽉 들어찼다. 영화 상영이 끝난 뒤 테이블 주위로 사람들이 모여들었다. 그 자리에서는 차터스쿨 네트워크와 다른 교육개혁 조직들이 기부금을 받고 있었다. 참석자들이 소위 '수표 쓰는 파티'라고 부른 그대로였다.

한 참석자가 주커버그에게 뉴어크에 지원한 기금에 대해 치하하고는, 누가 교육감이 될지 물었다.

"누구든 우리가 원하는 사람이 되겠죠."

웃으며 주커버그가 대답했다.

주커버그는 순진할 정도로 그 사실을 믿었다는 점에서 용서받을 만하다. 결국 그에게는 뉴어크의 모든 가능성을 확인해볼 수 있는, 아니 적어도 그렇게라도 보일 수 있도록 할 크리스티와 부커라는 지지대가 있었다. 그들의 사업에서 첫 번째 순서로, 믿을 만하고 경력 있는 교육개혁가를 교육감으로 고용한다는 데 의견을 같이했었다. 야심찬 제안들을 수행할 인물이기 때문이다.

그러나 정치인들은 주커버그에게 없었던 계획과 시간표를 갖고 있었다. 존 킹이 교육감직을 거절한 이후, 부커에게는 대안이 없었다. 서프가 1월 뉴저지 교육위원회 위원이 된 상황에서, 교육감을 찾는 데 더 많이 신경을 쓰게 되었다.

#1 장클로드 브리자드

2011년 3월, 학교위원회 선거가 급박하게 돌아가는 와중에 서프와 부커는 뉴욕주 로체스터 교육감으로 있는 장클로드 브리자드(Jean-Claude Brizard)에게 열정을 쏟았다. 그는 전 뉴욕시 클라인 교육감의 또 다른 전직 부관이었고 브로드 아카데미 졸업생이었다. 똑똑하고 열정적이었으며 정치적으로 빈틈없이 움직였다. 그는 서프가 영광의 배지라고 인정하는, 일종의 전쟁의 상처를 안고 있었다. 로체스터 교원노조원 95%로부터 '신뢰할 수 없음(no confidence)'이라는 투표 결과를 전해 받은 일 또한 포함된다. 그는 잘 훈련된 교사로서, 리커스섬(Rikers Island)에 투옥되어 있는 수감 학생들의 교사였다. 브리자드는 감옥 학교의 교사로 교육 경력을 시작해 이후 뉴욕시에서 죽 경력을 쌓아왔다.

서프와 부커는 3월 브리자드에게 뉴어크의 교육감직이 원칙적으로 그의 자리라고 말했다. 여전히 주지사의 최종 승인이 남기는 했지만 말이다.

그들은 그가 팔로알토에서 주커버그와, 뉴어크에서 지역사회 TF와 만날 수 있도록 일정을 조정하고 있었다. 그러던 3월 17일, 크리스티가 별안간 교육감은 5월까지는 결정 내려서는 안 된다고 못을 박았다. 주커버그에게 큰 충격과도 같았다. 그는 교육감 결정이 적어도 한 달 앞선 4월에 이루어졌어야 한다고 기대했고, 따라서 인내심이 점차 바닥을 드러내고 있었기 때문이다. 그는 이 소식을 재단 실무 책임자인 젠 홀러랜(Jen Holleran)으로부터 전해 들었다. 심지어 그녀도 그 내용을 기자에게 들어 알게 되었다는 것이다.

크리스티는 이에 대해 공개적으로 아무런 설명도 없었다. 그러나 크리스티와 부커는 그들이 아두바토의 간절한 부탁에 따라 움직인다는 사실을 은연 중에 인지하고 있었다. 뉴어크의 정치계 거물인 아두바토는 강력한 에섹스(Essex) 카운티 정치 시스템의 요체였다. 그의 정치적 영향력은 없어서는 안 될 아주

#2 크리스티와 아두바토

중요한 것이었다. 뻣뻣하게 나오는 교원노조의 저항에 직면하여 크리스티가 예산감축과 연금 및 사회보장 개혁안을 통과시키는 데 필요한 민주당 입법부 지원에 있어 더더욱 말이다. 크리스티가 전국적으로 유명인사가 되는 데 있어서도 핵심적인 요인이었다. 크리스티는 대통령 후보를 노리는 장래가 촉망되는 정치인이다. 보수주의자들의 어젠다를 진보적인 성향의 주에 팔 수도 있을 공화당원이 될 인물이었다.

교육감직 인선을 연기하자는 이러한 갑작스러운 결정은, 다가오는 학교위원회 선거와 관련되어 있었다. 이 선거에서 아두바토의 후보자 명부가 바라카의 후보자 명부와 맞붙을 게 뻔했다. 아두바토는 크리스티와 부커에게 선거 전 교육감을 지명하면 교육개혁을 반대하는 사람들에게 공격의 빌미를 제공할 수 있고, 결과적으로 바라카의 후보자 명부를 지지하는 사람 수

를 늘릴 우려가 있다는 점을 분명히 했다.

뉴어크에서 벌어지는 미로 같은 정치역학에 익숙하지 않은 사람이라면, 단호한 주지사가 이처럼 아두바토의 특권을 용인하는 것을 이해할 듯하면서도 도대체 이해할 수 없는 상황이라 생각하지 않을 수 없다. 예를 들어 주커버그처럼 말이다. 주정부가 학교를 통제하고 있기 때문에, 크리스티는 자신이 원하는 바에 반하는 교육위원회의 그 어떠한 결정에라도 거부권을 행사할 수 있다. 그런데 도대체 무엇이 걱정이라는 말인가? 학교위원회는 뉴어크 정치에 있어 인종적인 '수집품상자(shadowbox)'로, 엄청난 상징성을 발휘하고 있다. 흑인을 비롯한 유색인종이 거의 전부를 차지하는 학교구. 거기에서 선출된 임원들을 계속해서 지배하고 있는 백인 공화당 출신 주지사의 비참한 광경을 한번 떠올려보라. 이러한 상황에 처한 주지사라면 그 어떤 교육감을 임명하더라도, 지역 주민들의 대중적인 신뢰를 얻어내기 어려울 것이다. 크리스티와 부커, 두 사람 모두 아두바토가 마법을 쓰도록 내버려두는 데 큰 불만이 없었다. 물론 교육개혁 어젠다를 지지해주는 학교위원회를 만들어주리라고 희망하면서 말이다. 나중에 크리스티는 거물급 민주당원에게 그토록 깍듯하게 대했던 일들에 대해 변명하며 말했다.

"훌륭한 결정이었다고 생각합니다."

물론 그 전략은 실패했지만 말이다.

홍보 내용처럼 크리스티가 뉴어크 학교들에 절대적인 권한을 행사하고 있다는 게 정확할까? 그 여부에 대해 의문은 점점 커져갔다. 현장에서 일하는 컨설턴트 중 한 명은 이 상황이 어떻게 나타나고 있는지 잘 묘사해주고 있다.

"시장은 교육감을 탐색하는 데 그리 적극적으로 임하지 않는 듯했어요. 그래서 '왜 주지사에게 직접 가보지 않는 거지? 그러면 이 일을 하는 데 아무런 거리낌이 없을 텐데 말이야'라고 생각했죠. 그런데 이때 아두바토가 오히려 주지사의 총자루를 쥐고 있다는 사실이 드러난 거죠. 아마 우리는 그와의 거래를 끊어버려야 했어요."

서프는 브리자드에게 지명이 늦어지는 상황을 설명했고, 브리자드는 기다리겠다고 했다. 그러나 곧이어 전 백악관 사무장이었던 람 이매뉴얼(Rahm Emanuel)이 시카고 시장으로 선출되었고, 그는 브리자드에게 와서 대화를 나누자고 요청했다. 브리자드가 회상하는 내용이다.

"저는 그를 만나, 곧 뉴어크로 갈 거라고 말했습니다. 그는 그 제안이 문서로 작성되었냐고 물었지요. 저는 아니라고 대답했습니다. 그는 제게, '그렇다면 그건 아무것도 아니네요'라고 말했습니다."

브리자드는 시카고로 향했고, 뉴어크는 다시 후보자가 텅 비게 되었다. 서프는 이 상황에 대해 "마치 폭탄이 떨어진 것 같았어요"라고 말했다. 이매뉴얼은 취임 후 17개월이 지나자 브리자드에게 이제 떠나도 좋겠다고 말했다.

#3 람 이매뉴얼 시카고 시장과 브리자드 시카고 교육감

브리자드가 전국에서 3번째로 큰 학교구를 선택한 것은 별로 놀라울 것이 없다. 뉴어크 학교구들의 학생수는 기껏해야 시카고의 1/10 정도에 그치기 때문이다. 그러나 시카고 행정권한의 배분 정도가 분명하다는 점은 그에게 있어 또 다른 매력이었다. 즉 모든 권한이 시장인 이매뉴얼에게로 향하고 있었다. 뉴어크에서는 사실 이러한 권한 소재를 구분해내기 쉽지 않았다. 이 상황은 교육감에게 하나의 위험요인이었다.

"당신은 문서로 완전히 통제할 수 있어요. 그러나 많은 사람들이 단칼을 들고 되돌아와 죽이겠다고 할 수도 있죠."

브리자드의 말이다.

맨처음부터 뉴어크 교육개혁의 노력 과정에서 두드러진 특징 중 하나는, 책임지는 사람이 없었다는 점이다. 서프가 내놓은 '다리 셋 달린 의자'라는 개념은 주커버그, 주지사(물론 주지사가 임명한 교육감을 통해서), 시장이

툭 터놓고 함께 이야기한다는 걸 의미했다. 교육개혁을 실행하고자 노력하는 사람들에게, 이러한 관계는 불분명할 뿐만 아니라 난해한 것이었다. 학교구를 새롭게 디자인하는 임무를 맡았던 컨설턴트 중 한 명은 사적인 자리에서 이야기를 꺼냈다.

"잘 모르겠어요. 도대체 누가 저희 고객인지. 계약은 바리 메이츠(Bari Mattes, 부커의 모금책임자) 사무실에서 체결되었기 때문에, 부커가 고객이라고 생각했었습니다. 그런데 그는 교육에 대해 그 어떤 조직적인 권한도 갖고 있지 않았어요. 자금은 브로드재단(the Broad Foundation), 골드만 삭스(Goldman Sachs), 주커버그에게서 왔습니다만, 그들 또한 아무런 법적 권한이 없습니다. 저는 서프가 저희 고객이라고 봤어요. 주정부가 학교구를 통제하고 있었으니까요. 그런데 그것도 확실한 것인지 잘 모르겠어요."

정리하자면, 컨설턴트들은 애초에 컨설팅 회사를 차린 사람에 맞춰 일하고 있는 것이었다.

#4 왼쪽부터 부커, 주커버그, 크리스티가 1억 불의 교육개혁기금에 대해 설명하고 있다. (2010년)

부커, 크리스티, 서프 모두, 지나칠 정도로 아무 책임도 지지 않는 관료체제에 책무성을 부여할 필요성에 대해 단호한 태도를 보이고 있었다. 그러나 이 과업을 어떻게 실현할 것인지, 그 부분은 궁극적으로 누구도 책임지지 않고 있다는 점이 점차 분명해졌다.

뉴어크에서 3천 마일 떨어진 곳의 주커버그와 샌드버그는 깜짝 놀랐다. 오프라쇼에서 발표한 이후 벌써 6개월이 흘렀다. 그 사이 대외비 자료 누설, 정치적인 거래, 사람들의 적의, 잘못된 관리 등으로 인해 변혁적인 도심교육의 모델을 탐색하는 작업이 점차 요원해지고 있다는 위험이 감지되었다. 홀러랜(Jen Holleran)은 매주 뉴

#5 젠 홀러랜. 셰릴 샌드버그와 마크 주커버그   #6 젠 홀러랜

어크를 오갔다. 한 번 방문하면 이삼 일간 머물렀다. 그때마다 그녀는 부커에게 서로 합의한 비전을 어떻게 이행할지, 이행하고 있기는 한지 까다로운 질문을 던졌다. 하버드 대학교 학부와 교육대학원을 졸업한 홀러랜은 부커 팀의 그 누구도 문제삼기 어려운 역량을 갖추고 있었다. 전미 교육개혁기구의 사무처장을 역임한 그녀는 셰릴 샌드버그와의 오랜 친분을 통해 막대한 인맥을 쌓아왔다. 두 사람 모두 같은 북클럽에 소속되어 있었는데, 당시 샌드버그는 구글의 부사장이었고 홀러랜은 오클랜드 교육감실의 학교개혁 팀에서 일하고 있었다. 홀러랜을 뉴어크 현장에 급파하면서 걱정이 커졌다. 2011년 초, 샌드버그는 부커와 함께 일하고 있는 직원들에게 경솔하게 전화를 걸기 시작했다. 그러고는 부커가 자신을 비롯해 주커버그가 내놓은 교육개혁 어젠다에 관심을 집중시킬 능력이 있는지 물었다.

한꺼번에 여러 가지 일을 벌이는 것이 부커의 스타일이었다. 적어도 시작된 일 중 일부는 결실을 맺고 일부는 실패하고, 일부는 시간이 더 걸릴 것이라 기대하면서 말이다.

"'지금 할 수 있는 일이면, 내일 또는 일의 다음이 어떨지 걱정하는 대신 지금 할 수 있는 최선을 다하시오.' 저는 이렇게 생각합니다. TEAM(차터스쿨 네트워크)이 학교를 하나 더 늘릴 수 있다면, 학교 모델을 하나 더 창안할 수 있다면, 학교 출석일을 하루 더 연장할 수 있다면, 한 아이의 인생을 바꿀 수 있다면, 지금 당장 하세요. 오늘, 지금 당장, 당신은 무엇이라도 할 수 있어요. 지금 당장 말이지요. 사람들은 뭔가 할 수 있는 자신의 결심을 좀 먹도록 해서, 결국 '아무것도 할 수 없다'는 생각이 모든 것을 통제하도록 내버려둡니다."

부커의 말이다.

한번만이라도 주커버그가 조잡하게라도 지역 뉴스 제목을 검색해 보았다면, 자신의 기금을 떠맡기기에는 부커에게 봉착한 문제들이 너무 크다는 사실을 알아챘을 것이다. 폭력이 들끓고, 재정위기가 심각하며, 시의회와의 정치적 반목이 심하고, 또한 너무 잦은 바깥 활동 등을 말이다. <스타 레저>의 보도에 따르면, 부커는 2011년, 5일 중 하루 이상을 뉴어크 이외의 장소에서 보내고 있었다. 샌드버그는 10억 불의 기금 심사를 책임지고 있었다. 뉴어크에서의 교육개혁을 위한 기금 운용 계획 문서에 따르면, 크리스티는 주 관할 학교들의 '전략적이고 운영적인' 리더십을 부커에게 위임할 예정이었다. 샌드버그에게 폭넓은 사업가다운 기민함이 있다고 잘 알려져 있는데도 불구하고, 그녀 또한 이 일에 대해 경계심을 잠재워놓고 있었다.

부커가 잦은 연설을 이유로 전국 방방곡곡 떠돌아 다니고 이런 저런 위기를 넘나들고 있을 때, 페이스북의 두 리더인 주커버그와 샌드버그는 뉴어크에서 공공연한 비밀을 우연히 알게 되었다. 러트거스 대학교의 역사학자인 클레멘트 프라이스는 이 상황을 다음과 같이 요약해 말했다.

"세상에 록스타 시장이라는 건 없어요. 둘 중 하나, 록스타 아니면 시장이 있는 거죠. 이 둘을 한꺼번에 한다는 건 불가능해요."

빠르게 주의를 전환시키는 부커로 인해 절망이 치밀어 오르던 어느 날 밤, 시청 측근은 이 상황을 좀 더 노골적으로 표현하고 있다.

"이곳에 일하러 오는 사람들은 모두 갑작스레 끌리는 마음에, 또는 한 눈에 반해서 오지만 어느 순간 저도 모르게 내뱉곤 하죠, '이런 제기랄!'"

주커버그와 샌드버그는 4월 2일 토요일 오후, 페이스북 본사에서 열린

#7 〈브릭 시티〉 방송으로 연예인 같은 인기를 보이고 있는 부커 시장

회의에 뉴어크 시장을 호출했다. 그 자리에서 그들은 지금까지의 경과를 도저히 용인할 수 없다는 점을 분명히 전달했다. 여전히 슈퍼스타 교육감 지명도 안 되어 있고, 포괄적인 교육개혁 계획도 서 있지 않았다. 우수한 교사들을 끌어들이기 위한 교사계약과 관련한 규정 개정에도 그 어떤 진전도 없었다. 이들이 제기한 문제들이 만약 지금의 상황을 재단할 적절한 기준이 아니라면, 지금까지의 상황을 어떻게 봐야 할지 제대로 된 평가기준을 제시하라고 요구했다. 그들은 얼마만큼 과업 수행을 해냈는지 부커에게 책무성을 요구하고 있었다. 마치 자신들이 고용한 사람들에게 하듯, 부커, 크리스티, 그리고 교육개혁운동에서 교사와 교장들에게 맹세를 종용하는 것과 같은 방식으로 말이다.

주커버그와 샌드버그는 오로지 강력한 교육감이 제 자리에, 가능한 빨리 들어서야, 전체적인 교육개혁 노력이 성공할 수 있을 것이라고 강하고 단호하게 전달했다. 주커버그는 마치 신발가게나 자동차 수리점을 운영하고 있다는 듯, 페이스북을 단지 '하나의 회사'라고 지칭할 만큼 겸손한 태도를 보였다. 그런 그가 이렇게 말했다.

"저는 그저 회사 하나를 운영하고 있어요. 그러나 제 경험상 어떤 회사든 리더가 필요합니다."

"맞습니다. 제 잘못이에요." 부커는 잘못을 인정했다.

#8 비스트를 껴안고 있는 부커 시장

세 시간 동안 이어진 대화 이후, 주커버그와 찬은 서프와 다른 두 측근을 데려온 부커를 팔로 알토의 자기 집에 초대해 피자와 샐러드를 대접했다. 그 시간 동안 대화의 주제는 교육이 아니라, 그 집 부부의 사랑스러운 새 강아지, 비스트(Beast, 야수)라고 이름 붙인 털복숭이 흰색 헝가리안 시프도그였다. 심지어 그 강아지는 이미 페이스북에 자신의 계정을 갖고 있었고 당시 9만 7천명이 '좋아요'를 누른 상태였다. 주커버그는 페이스북에 비스트를 꼭 껴안고 있는 부커의 사진을 게시했다.

며칠 만에, 수백 명의 사람들이 듣기 좋은 댓글을 달았다. 대개 강아지 비스트에 관한 내용이지만, 또한 유명인사인 시장에 관한 글들도 많았다.

"세계적으로 유명한 개를 안고 있다니, 기분 좋지 않아요, 미스터 부커?"

"비스트 참 귀엽네. 그런데 코리는 대단한 사람인걸!"

"사랑해요♡ 비스트 & 코리 부커!!!"

"샘나는데! 사랑해요, 코리!"

다시 뉴어크로 돌아와보자. 성난 군중은 학교에 관한 청문회와 함께 떠올리게 되는 아주 일반적인 특징이 되어버렸다. 이 자리에서 노조의 핵심 지도자들과 시민사회단체 활동가들은 제안된 모든 교육개혁 방안이 뉴어크 아이들의 이익에 반하는 것이라며, 이 개혁 방안들이 시장과 주지사의 음모일 뿐이라고 싸잡아 비난했다. 어느 토요일 아침, 서프는 용감하게도 이 일에 신경을 곤두세우고 있는 주민들을 직접 만나겠다고 했다가, 루이즈 스펜서 학교(Louise A. Spencer School) 강당에서 400여 명이 넘는 학

부모, 조부모, 교사들과 대
면해야만 했다.

차터스쿨들은 무료로
교통 편의를 제공하며 만일
의 사태를 대비해 각 학교
학생들의 학부모들을 조직
했다. 강당은 중간을 기점
으로 둘로 나누었다. 차터

#9 루이즈 스펜서 초등학교

스쿨 학부모들은 오른편에, 일반 공립학교 학부모들은 왼편에 자리하도
록 했다. 차터스쿨 학부모들은 각 학교 로고와 구호가 새겨져 있는 티셔츠
를 입고 있었다. 전국망을 가진 KIPP 네트워크의 지역거점인 TEAM 스쿨
은 "변화가 되어라(Be the Change)"라는 문구가 새겨진 군청색 셔츠, 언커
먼 스쿨(Uncommon School)의 지역 거점인 노스 스타 아카데미(North Star
Academy) 학교들은 "역사를 바꿔라(Change History)"라는 문구가 새겨진
짙은 녹색 셔츠, 뉴어크에만 있는 차터스쿨인 레이디 리버티 아카데미(Lady
Liberty Academy)는 옅은 빨간색 셔츠였다.

#10 TEAM 학교 학생들의 유니폼

#11 노스 스타 아카데미 학생들이 교육부장관과 만
나고 있다.

몇몇 차터스쿨 학부모들이 마이크를 잡고 일반 공립학교들이 학생들을
실패하도록 내버려둔다고 지적할 때, 두 그룹 사이에 긴장이 고조되었다. 제

임스(Bendue James)라는 한 학부모는 딸이 마운트버논 학교(Mount Vernon School)에서 매번 꾸지람을 들었는데, TEAM 소속 차터스쿨인 RISE 아카데미로 옮긴 지금은 아주 잘나가고 있다고 했다. 노스 스타에 두 자녀를 보내고 있는 크리스탈 윌리엄스는 공립학교 측의 야유꾼들과 경쟁해야만 했다. 그녀는 자신을 조롱하는 사람들에게 큰 소리를 질러댔다.

"당신들 학교의 교사와 교장들은 당신 아이들을 제대로 가르치지 않고 있다고요!"

공립학교에서 10년 동안 대체교사로 일하고 있는 노스 스타의 학부모 한 사람은, 공립학교의 정말 많은 학부모들이 자기 아이들에 대해 "책임 지지 않겠다"고 하는 모습을 봐왔다며 경멸조로 말했다. 강당의 왼편에서 '우우' 하는 야유 소리가 높아졌다. 그러자 그는 공립학교를 지지하는 쪽을 쳐다보며 단호하게 큰 소리쳤다.

"아이들에 대해서 우리는 이런 이야기를 자주 하죠. 사과는 결코 그 나무에서 멀리 떨어지지 않아요."

#12 샤바르 제프리스가 베링거 고교에서 열린 회의에서 회의를 진행하고 있다. (2011년 6월 16일)

학교위원회 의장인 샤바르 제프리스(Shavar Jeffries)가 질서와 평화를 요구하며 의사봉으로 연단을 세게 내리쳤다. 그러고는 침울한 어조로 말했다.

"우리는 마치 블러드파 대 그립스파, 차터스쿨 대 공립학교의 대결을 벌이고 있는 것 같네요. 조직 폭력배들의 정신 상태와 다를 바 없는 거예요. 우리는 우리 아이들을 교육할 필요가 있어요. 늘상 서로를 향해 으르렁거리며 싸우는 건 생산적이지 않습니다."

기침과 오랜 기관지염을 앓고 있는 서프가 손팻말을 들었다. 회의가 세

시간째로 접어들고 있다는 신호였다. 그런데 아이의 할머니이자 오랜 학교 운동가인 윌헤미나 홀더(Wilhelmina Holder)가 마이크 앞으로 나섰다. 이때 서프가, "어휴… 저는 피곤해요"라며 낮은 목소리로, 그러나 홀더에게 충분히 들릴 만한 소리로 이야기했다. 서프가 채 알아차리기도 전에, 그녀는 그를 골프공처럼 잡아 올려놓았다.

"미스터 서프, 혹시 저보다 더 피곤하신가요?"

홀더는 뉴어크 아이들을 옹호하기 위해 보낸 지난 수십 년을 회상하며 서프를 꾸짖었다. 강당의 왼편은 계속하라는 의미로 함성을 보냈고, 그녀는 계속 이어갔다.

"자신의 아이들을 먹이고 가르치기 위해 두세 직업을 전전하며 일하는 이 방의 싱글맘들보다 더 피곤했을까요? 그는 …에 비해 더 피곤했을까요?" 강당 왼편에서 들려오는 함성소리 때문에 홀더의 이야기 끝 부분이 잘 들리지 않았다.

그녀가 한 말이다.

"서프 당신은, 폐쇄 예정이라는 학교의 학생들을 위한 재원에 대해서는 아직 한마디도 하지 않았어요. 그들의 부모에게 뭐라고 할 건가요? 이렇게 말할 건가요? '저희는 당신 아이들을 돌보지 않을 거예요. 우리는 당신 학교를 문 닫게 하고 지역사회를 허물 겁니다.'라고 말이죠. 그리고 교육지원청 본관 914호 방에 모여 있는 그 많은 컨설턴트들은 도대체 뭘 하는 작자들인가요?"

"그 방에 제발 색깔 좀 입혀주시지?"

강당의 왼편에서 휘파람을 불고 호응하는 사람들을 향해 그녀가 말했다.

"그리고 말예요, 명석함도요."

혼쭐난 서프는 항복한다는 의미로 손을 들어 보였고, 홀더뿐만 아니라 그 방의 모든 사람들에게 원하는 대로 질문하라고 말했다. 그들은 실제 그렇게 했다. 이후 1시간 반이 더 흘러서야 마무리가 되었으니 말이다.

이러한 난감한 상황이 이어졌지만, 불철주야 일하고 있는 컨설턴트들 덕택에 부커와 서프의 어젠다는 비틀거리면서도 앞으로 나아갔다. 그들은 조용히, 실패하는 공립학교를 폐쇄하거나 통합한다는 이전 제안서의 내용을 수정했다. 가장 시끌법석한 지역사회의 지원 내용은 더는 활동목록에 남아있지 않았다. 당시만 해도 여전히 아두바토의 세력에 의해 주도되고 있는 학교운영위원회 자문단은 4월, 위의 계획을 승인했고, 차터스쿨에 가용 공간을 넓혀주고자 임차하는 내용을 투표에 부쳤다. 이 일은 노조원과 시민사회활동가들로 채워진 청중들이 보내는 조롱과 야유 속에서 진행되었다. 갱생한 전직 갱 멤버로, 2009년 교육위원회 위원으로 선출된 마르케스-아킬 루이스(Marques-Aquil Lewis)는 차터스쿨의 신설 또는 확장을 수용하기 위해 수백 명의 공립학교 학생들이 아주 익숙한 교사와 건물에서 내쫓기게 될 거라고 경고했다. 그 사이 공립학교 학생들이 역시 실패를 거듭하고 있

#13 뉴어크의 차터스쿨 홍보 포스터

는 다른 학교로 재배치되고 있었다.

"우리는 지금 1967년에 일어난 일, 즉 혼돈을 다시 불러들이는 일에 대해 이야기하고 있습니다. 우리는 지금 아이들에게 무질서를 불러들이기 위

해 갱단에 들어가고, 자동차를 훔치고, 살인을 저지르라고 부추기는 상황입니다."

루이스의 말이다.

루이스는 학생 재배치를 하는 목적이 지역 학생들이 보다 크고 포괄적인 고등학교를 찾도록 혜택을 주기 위해서라는 점은 언급하지 않았다. 주커버그가 재정을 지원하기로 한 새로운 선택지 중, 바르드 고교-초급대학(Bard High School Early College)이 있다. 권위 있고 엄격한 학사 프로그램을

#14 뉴욕시장인 블룸버그가 바르드 고교-초급대학을 방문한 모습

갖춘 뉴욕시 소재 학교로, 학생들은 주로 취약계층 출신이다. 과정을 모두 이수하면 고교 졸업장과 더불어 2년제 전문대 수료 학점을 취득하게 된다. 다른 선택지는 유스빌드(Youth Build)이다. 이 학교에서는 늘 실패하고, 고용 불안을 겪으며, 또는 수감된 경력이 있는 46개주 출신 학생들이 고교 과정을 마쳤다. 이들은 이 학교에서 건설, 무역, 그리고 몇몇 다른 다양한 기술을 학습했다. 세 번째 선택지는 디플로마 플러스(Diploma Plus)로, 한 번 학교를 그만두었거나 퇴학당했던 학생들에게 맞춤형 프로그램을 제공한다. 6개의 새로운 학교 문을 여는 행사 기간 동안, 시 전체적으로 600여 명이 넘는 학생들이 등록했다.

지역의 혁신과 변화 총책임자인 단 골(Dan Gohl)이 말했다.

"뉴어크는 디트로이트나 다른 많은 도시들처럼 죽음의 소용돌이 앞에 도달해야만 합니다. 우리는 공교육의 생명을 살리느냐 마느냐라는 싸움에 직면해 있습니다."

새 학교들은 학생들과 주지원금을 차터스쿨에 넘겨주고 있는 도심 학교구에 생존 전략을 던져줄 거라고 주장했다. 또한 그 학교들은 이전에 자퇴한 학생들을 다시 등록시키고, 차터스쿨이나 다른 사립학교에 등록했을 법한 학습동기가 높은 학생들을 다시 데려와, 이전의 손실을 뒤집을 수 있을 거라고 그는 말했다.

골든, 바로 전에 치러진 투표 때문에 점차 분노가 거세지는 청중과 말싸움을 벌여야 했다. 새로운 프로그램들은 교원노조 소속 교사와 교장들이 장악한 학교구들의 학교에 투입되긴 하겠지만, 학교위원회 회의에 거의 빠지지 않는 전임 활동가 도나 잭슨(Donna Jackson)은 골이 말하는 내내 야유를 보내고, 학생들에게 함께하자고 부추겼다.

"그가 입을 열게 해서는 안돼, 얘들아. 야유나 보내자고. 우우우~~." 그녀가 소리질렀다.

"당신은 이게 궁극적으로 어디로 향하는지 알고 있지. 민영화야!"

이제는 모든 청중이 새로운 학교들을 향해 야유를 보냈다. 새로운 학교의 형태가 공립이든 차터스쿨이든 상관없이 말이다. 이들은 모든 사실들을 무시했다. 서프의 세션에서와는 달리, 차터스쿨들은 학교위원회에 학부모들의 참여를 독려하지 않았다.

교육위원회 위원들 대부분이 새로운 학교들을 거부한다고 투표했다. 바르드, 유스빌드, 디플로마 플러스 모두 거부되었다. 모든 투표가 종료되고, 잭슨은 군중들을 향해 "코리는 실패한다! 코리는 실패한다!"라는 말을 하면서 따라하게 했다.

"우리가 걱정해야 하는 단 하나는 우리 아이들이 성공할 것인지 아니면 실패할 것인지 그 여부입니다."

모든 학교를 지지한다고 투표한 교육위원회 의장 제프리스가 슬픈 듯 말했다.

리차드 카마리에리(Richard Cammarieri)는 이 장면을 실망한 듯 바라보고 있었다. 그는 지난 수년간 재앙과도 같은 학생들의 학업 성취도에 관심을 두어야 한다고 줄기차게 요구했던 전 교육위원이었다.

"이 학교들은 어쩌면 우리에게 정말 좋은 기회였을 거예요. 그러나 과정이 이들을 위한 우물에 독을 뿌렸네요."

BRICK 아카데미의 리가 머리를 손으로 감싼 채 뒷줄에 앉아 있었다. 그는 주커버그의 기금이 브릭처럼 뉴어크 학교들을 안으로부터 바꾸려는 노력을 한층 더 지원해주기를 희망했다.

"지금 상황은 반(反)부커에 관한 것이에요. 학생들을 위해 무엇이 최선일지에 대해서가 아니란 말입니다."

마지막 말은 교육위원회가 아닌 서프가 맡았다. 그리고 바로 다음 날, 전날 이루어진 모든 반대표결에 대해 직권으로 무효를 선언했다. 이로써 새로운 학교들이 문을 열 수 있는 길을 닦았다. 전화로 이날 오후 이야기를 접한 서프는 무섭도록 결연한 태도를 보였다.

"저는 더 이상 '지역사회 존중'에 대해 이야기할 수 없습니다. 누가, 어디서부터 어디까지가 지역사회인가요?"

그가 물었다.

"지금은 아무런 목소리조차 내지 않는, 학교를 때려치운 학생 세대들이 지역사회인가요? 마이크를 쥐고 일장 연설을 늘어놓았던 마지막 다섯 명이 지역사회인가요? 차터스쿨에 자녀를 보내기 위해 늘어선 부모들, 아니면 목소리가 큰 학부모들이 지역사회인가요? 여기에는 일정한 수준의 무지와 기본적인 음모 조작이 있어요. 그리고 불가피하게 교육관련 결정을 쥐고 흔드는 미시정치적인 의사결정이 있는 법이죠. 이게 바로, 왜 교육개혁은 실현되지 않는지를 정확히 설명하는 '전형적인 예'입니다. 이런 것들이 아이들을 교육하는 데 손해를 입히는 것들이죠. 그들의 목소리가 진지하게 수용되어야 할, 문자 그대로 아무런 권한이 없어요. 그날이 끝나갈 무렵, 저는 제대로 된 뭔가를 해야 했어요."

잠시 숨을 가다듬은 뒤 그는 다음과 같이 끝맺었다.

"백인 교육감을 지명할 동안 좀 기다리시지요."

#15 페이스북 본사 건물 내부의 동기유발 문장들

　부커는 새삼 교육감을 찾아야 한다는 절박함을 안고서 페이스북 본사에서의 회의를 마치고 돌아왔다. 그가 뉴어크에 돌아오자마자 주커버그는 페이스북사에서 동기유발을 할 때 사용하는 포스터 중 하나를 보내왔다.
　"뭐라도 하는 것이 완벽한 것보다 낫다."
　카미 앤더슨(Cami Anderson)은 시작 단계부터 뭔가 복잡했다. 39세였던 그녀는 모든 경력을 교육개혁계에서 쌓았다. TFA를 통해 교사가 되

#16 카미 앤더슨

었고, 하버드 대학교 교육대학원에서 석사학위를 받은 뒤 5년간 TFA의 뉴욕 실행팀에서 일했다. 그 후 교장을 교육개혁의 선봉장으로 훈련시키기 위해 설립된 New Leaders for New Schools(NLNS) 운영을 도왔다. 참고로 NLNS의 공동설립자 중 한 명인 존 쉬너(Jon Schnur)는
오바마 정부에서 추진했던 Race to the Top의 설계자로 참여한 바 있다. 앤더슨은 2002년 부커가 시장선거에 나섰을 때 선임 전략가였으며, 뉴욕시 교육감인 조엘 클라인(Joel Klein) 휘하에서 뉴욕 대안고등학교 운영의 책임

을 맡기도 했다.

앤더슨에 대해 두 가지 분명한 비판거리가 나돌았다. 먼저 하나는, 그녀가 백인이라는 점이다. 1973년부터, 뉴어크는 오로지 흑인 교육감들만이 있었다. 주민 자녀들의 95%가 유색인종, 즉 흑인과 히스패닉이었다. 부커는 분명히 소수자 출신의 교육감을 지명하기 바랐다. 그가 처음 지목한 킹(John King)의 예에서 볼 수 있듯이 말이다. 흑인과 푸에르토리코 출신 히스패닉계라

#17 비즈니스 위크 잡지 표지의 딕 파슨즈

는 킹의 인종적 특징은 뉴어크시를 구성하고 있는 가장 큰 두 인구집단을 아우를 수 있었다. 시장의 자문관 중 몇 명이 브리자드가 흑인 계통이 아닌 캐러비안 히스패닉 계통이라는 점 때문에 문제를 제기했었다. 언젠가 서프는 교육감 후보로 기업 리더를 고려하고 있다고도 말했지만, 그가 언급한 한 명도 흑인이었다.

"만약 딕 파슨즈가 '일 년 동안 봉사하고 싶습니다'라고 말했다면, 저는 그것에 대해 고려했을 거라 생각합니다."

서프는 타임워너사의 전 사장(Chairman and CEO)을 언급하며 말했다.

#18 앤더슨과 그의 남편, 그리고 그녀의 친구 허핑턴

그러나 앤더슨에게는 뭔가 흥미로운 뒷이야기가 있었다. 그녀는 흑인을 포함해 유색인종인 9명의 입양아들과 함께 자랐다고 이야기하곤 했다. 그녀와 함께 살고 있는 자레드 로빈슨(Jared Robinson)은 흑인으로, 그들은 샘슨 더글라스(Sampson Douglass)라고 이름 붙인 흑백 혼혈 아들을 두고 있었다. 아들의 이름을 이렇게 붙인 이유는 프레드릭 더글라스(Fredrick Douglasss)를 기리고 존경하는

마음을 담기 위해서였다.

그러나 그녀를 반대하는 다른 비판거리가 있었다. 앤더슨은 편협하고 타협할 줄 모르는 경영스타일을 고집하기로 유명했다.

"그녀에게는 자기 방식과 목표가 있죠. 달성하기 전에는 결코 멈출 줄을 몰라요."

그녀의 소꿉친구이자 지금은 소설가인 레베카 도너(Rebecca Donner)가 한 말이다.

"마음이 약하다거나, 겁이 많다거나, 또는 그녀의 의견에 동의하지 않는다면, 결국 굴복하게 만들려는 위협감을 그녀에게서 느끼게 될 거예요."

서프와 부커 두 사람 모두 그녀의 이러한 성격을 잘 알고 있었다. 그러나 이 둘은 이를 미덕, 즉 나름의 장점으로 보고 있었다. 서프가 말한다.

"이 모든 문제들을 완전히 없애버리고 꿋꿋하게 움직이도록 하지 않는다면, 이 상황에서는 그 누구도 아무것도 할 수 없을 거예요. 하지만 앤더슨은 그 일을 할 수 있죠."

부커는 지역사회 태스크포스팀 중 교육감 후보를 인터뷰할 사람을 지명했다. 태스크포스팀 위원들에 따르면 결국 가능성 있는 후보라고는 오로지 한 사람뿐이었지만 말이다. 지명된 사람은 지나치게 일을 많이 하고 있는 시민 운동가 클레멘트 프라이스였다. 그는 면접을 주재했고, 교육감 선임에 동의했다. 인터뷰는 4월 말에 있었고 태스크포스팀이 인상적으로 받아들였다는 말이 전해졌다. 태스크포스팀은 아주 곤란한 질문들을 던졌고, 그녀는 나름대로 잘 준비되어 있다는 인상을 주었다. 면접자들은 리커스섬에서 수감 중인 재소자 학생들을 포함해 뉴욕의 대안학교들을 관장했던 그녀의 직위를 언급하면서, 뉴어크가 학교를 운영하겠다는 명목으로 감옥의 관리자를 데려왔다는 말을 들을지도 모른다고 했다. 그러자 그녀는, 그 어떤 학생, 비록 전에 감옥에 수감된 적 있는 학생이라 하더라도 양질의 교육을 받을 가치가 있다고 대답했다. 혹시 성난 군중이 학교위원회 회의에 꽉 들어찼었는데 알고 있느냐는 질문에, 그녀는 다음과 같이 대답했다.

"천 명이나 되는 학부모들이 회의장에 몰려들었다고요? 제가 일하고 싶은 장소가 바로 그런 곳이에요."

면접자들은 단도직입적으로, 만약 크리스티와 부커가 공립학교를 민영화하라는 명령을 하달한다면 어떻게 하겠냐고 물었다.

"이 점에 있어서 그녀는 분명했지요. 누구에게서라도 그런 명령은 받아들이지 않겠다고 말이지요."

프라이스가 말했다.

"그녀는 지역사회 의견을 경청하는 것, 단위학교 교장에게 권한을 대폭 부여하는 것, 그리고 능력 있는 교육 지도자들을 끌어들여야 한다는 사실을 믿는다고 했습니다."

그 이후, 심지어 완고히 부커와 크리스티에게 회의적이었던 사람들조차 인상적이라고 하는 모습에 자신도 놀랐다고 했다.

"이 사실을 받아들이고 싶지 않습니다만, 프라이스 씨, 저는 그녀가 맘에 들어요."

오랜 활동가이자 면접진 가운데 한 명이었던 주니어스 윌리엄스(Junius Williams)의 반응이었다. 뉴어크 토박이 목사로 1960년대 시민권운동 지도자였고, 프린스턴 대학교에서 박사학위를 받았으며, 러트거스 대학교에서 정치학 강의를 하고 있는 로버트 커빈(Robert Curvin)도 마찬가지였다.

"지금 뉴어크에 절박한 것은 우리가 찾을 수 있는 최선의 교육감을 두는 겁니다."

<스타 레저>에 앤더슨을 지지한다며 커빈이 기고한 글의 일부이다.

"저는 마이너리티 그룹에서 보다 많은 선택의 여지가 있기를 바랐어요. 그런데 상황이 여의치 않았습니다."

발표는 2011년 5월 4일에 있었다. 장소는 뉴어크에서 가장 선망되는 마그넷 스쿨인 사이언스파크 고교(Science Park High School)였다. 이 학교는 IVY리

#19 뉴어크 사이언스파크 고교 전경

#20 2011년 5월 4일 크리스티, 부커, 서프, 앤더슨이 함께 자리하여 교육감 지명을 발표하고 있음

그의 학교를 포함해 90% 이상의 학생을 대학에 보내고 있다. 크리스티, 서프, 그리고 부커는 모두 만족스러운 모습으로 그 자리에 참석했다. 기자들, 카메라맨들로 방이 미어터질 지경이었고, 뉴어크의 시민사회지도자들 및 정치인들이 자리했다.

　행사계획은 크리스티, 부커, 서프가 차례로 간략히 인사말을 하고, 앤더슨을 무대 중앙으로 불러들여 학교를 혁신해야 한다는 중차대한 직임을 맡기자는 것이었다. 크리스티와 서프는 미리 작성한 내용을 충실히 읽었지만, 부커는 점점 더 시적으로 변하더니 나중에는 거의 30분 동안 장황하게 연설을 했다. 그의 연설은 미사여구와 수사적인 비약으로 가득찼다. 예를 들어 이런 식이다.

　"제게 있어 그녀의 가장 탁월한 부분은 하나, 아주 단순한 면에 있습니다. 그녀의 사랑이죠. 그녀의 동반자가 즐거워하는, 개인에 초점

#21 교육감 발표 자리에서 길게 연설하고 있는 부커 시장과 그 뒤의 앤더슨

맞춘 그런 류의 사랑이 아닙니다. 킹 목사께서 우리에게 하라고 했던 바로 그런 사랑입니다. 아가페적인 사랑이지요. 그녀는 비록 자기의 아이가 아니라도 그 아이의 잠재된 힘이 흩뿌려져 사라진다면 눈물을 흘릴 거예요. 그녀의 어머니께서 보이셨던 영적 사랑의 수준에 도달해 있습니다. 저는 그 아이들과 생물학적으로 인연을 맺고 있지는 않다 해도, 아이들 하나하나 모두 제 아이들이고, 제 운명은 그 아이들의 운명과 마구 뒤엉켜 완전히 하나로 만들어져 있습니다."

그가 말을 마치고 그녀가 마이크를 넘겨받기까지, 교육위원회 위원들, 시민사회지도자들, 학부모 활동가들 및 기자 등 모든 청중은 거의 45분이 넘도록 계속 서 있었다. 마무리 즈음에는 많은 사람들이 벽이나 창문턱에 몸을 기대고 있었다.

아침 일찍부터 오늘 행사에 앤더슨이 아들과 동거인을 데뷔 기자회견에 데려올지 말지 의견이 분분했다. 그녀가 뉴어크에는 결코 흔하지 않은 백인 교육감이라는 신호랄까? 과연 앤더슨은 이들을 자신의 지지대로 활용할까, 그렇지 않을까? 또는 그렇게 중요한 자리에서 가족에게 둘러싸여 있지 않다면 그녀가 오만해 보일까? 사이언스파크

#22 카미 앤더슨의 가족

고교 앞에 도착한 차에서 앤더슨과 그의 가족이 내리면서 더 이상의 추측은 의미를 잃었다. 유모차가 먼저 내려지고, 재레드 로빈슨(Jared Robinson), 앤더슨이 차례로 내렸다. 그들은 14개월 된 샘슨 더글라스 앤더슨 로빈슨(Sampson Douglas Anderson Robinson)을 안고 있었다. 아기 샘슨과 아버지 로빈슨은 아주 호의적인 환대를 받았다. 어느 한 순간, 센트럴 고교에서 학부모회(PTA)를 이끌고 있는 할머니 마이라 제이콥스(Myra Jacobs)는 늘 외부인에 대해 의심이 많은 평소 버릇대로, 로빈슨에게 다가가 낮은 목소리로 말

#23 교육감 발표 자리에서 연설하고 있는 앤더슨

을 건넸다. 가능하면 항상 모임에 앤더슨과 동행하는 것이 좋겠다고 말이다.

"당신은 이 지역사회에 아주 강한 힘을 불러올 거예요. 무슨 이야기를 하는 건지 아마 잘 알고 있을 거예요."

강조하듯 그녀의 눈썹을 치켜뜨며 제이콥이 말했다.

"그럴게요. 정말로."

로빈슨이 웃으며 답했다.

연설을 시작하자마자 앤더슨은 곧바로 본론으로 들어갔다.

"환경에 상관없이 그 어떤 아이라도 자기가 바라는 선택을 할 수 있는 기술을 익혀야 합니다. 대학을 가든 다른 직업을 갖든 관계없이 말이지요. 모든 아이들에게, 모든 선택을!"

언제든 말할 때 단도직입적으로 본론에 들어가는 것. 그녀가 주로 취하는 전략이었다. 그 내용은, 모든 학교와 교실에 훌륭한 교사와 유능한 지도자들을 두어야 한다는 것이었다.

"끝. 더 이상 필요없습니다."

강조하면서 그녀가 덧붙였다.

"저는 일시적인 유행보다는 결과에 더 관심이 많습니다."

앤더슨은 자신의 가족 경험을 꺼냈다.

"제 가족은 다인종입니다. 많은 수의 형제자매들이 저희 집에 입양되어 왔어요. 그들의 가정이 맞닥뜨린 힘겨운 상황 때문에 상상할 수 없을 만큼 곤란했기 때문이지요. 뉴어크의 모든 학생들이 가진 잠재력에 대한 제 믿음은 바로 제 삶의 경험에서 얻은 것입니다."

그녀는 무서울 정도의 높은 학생 중도 탈락율과 실패율에 대해서도 언급했다.

"저는 각자의 인생에서 정말 무수한 도전을 이겨냈던 형제자매들의 얼굴을 보면서 자랐습니다. 예를 들면, 저희는 수감자 비율에서부터 졸업률에 이르기까지 모든 면에 걸쳐 흑인 남자들이 당면한 도전적인 통계자료들에 대해 너무도 잘 알고 있습니다. 여기 계신 위대한 지도자분들과 더불어 일하고자 하는 제 개인적 열정의 일부는, 우리가 처한 이러한 사실들을 변화시키는 것입니다. 진정 문자 그대로, 그들은 제 형제이고 제 삶의 파트너이며 영혼의 동반자, 그리고 지금 이제 막 걸음마를 배운 제 아들이기 때문입니다."

그녀는 열렬한 환호를 받았다. 그리고 이 환호는 막 뉴어크에 들어서려는 그녀에게 감동적인 마무리가 되었다.

그런데 뉴스매체들은 몇 가지 질문을 던지지 않을 수 없었다. 크리스티에게 왜 그토록 뉴어크 학교들에 강하게 끌렸냐는 질문을 던졌을 때, 그는 본인의 이야기, 즉 (비록 그의 부모님들이 그에게 보다 좋은 학교를 찾아주기 위해 교외로 이사 가기는 했지만) 그는 뉴어크에서 태어났다는 말로 시작했다. 이는 선거 캠페인에서 아주 중요한 역할을 했다. 그는 계속해서 말했다.

"아시다시피, 제가 이곳 뉴어크에서 학교를 다녔다면 결코 주지사 후보가 될 수 없었다고 생각해요."

그 말을 하며 그는 귀에 들릴 정도로 가쁜 숨을 몰아쉬었다. 청중을 이루고 있는 사람들의 대부분은 뉴어크에서 태어나 자랐고, 또 뉴어크에서 교육을 받았다. 기자회견이 끝난 후 이어진 대화에서는 뉴어크 학교에 펼쳐

질 새로운 시대가 아니라, 크리스티가 언급했던 말에 전적으로 관심이 쏠렸다. 이 도시에서 가장 학업성적이 높은 사이언스파크 고교생들이, 수분 동안 이어진 그의 이야기를 듣고 있었다. 그러고는 주지사가 어떻게 그런 소리를 지껄일 수 있냐고 질문했다.

"어떻게 그의 말을 듣고 학생들에게 주지사가 되라거나, 대통령이 되라고 할 수 있겠어요?"

바라카의 후보명단에 들어 있어 새로 교육위원으로 선출된 알트루릭 케니(Altrurrick Kenney)가 질문했다.

"아이들이 귀를 기울여 듣고 있습니다. 우리는 아주 다른 방식으로 말해야만 합니다."

7장

안녕하세요, 카미예요

2011년 5월~9월

뉴어크 공립학교를 관장하는 교육청은 주로 주정부 사무실들이 즐비한 10층짜리 도심빌딩에 있다. 교육청은 꼭대기부터 3개 층을 사무실로 사용하는데, 가장 꼭대기층에 교육감 집무실과 1855년 이후 교육감들의 사진을 전시한 공간이 있다. 높이 올린 옷깃, 덥수룩한 콧수염, 줄을 늘어뜨린 안경. 초기 교육감들은 한껏 멋부린 모습들이었다. 물론 시간이 흐르면서 스타일들은 다양하게 바뀌었다. 118년 동안 11명의 교육감이 바뀌었지만, 변하지 않은 두 가지가 있었다. 사진에 등장하는 이들은 하나같이 백인이고, 또한 남자였다. 그러나 1973년, 드디어 획기적인 변화가 일어났다. 뉴어크의 첫 흑인 시장이었던 케네스 깁슨(Kenneth Gibson)이 첫 흑인 교육감으로 임명된 것이다. 그 뒤 38년 동안, 계속해서 흑인이 교육감으로 임명되었다. 5명은 남자였고 2명은 여자였다.

그런데 2011년 문제의 앤더슨이 그 자리에 들어선 것이다. 그녀는 금발의 백인이었고, 다른 교육감들보다 훨씬 젊었다. 이전의 그 어떤 교육감과 비교해 보아도 뭔가 어울리거나 걸맞는 모습이라곤 찾아볼 수 없었다. 아

#1 카미 앤더슨

주 형식적인 사진을 통해, 156년 역사 속 모든 교육감들이 카메라 렌즈를 바라보고 있는 모습과 비교해 보자. 앤더슨은 머리에 무스를 약간 발랐고, 미소를 지은 채 흰 벽을 등지고 서 있었다. 회의에 참석하고 있는 동안 잠시 시간을 내어 사진을 찍고 포즈를 취한 듯한 모습이다. 카메라 앵글을 바짝 당겨서 잡았기 때문인지 얼굴이 화면에 꽉 들어찼다. 그녀가 지닌 이례적인 특성을 과장하기 위해서인 듯 말이다.

앤더슨은 기존 질서에 도전장을 던지며 뉴어크에 도착했다. 그녀는 직무 초기부터 이 점을 분명히 했다. 자신의 여자 친구를 고용해달라는 한 시의원의 부탁을 거절했고, 또 다른 시의원의 조카를 해고했다.

"서로 주고받는 식의 자리 차지는 이제 끝입니다."

그녀가 말했다. 변화의 주체라는 이미지는 그녀가 자신을 소개할 때 더 분명히 드러났다.

"안녕하세요, 저는 카미예요."

학부모들, 교장과 교사들, 심지어 학생들에게도 자신을 이렇게 소개했다. 마치 지역의 고객들이 자신에게 군이 존경을 표할 필요가 없다는 듯 말이다. 시설 기사에서 교육감에 이르기까지, 학교의 모든 성인들은 서로를 '미스터', '미시즈', 또는 '닥터'라고 불렀다. 마치 이 오점 많은 지역의 역사에 구애받지 않는다는 듯, 서로에 대해 일부러도 존경을 표해야 한다는 듯 말이다.

"안녕하세요, 저는 카미예요."

그녀가 임기를 시작하고 얼마 지나지 않아, 여름 계절학기가 진행 중인 교실에 들어서면서 중년의 흑인 남교사에게 건넨 인사였다.

"좀 둘러봐도 될까요?"

흑인 교사는 괜찮다는 듯 고개를 끄덕였다.

헐렁한 카키색 바지와 복숭아색 블라우스, 평화를 상징하는 모양의 귀걸이, 한 번 질끈 묶은 금발 머리를 한 앤더슨이 교실 뒤편까지 아주 빠르게 걸어갔다. 몇몇 아이들이 큰 소리

#2 앤더슨 교육감이 학교 수업을 참관하고 있다.

로 웃으며 떠들어대고 있었다. 그 아이들은 자기들 앞에 놓인 실험대 위의 흙이 담긴 세 플라스틱 상자에 전혀 관심이 없었다. 이 아이들은 사이언스 파크 고교에서 열린 여름 계절학기 수업에 참여하는 중이었다. 이 학교는 방학 이외의 기간에는 엘리트 마그넷 스쿨로 수업하고 있다. 최신식 과학시험실은 실험대 주위에 가득 들어찬 35명의 학생들로 꽉 차 보였고 소란스러웠다. 모두 지구과학 과목을 통과하지 못한 학생들이었다. 졸업을 하기 위해 정규 교과 수업에 복귀하려면, 이 수업을 통과해야 했다. 칠판에 써 있는 수업 주제는 '습지'였다.

"안녕, 난 카미야."

앤더슨이 교실 뒷편 책상에서 학생들에게 말을 건넸다.

"너희들 지금 뭐하고 있니? 말해줄 수 있겠니?"

학생들은 그녀가 누군지, 그리고 지금 여기서 뭐하고 있는지 몰랐다.

"아니요."

한 남자아이가 몸을 빼며 대꾸했다. 앤더슨이 더 이상 귀찮게 하지 않고 빨리 떠나기를 바라는 모습이 역력했다. 앤더슨은 어깨를 잠시 움추려 한껏 권위 있는 모습을 갖추고는, 방금 대꾸한 아이 바로 옆 남자아이에게로 몸을 돌렸다. 잠깐 주의를 기울이고 있던 그 아이는 플라스틱 통을 턱으로 가리키며 경이롭다는 표정으로 말했다.

"이거, 습지예요."

"왜 습지를 만들고 있는데?"

"글쎄요. 모르겠는데요."

"너희들 오늘 이전에는 뭐 했니?"

잠시 생각하다가 아이가 다시 진흙을 턱으로 가리키며 대답했다.

"이거요."

바로 그때, T셔츠를 입은 다른 남자아이가 돌아다니는 모습이 보였다. 그가 입고 있는 티셔츠의 앞면에는, "바보를 바쁘게 만드는 법. (뒤를 보시오)" 티셔츠의 뒷면에도 같은 메시지가 써 있었다.

"바보를 바쁘게 만드는 법. (앞을 보시오)"

앤더슨은 교사에게 질문했다. 아이들이 수업을 잘 따라오고 있는지를 어떻게 판단하는지, 또 수업을 따라오지 못하는 아이들이 있다면 수업 방법을 어떻게 바꾸어 접근하는지 말이다. 교사는 퀴즈를 낸다거나 중간평가를 해본다는 식으로 대답을 얼버무렸다. 그러더니 학생들을 탓하기 시작했다.

"도심 학교에서 환경과학을 가르치는 건 너무 힘들어요."

앤더슨은 교사에게 뒷좌석에 앉은 남자아이들은 수업에 전혀 집중하지 않고 있다고 말했다. 그 말을 듣자마자 교사는 곧 다른 변명을 둘러댔다.

"그 애들에게는 특별 교육이 필요해요."

말할 필요도 없이 잘못된 대답이다. 이러한 대답들이 바로, 앤더슨이 학교교육에서 적극적으로 몰아내겠다고 했던 잘못된 정신상태의 표본이었다. 그녀는 입양된 자신의 형제들에게 이런 식의 정신상태가 얼마나 해로운 영향을 끼쳤는지, 직접 확인해왔다. 거듭된 실패에 익숙해진 아이들을 가르친다는 게 결코 쉽지 않다는 사실을 그녀도 너무나 잘 알고 있었다. 그 아이들은 가난했고, 폭력으로 친구들을 잃은 기억이 있고, 아버지로부터 버림받았는가 하면, 늘 알 수 없는 분노에 휩싸여 있고, 만성 학습장애에 시달리고 있었다. 그러나 바로 이런 이유 때문에 이 아이들에게 그만큼 교사의 존재가 더 중요해지는 것이다. 만약 교사가 자신이 가르치는 아이들이 성공하리라고 기대하지 않는다면, 그 아이들을 예정된 실패자로 바라보거나 포기한다면, 이 아이들이 지닌 패배의식에 젖은 사고방식을 과연 깨뜨릴 수 있을까? 여름 계절학기에나 참여하고 있다는 패배감과 절망감 말이다.

앤더슨은 다음으로 도형수학(기하학) 학급으로 이동했다. 학생들은 겨우 18명이었고 대부분 여학생이었다. 그들은 마름모꼴의 높이를 계산하느라 그룹을 지어 아주 열심히 공부하고 있었다. 6년 경력의 젊은 흑인 여교사가 담당하는 학급이다. 능력과 자신감이 뚜렷하고, 목표의식도 분명하다는 표정이었다. 그녀는 학생들이 제대로 잘하고 있는지 확인하면서 교실 안을 여기저기 옮겨 다니고 있었다. 이 학생들은 결코 실패한 학생들이 아니었다. 여름 계절학기에 보다 더 심화된 진도를 나아가고 있었다.

"저는 여름방학을 조금 더 유용하게 보내고 싶었어요."

역시 선별적인 마그넷 스쿨인 예술고교에 참여한 한 여자아이가 앤더슨에게 대답했다.

"저는 0교시 수업을 하고 싶지 않았어요."

또 다른 마그넷 스쿨인 기술고교에서 온 여학생이 정규 수업 시작 전 잡혀 있는 수업을 언급하며 말했다.

"그래서 지금 당장 그 수업을 빼버리겠다고 결심했어요."

앤더슨은 그 여교사에게 정규 학기 동안에는 어느 학교에서 가르치고 있냐고 질문했다. 교사가 대답한 곳은 뉴어크에서 가장 수업하기 힘든 학교 중 한 곳이었다. 그녀는 아주 우수한 마그넷 스쿨 중 한 학교로 전보되기를 바란다는 말을 덧붙였다. 이는 소위 (학교) 실패의 공식 중 또 다른 요인이다. 가장 뛰어난 학생을 가르친다는 것은 일종의 보상이다. 교육에 종사하는 거의 모든 사람들이 바라는 바일 것이다. 유능한 교사들은 명예를 얻는다. 그러나 고생하고 있는 학생들은 기껏해야 그러한 교사가 아닌 다른 교사들과 만나게 된다.

"그것 참, 교훈적이군요."

앤더슨은 어윈 멘데즈(Erwin Mendez)와 교무실로 걸어 나가며 마치 선언이라도 하듯 말했다. 멘데즈는 여름 계절학기 수업 여럿을 감독하고 있으며, 정규 학기 동안에는 이 학교 교감으로 일한다. 앤더슨은 도대체 이곳 시스템이 어떻게 돌아가고 있다고 생각하는지, 여기 학생들과 교사들은 대체 어떻게 되는 것인지, 솔직하게 이야기해달라고 부탁했다. 멘데즈는 조금 이상한 관료적인 행정 절차에 대해 대략 설명하기 시작했다. 뉴어크에 있는 학교들은 모두 매번 정규 학기가 끝날 무렵, 낙제한 학생들의 명단을 교육청에 보낸다. 계절 수업이 시작하기 3일 전이다. 계절 수업을 하는 각 학교로 발송되는 학생 명부는 물론 정확하지 않다. 예를 들어, 사이언스파크 고교로 발송된 명부에는 2400여 명의 학생이 있지만, 실제 등록한 학생들은 1176명이다. 다른 고등학교도 상황은 비슷하다. 1860여 명의 명부를 받은 한 학교에서는 실제 900여 명의 학생만이 출석했다. 게다가 많은 학생들이, 자신이 통과해야 할 학급을 잘못 지정받기도 한다. 낙제하지도 않은 과목 수업을 지정받는 것이다. 그 이유는 대체 무엇일까?

"누군가 자기 일을 제대로 하고 있지 않다는 거지요."

뉴어크에서 시스템이 실패하고 있는 이유에 대해 일반적인 설명을 달며 멘데즈가 말했다.

교육청은 여름 계절 수업의 임시교사 자리 모두를 "한꺼번에 게시"했다. 모두가 한꺼번에 신청하고, 가장 최상인 교사들은 고급반에 배치된다. 그들은 높은 수준의 엄격한 공부를 요구하기 때문이다. 보다 실력이 낮은 교사들은 누구도 원하지 않는 수업과 학생들을 맡는다.

"완전히 거꾸로 가는 거지요. 처음으로 실패라는 것을 경험한 학생들에게야말로 더 엄격하고 더 수준 높은 교육이 필요해요. 가장 약한 학생들에게 가장 강한 교사들이 필요하다는 말입니다."

앤더슨이 말했다.

앤더슨은 멘데즈가 이야기하는 내용을 빠짐없이 노트에 적었다. 그리고 나서 멘데즈의 진술한 답변에 감사를 표한 뒤, 약 2마일 정도 떨어져 있는 스피드웨이 학교(Speedway School)를 살펴보러 떠났다. 유치원 과정부터

8학년까지 학년이 편성된 학교이다.

"안녕하세요, 저는 카미예요."

앤더슨은 학교 보안 담당자에게 경쾌하게 인사를 건넸다.

앤더슨보다 나이가 많은 흑인 여성은 안경 너머로 그녀를 올려다 보았다. 그러고는 아무런 표정없이 대답했다.

#3 스피드웨이 학교

"난 미즈 그림즐리(Ms. Grimsley)라우."

카미는 그녀의 어머니가 표현하듯, 캘리포니아의 "순수 백인(lily-white)"들이 주로 있는 맨해튼비치(Manhattan Beach)에서 자랐다. 그러고는 버클리 대학교(UC Berkeley)를 졸업했다. 그러나 이를 제외하면 그녀의 성장은 전혀 평범하지 않았다.

앤더슨은 쉐일라 앤더슨과 파커 앤더슨 사이에서 두 번째로 태어난 아이였다. 아버지 파커는 LA 시장이던 톰 브래들리 휘하에서 아동복지 변호사와 지역개발 부서의 팀장으로 일했다. 어머니 쉐일라는 LA에서 아주 규모가 큰 아동복지 담당부서를 맡고 있었다. 그녀는 심하게 학대를 당했거나 또는 버려져 갈 곳 없는 아이들을 가끔 집에 데려오곤 했다. 그 아이들이 집에 그대로 머물러 살기도 했다. 카미가 돌이 될 무렵부터, 부모는 10년간 9명의 아이들을 입양했고, 그 뒤 아이를 한 명 더 낳았다. 자녀가 모두 12명이 된 것이다. 어머니에 따르면, 가정에서 카미의 출생 순서는 무려 7번이나 바뀌었다고 한다.

앤더슨 부부는 이런 대가족을 침실 세 개에 화장실이 하나뿐인 집에서 키웠다. 입양아 중 한 명은 이미 헤로인 중독 상태로 태어났기 때문에, 정신적으로도 육체적으로도 무척 힘겨워했다. 다른 입양아 한 명은 심각한 육체적, 성적 학대와 약물 중독으로 꽤 오랫동안 병원에 입원해 있었다. 두 명은 베트남에서 온 고아들이었는데, 흑인 군인과 베트남 여성에게서 태어났다. 아이들 모두 각자 맡은 일들이 있었다. 빨래, 저녁 준비, 또 다른 많은 일들. 그리고 일요일 저녁 가족 식사에는 모두 참석해야 했다. 방과 후 과외 활동이 있는 아이들은 각자 알아서 집으로 돌아와야 했다. 카미 앤더슨은 이러한 일상에 대해 단 한 번도 부당하다고 느낀 적이 없다.

"그저 우리가 사는 모습이었어요. 평범한 생활일 뿐이었죠."

아이들 모두가 학교에 함께 다녔다. 그 학교에서는 이 집 자녀들만이 유색인종이었다. 앤더슨이 아주 어린 초등학생이었을 때, 통제하기 힘들다는 이유로 교사들이 형제들에게 벌을 주는 모습을 보고 엄청 화를 냈다고 한다. 집에서와는 달랐기 때문이다. 어머니는 각자가 해야 할 일을 쪼개어 나누어주고 명확한 목표를 제시하는 방식으로 아이들의 역량을 개발해주었으니까. 어머니의 회상에 따르면, 아주 어릴 때부터 카미는 형제자매들을 대변하는 사람이었다.

"카미는 그들을 아주 잘 이해하고 있었어요. 그리고 형제자매들이 세상을 어떻게 살아왔는지, 다른 사람들에게 설명하려고 했어요. 일종의 통역사였던 셈이지요."

쉐일라 앤더슨의 말이다.

앤더슨의 독특한 성격은 중학교 때 나타났다. 앤더슨은 산타모니카 극장에서 개설한 수업을 받으며 연극과 무대에서 상당한 열정을 불태웠다. 이 극장의 설립자이자 연출자인 에블린 루디(Evelyn Rudie)는, 아이들이 내면의 자아를 분출하고 개발할 수 있도록 즉흥극을 활용했다. 당시 루디는 연극과 뮤지컬에서 등장인물들을 고안해 냈고, 이런 활동은 아주 어린 배우들이라 해도 무대에서 진정한 자신이 누구인지를 표현할 수 있도록 이끌었다.

"앤더슨은 늘 고집세고 잘난 체하는 배역을 맡았어요."

앤더슨의 친구인 소설가 레베카 도너(Rebcca Donner)가 회상했다. 그녀는 앤더슨을 6학년이 끝나는 여름방학에 산타모니카 극장에서 만났고, 그 이후 지금까지 가까운 친구로 지내왔다.

"앤더슨은 늘 비뚤어진 사람의 역할을 했어요. 독단적이고 다루기 힘든 그런 사람. 그런 역할만 맡았지요. 어느 누구도 자신을 들볶지 못하게 했어요."

이처럼 자신만만한 앤더슨의 성격을 잘 보여주는 역할은 그녀가 11살 때 처음 맡았다. 앤더슨은 거칠고 짓궂은 세 악당에 용감히 맞서서 마을을 지키는 목장 지기로, 두려움을 모르는 인물을 맡아 연기했다. 그녀는 이 역할로 일약 스타가 된다. 마이크줄을 마치 올가미처럼 잡고 흔들면서 "당신이 잘못 알고 있어요(You've Got Another Think Coming)"라는 노래를 열심히 부르다가, 앤더슨은 무대를 가로질러 주먹을 휘둘러서는 세 악당을 때려눕히고 정신까지 잃게 만들었다. 한 명은 사다리에 매달아놓고, 다른 한 명은 위스키통에 쑤셔박고, 나머지 한 명은 바닥에 대자로 뻗게 만들었다. 반짝반짝 빛나는 카우보이 부츠를 신고 의기양양하게 홀로 우뚝 선 채, 큰 소리를 질러대는 작은 금발의 여자와 함께 무대의 막이 내렸다. 그녀는 혼자 이날의 행사를 살려냈다. 도너는 기억한다.

"정말 박수갈채를 받을 만한 명연기였어요."

교육가로서의 앤더슨도 무대에서 맡았던 인물과 비슷했다. 그녀는 보호받지 못하는 사람들을 위한 외로운 전사이자, 남들이 말하길 꺼리는 불편한 진실을 외치는 투사가 되어 갔다. 뉴욕시의 클라인 교육감 아래에서 5년간 부교육감으로 일하는 동안, 앤더슨은 대안학교에 등록해 다니고 있는 3만여 명의 학생들과 감옥, 마약치료와 10대임신 프로그램, 정학센터, GED 프로그램, 경력 및 기술훈련원, 성인교육센터 등에 속해 있는 비정규 학생 6만여 명의 교육을 책임지고 있었다. 이 직책 덕분에 그녀는 클라인 교육감의 교육개혁 어젠다, 특히 차터스쿨의 측면에서 비판적인 거리를 유지할 수 있었다. 클라인 시장이 뉴욕에 차터스쿨을 전면 확대하는 데 일종의 투사 같은 역할을 했다면, 앤더슨은 이를 통해 자기 학생들에게 그 어떠한 혜택도 얻을 수 없다는 사실을 알고 있었다. 그녀는 수감된 학생들에게 말한 바 있다. 사회봉사와, 어떤 핑계도 용납되지 않는 교과수업을 혼합하는 방

#4 학령기 수감자들을 대상으로 하는 교육프로그램에 참여하고 있는 학생들

식으로 적절한 교육을 제공할 수 있는 차터스쿨을 찾아다녔던 노력이 쓸데 없었다고 말이다.

앤더슨은 뉴어크에서의 교육개혁운동에 필요한 모든 자격을 갖춘 인물이었다. 그러나 정작 도심 지역에서 차터스쿨이 어떤 역할을 해야 할지에 대해서는, 상관들과 의견을 달리하고 있었다. 이 차이점은 곧바로 드러났다. 앤더슨은 뉴어크 차터스쿨의 문제점을 지적했다. 절대빈곤에 놓여 있거나 장애를 가진, 또는 영어에 미숙한 아이들이 다수인 교육청 소속 학교들보다 훨씬 적은 수의 학생들을 담당하고 있다는 점을 꼬집은 것이다. 게다가 그녀는 차터스쿨들이 '선택하는 자들(choosers)'이라 불리는 유별난 학부모들을 아주 불공정한 방식으로 꼬드긴다고 표현했던 BRICK 아카데미의 Lee와 똑같은 문제를 제기했다. 이들이 보기에 '선택하는 자들'은 차터스쿨의 추첨(기회, 일정, 방법, 장소 등)을 탐색할 수 있고, 집에서 노력하는 태도를 길러줄 시간적인 여유가 있는 사람들이었다.

그리고 차터스쿨은 앤더슨이 아니라 서프가 관리하고 있었다. 차터스쿨과 공립학교 모두 입학 대상이 같았다. 그러나 주정부는 중요한 문제를 단독으로 결정했다. 차터스쿨을 확장할 것인지, 확장한다면 얼마나 많이 확장할 것인지, 또한 성적이 저조한 (차터) 학교들을 폐쇄시킬지 말지를 결정했다. 지역교육청의 교육감이 가진 유일한 역할이라곤 그저 반응을 보이는 것뿐이었다. 전체 학생수에 거의 변화가 없는 뉴어크 같은 도시들에서, 차터스쿨이 증가한다는 건 곧 교육청에 소속된 공립학교는 축소된다는 걸 의미했다. 뉴어크 차터스쿨

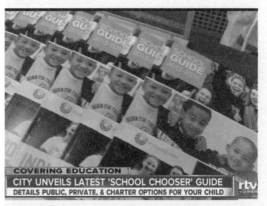

#5 학교 선택 가이드북을 소개하는 뉴스의 한 장면

들은 지난 5년 동안 등록률이 거의 40%이상 증가했고, 교육청 소속 공립학교의 학생수는 5년 전 대비 60%로 감소했다. 앤더슨에 따르면 이들은 가장 가난한 60%였다. 뉴어크에서 교육개혁을 함께할 리더를 찾기 위해 부커, 크리스티, 그리고 주커버그는 전국을 뒤졌다. 그러나 실질적으로 뉴어크에는 두 개의 학교 시스템이 서로 달랐고, 앤더슨은 그중 하나만을 맡았다. 그녀는 뉴어크의 학교개혁이 미 전역에 좋은 모델이 될 거라고 기대했었다고 말했다. 그러나 학생들은 차터스쿨로 옮겨 갔고(더불어 주정부의 지원금도 학생을 따라 차터스쿨로 이동했으며), 그녀는 지속적으로 학교를 폐쇄시키고, 교사, 사회복지사, 상담가들을 해고할 것이라 여겨졌다. 주정부의 교직 연공서열 규정 때문에, 초임 교사들은 대부분 아무런 이점도 없이 일을 시작해야 했다. 앤더슨은 이러한 상황을 빗대어, "교육개혁의 (인명)구조선 이론(lifeboat theory of education reform)"이라고 불렀다. 큰 배를 타고 있는 학생 대부분을 물에 빠지도록 내버려둘 수도 있다는 뜻이다. 앤더슨은 서프와 부커에게 이렇게 말했다.

"당신들의 변화 이론은 충돌이 불가피한 상황이에요. 저는 이곳에, 타이타닉의 갑판에 있는 의자를 이리저리 옮겨보자고 온 것이 아니라고 주지사에게 말했어요. 제가 공립학교들을 단계적으로 없애버리려고 여기 온 게

#6 뉴욕시에서 이루어지는 광범위한 차터스쿨의 확대를 반대하는 거리시위

아니란 말입니다."

놀랍게도, 서프, 부커, 그리고 크리스티에게는 공립학교에서 공부하는 아이들을 위해 안정된 교수학습 환경을 만들어줄 아무런 계획이 없었다. 오로지 차터스쿨을 공격적으로 확대하는 데만 관심이 있었다. 따라서 다음과 같은 앤더슨의 질문에 그들은 어떤 답변도 할 수 없었다.

"도대체 얼마나 많은 공립학교들의 문을 닫아야 할까요? 걸어다닐 수 있는 거리에 있던 공립학교들이 사라지면, 그 학교 학생들은 도대체 어디로 옮겨 가야 하나요? (동네 학교가 오랫동안 이어져왔기 때문에 뉴어크는 달리 학교버스를 제공하지 않았었다.) 감정적인 문제와 학습장애를 동시에 겪고 있는 아이들이 점차 몰리는 상황에서, 공립학교 교사들은 어떻게 해야 하나요? 혹시 누군가가 뉴어크에서 점차 규모가 줄어드는 공립학교의 적정 규모를 계산해본 적 있나요?"

관료제를 흔들어놓음으로써, 교육개혁가들은 종종 어른들의 직업보다 아이들의 교육을 우선해야 한다고 주장해왔다. 그러나 낡고 실패한 시스템을 깨부수려는 열정에 불타는 바람에, 많은 교육개혁가들은 수만 명의 아이들의 삶에 나타날 혼란을 인지하는 데 소홀했다.

부커와 크리스티, 그리고 자선사업가들 사이에 서로의 권위를 나누는 선이 분명했다는 점을 상기한다면, 광풍처럼 자신의 관점을 옹호하는 태도는 앤더슨이 가진 커다란 자산이었다. 그러나 이는 또한 그녀에게 불리하게 작용하기도 했다. 그녀의 접근 방식대로 변화를 제안하려는 사람들을 모두

#7 "승자와 패자"라는 제목이 달린 크리스티, 앤더슨, 서프, 그리고 부커 시장의 모습

소외시키는 판국이 될 수 있으니 말이다. 동료 중 몇몇이 했던 말처럼, 심지어 교육개혁가들 사이에서도 앤더슨은 "다른 사람들과 함께하는 모래놀이에 서툴다"는 평가를 받았다.

앤더슨이 고용되기 전에, 주커버그와 다른 후원자들은 차터스쿨이 더 빨리 확장되기를 기대하고 있었다. 그러나 그들은 앤더슨이 저항하는 바람에 그 계획을 보류할 수밖에 없었다. 앤더슨은 크리스티와 서프에게 대답해야 했지만, 그들은 그녀의 요구에 곧잘 응해줬다. 뉴어크미래재단(the Foundation for Newark's Future) 이사회도 마찬가지였다. 앤더슨은 스스로를 정치인도, 자선사업가도 아닌 교육가라고 주장했다.

"저는 단역 배우에 불과해요!"

측근이 동석한 자리에서 아주 사적인 의견을 말하면서, 앤더슨이 한 말이다. 그녀는 뉴어크미래재단보다 더 많은 돈을 갖고 있다고 틈날 때마다 언급하곤 했다.

"나는 10억 불을 갖고 있지만, 그들이 가진 돈은 기껏해야 1억 불 정도인걸요." 임기 초에 자주, 앤더슨은 이 일을 그만두겠다고, 또는 교육개혁을 위한 노력을 더 혼란스럽게 만들어놓겠다고 협박했다. 서프, 홀러랜, 그리고 다른 사람들은, 앤더슨이 사실상 자기들이 훈련시키고 타야 할 말과 같다고 동료들에게 아주 사적인 이야기를 했다. 그 '말'을 좋아하든 그렇지 않든 그들은 그녀의 성공을 위해 헌신해야 했다. 앤더슨의 일이 잘되면 그들 또한 일이 잘 풀릴 것이고, 그러면 결국 뉴어크에서의 교육개혁이 전부 잘될 것이기 때문이었다.

#8 학교위원회에 참석한 앤더슨 교육감 (2013년 4월 25일)

임기를 시작한 이후 처음 맞는 여름, 앤더슨은 내시빌 KIPP 학교네트워크 컨퍼런스에서 차터스쿨에 관한 자신의 염려를 발표했다. 그 자리에는 미 전역에서 가장 부유한 몇몇 기부자들이 차터스쿨을 후원하겠다고 참여하고 있었다. 참석자 중 다수가 깜짝 놀랐다며 그녀의 발표를 문제 삼았다. 이 때문에 앤더슨은 크게 화가 났다.

"KIPP에서의 연설 이후 전국에서 저를 두고 이런저런 회의가 많이 열리나 봅니다. 그런데 교육개혁가들이 저를 반차터스쿨, 반혁신, 기성질서 옹호자로 표현하고 있더군요. 진심이에요?"

그녀는 단지 동료 교육개혁가들에게 도와달라고, 차터스쿨뿐만 아니라 공립학교에게도 혜택이 돌아갈 수 있는 전략을 찾을 수 있도록 해달라고 문제를 제기했을 뿐이라고 말했다.

뉴어크로 돌아와보면, 중간지대는 그 어느 때보다도 판세를 읽기 어려운 상황이었다. 대다수 시민사회 활동가들은 앤더슨이 부임하던 첫날부터 그녀를 부커, 크리스티, 주커버그의 첩자인 점령군이라고 간주했다. 임기 첫달에, 그녀는 시청으로 가 의회와 공개적이고 진솔한 대화를 하겠다고 서약했다. 그 자리에서 학교와 교육청의 변화에 있어 핵심적인 주체는 교장들이라고 믿는다고 언급했다.

"제게 있어 훌륭한 리더십이란 다음과 같은 모든 것입니다. 학교마다 훌륭한 교장선생님을 두는 것, 그들이 학생의 학업성취 목표를 제대로 마련하고 평가에 임하도록 계획을 세우게끔 돕는 것, 그러면서도 솔직하게 그들의 방식에서 벗어나도록 하는 것, 마지막으로 그들을 수렁에 빠지지 않게 하는 것 등이지요."

교장들에게 결과에 따른 책무성을 갖도록 하는 것과 함께, 그들에게 보다 높은 자율성을 부여하는 전략. 이는 뉴욕에서 클라인 시장과 서프를 모방한 전략으로, 앤더슨은 이를 열정적으로 믿었다. 그녀는 시청에서 차터스쿨에 대해서는 단 한마디도 하지 않았다.

의회 의원들은 그녀가 의회를 찾아준 데 대해 진심으로 환대하며 감사를 표했다. 그러나 의회 의장인 도날드 페인(Donald Payne Jr.)은 회의 말미에 다음과 같이 덧붙였다. 주정부에서 앤더슨을 뉴어크에 강제로 떠맡긴 상황이라는 점을 고려한다면, 앤더슨이 만약 제대로 일하지 않을 경우 큰 문제가 될 것이라고 말이다.

"공립학교에 대한 주정부의 통제에 대해서 어떤 입장을 갖고 계신가요?"
그가 앤더슨에게 질문한 뒤 덧붙였다.
"이런 질문을 하는 이유는 간단합니다. 만약 시청이 교육청의 통제권을 다시 되찾아 온다면, 당신은 그 자리에서 물러나야 할 것이기 때문입니다."

앤더슨은 교장에게 공립학교 개혁에 대해 책임을 크게 부담 지우려는 전략으로, 아주 신속하게 움직였다. 첫 여름을 보내면서 새로운 교장들 17명을 전국 수준에서 고용했다. 그리고 3년 내에 그녀가 물려받은 70명 중 절반 이상의 교장들을 교체해버렸다. 앤더슨은 교장들이 반드시 작성해야 했던 월간 문서로 꽉 찬 바인더를 없애버렸다. 그러고는 그 문서를 작성할 시간에 교수학습에 대해 더 관심을 기울이고, 보다 높은 효과를 가져올 수 있도록 교사들을 관찰하고 지도해달라고 당부했다. 그녀는 매달 70여 명의 교장들 모두와 함께 자신의 교육개혁 전략의 다양한 측면에서 다각도로 훈련을 진행했다. 이 훈련 세션은 교장 훈련에 있어 '군사관학교(the West

Point)'라고 이름 붙였다.

교육청은 예전에는 교장의 개입을 거의 받지 않고 교사의 빈자리를 채웠다. 가끔 학교와 학생들에게 적절하지 않은 남교사나 여교사들을 배치하곤 했다. 우선 순위는 교사들의 교수 능력을 최대로 향상시키는 것이 아니라, 교사들은 모두 반드시 숙제를 부여해야 한다는 것이었다. 앤더슨은 '지금부터' 교사 결원이 발생하면, 교장은 신청자 중 가장 우수한 사람들을 선택해서 학교 팀의 교사로 맞춰달라고 주문했다. 이런 방식은 거의 모든 작업장(기업)에서 일반적으로 취하는 방식이다. 물론 뉴어크 공립학교와, 다른 많은 학교구들에서는 상당히 낯선 방식이기는 하지만 말이다.

정책이 달라지자 즉각적으로 파급 효과가 이어졌다. 바로 전년도에 학교 폐쇄가 시행되어 거의 100여 명의 교사들이 직장을 잃었다. 뉴어크에서 첫 달을 맞이하면서 앤더슨은 컨설턴트를 고용해 '인재 찾기(Talent Match)'라는 인사조직 체계를 만들고자 했다. 교장들은 교사 결원을 온라인상에 게시하고 관심있는 교사들이 신청할 수 있도록 했다. 서프와 다른 개혁가들은 이 시스템이 교육개혁에 있어 필수적이라고 보았다. 그들은 이 제도를 '상호합의(mutual consent)'라고 불렀다. 교사와 교장이 서로 선택한다는 의미를 담은 것이다. 학교구 전지역을 아우르는 학교 교장들은 자율성을 충분히 발휘하여, 자신들이 최고라고 판단하는 교사들을 빈자리에 채워 넣었다. 그런데도 여전히 80여 명의 교사들이 아무 학교에도 배치받지 못한 채 남아 있었다. 물론 그렇게 남은 교사들이 전부 형편없는 교사들은 아니었지만, 몇몇 교사들은 결원이 없는 교과를 담당하고 있었다.

이런 생각을 추진하는 데 한 가지 중요한 문제가 있었다. 이렇게 남게 된 교사들을 교육청이 달리 어떻게 처리할 수 있는 방법이 없다는 점이다. 뉴저지의 임기 관련 법은 엄격한 연공서열 보장을 포함한다. 만약 앤더슨이 이렇게 남게 된 80여 명의 교사들을 해고하지 않는다면, 능력과는 아무 상관없이 어떤 학교에서는 가장 오랫동안 임기가 남아 있는 젊은 교사들을 '쫓아내야만' 한다. 많은 교장들의 선택을 마치 없었던 일로 만드는 꼴이 되는 것이다. 앤더슨은 이를 두고 '재앙과도 같은' 결과를 가져올 것이라고 말했다. 그녀가 말했다.

"아이들은 3학년에서 단지 1년밖에 보내지 않아요."

서프의 격려로 다시금 서프와 클라인 교육감의 이전 뉴욕 각본에 따르게 된 그녀는 임시방편으로, 초과 교사들 모두에게 급여를 제공하기로 결정했다. 이 사이 부커, 서프, 크리스티는 뉴저지주의 교사 임기 및 정년법을 개정하고 있었다. 이렇게 사용된 비용이 첫해에 8백만

#9 〈슈퍼맨을 기다리며〉에 등장하는 러버룸과 교사들

불이었다. 앤더슨은 뉴어크에는 배치받지 못한 교사들이 앉아 빈둥거리면서도 급여를 수령하도록 만든 공간인 러버룸(rubber room)이 없다고 강조했다. 그러니 초과된 수의 교사들에게 학교 업무를 도와달라고 지시했다.

러버룸은 이런 저런 비행에 연루되어 공식적인 청문과정을 기다리는 교사들을 임시로 머물게 하는 장소이다. 재배치를 기다리는 교사들이 잠시 거쳐가는 곳이기도 하다. 이러한 러버룸은 소위 추방당한 교사들의 하위문화를 형성하고 있다. 러버룸이라는 이름은, 정신병원의 안전보호병실을 따라 지어진 것이다.

매주 월요일, 앤더슨은 리더십팀을 10층 회의실에 소집했다. 이 회의 자리에서 어젠다는, 제대로 작동하지 않고 있는 교육청 활동들을 어떻게 관리체계로 대체할지를 다루었다. 각자에게 요구된 성과를 얼마나 실현하고 있는지 강조하는 관리체계로 말이다. 이 회의실을 둘러싼 벽에는 전임 교육감들이 만든 오래된 포스터와 기념 명판들이 걸려 있다. 그 모든 기능 장애는

대부분 전임 교육감들 때에 시작되었다. 환하게 웃으며 눈을 크게 뜨고 있는 한 여자아이를 담은 포스터가 가장 눈에 띄었다. 포스터 속의 유난히 키가 큰 소녀는 책상에 앉아 잔뜩 기대에 부푼 얼굴로 턱을 치올리고 있었다.

"교육이 제대로 굴러간다면 그 어디에도 슬픈 얼굴이란 있을 수 없어요."

포스터에 써 있는 글이다. 그 위로 유진 켐벨(Eugene Campbell)과 찰스 벨(Charles Bell)의 서명이 선명히 보였다. 그들은 공립학교 관할권이 주정부로 넘어가기까지, 온갖 내부거래와 학교교육에 대해 무신경으로 일관했던 시기에 각각 교육감과 교육위원회 위원장을 맡은 바 있다.

어느 날 아침, 리더십팀 회의가 열렸다. 주제는 54%라는 뉴어크의 가증스러운 고교 졸업률이었다. 이와 관련해 분석을 담당한 일원이 이렇게 높은 중도탈락에 대해 나름대로 그럴듯한 설명을 내놓았다. 상당수 학생이 한두 과목이 아니라 꽤 많은 과목에서 낙제를 거듭했다. 따라서 이들이 졸업 때까지 이 과목들을 따라가려면 시간이 너무 많이 걸릴 수밖에 없었다. 이학생들은 그때까지도 별로 배운 게 없었고, 따라서 중도탈락을 선택할 수밖에 없게 된다는 것이다. 이 설명 이후, 앤더슨과 리더십팀은 '졸업추적기(Grad Tracker)'라는 이름을 붙인 전산시스템을 채택했다. 학생들이 반드시 이수해야 할 수업에서 낙제하면 교육청 리더들 및 고등학교 교장들에게 알리는 장치였다. 교장들은 해당 학생이 학점을 보충하고, 제대로 졸업하기 위한 정상과정으로 돌아오도록 하는 데 즉각적인 조치를 취할 책임이 있었다.

이러한 종류의 회의에서 오로지 단 한 사람만이 뉴어크 학교에서 교사로 또는 교장으로 일해본 경험이 있었다. 학사 업무에서 실무를 책임지고 있는 로저 레온(Roger Leon)이다. 그는 뉴어크에서 자라 사이언스 고교를 졸업했다. 거의 30여 년간 뉴어크에서 교사로 또 교육 행정가로 일해왔기 때문에, 레온은 시스템 중심으로 사고하는 신입들에게 상식적으로 이해되지 않는 정책과 관습들이 어떻게 시작되었는지, 그 지난 역사를 설명하기 위해 주기적으로 방문했다. 그는 비공식적으로 '앤더슨을 위한 인류학자'라는 직함을 갖고 있었다.

"로저, 당신은 백과사전과 같으니까, 저를 실망시키지 말아주세요."

'졸업추적기'에 대해 토론하다가 앤더슨이 레온에게 말했다.

"이전의 시스템은 어땠나요?"

작은 키에, 안경을 낀 레온은 교육가이자 정치적 생존자라는 두 가지 기술을 겸비한 덕분에 뉴어크에서 나름 존경받는 인물이었다. 앤더슨의 질문에 대해 그는 설명했다.

'학생들이 필수 이수 교과를 실패할 경우, 교육청 중 한 곳에서 지정된 사람이 해당 학교의 상담 책임자에게 알리게 된다. 그러니까 낙제한 학생이 미이수 학점들을 반드시 보충하도록 만들어야 하는 책임은 단위 학교의 상담 책임자에게 있다.'

앤더슨은 왜 그 시스템이 제대로 작동하지 않았는지 물었다.

"교육 지원청에서 일하던 그 지정된 사람은 퇴임했고, 학교의 상담 책임자라는 자리는 더는 존재하지 않으니까요."

레온의 대답이다.

"그래, 그거 참 오랫동안 유지할 수 있겠는걸?"

앤더슨은 격분해서 책상을 손으로 내려치면서 말했다. 레온의 인류학적인 교훈은 변함없이 사람들을 당황시켰지만, 앤더슨은 자신들이 내놓은 영악스러운 세부 내용을 좋아했다.

"이거야 원, 100개도 넘는 의문이 풀린 기분이네?"

나중에 가졌던 한 인터뷰에서, 레온은 이전과 같은 구식 접근은 한 가지 경우에는 가끔 큰 효과를 나타내는 듯하다고 말했다. 즉 헤매고 있는 학생들에 대해 관심을 보이는 교직원에게서 1대 1로 돌봄을 받게 되면 종종 큰 진전을 가져오는 것 같다고 말이다.

"만약 당신이 교과를 통과하지 못했다면, 당신이 학점을 때울 수 있도록 적절한 곳에 배치할 것이고, 당신에게 신경을 기울이는 누군가가 모니터링할 것이다. 이건 꽤 괜찮은 시스템이었어요. 그러나 안타깝게 누구도 이 시스템을 따르지 않았지요. 누구도 책임지려 하지 않았던 거죠."

다시 한 번 강조하지만, 누군가는 자기가 해야 할 일을 하지 않았다.

앤더슨이 뉴어크 학교구의 이런 이상한 상황들을 이해하기 위해 레온에게 인류학자 노릇을 좀 해달라고 요청했던 것처럼, 근무 경력이 오래된 많은 교육청 직원들은 앤더슨과 리더십팀을 다소 의아하게 바라보았다. 가끔 그들은 경력이 많은 교육가들에게 자신들만의 언어로 말하는 것 같았다. 예를 들어, 교육개혁가들은 '진전(progress)'이라는 이름으로 행해지는 위험천만한 결정을 두고 "비행기에 탄 채 비행기를 만드는 것"이라고 표현했다. 앤더슨, 부커, 서프는 자신들의 임무가 워낙 긴급하기 때문에 먼저 행동하고 나서 결과는 그 다음에 살펴본다는 의미로, 여러번 이 말을 인용했다. 마지막에는 달라지리라는 기대를 안고, 초과되는 교사들에게 급여를 주겠다고 결정한 교사정년보장법은 전형적인 사례라 하겠다. 너무나 어색할 만큼 젊은 교사들과 함께 있게 된 교장들은, 과거에 발생했던 혼란을 피할 수 있게 되어서 고마워했다. 이전에는 젊은 교사들이 자리가 필요한, 더 많은 수의 정년보장 교사들에게 밀려나 해고되곤 했다. 만약 입법가들이 정년보장법의 개정을 반대한다면 어떻게 될까? 그래서 앤더슨이 점점 더 많은 학교들을 문 닫게 할 때마다, 정원 초과 교사의 수를 풍선처럼 불리면 어떻게 되는 것일까? 앤더슨, 부커, 서프는 이렇게 값비싸고, 실제 그렇게 될 것만 같은 결말에 대해 아무런 준비가 되어 있지 않았다.

교장들과 함께 갖는 월간 훈련 세션 때마다 전문적인 사업 용어들을 종종 차용하면서, 앤더슨은 스스로를 아주 능숙한 관리자로 포장했다. 그리고 교장들에게는 마치 그들이 CEO인 것처럼 첫 훈련 세션에서 자신들의 학교를 경영하고 있다고 말했다. 앤더슨은 교장들에게 학생들의 학업 성취를 높일 수 있도록 목표를 서너 개 정도의 목록으로 정리한 문서를 만들어 보라고 제안하고, 또한 학교 건물 내에 있는 사람들 모두에게 아주 구체적인 책임을 부여하라고 주문했다.

"뛰어나고 우수한 성적을 거두는 코치나 CEO들은 어떻게 게임을 풀

#10 짐 콜린스가 강연하고 있는 모습

어갈지에 대해 명확한 계획을 갖고 있습니다. 공들여 만들고 초점이 뚜렷한 계획이지요. 그들은 계획을 수립하고 그에 따라 움직입니다. 마치 인생이 그것에 달려 있는 것처럼 말입니다."

이 과정의 일부로, 교장들은 앤더슨이 "비학(BHAG, Bee−hag)"이라고 지칭하는 단어를 분명히 말해야 했다. 누구도 이 단어가 익숙하지 않았다. 앤더슨은 이 말이 '크고(Big), 덥수룩하고(Hairy), 대담한(Audacious), 목표(Goal)'의 앞 글자를 딴 것이라고 했다. 분명하지만 언뜻 보기에는 불가능해 보이는 목표라고 덧붙였다. 학교에 있는 사람들 모두 하나의 목표를 가운데 두고, 전에는 생각조차 할 수 없었던 '진전'을 실현하려고 단결할 수 있을지도 모른다. 이 말은 경제경영 분야의 베스트셀러 작가인 짐 콜린스(Jim Collins)로부터 따온 것이었다. 그가 성공한 기업들에 대해 내린 수많은 분석은, 학교개혁운동 전반에 걸쳐 마치 경전처럼 간주되고 있었다.

몇몇 교육청 직원들은 교육청이 간부급 기술관료들에게 점령당한 기분이라고 말했다. 그들은 대부분 백인이고 뉴욕에서 출근하며, 사용하는 용어까지도 교육 개혁에 대한 전문용어로 가득했다. 게다가 결코 '순차적'이 아닌 '혁명적'인 변화… 또한 그들은 '눈에 띌 정도로 상황을 바꾸기', 다시 말해 주로 시험성적에 의해 측정할 수 있는 눈에 보이는 '진전'을 일의 최우선

순위로 놓았다. 이를 달성하기 위해 그들은 제대로 된 수단을 동원해야만 했다. 함께 일할 교사를 교장들이 직접 뽑도록 한 것과 같은 방법 말이다. 그들은 복잡한 사안에 대해 깊이 파고들거나 깊이 침잠하려 했다. 그들은 '전략'을 '방안(예를 들어 책무성 방안 또는 교원평가 방안 등)'과 구분했다. 연설문 일부에 '자유'라는 단어를 집어넣었고, 명사를 동사로 바꾸는가 하면(예를 들어 "그 두 가지 아이디어들을 함께 담아라(Bucket those two ideas together)"), 형용사를 명사로 바꾸어 표현했다(예를 들어, 앤더슨은 자신의 전문적인 식견을 "뒤처짐(behindedness)"이라고 불렀다. 원래 자기 학년보다 몇 년 뒤처져 있는 학생들을 의미하는 말이다). 데이터는 '튼튼해야'만 했다. 그들은 '광학(optics)(이 단어는 어떤 일이 대중에게 어떻게 보여지는가를 의미했다)'을 걱정했다. 비평가들의 사고는 일관되게 '치명적인 오류'를 갖고 있었다. 교육청은 필사적으로 팔방미인(bandwidth)들을 필요로 했다. 컨설턴트를 고용해, '튼튼하고 재능 있는 파이프라인'을 통해 정규 직원들이 고용될 때까지 생기는 빈틈을 메워주기를 바랐다. 경제경영서의 대가인 작가 콜린스의 글을 약간 바꿔 표현하자면, '당신은 "버스에서 적절한 사람을 적절한 자리에" 태워야 했다.'

앤더슨은 비즈니스 스타일의 관리와 책무성에 관한 교육개혁의 신념을 갖고 있었다. 목표는 단순히 규정을 잘 따르는 게 아니라 보다 더 높은 성과를 낼 수 있도록 관료 조직을 동원하는 것이었다. 그녀는 국제기업전략 컨설턴트사인 파르테논그룹(the Parthenon Group)을 고용했다. 그 회사 소속 컨설턴트들은 교육청의 데이터와 책무성 시스템을 업그레이드하기 위해, 뉴욕에서 클라인 교육감과 계약을 체결했었다. 이들에게는 거의 300만 불 이상을 비용으로 지불했는데, 대체로 자선기금에서 지출되었다. 파르테논그룹에게 부여된 초기의 임무는, 교장들에게 필요한 '데이터 대시보드(자료 게시판)'를 만드는 것이었다.

이 또한 클라인 교육감도 실시했던, 기업가 분야에서 끌어온 방안이다. 대기업 지도자들은 회사에 지극히 중요한 통계를 보기 위해 게시판을 활용했다. 마치 운전자가 자동차의 계기판을 수시로 훑어보듯 말이다. 그러나 끊임없이 업데이트해야 하는 기업의 책임자용 계기판과 교장들의 계기판은 달랐다. 학업성취도 결과에 있어 인종과 소득 수준에 따른 합격률, 출석률, 중도 탈락율, 또는 다른 자료들을 전시해놓은 교장들의 계기판은 기껏해야 1년에 한 번 업데이트될 뿐이었다. 새로운 시험 성적이 학교에 전달되어야만 가능한 업데이트였기 때문이다. 몇몇 교장들은 개인적인 의견이라며, 데이터를 손수 수집할 수 있었다고 말했다.

앤더슨은 자신이 세운 조직 관리의 원칙 중 하나를 위반했다. 그녀는 1년이 넘도록 상설 리더십팀을 채용하지 않았다. 그 대신 컨설턴트들에게 크게 의존했다. 그들에게 지급되는 비용은 하루 1000불 정도였다. 앤더슨은 주커버그, 애크맨, 그리고 다른 자선사업가들에게 이 비용을 치르도록 설득했다. 부커와 주커버그, 애크맨, 그리고 골드만삭스의 대변인으로 구성된 뉴어크미래재단 이사회는 이를 승인하고 4백만 불을 지급했다. 단, 재단 이사회는 앤더슨이 어떤 컨설턴트를 고용하려 하는지, 그들에게 무슨 일을 맡기고 얼마를 지급할지 구체화하는 기금 제안서를 제출하라고 강하게 요구했다. 재단은 이 돈이 홈페이지에 '기술지원' 항목에 들어 있는 것으로 보고, 그녀가 거의 마음대로 사용할 수 있도록 했다. 이 기금의 목표는 "주로 인재 및 인적자원 관리, 재정 및 운영, 그리고 혁신에 초점을 두고 뉴어크 공립학교들을 서비스 지향 기관으로 변혁하게 하려는" 것이었다.

가장 많은 수임료를 받았던 컨설턴트들 중 두 명은 앤더슨의 친구이자 예전 동료였다. 그들은 앨리슨 에이베라(Alison Avera)와 트레이시 브레슬린(Tracy Breslin)으로, 모두 클라인 교육감과 서프 휘하에서 일했던 선임 직원들이자 브로드아카데미의 동료였다. 둘 모두 원래 서프에 의해 설립된 컨설팅 회사인 글로벌교육자문가들(Global Education Advisers)에 소속되어 있었는데, 앤더슨은 이들에게 가장 중요한 전략적 직위를 부여하며 약 1년간 일해달라고 제안했다. 에이베라에게는 임시 인사책임자 자리를, 인적자원을 다루는 데 있어 가장 광범위한 경험을 지닌 브레슬린에게는 신설되는 인재팀의 임시 책임자 자리를 제안했다. 브레슬린은 앤더슨의 가장 최상에 놓여 있는 세 이니셔티브를 훑어보았다. 새로운 교사계약 협상, 교육청 관료들이 아니라 교장들이 교사를 선택할 수 있도록 하는 새로운 인사시스템 자문, 새로운 교원평가 시스템 이행. 이 구상들은 'TNTP(The New Teacher Project)'라는 비영리 컨설팅 회사에서 개발된 내용이었다.

그런데 이러한 인력 채용방식은 몇몇 차원에서 일반적이지 않았다. 에이베라와 브레슬린은 결혼한 동성 커플이었다. 그들이 만약 공무원이었다면, 친족고용 관련 규정에 따라 한 사람은 다른 사람을 감독하지 못하도록 했을 것이다. 다른 많은 교육청 직원들은 브레슬린의 등수에 있어 절망감을 안겨주는 고위험[시험] 이니셔티브와 관련된 사안에 있어 에이베라나 앤더슨으로부터 아무런 이야기도 듣지 못했다고 불평을 쏟아냈다. 물론 그들이 지급받는 급여에 대해서도 엄청난 논쟁이 있었다. 에이베라와 브레슬린은 각각 하루 1200불과 1000불을 받는 조건으로 글로벌교육자문단(Global Education Advisers)에 합류했다. 이러한 인건비 조건은 앤더슨에게 와서도 마찬가지로 계속되었다. 브레슬린의 경우 하루 8시간 이상 일한 날들을 따져 추가 비용을 청구했다. 그녀의 계약은 시간 단위가 아니라 일 단위로 지급받는 것이라고 계약서에 명시되어 있는데도 말이다. 브레슬린의 보상금에 대해 뉴어크미래재단의 직원들은, 아주 정통한 직원의 말에 따라 기어이 그녀의 추가비용 청구를 막았다. 뉴어크미래재단의 세금 기록에 따르면, 앤더슨을 위해 18개월이 채 안 되는 기간 동안 일하면서, 그 두 사람에게 지급된 비용은 74만 불이 넘었다. 뉴어크미래재단 직원은 앤더슨에게 비용을 조금 낮춰 지급할 수 있도록 해달라고 반복했다. 그렇게 긴 기간 동안 그들을 컨설턴트로 투입하는 방안은, 단기간 동안만 컨설팅을 수행하도록 하는 통상적인 관행과도 일치하지 않기 때문이라고 주장했다.

그러나 앤더슨은 상설 리더십팀이 아직 꾸려지지 않은 상황이었고, 동시에 교육청의 업무에 대해 학습하고 교육개혁을 지속적으로 추진해 나가야 하기 때문에 그들의 도움과 식견이 여전히 필요하다고 말했다.

"저는 비행기도 고쳐서, 그 비행기를 날 수 있도록 해야 했어요. 그리

#11 뉴어크미래재단 웹사이트의 모습

고 누가 그 비행기에 타야 할지도 정해야 했습니다. 그런데 무엇보다 중요
한 건 아직 그 비행기가 추락하지 않았다는 겁니다. 이 점을 분명히 해야
했습니다."

　뉴어크미래재단 이사회에 호소한 이후, 그녀는 자기 뜻을 관철했다.

　앤더슨의 연봉은 24만 7,000불이었다. 여기에 조건에 따라 5만 불까지
상여금을 더 받을 수 있었다. 만약 각 학년도가 시작하는 시점에 서프와 함
께 협상한 목표에 도달한다면, 앤더슨은 대략 30만 불 정도를 받게 되는 셈
이다. 구체적인 목표를 달성했다고 별도로 지급하는 상여금은 민간 영역에
서의 성과 기반 계약으로, 일반적인 수준이었다. 그러나 서프와 앤더슨은
그 목표들이 마무리되는 학년도 종료 시점까지 기다렸다. 시험을 치른 학생
들의 결과에 따라 대답을 꿰어 맞추는 것과 마찬가지였다. 해마다 앤더슨은
자신이 받을 수 있는 연봉의 최고치를 거의 다 받아 갔다.

　뉴어크처럼 문제 많은 학교 시스템의 키를 쥐고 있다는 건 그 나름의
이점이 있었다. 뭔가 아주 기초적인 것 하나라도 제대로만 하면 큰 인상을
남길 수 있기 때문이다. 홀러랜은 그녀의 임기초 모습을 지켜보면서 말했다.
　"가장 무서우면서도 가장 희망적인 점은 작동하는 것이라곤 거의 없

#12 새학년 새학기가 시작되는 날 등교하는 아이들의 모습　　#13 새학년이 시작되는 날 등록확인하는 모습

다는 점이었다."

　　매 학년마다 첫 주는 거의 대부분 학생들의 등록으로 다른 아무 일도 할 수 없다. 뉴어크에서 오랫동안 당연히 여겨온 것이었다. 아이들과 학부모가 입구에서부터 뱀처럼 늘어선 긴 줄은 종종 학교 밖까지 이어졌다. 결과적으로 학생 대부분은 첫 주 수업을 거의 듣지 못했다. 기껏 시작된 수업도 새로 찾아온 학생 때문에 방해받기 일쑤였다. 앤더슨이 도착하기 바로 전, 글로벌교육자문단(Global Education Advisers) 컨설팅 팀은 짧은 알람을 울리면서 어떻게 새학년도 시작을 매끄럽게 만들 수 있는지에 관한 교육청의 행동계획이 없다고 보고했다.

　　그래서 앤더슨은 이름을 걸고, 성공적인 새 학년도 시작을 위한 프로젝트를 만들었다. 앤더슨은 꽤 오랫동안 학교사업행정가로 일해 온 발레리 윌슨(Valerie Wilson)에게 책임을 맡겼다. 윌슨은 프로젝트 관리자들로 구성된 '성공적인 개학팀(the Successful School Opening Team)'을 배치했다. 그들은 여름 내내 70여 개의 모든 학교 교장들이 학급당 교사배치 및 학생당 책걸상 확보를 확인하도록 했다. 또한 화장실과 복도의 청결 상태, 학교 보안관 배치, 건물 벽면 페인트칠, 전구들의 작동 상태, 그리고 기타 누수 및 균열 상황에 있어 문제가 없도록 했다. 윌슨이 이끄는 팀은 학생 등록을 전례 없이 학년도 개시 2주 전부터 받기 시작했다. 따라서 학생들은 이제 모두 학년이 시작되는 첫날 학급을 제대로 지정받게 되었다.

수업이 시작되는 첫날, 아이들이 BRICK 아카데미로 쏟아져 들어왔다. 학교사무처장인 패트리시아 하그로브(Patricia Hargrove)는 책상에 앉아, 도저히 믿을 수 없다는 듯 감탄하면서 접수대를 바라보고 있었다. 전 같으면 아이들과 학부모들이 뒤엉킨 줄에서 그녀의 시선을 먼저 끌려는 시끄러운 소리들이 마구 들려왔을 것이기 때문이다. 그러나 이번에 그녀 앞에는 아무도 없었다. 그녀는 놀라움을 숨기지 못하며 말했다.

"이 학교에 27년 동안 있었어요. 그런데 이런 광경은 처음입니다. 한 번도 본 적이 없어요."

그날 앤더슨은 오전 내내 학교들을 방문하고 교실을 둘러보러 다녔다. 조지 워싱턴 카버 초등학교(George Washington Carver Elementary)도 다녀간 학교였다. 폭력과 주택담보 채무로 고통받으며 허우적거리는 또 다른 이웃 학교였다. 카버 초등학교의 등록 학생수는 해마다 줄어들었고, 이번 여름이 끝날 무렵 KIPP 차터스쿨과 스파크 아카데미(SPARK Academy)가 학교 건물 3층에 들어섰다. 따라서 카버 초등학교는 교실을 다시 조직해야 했고, 주변 이웃들은 엄청난 원성을 쏟아냈다. 이 학교 교장인 윈스턴 잭슨(Winston Jackon)은 화난 지역주민들을 진정시키는 데 앞장서며, 자신과 스파크 아카데미 교장은 학생들 모두에게 헌신하고 있다고 말했다. 근본적으로 그의 메시지는 다음과 같다. 상(賞)—아이들—에서 눈을 떼지 마라. 그저 그뿐이다.

앤더슨은 잭슨 교장에게 메모를 보내, 지금 수업하고 있는 교사 세 명을 둘러보게 해달라고 했다. 한 명은 가장 최근에 선발한 교사로, 다른 한 명은 오래된 교사로, 나머지 한 명은 그 외 누구라도 괜찮다고 했다. 새학년도가 시작되는 첫날, 겨우 45분 동안이었지만, 가장 최근 선발된 교사와 오래 일한 교사는 모든 학생들이 공부에 열중할 수 있도록 하고 있었다. 세 번째로 참관한 교사는 정년을 보장받은 5학년 수학 담당 교사였다. 그 교사는 절망적일 만큼 허둥지둥했고 겨우 사각형 영역의 수업에서도 더듬거리고 있었다. 그 뒤 학교의 1층 로비에서 잭슨 교장을 만나 토론하면서, 앤더슨은 지독히 모멸적인 피드백을 전했다. 세 학급 중 두세 학급의 수업에서 분명히 확인할 수 있었던 교사들의 에너지 그리고 학생들의 참여에 대해서는 언급하지도 않고 말이다. 앤더슨에 따르면, 세 명의 교사 모두 분명한 교육 목표를 설정하지 않았다. 특히 수학교사는 대수와 기하를 혼동하고 있는 듯했다.

그러고는 다시 경력이 오래된 교사의 수업으로 돌아왔다. 8학년 학생들이 단편 소설 한 편에 대해 토론을 진행하는 수업이었다. 앤더슨이 물었다. 왜 새학년도 시작 첫날부터 8학년에게 그룹을 지어 수업을 하려 하는지.

"당신은 우선 그룹을 만들었어야 해요. 여기서 서기는 누구예요? 거봐요. 첫날에는 그룹을 만들 수 없어요. 그리고 학생들이 자유롭게 말을 꺼낼 것이라고 기대할 수 없습니다."

그러나 카버 초등학교는 이웃에 있는 학교로, 8학년에 있는 거의 모든 아이들이 서로 자신의 생활과 삶에 대해 이야기하곤 했다. 학교 안팎 모두에서 말이다. 실제로 그들의 토론 수업은 아주 생동감이 넘쳤다. 잭슨 교장은 짐짓 당황해하면서도 교육감의 말을 경청했다.

"하지만 여전히, 이렇게 첫날부터 수업이 진행되는 것을 보니 참 좋네요."

앤더슨은 자신의 이니셔티브에 질서정연하게 순종하는 광경에 흐뭇해하며 선언하듯 이야기했다. 그러고는 자신의 병력들을 계속 점검하기 위해 카버 초등학교를 떠났다.

8장

공립학교, 차터스쿨

2011년 8월~2012년 6월

스파크 아카데미가 문을 열기 1주일 전이었다. 스파크 아카데미는 초등학교급의 차터스쿨로, 뉴어크에서도 가장 가난하고 가장 심각하게 폭력이 난무하는 지역에 있는 카버 초등학교와 공간을 공유했다. 스파크 아카데미의 조안나 벨처(Joanna Belcher) 교장은 '성장 사고방식(Growth Mindset)'에 관한 워크숍에서 교사들을 이끌고 있었다. '성장 사고방식'은 자신뿐만 아니라 아이들의 실패와 좌절까지도 돌아보고, 이를 배움의 기회로 삼고자 하는 방식이다. 길고 짙은 금갈색 머리를 한 30세의 백인 여성 벨처는, 도심 학교 교장다운 면면이라고는 거의 찾아보기 힘든 사람이었다. 그러나 타인을 존중하는 태도와 탁월한 능력, 사회정의를 향한 열정 때문에, 카버 초등학교와 스파크 아카데미 교사들은 그녀를 좋아했다. 벨처는 워싱턴 D.C.와 캘리포니아의 도심 공립학교에서 6년간 교사로 일했다. 그리고 차터스쿨에서 일하는 데 대해 반감이 높았다. 적어도 KIPP 지도자들이 그녀에게 (그녀 표현대로라면) '어쩌면 차터스쿨이 가장 신경쓰지 않을 아이들'이 등록하는 학교를 만들겠다고 약속하기 전까지는 말이다. 벨처는 교사들 모두가 앉아 있는 의자의 뒤편에 통계자료를 붙여놓았다.

"가난한 학생 10명 중 1명만이 대학을 졸업합니다."와 같은 내용. 적어도 교사들을 고민하게 만드는 내용이었다.

#1 카버 초등학교 건물의 모습

세션 중간에 바로 부커가 도착했다. 그는 카리 튜나(Cari Tuna)를 호위하고 있었다. 당시 더스틴 모스코비츠(Dustin Moskovitz)의 여자친구였던 그녀는 나중에 그의 부인이 된다. 모스코비츠는 하버드 대학교 재학 시 주커버그의 룸메이트이자 페이스북을 공동설립한 덕분에 억만장자가 된 인물이다. 모스코비츠와 튜나가 주커버그의 1억 불 기금의 또 다른 1억 불 매칭 기금에 도움을 주리라 기대하면서, 부커는 그녀를 뉴어크에서 가장 좋은 성적을 내고 있는 차터스쿨 두 곳을 둘러보러 데려온 것이다.

부커는 이전에 스파크 아카데미의 성공을 돕기 위해서라면 무엇이든 하겠다고 맹세했었다. 그는 교사들에게 덧붙였다. 벨처가 자신의 휴대폰 전화번호를 가지고 있고, 그녀가 언제 어디서든 어떤 문제로든 전화를 걸거나 문자를 보내기를 기대한다고 말이다.

"페이스북에서 만나자고요. 제게 트윗을 날리세요. 저는 답변을 달고, 무슨 일인지 확인할게요."

그가 약속했다.

스파크 아카데미 교사들은 거의 모두 TFA에 고용되어 교직 경력을 시작했다. 2년 뒤 교직을 그만두는 다른 많은 TFA 동료들과 달리 그들은 도심 한가운데 학교(공립학교든 차터스쿨이든)에서 계속 가르쳤다. 그러는 동안, 제대로 대우받지 못하고 있는 아이들에게 필요한 부분을 채워주는 일에 맹렬히 헌신하게 되었다. 그들은 여름에 조지워싱턴 카버 초등학교 건물 3층으로 이사 왔다. 지난 9년간 학생 등록률이 40% 감소한 학교였다. 벨처와 그녀의 팀은 학교와 지역사회를 위해 카버 초등학교 잭슨 교장이 바쳐온 헌신과 열정에 깊은 감명을 받았다. 그러나 곧 그들은 교육청이 수년간 이 학교를 쓰레기장 취급해왔다는 사실

#2 스파크 아카데미 교사가 학생과 함께 일대일 지도를 하고 있다.

을 알았다. 그 어떤 교장도 원하지 않는 떨거지 교사들의 쓰레기장으로 말이다. 그 결과, 가장 약한 교사 중 몇몇이 이 도시에서 가장 심각한 문제아들을 담당하곤 했다. 이와는 달리, 벨처는 미 전역에 걸쳐 학생들이 필요한 부분에 가장 잘 들어맞는 교사들을 채용했다.

스파크 아카데미 교사들은 그들을 돕고자 부커에게 전화를 걸었다. 그들이 언급한 한 가지 문제는 학교에서부터 길을 가로질러 불에 탔거나 버려진 주택들이 늘어서 있었다는 점이었다. 카버 초등학교와 스파크 아카데미 학생들이 매일 지나다니는 그 지역은 우범 지대였다. 범죄자들이 숨어 있고, 범죄의 불씨가 도사리고 있는 위험한 곳이었다.

"아이들이 그렇게 위험한 길을 지나다녀야 한다니, 비난받아 마땅합니다. 제게 트윗을 보내주세요. 지역사회서비스팀 책임자에게 이 일을 맡기도록 하지요."

부커가 대답했다. 그 집들은 도시로부터 그 어떤 관심도 받지 못한 채 수년간 비어 있었다. 남부 지역 학교 거의 대부분이 비슷한 환경, 비슷한 상황에 처해 있었다.

교사들은 부커에게 카버 초등학교 학생들을 지원할 수 있는 계획이 무엇이냐고 물었다. 그들은 학교 건물의 다른 층을 사용하고 있었다. 30%에

달하는 학생들이 자기 학년의 읽기 수준에 미치지 못했다.

"솔직히 이야기하지요. 저는 여러분이 최대한 빨리 원하는 방향으로 학교들을 확대해가기를 바랍니다. 그러나 그 학교들이 실패한다면, 새 술을 오래된 부대에 담는 건 좋은 방법이 아니겠지요. 그렇다면 우리들은 그 학교를 닫고 새로운 학교를 시작하도록 해야 합니다."

부커의 대답이었다.

NCLB 법에 따라 시험 성적이 최하위라는 이유로 폐쇄 위기에 놓인 뉴어크의 23개 학교에 들어 있는 카버 초등학교는 정말로 실패하고 있었다. 그런데 도대체 왜? 교육청은 그 이유와 현실을 무시하고 있었다. 경찰도 마찬가지였다. 수년간 갱들은 폭력적인 야간 입회 의식을 학교 운동장에서 치렀다. 일상적인 일이었다. 가끔 아침 일찍 학교에 도착하면, 잭슨 교장은 학교 계단에서 잔뜩 고인 핏자국을 발견하기도 했다. 그는 물론 이러한 상황을 경찰이 참석한 주민회의에서 보고했고, 경찰은 추가로 보안체계를 마련하겠다고 약속했다. 그러나 지금까지 그 어떤 대응도 없었다.

스파크 아카데미가 입주한 지 채 한 달도 되지 않아, 또 한 번 입회의식이 있었다. 학교 계단에는 피가 흩뿌려져 있었고, 보도 위에는 피 묻은 손자국이 가득했다. 보안 CCTV에는 9명의 젊은 남자가 등장하는 거친 화면이 녹화되어 있었다. 그들은 밤 9시 30분에 한 남자를 몽둥이로 두들겨 패고 있었다. 스파크 아카데미 교사 몇몇이 남아 3층에 남아 일하고 있을 때였다. 다음 날 아침, 잭슨 교장은 즉시 교육청 직원 두 명에게 이메일을 보내 앤더슨 그리고 경찰과 회의를 주선해달라고 요청했다. 누구도 답 메일을 주지 않았다. 벨처 교장이 6일 후 똑같은 직원들에게 이메일을 보냈다. 그녀는 이메일에서 '부디 다음 단계를 알려주시죠'라고 물었다. 그러나 여전히 답 메일은 없었다. 잭슨 교장은 시장에게 이메일을 쓰면 어떻겠냐고 벨처에게 제안했고 벨처 교장은 그 의견에 따랐다. 그리고 '건물에 들어올 때 K-2 학생들이 사용하는 계단' 위의 뚜렷이 새겨진 핏자국 사진을 세 장 첨부했다. 채 20분도 되지 않아 부커가 답메일을 보내왔다.

"조안나, 당신의 이메일을 읽고 나니 너무나 심란합니다. 이 이메일을 경찰 담당자에게 보냈습니다. 그가 최대한 빨리 당신에게 연락할 것입니다. 코리로부터."

다음 날 경찰서장인 사무엘 데마이오가 전화를 걸어왔다. 관할 파출소장이 그다음 날 방문했고, 이어서 갱 단체들이 찾아왔다. 경찰은 방과 후 학교 주위를 순찰하며 머물기로 했다. 담당 형사는 벨처와 잭슨에게 확언했다. 이 공간이 감시받고 있다는 사실을 알게 된 이상, 갱 멤버들은 다른 곳에서 모일 수밖에 없다고 말이다.

실패를 거듭하는 학교는 문을 닫게 하고, 차터스쿨 또는 다른 도시나 주에서 이미 성공했다는 혁신학교 모델로 교체하는 것. 부커가 제안했듯이, 교육개혁운동에서의 처방이란 이런 식이다. 그러나 차터스쿨이나 새로운 학교모델이 성공했다면, 실패하고 있다는 공립학교들도 되살아날 수 있지 않을까? 그렇게 된다면, 이미 서로를 잘 알고 신뢰하고 있는 교사와 동급생들을 떠나보내야 하는 박탈감도 어쩌면 피할 수 있지 않을까?

바로 이 점이 BRICK 아카데미의 리(Lee)와 헤이굿이 제기한 질문이다. 그들이 가진 비전은, 공립학교 교사들을 더 잘 가르치는 교사로 만드는 데 그치지 않는다. 보다 많은 교직원이 자신과 동료의 계발되지 않은 잠재력을 확인할 수 있도록, 열심히 할 수 있도록 지원하고 이끌어주는 것이다. 동료교사들과 학생들, 그리고 그들의 가족들에게 교육에의 열정을 불사르도록 돕는 자신들의 일을 시민사회운동과 마찬가지라고 여겼다. 교사들은 교육에 최선을 다하도록, 학생에 대한 기대수준을 높게 잡도록, 그래서 마침내 그들이 숙달될 수 있도록 밀어붙였다. 연방정부의 학교혁신기금(school improvement grant)까지 확보해 학교수업을 하루 90분 더 늘렸다. 물론 그들의 이러한 압박이 교직원 모두에게 환영받지는 못했다. 그해 말, 거의 열 명이 넘는 교사들이 다른 학교로 전근을 요청했다. 대다수 학교 리더들이 보기에 가장 실력이 부족하다고 여겨지던 교사들이었다.

그러나 더 걱정스러운 집단 이동이 있었다. 해마다 약 1/3에 육박하는 BRICK 아카데미 학생들이 학교를 떠났다. 부모들이 강제 퇴거집행으로 쫓겨나거나 가족간에 싸움이 크게 일어나거나, 각종 폭력에 대한 공포심 때문에 학교 인근에서 멀리 이사를 나갔기 때문이다. 뉴어크에는 스쿨버스 운행 정책이 아예 없었고, 그러니 자동차를 굴릴 수 없는 가정 형편에 놓인 BRICK 아카데미 아이들은 어쩔 수 없이 학교를 옮겨 가야 했다. 맨 처음 시작 단계에서부터 BRICK 아카데미는 가장 어린 아이들, 즉 유치원에서 2학년에 이르는 저학년 아이들의 학업 성취도를 높이는 데 더 집중했다. 성공 단계에 도달하는 아주 중요한 문턱인 '3학년 수준의 읽기 실력'으로까지 이끌고, 그 뒤부터는 다른 과목들 모두에서 더 높은 학업성적을 올릴 수 있도록 하겠다는 바람을 안고서 말이다.

"저희는 이것이 정말 현실적인 목표라고 생각합니다. 적어도 아이들이 저희와 3년을 함께 보낸다면, 그 아이들은 제 학년 수준의 읽기 능력을 마땅히 지니고 있어야 하는 거죠."

BRICK 아카데미의 교감인 크리스 페르피치(Chris Perpich)가 한 말이다. 페르피치는 훌륭한 코칭 능력 덕분에 베테랑 교사인 샤론 라파포르트(Sharon Rappaport)를 제치고 교감이 된 인물이다. 그러나 학교교사들은 BRICK 아카데미 관할구역에서 평범하게 이루어지는 인구이동과 빈곤(뉴어크에서 가장 가난한 곳이라는 점) 등을 등록률 감소에 대한 중요한 요인으로 보지 않았다. 그때는 자신들과 함께 유치원에 입학했던 아이들이 3학년이 되던 때였다. 그런데 그 아이들 중 단 30%만이 BRICK 아카데미에 남았다. 3학년 교사들은 읽기 준비가 된 아이들을 환영하기보다는, 거의 처음부터 시작하는 셈이라 해도 과언이 아니었다.

"제가 TFA를 거치면서 가졌던 교육관이라면, 훌륭한 수업과 뛰어난 리더십이 가난이라는 문제를 해결할 수 있다는 점이었습니다. 그런데 알고 보니 그 점은 새발의 피에 그치는 수준이더군요. 전체가 아니었어요. 저희와 함께 있는 가장 적극적이고 능력이 뛰어난 교사들조차 녹초가 되어가고 있어요. 아이들을 도와야 할 부분도 너무 많고, 아이들의 분노, 정신건강 상태, 잦은 결석, 그리고 빈번한 이사 등으로 말입니다."

리가 말했다.

소위 연구자들이 '불리한 아동기 경험(adverse childhood experience)' 또는 '다중 트라우마(multiple trauma)'라고 부르는 말들에 대한 영향을 실제로 목격하고 있는 것이었다. 관련 연구에 따르면, 다중 트라우마는 가장 취약한 환경에 처한 학생들의 학습과 집중력에 있어 예상보다 훨씬 더 심각한 정도로 관련된다고 보고하고 있다. 1년간 주정부 아동사회 복지사들은 프린세스 윌리엄스 유치원에 다니는 26명 중 15명의 아동들을 관찰했다. 가정폭력에 심각하게 노출되어 있거나 부모의 양육이 소홀하다고 추정되는 아이들이었다. 결과는 어떠했을까? 가정폭력, 지독한 가난, 가족 해체, 약물남용 등에서 한 가지 이상에 해당하는 트라우마를 지닌 아이들은 1학년에서 실패하는 비중이 다른 아이들에 비해 2배 이상으로 높았다. 안타깝게도 이러한 트라우마는 뉴어크의 사우스 워드에서 피해 가기란 불가능에 가까웠다. 2010년에서 2013년 사이, 이 지역의 폭력범죄 비율은 70%나 더 올랐다.

뉴어크에서 10년 이상 교직생활을 해온 BRICK 아카데미의 교장인 헤이굿이 말했다.

"우리 아이들의 신경계는 태어나면서부터 트라우마 모드로 진입하도록 만들어져 있는 것과 다름 없어요. 저희도 처음부터 이러한 상황을 이해했다고는 할 수 없습니다. 저희는 마치, '열심히만 한다면 얼마든지 고쳐나갈 수 있다'고 생각했을 뿐이었죠."

여전히 새로운 리더들은 학교를 혁신하고 있었다. 비록 그들이 바랐던 만큼의 속도에는 미치지 못했지만 말이다. BRICK 아카데미에서의 첫 3년 동안, 주정부가 시행하는 전학년 대상의 학력평가, 특히 수학 성적에서는 교육청 소속 학교 중 상승폭이 3번째로 컸다. 그런데도 60%의 학생들은 여전히 자기 학년 수준에 미치지 못했다. 읽기와 쓰기 등 문해력에서는 거의

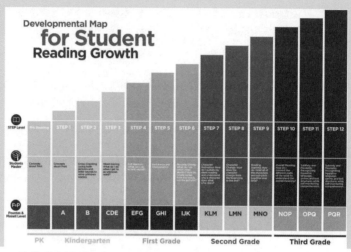

#3 문해능력평가를 단계별로 제시한 STEP 포스터

75%가 자기 학년 수준보다 낮았다. 뉴저지주에서는 3학년 전까지는 표준화 시험이 없다. 따라서 3학년 이전의 저학년들의 학습능력을 측정할 때는 STEP에 의존했다. STEP은 연구 기반 문해능력 평가로, 차터스쿨 지도자들의 조언에 따라 BRICK 아카데미가 채택했다.

'브릭(BRICK)'으로 학교 명칭을 바꾸었을 때 치른 STEP 결과에 따르면, 1학년 55명 중 단 7명만이 3학년까지 읽기 실력에서 문제가 없었다. 2년 뒤, 72명 중 34명이 제 학년에 맞는 읽기 실력을 갖추었는데, 해당 학생의 13%에서 47%로 증가한 것이었다. 상당히 극적이고 또 긍정적인 변화였지만, 현실은 조금 달랐다. 학급의 절반 이상이 여전히 제 수준에 이르지 못하고 있었으니 말이다. 윌리엄스 교사가 낸 결과는 위에서 제시한 학교 전체 평균보다 훨씬 더 고무적이다. 예를 들어, 윌리엄스의 담당 학급에서는 2011년 등록 학생 23명 중 오로지 1명을 제외한 전원이 시험에 통과하지 못했다. 유치원생을 대상으로 한, STEP 준비 정도를 평가하는 시험에서 말이다. 그 학생들은 자기 이름의 철자를 말하지 못했고, 숫자를 20까지 세지 못했으며, 글자와 단어를 구분하지 못했다. 심지어 한 페이지에 쓰인 글을 왼쪽에서 오른쪽으로 읽어야 한다는 기본조차 몰랐다. 그해 말, 이 중 11명이 1학년을 대상으로 만들어진 STEP의 엄격한 국가표준을 충족하는 실력을 보였고, 다른 7명은 1문제가 부족한 수준이었다. 이렇게 해서 18명의 학생들이 다음 학년으로 진급하기 위한 교육청 표준을 충족한 것이다. 그런데 2014년 가을 학년이 시작되는 시기에, BRICK 아카데미의 3학년에 남아 있는 아이들은 그중 단 5명뿐이었다.

학교 교실에 있는 아이들뿐만 아니라 학교 바깥에 있는 아이들을 지원하기 위해서라도 좀 더 많은 재원이 필요하다는 것. BRICK 아카데미의 교사와 리더들이 한목소리로 내린 결론이다. 그런데 도대체 수억 달러대의 예산을 편성하는 교육청에서, 재정상의 문제가 있다는 게 말이 되는가?

뉴어크 학교들의 거듭된 실패를 공공연히 비난하면서, 크리스티는 어마어마한 돈을 주기적으로 이 학교들을 위해 지출해왔다고 강조했다. 그중 3/4은 주 납세자들이 낸 세금이었다. 주지사가 내놓은 표에 따르면, 학생 1인당 지출 교육비는 2만 4000불이었다. 실제로는 2만 불에 더 가까웠는데, 그렇다 해도 미 전역의 수준과 비교해보면 상당한 액수였다. 캘리포니아는 2011년 기준 학생 1인당 9139불이었고, 텍사스는 8671불이었다. 미국 50개 주의 절반이 1만 불도 채 되지 않았다. 뉴어크의 보조금은 획기적이라 할 만한 Abbot vs. Burke 사건의 판결*(최저소득 교육청에 별도의 재정을 지원하라는 판결)에 따라, 1980년대와 1990년대 확정된 대법원 판례에 따른 후속조치가 빚어낸 결과였다.

크리스티는 임기를 시작한 이래, 주정부의 재정위기를 거론하며 공식

---

* 이 사건은 1981년 소송이 접수된 것으로, 다양한 사회경제적 배경의 학교들에 차별적인 재정지원을 통해 공정한 교육결과를 만들려는 노력의 일환이었다. 뉴저지주의 Abott v. Burke 소송은 도심학교와 교회학교간에 동등한 재정지원이 이루어지도록 했다. 이 판결은 그 중요성이 강조되어야 하는데, 특별히 교육청이 부유한 계층출신의 학생들과 가난한 가정배경을 가진 학생들 사이의 성적 격차를 줄이는 것을 책무로 여겨야 한다는 것을 보여주고 있기 때문이다.

#4 애봇 대 버크 판례에 따른 학교재정지원 청문회 (2011)　#5 애봇 대 버크 판결에 참여한 주대법관들

에 따른 교부금 총액을 지원한 적이 한 번도 없었다. 그런데도 교부되는 재정은 학생 1인당 2만 불 정도였다. 그러나 이 금액의 채 반도 되지 않는 돈만이 교육청 소속 학교들에 배정되었다. 따라서 실제로 아이들의 교육을 담당하고 있는 교사, 사회복지사, 상담가, 수업보조원, 행정서기, 그리고 행정직원의 월급으로 사용되었다. 나머지 반은 기술적으로, 보조적으로 학생을 지원하는 교육청 관료의 월급이나 행정비용으로 사라졌다. 그런데 그 비용이 엄청 비쌌다. 예를 들어, 교육청 추산에 따르면 BRICK 아카데미의 관리업무에 학생 1인당 연간 1200불이 소요되었다. 그런데 BRICK 아카데미의 설립자인 리가 조사한 바에 따르면, 민간시장의 비용은 기껏해야 학생 1인당 400불 정도에 그쳤다. 리는, 이 두 금액이 차이나는 만큼, 적어도 10명의 교사와 상담가를 고용해 봉급을 줄 수 있다고 말했다. 교육청은 또한 장애아 학습을 진단하는 전문가, 새롭게 요구되는 주차원의 핵심교육기준을 교사들에게 안내하는 수학 및 국어 전문가들의 비용을 부담했다.

그러나 교육청의 돈은 무수한 방향으로 흘러 나갔다. 남북전쟁 시기까지 거슬러 올라가는 학교 건물들이 많은 탓에, 벽돌조각이 떨어지는 외관과 구멍난 지붕 등 그 황폐해진 건물들을 떠맡아 건물 구조에 비상조치를 하기 위해 교육청은 연간 1000만~1500만 불을 지불했다. 이 돈은 학생들의 교육을 지원해야 하는 용도였다. 교육청은 형편없이 낡고 오래된 도심 빌딩에, 교육청 사무실 월세로 연간 400만 불을 사용하고 있었다. 그 건물은 주선거나 지방 선거 등 정치 캠페인에 늘 큰 돈을 기부하고 있는 거대 부동산 기업 하르츠 마운틴사 소유였다. 교육청은 대여기간이 아직 남은 상태에서 좀 더 저렴한 빌딩으로 옮겨가려 노력했지만, 성공하지 못했다. 그때 하르츠 마운틴사와 라이벌 관계인 부동산 주인이 정치적인 속임수라고 주장하며 소송을 제기했다. 물론 하르츠 마운틴사는 단호히 부인했다. 2012년 교육청의 시설 책임자는 희한하게도 고등학교 풋볼 경기장 조명이 밤새 불타버렸다는 사실을 발견했는데, 그 수리 비용으로만 30만 불이 소요되었다.

뉴어크 공립학교 예산의 80% 이상이 임금과 직원 복지비로 지출되었다. 사실상 일반 교육청에는 전형적인 예산구조라고 할 수 있다. 그러나 여전히 쓸데없이 자리들이 많았다. 지난 수년간 만들어져 주공무원 규정과 정년보장법에 의해 보호받고 있는 자리들이었다. 대개 급여액이 최저 수준이었고, 뉴어크에서 다른 유사한 기회를 가질 수 없는 저숙련 노동자들에게 임금과 복지 혜택을 부여하고 있었다. 민간 영역과는 달리, 서기 한 명이 다수의 매니저들을 모시고 있다. 그러나, 뉴어크 공립학교들에는 다수의 서기들이 단 한 명의 매니저 밑에 배치되어 있었다.

이러한 모든 상황들은 교육청의 역사를 생생히 보여주고 있다. 정치적 후원관계를 유지하게 하는 기관이자 곧 교육기관으로서의 두 가지 기능을 동시에 갖고 있는 특징. 즉 교육청은 교육청 내 사무실에서 일어나는 정치적 체계에 의해 통제되어왔다. 그 체제의 주체가 아일랜드계이건, 이탈리아계이건, 흑인이건 상관없이 말이다. 지방교육청을 관할한 이후 15년이 지나, 주정부는 필사적으로 재정을 필요로 하는 취약계층 아이들에게 과연 재정이 제대로 쓰이고 있는지 확인하는 데 어떤 노력도 하지 않고 있었다.

앤더슨이 서기들, 보안관들, 수위들, 출석 상담가들을 포함해 수백 명에 달하는 교육청 직원들을 해고했지만, 실제로 단위 학교들에 대한 재정이 증액되지는 않았다. 대체적으로 교육청의 전체 재정이 줄어들었기 때문이다. 학생들이 공립학교를 떠나 차터스쿨로 옮겨간 탓이었다. 그런데 남아도는 교사들이 늘어나는 바람에, 그들을 위해 앤더슨 임기 첫 3년 동안 6000만 불 이상을 사용했다. 따라서 전혀 교실 수업을 맡지 않는 교사들에게 봉급을 주기 위해, 일반 학교의 예산을 감축하지 않을 수 없었던 것이다. 아이러니하게도 이 모든 어처구니없는 일들이 '학교개혁'이라는 이름으로 벌어졌다.

주정부법에 따라, 차터스쿨은 공립학교 학생들에게 지급되는 1인당 공교육비 할당액의 90%만을 받았다. 지역 교육청이 차터스쿨과 관련된 행정 비용을 일부 부담하고 있다는 전제에 따른 것이었다. 그러나 고통받고 있는 도시에서 마지막 희망같은 곳에 고용되어 지난 수 십년 동안 일해 온 그들에 대한 유증 비용이라곤 단 한 푼도 없었다. 비록 공립학교에 비해 적은 예산으로 시작했지만, 제대로 잘 운영되고 있는 차터스쿨 네트워크는 일반 공립학교보다 더 많은 돈을 소속 차터스쿨에 할당했다. 이러한 사실은 주정부가 전통적인 공립학교보다 차터스쿨을 선호한다는 시각을 더욱 부채질했다.

부커가 자선사업가 카리 튜나(Cari Tuna)와 함께 방문했던 KIPP 차터스쿨 스파크 아카데미는, 완전히 다른 사례를 보여준다. 교육청의 돈과 직원이 학생들에게 무엇을 해야 하는지에 대해서. 뉴어크의 KIPP 차터스쿨이 공개한 재정보고서에 따르면, KIPP본부는 스파크 아카데미에 학생 1인당 1만 2664불을 보냈다. 같은 시기 교육청은 뉴어크 공립학교인 BRICK 아카데미에 학생 1인당 7597불을 보냈다. KIPP 차터스쿨들은 새로 문을 여는 학교들의 초기 비용을 대고자 큰 액수의 자선기금을 모금했다. 그러나 학교의 등록률이 100%에 이르면, 스파크 아카데미와 다른 차터스쿨들은 별도의 모금 없이 오로지 공적 자금으로만 운영되었다.

단위학교당 더 많은 예산을 투입하는 데 더해, 스파크 아카데미의 벨처 교장은 학교 학생들의 특수한 필요를 충족시키고자 더 융통성 있게 예산을 활용해왔다. 뉴어크와 미 전역의 주요 도시에 있는 다른 차터스쿨들과 마찬가지로, 스파크 아카데미는 교원노조로부터 자유롭다. 그들이 이

#6 스파크 아카데미 학교설립 행사에 참여하고 있는 크리스티, 부커, 앤더슨

끄는 리더십팀은 교사들의 일정과 책임을 조정하는 데 있어 나름 자율성을 갖고 있다.

"우리는 학교와 학교 예산을 디자인하는 데 있어 학생들에게 어떤 경험이 필요할지, 무엇이 필요할지에 기반하고 있습니다."

벨처의 이야기이다.

어려움을 겪고 있는 학생들을 지원하기 위해, 벨처는 유치원의 각 학급에 두 명씩 자격 있는 교사들을 배치했다. 마찬가지로 1학년에서 3학년에 이르는 학급에도 모두 수학과 영어를 담당하는 교사를 배치했다. 학습 진도가 뒤떨어진 학생들은 한 선생님으로부터 소규모 그룹지도를 받았다. 그 사이 다른 선생님은 별다른 문제가 없는 동급생들을 위해 정규수업을 진행했다. 그런데도 따라가지 못하는 아이들을 위해, 각 학년마다 풀타임 학습 전문가를 1명씩 두어 개별지도와 다른 활동을 제공했다. 이와는 반대로, BRICK 아카데미와 다른 공립학교들은 학급당 한 명의 교사만을 두고 있었다. 유치원에는 교실수업 보조원이 있었다. 그들에게는 굳이 대학졸업을 요건으로 내세우지 않았다. 공립학교에도 대부분 학습전문가가 있기는 했지만, 전체 학년을 아울러 한두 명 정도뿐이었다. 그렇다고 해서 공립학교 학급 규모가 어쩔 수 없이 더 작아진 것은 아니다. 윌리엄스가 담당한 유치원 학급에 23명의 아이들이 있었다. 이와 비교해 보면 스파크 아카데 미에는 단 6명뿐이었다. 만약 112호 교실에 한 명이 아닌 두 명의 윌리엄스 가 있다면, 유치원 아이들이 무엇을 배울 수 있을지 생각해보라. 마음 한구 석이 찡해질 수밖에 없다.

차터스쿨들 모두 교직원 및 재정운영에서 어느 정도 융통성을 지니고 있지만, 성과와 학생수 충원 면에서는 차이가 크게 나타났다. 노스 스타 아 카데미는 뉴어크에서 가장 평가성적이 높았다. 그 뒤를 이어 다른 많은 차 터스쿨들이 차지하고 있다. 교육청 컨설턴트들이 작성한 2012년 분석 보 고서에 따르면, TEAM's 학교들은 6위에 올라 있다. 같은 해 스탠퍼드 대학 교 연구팀에 따르면, 뉴어크 차터스쿨의 학생들은 제 학년 수준에 비해 읽 기에서 7.5개월, 수학에서는 9개월 정도 앞서 나가고 있었다. 그러나 뉴어 크의 몇몇 차터스쿨들은 아주 처참할 정도로 실패했다. 주정부는 그중 한 학교를 재정상의 부정행위를 근거로 폐쇄 조치했고, 다른 하나는 형편없는 교수학습 활동과 학생들이 위험하다고 여겨질 정도로 수업관리가 부실해 폐쇄 명령을 내렸다. 뉴저지주의 다른 도시에서도 유사한 상황들이 벌어졌 다. 스탠퍼드 대학교의 연구에 따르면, 차터스쿨의 학생들은 읽기에 있어 '유의미하게 덜' 배우고 있었으며, 수학교과에서는 다른 공립학교와 별반 다 르지 않았다.

차터스쿨이든 공립학교든, 뉴어크의 학교들은 모두 저소득 계층의 아 이들을 가르치고 있었다. 몇몇 학교에는 다른 학교에 비해 훨씬 많기도 했 다. 높은 학업성취를 보이고 있는 차터스쿨 네트워크 중에서도, 가난하고, 행동장애나 정서학습 장애아가 차지하는 비중이 가장 큰 곳은 KIPP이었다. 물론 그렇다 해도 일반 공립학교보다는 높지 않았다. 73%의 KIPP 등록 학 생들이 무상으로 급식을 제공받았다. 무상급식 대상자는 4인 기준, 가족의 연소득이 3만 불을 넘지 않는다는 사실을 의미했다. BRICK 아카데미에는 83%의 학생들이 무상급식 대상자로, 교육청 전체 학교들의 평균인 79%와 충분히 비교해볼 수 있을 것이다. 가장 학업성적이 높은 노스 스타 아카데미에는 68%만이 무상급식 대상자로 분류되어 있었다. KIPP 네트워크는 차터스쿨 선발에 영향을 미치는 여러 요인들을 제거하는 데 시간과 돈을 많이 썼다. KIPP는 뉴어크에서 유일하게 스쿨버스를 운영하고 있었다. 덕분에 집에 차가 없거나, 대중교통으로도 학교에 갈 형편이 못 되는 가정의 아이들도 접근성이 높아졌고, 그들 또한 지원할 수 있는 길을 더 넓게 열어주었다.

#7 벨처 교장이 아이들과 포즈를 취하고 있다.

벨처는 훌륭한 교수법과 리더십이 정말 중요하다고 보았다. 그러나 뉴어크처럼 문제가 많은 도시에서 양질의 교육을 이뤄내려면 그 요소만으로는 턱없이 부족했다. 교육이 정말 중요한 문제라고 늘 조언해줄 수 있는 어른. 아이들을 키우는 모든 가정에 그런 어른이 존재하지는 않는다는 사실을 벨처는 잘 알고 있었다. 벨처는 개별 교사들이 그런 구조적인 문제들을 알아서 극복하게끔 방치하기보다는, 문제 해결을 공식적으로 학교의 책임으로 두도록 했다. 즉, 학생-가족사무장을 새로 만들었는데, 다른 공립학교에는 없는 직책이었다. 벨처 교장은 다이앤 아담스 (Diane Adams) 교사를 죽 관찰한 후 이러한 생각을 품게 되었다고 했다. 아담스는 키가 크고 깡마른 유치원 교사로, 완벽한 댄서의 자세로 걸어다니는 사람이었다. 걸을 때마다 꼬불꼬불한 포니테일 머리채가 이리저리 흔들렸다. 아담스의 수업은 실은 학생들에게 무척 많은 노력을 요구했지만, 재미있고 영감 넘치는 수업 스타일 덕분에 그런 면이 자연스럽게 가려졌다. 아담스는 가장 공부를 싫어하는 아이들조차 적극적으로 참여하게 만들었다. 한번은 벨처 교장이 물었다. 도대체 어떻게 그렇게 할 수 있는 거냐고. 그러자 아담스는 각 학생마다 서로 다른 전략을 갖고 접근한다고 대답했다. 그 전략이란 학생들이 학교에 애정을 갖도록 이끄는 아이디어를 모은 것이었다. 개별

#8 아담스가 아이들과 함께 수업을 진행하고 있다.

지도를 하거나, 그저 대화를 하려고 아침 일찍 학교에 오거나 저녁 늦게까지 남아 있기도 했다. 그렇게 그녀는 개별 학생들에게 맞춤식 경험을 제공해, 각자의 인생에서 획기적인 전환점들을 만들어주고 있었다. 무엇보다, 아이들의 삶에 있어 주변 어른들이 아이들이 공부에 의욕을 가질 수 있도록 돕는 데 적극 참여하라고 설득했다. 그녀는 그 방면에 타고난 재능을 지닌 사람이었다. 그해 말, 벨처 교장은 아담스에게 교실 수업 대신 다른 교육 방법을 개발해보라고 제안했다. 학습 장애를 제거한다는 명목으로 고생하는 학생들을 개별적으로 돕는 프로그램이었다. 아담스는 교사, 학부모, 학교의 사회복지사, 그리고 학생 지원을 위한 디자이너, 코디네이터, 배차원으로 일하고 있는 학외의 다양한 서비스 제공자들과 함께 작업을 시작했다. 그리고 이 모든 사람들이 참여할 수 있도록 아주 구체적인 지시사항들을 마련했다. 벨처는 그런 아담스를 두고, '시스템의 여왕'이라고 불렀다.

마을이 아니라면 팀을 구성하기도 했다. 벨처 교장은 스스로 열성적인 보조원이 되었다. 2011년 어느 늦은 오전, 3명의 자녀를 스파크 아카데미에 보내고 있는 한 엄마가 아이들이 학교에 와 있는 동안, 남자친구에게 죽도록 맞았다. 그 엄마는 학교 교무실에 멍들고 잔뜩 부은 얼굴로 나타났다. 가슴에는 태어난 지 얼마 되지 않은 아이를 껴안은 채였다. 필사적으로 도움을 요청하는 태도였다. 벨처 교장은 그녀와 아기를 데리고 병원으로 함께 갔고, 경찰에게 신고하라고 설득했다. 그러고는 법원에 함께 가서, 변호사가 배정되기까지 몇 시간 동안이나 함께 기다렸다.

"제 경력에서 처음 있는 일이에요. 교장이 법원에 피해자와 함께 오다니!"

#9 스파크 아카데미 배너 두종류

사건을 변론했던 가정폭력 전문 법조인 수잔느 그로이서(Suzanne Groisser)가 말했다.

스파크 아카데미에 돌아와 '시스템의 여왕'이 이 사건을 담당하게 되었을 때, 더 희한한 일이 생겼다. 아담스는 7명의 교직원들이 참여하는 카풀 일정표를 만들었다. 이 7명의 교직원들이 '중립지대(가족들이 주소를 밝힐 수 없는 쉼터로 옮겨 간 경우)'에 사는 아이들을 매일 아침 각 3명씩 데려오고, 다시 데려다주는 방식이다. 이 프로젝트를 이끌고 있는, 전직 브롱스 교사이자 사회복지사인 사라 듀이(Sarah Dewey)는 해당되는 아이들과 함께 상담 세션을 꾸렸다. 교사들에게는 트라우마 경험에 대해 아이들과 어떻게 대화해야 하는지, 어떻게 해야 아이들이 안전하다고 느끼도록 도울 수 있는지, 어떻게 하면 계속해서 공부할 수 있도록 도울 수 있는지에 대해 지도했다. 2주가 채 지나지 않아, 한 학부모가 전화를 걸어 아주 특별한 요청을 했다. 스파크 아카데미 배너 세트를 갖고 싶다는 것이었다. 쉼터의 방에 걸어놓으면, 아이들이 집에 있는 것처럼 편안하게 느낄 수 있을 것 같다고. 그 배너에 쓰인 글자는 각각 학교의 가치인 '지식탐구(Seek Knowledge)', '정의실현(Pursue Justice)', '팀활동(Act as a Team)', '탁월함 추구(Reach for Excellence)', 그리고 '계속 정진함(Keep Going on)'을 의미한다. 쉼터에서 보냈던 수 개월 동안, 아이들 중 누구 한 사람도 학교 수업을 빼먹지 않았다. 그러고는 모두 각 학년 수준보다 높은 성적으로 그해를 마무리했다.

아담스는 심각한 행동장애를 지닌 아이들을 더 자주 맡아 지도하게 되었다. 재앙 같은 가정에서 사는 남자아이가 있었다. 그 아이의 계부가 막 감옥에서 출소해 나름대로 도움을 줄 만한 협력자가 될 수 있다는 사실을 알게 된 아담스와 듀이는, 아들의 삶에 도움이 되는 역할을 부탁했다. 또 다른 남자아이는 분노가 폭발하면 아무런 예고 없이 교사들에게 주먹을 날렸다. 듀이는 일하는 공간 한구석에 책상과 의자를 두어 또 다른 '사무실'을 만들었다. 그러고 나서 듀이와 아담스는 그 아이의 공부를 감독했다. 그사이 그의 어머니는 심리치료를 받으려고 아주 기나긴 행정절차를 밟고 있었다. BRICK 아카데미의 윌리엄스가 맡은 학생 중에서도 유사한 폭력 성향을 지닌 아이가 있었다. 몹시 화가 나면, 그 아이는 급우들을 위협하며 의자까지 집어던지곤 했다. 그러나 윌리엄스가 요청한 지원을 받기까지는 교육청 행정 절차 때문에 거의 8개월이나 걸렸다.

스파크 아카데미에서는, 모범생이었던 남매가 언제부터인지 갑자기 매일 불끈 화를 내며 교실 수업을 방해했다. 아담스는 이 두 남매가 어떤 특정 상황에서 일관되게 자제력을 잃는다고 판단했다. 따라서 교사 한 명을 배치해서, 화가 가라앉을 때까지 잠깐씩 혼자만의 시간을 갖도록 했다. 그 교사는 남매가 분노를 이기지 못할 때마다, 각자 교실에서 나오도록 해서 일대일로 10분씩 돌보았다. 그 결과 남은 시간은 별다른 일 없이 조용히 지나갔다. 이렇게 해서 한 교실에서 수업받는 다른 아이들의 학습 분위기를 보호할 수 있었다.

많은 공립학교 교사들이 자원해서 문제 학생들을 돕기 위해 꽤 긴 시간을 들였는데도, 이런 종류의 행정절차상 융통성이라곤 공립학교에서는 가능하지 않았다. 교원노조 계약에 따르면 교사들에게 교실 수업 이외의 임무, 예를 들어 카풀이나, 차분해질 필요가 있는 학생들을 가라앉히는 데 시간을 보내게 할 수 없기 때문이다. 스파크 아카데미에서는, 학생들이 원하면 교사를 언제든 만날 수 있고, 그들에 대해 책임지는 것이 각 교사들의 직무 중 일부였다. 벨처 교장은 교사 대 학생 비율보다는 학생수 대비 성인 직원의 비율인 61:520을 자주 인용되는 통계로 제시했다.

"이 학교 건물의 모든 성인들은, 그러니까 급식보조, 수위, 교사까지 한 사람 한 사람 모두가 아동들 모두에게 완전히 책임을 져야 합니다."

#10 차터스쿨(KIPP) 학생선발을 위한 추첨 행사

벨처가 교직원 모두에게 보낸 이메일의 내용이다.

520명의 전교생들을 위해 스파크 아카데미는 3명의 사회복지사를 고용하고 있었다. 2명은 상근직이고 1명은 하루 중 절반만 일한다. 더 큰 규모의 공립학교와 현저한 대조를 보이는 부분이다. 공립학교에서는 1명, 기껏해야 2명의 사회복지사를 고용하고 있었다. 모두 합해 일주일에 70명을 대상으로 한 그룹 치료세션과 15명을 위한 개별 치료를 운영하고 있다. 듀이는 누군가에게 죽임을 당한 부모 또는 가까운 친척이 있는 다섯 아이들을 위해 '추모 그룹(a grief group)'을 1년간 운영했다. 동시에 듀이는 한 아이에게는 매일, 또 다른 아이에게는 일주일에 세 번씩 연극치료를 실시했다. 공립학교 사회복지사들은 보통 너무 바빠서 치료를 할 겨를이 없었다.

뉴어크의 KIPP 차터스쿨들은 제비뽑기에서 추첨된 이후 등록기일을 놓친 학부모들을 구제하는 정책을 신중히 채택했다. 등록기한까지 차터스쿨에서 취하는 연락에 학부모들이 응하지 않으면, 자녀에게 배정되었던 자리는 대기자 명단의 다음 아이들에게로 넘겨졌다. 그러나 벨처 교장은 너무나 도움이 필요한 부모들 또한 등록기한을 넘길 수 있을 것이라고 확신했다. 그녀는 교직원 한 명을 보내 그들을 추적해보도록 했다. 그사이 아이들에게 배정되었던 자리는 학교 개시일까지 붙잡고 있었다. 비록 교사들을 불안정하게 만들 수도 있는 조치였지만 말이다. 벨처 교장의 예감은 맞았다. 다비어 스넬(Da'Veer Snell)이라는 유치원생처럼, 분명히 해당자가 있었다.

새 학년 시작이 한 달도 채 남지 않았을 때, 직원 한 명이 다비어의 엄마인 다이니카 맥퍼슨(Dyneeka McPherson)에게 계속해서 연락했다. 연락이 닿지 않자, 결국 벨처 교장은 가정방문을 계획했다. 이러한 과정은 스파크 아카데미 학사 일정에서 표준적인 활동의 하나로, 학교가 시작되기 전 가족과 학생들의 필요를 미리 파악하기 위한 조치였다. 간신히 연락이 된 맥퍼슨은 벨처 교장에게 자기 할머니의 아파트에서 보자고 했다. 다이니카는 22살이었고, 5살인 다비어는 그녀의 네 아이들 중 첫째였다. 청반바지와 흰색 윗옷을 입은 젊고 가녀린 그녀는, 아들 이름으로 두 차터스쿨 즉 스파크와 노스 스타의 추첨에 참여했다. 운좋게도 두 학교 모두 당첨이 되었다. 그러나 그녀는 그 두 학교 모두 등록기일을 놓치고 말았다. 최근에 그녀는 노스 스타에 전화를 걸었는데, 다비어의 자리가 이미 다른 아이에게 넘어갔다는 사실을 알게 되었다. 벨처 교장이 맥퍼슨에게, 그의 아들을 위한 자리가 스파크 아카데미에 아직 남아 있다고 전했다. 그러자 맥퍼슨은 지그시 눈을 감았다. 마치 기도가 응답받았다는 듯이 말이다. 매력적인 그녀의 목소리가 들려왔다.

"제 아들은 부디 저보다 낫기를 바라요."

그녀 옆에 깡마르고 조용한 다비어가 앉아 있었다. 다비어는 그림에 색칠하는 데 집중하고 있었는데, 크고 검은 눈 때문에 유난히 더 진지해 보였다. 다비어는 2년 동안 유치원에 무상으로 다녔다. 뉴저지에서 가장 가난한 아이들의 학습을 준비할 수 있도록 했던 Abott vs. Burke 판결의 일부로 시행되는 프로그램이 지원한 덕분이다. 그러나 학교의 질은 너무 다양했다. 벨처 교장이 다비어에게 영어 알파벳 글자들을 순서를 섞어 보여주었을 때, 다비어는 단지 5개만 제대로 알아맞혔다. BRICK 아카데미에 다니는 윌리엄스 교실의 아이들처럼, 다비어도 같은 유치원 나이대의 아이들에게 요구되는 읽기와 쓰기 능력 면에서 STEP의 전국표준에 훨씬 뒤처져 있었다.

"우리는 네가 대학에 가도록 할 수 있는 모든 일을 해서 도울 거야. 약속할게."

벨처가 다비어에게 말했다. 맥퍼슨은 놀랍다는 표정으로 그들을 바라보았다.

맥퍼슨과 다비어의 아버지 케빈 스넬(Kevin Snell)은 태어나면서부터 오랫동안 불우한 환경에 처해 있었다. 두 사람 모두 마약 중독에 시달렸고, 부모가 아니라 조부모 손에서 자랐다. 맥퍼슨에 따르면, 둘은 12살에 서로 사랑에 빠졌고 두 사람의 부모들보다는 더 낫게 살아야 한다고 맹세했다.

"저희는 결심했어요. 우리가 자란 방식대로 우리 아이들을 키울 수는 없다고요."

그녀가 말했다. 그녀는 학교에서 열심히 공부했고, 조금만 더 지원을 받는다면 성공한 인생일 거라고 믿었다. 그러나 그녀와 케빈 스넬은 2007년 센트럴 고교를 졸업할 때까지 아이들을 두 명이나 낳았다. 그 뒤 둘을 더 낳았다. 다비어는 15살 이후 줄곧 뉴저지의 북서쪽에 위치한 농장에서 일했고, 일주일에 4일은 그곳에서 지냈다.

맥퍼슨은 다비어가 스쿨버스 없이는 스파크 아카데미에 다닐 수 없다고 말했다. 그러나 맥퍼슨은 스쿨버스가 도착하는 제시간에 아이를 데려다주고 또 데려오는 데 문제가 많았다. 주로 가정 문제 때문이었다. 연방정부가 건물의 안전상의 위험 때문에 건물주와의 계약을 파기하자, 다비어의 가족은 높게 치솟은 아파트 건물에서 쫓겨났다. 이후 맥퍼슨에게 발작질환이 나타났고, 늘 많은 약더미와 함께 집에 머물러 있었다. 따라서 스쿨버스를 타는 곳까지 걸어서 다비어를 데려다주지 못했던 것이다. 아담스는 스파크 아카데미의 인사팀 매니저, 벨처 교장, 그리고 다른 학교행정팀장을 끌어들여 카풀을 주선했다. 그런데 어느 순간, 다비어가 일주일 동안 결석했고, 그의 엄마에게 전화도 해보고 문자도 남겨보았지만 답변이 없었던 것이다. 나중에 맥퍼슨이 설명한 바에 의하면, 돈을 아껴야 해서 휴대전화 서비스를 해지했다고 했다. 온가족이 한 번 더 다른 곳으로 이사를 가야 했기 때문이다. 이번에는 사우스 워드 지역의, 범죄가 자주 발생하는 곳에 있는 아파트를 맥퍼슨의 누이와 오랜 친구와 함께 써야 했다. 그들에게도 아이가 둘이나 있었다.

잦아지는 결석은 가족이 교육에 그다지 신경을 쓰고 있지 않다는 주요 지표가 되곤 한다. 그러나 스파크 아카데미의 교사들은 적잖게 놀라워했다. 다비어가 학교에 올 때마다 꼭 숙제를 해왔기 때문이다.

"처한 환경이 무척 어려웠지만, 다비어의 엄마는 다비어의 교육에 대해 무의식적으로 느끼고 있던 겁니다. 무시해서는 안 된다고 여긴 거지요."

다비어의 교사 중 한 명이던 가렛 라젝(Garrett Raczek)이 말했다.

결석 때문에, 다비어가 1학년으로 진급하는 건 순탄하지 않았다. 제대로 된 과정을 따라가고 있지 않았기 때문이다. 스파크 아카데미는 다비어에 대해 지원을 더 늘렸다. 매일, 소규모 그룹 학습을 교사 한 명과 진행했고, 학습지도사인 카렌 첸(Karen Chen)으로부터 개별학습과 함께 별도의 숙제를 부여받았다. 그런데도 결석이 계속되었기 때문에, 다비어는 심지어 그룹 학습팀에서도 뒤처져 있었다.

벨처 교장과 그의 교사들은 맥퍼슨을 학교로 불렀다. 다비어가 결국 낙제할 수도 있다고 경고하기 위해서였다. 그해도 거의 반 이상이나 지난 상황이었고, 다비어는 겨우 알파벳 글자 7개 정도만 알고 있었다.

"다비어는 유치원에서 가장 우수한 아이가 될 수 있었어요. 할 능력이 없었기 때문이 아니라, 수업을 제대로 듣지 않고 빠졌기 때문에 뒤처진 거예요. 우리가 도우려면 무엇을 어떻게 할 수 있을까요?"

벨처 교장이 물었다.

학부모 면담에 따라 이루어진 결정은 곧 행동으로 옮겨졌다. 맥퍼슨과 그의 여동생은 매일 아침 6시 30분이 좀 지나면, 다비어가 스쿨버스를 탔는지 아니면 놓쳤는지 벨처에게 확인 문자를 보내야 했다. 만약 다비어가 스쿨버스를 놓쳤다면, 벨처가 학교로 오면서 태우고 오기로 했다. 맥퍼슨은 학교와 학교가 다비어에게 미치는 영향에 대해 솔직한 심정을 토로했다.

"제 동생이 말하더군요. '누구라도 학부모에게 문자를 보내는 교사에 대해 들어본 적 있어? 문자 보내는 교장에 대해서는?' 어느 날 저는 다비어 때문에 깜짝 놀랐어요." 평소에 맥퍼슨이 방어적인 태도를 취하는 것과는 거리가 먼 이야기였다.

맥퍼슨이 계속해서 말했다.

"바닥에 엎드려서는 팔굽혀펴기를 시작하더니 숫자를 세기 시작했어 요."

그녀는 다비어가 종종 동생들과 함께 학교놀이를 한다고 했다. 동생들에게 장난감으로 숫자 세는 방법, 색깔 이름 대기, 동물 그리기 등을 가르친다는 것이다. 동생들이 정답을 맞히면 '스파크 아카데미' 스타일로 칭찬을 했다.

"최고다, 다콴(Daquan)! 최고다, 카야(Kaya)!"

이렇게 전략적인 협력은 꽤 성공적인 결과로 이어졌다. 다비어의 출석률이 좋아진 것이다. 봄 내내, 다비어는 첸과 함께 개별학습을 했고 다른 선생님들과 그룹학습에 참여했다. 이렇게 해서 다비어는 STEP에서 제시한 유치원 종료 시점의 국어표준에 도달했고, 1학년으로 진급하게 되었다. 다음 해 남동생 다콴이 스파크 아카데미에 오게 되었고, 그다음 해에는 여동생 카야시아가 입학했다.

BRICK 아카데미로 돌아가보자. 이 학교는 스파크 아카데미만큼 재정이 충분하지 않았다. 통계상 정상곡선에서 다소 뒤처진 상태로 출발했는데도, 윌리엄스 학급의 절반 정도는 무척 잘 해내고 있었다. 그들에게는 한결같이 자녀의 학교생활에서 적극적인 역할을 하고 있고, 아이들의 숙제를 잘 도와주는 부모가 있었다. 학부모 면담을 준비하면서 윌리엄스는 전 가정에 편지를 썼다. 학교와 협력적인 유대관계를 갖는 것이 얼마나 중요한지 새삼 강조한 것이다. 헤이굿(Charity Haygood) 교장도 같은 방식을 취했다. 교사

들은 'BRICK 계획(BRICK Plan)'을 준비했다. 각 학생들의 현재 성취 수준을 학년 수준에 맞추기 위해 요구되는 부분들과 비교해 보여주는 문건이었다. 여기에는 학교와 가정이 어떻게 학생들을 도울지에 대한 상세한 내용이 있었다. 계획은 간단했다. 가정에서 매일 자녀와 해야 할 일들 세 가지 정도와 교사가 수행해야 할 세 가지 일을 만드는 것이었다.

BRICK 아카데미 시작 후 두 번째 해에 학부모 면담 출석률이 가장 높았다. 최근 그 어느 때보다 높은 수치였다. BRICK 아카데미 앞 건널목에서 오래전부터 지도해온, 어둠 속에서 빛나는 밝은 노랑 자켓을 입은 안전요원은 20여 명의 학부모들이 크고 빨간 벽돌의 학교건물로 모여드는 광경을 신기한 듯 쳐다보았다. 그리고는 입고 있는 자켓만큼이나 밝은 미소를 띠며 놀라워했다.

"저기 좀 봐. 어머나, 저 사람들 좀 봐. 사람들이 오고 있어. 학부모들이 오늘처럼 자기 애들 돕겠다고 나오는 모습은 난생처음이네. 거참, 대단한걸?"

윌리엄스 반의 23명 아이들 중 16명의 부모나 조부모가 참석했다. 오

#12 BRICK 아카데미 학부모들이 연수에 참여하고 있다.

래전 BRICK 아카데미의 기준으로 치자면 거의 홍수라고 할 만한 정도였는데도, 젊은 교사는 실망했다. 우려가 적중했기 때문이다. 가장 도움이 필요한 아이들이야말로, 그들을 위해 그 누구도 참석하지 않았다. 어른들을 끌어들여 아이들을 지도하도록 이끄는 역할을 하는 '시스템 여왕'이 BRICK 아카데미에는 없었다.

가정에서의 뒷받침과 결합되어 있는 윌리엄스의 열의는, 몇몇 아이들에게는 아주 큰 효과를 나타냈다. 타릭 앤더슨(Tariq Anderson)은 홀쭉하고 강인해 보이는 남자 아이로, 꼰 머리를 하고 멈출 줄 모르는 에너지를 뿜고 있었다. 처음 몇 주 동안 윌리엄스가 아이들에게 조용히 걸어서 바닥 깔개에 앉으라고 했을 때, 타릭은 마구 뛰어와서는 마치 야구경기에서 홈으로 진입하듯 깔개에 미끄러졌다. 참지 못한 윌리엄스가 말했다.
"타릭은 아무래도 나쁜 선택을 한 것 같은데."
그 후 매번, 타릭은 윌리엄스의 손에 잡혀 빨간 토마토 모양의 테이블로 이끌려 왔다. 거기서 혼자 공부하고 학생은 자고로 어떻게 움직여야 하는지 반성할 예정이었다. 이런 과정은 학습 시간을 엄청나게 허비하게 한다. 그러나 윌리엄스는 선택의 여지가 없었다고 말했다. 적어도 다른 사람들이 자신의 지도를 따르지 않는다면 말이다. 스파크 아카데미에서 유치원 학급은 다른 학년들보다 2주 일찍 시작했다. 또 학년 초 몇 주 동안은 특별 보조교사들을 투입해, 아이들의 그릇된 행동을 제지하거나 바로잡도록 했다. 수업에 방해되지 않도록 하는 방법이었다.

윌리엄스는 타릭이 겉보기보다 훨씬 더 많은 내용을 알고 있다고 여겼다. 타릭은 윌리엄스에게 쉬운 글자 읽기를 도와달라고 부탁했다. 그런데 실은 타릭은 친구들에게 좀 더 어려운 글자들을 어떻게 읽는지 설명하고 있었던 것이다. 타릭은 자신감을 발휘할 수 있는 기회가 생기면 결코 놓치지 않았다. 첫달이 끝나가기까지 타릭은 오로지 윌리엄스를 어떻게 도울지, 그 부분에만 관심이 있는 듯했다. 타릭의 부모는 교육에 관심을 갖게 되었다. 가정방문 건강보조원으로 일하고 있는 그의 엄마가 이야기했다.

"타릭은 늘 똑똑했어요."

개별 통지표를 가지고 진행한 면담에서, 그녀는 타릭이 집에 와서 윌리엄스에 대해 쉬지 않고 이야기한다고 말했다. 교실 수업을 보조하고 있는 케이샤 로빈슨(Keisha Robinson)은 이렇게 이야기했다.

"제 생각에 타릭은 정말로 윌리엄스 선생님께 푹 빠져 있었어요."

시간이 지나면서, 윌리엄스는 타릭이 지닌 놀라운 잠재력에 대해 점점 더 제대로 깨닫게 되었다. 타릭이 던지는 질문의 깊이, 도대체 세상의 모든 것이 어떻게 돌아가고 있는지에 대한 호기심 등을 통해서 말이다. 가끔 타릭은 문장 쓰기를 도와달라고 부탁했다. 그러나 윌리엄스는 가능하면 혼자 해보라고 압박했다. 언젠가 윌리엄스는 타릭이 써놓은 이야기 한 편을 발견했다. 시작과 본문, 마지막 부분으로 이루어진 제대로된 작품이었다.

"타릭 너, 천재였구나. 대단한걸?"

윌리엄스가 속삭였다.

그러나 스파크 아카데미였다면 특수교육을 필요로 하는 아이들에게 집중 활용할 수 있을 만한 별도의 재원이, 윌리엄스에게는 없었다. 아이들 대부분이 기본적인 문장을 쓸 줄 아는 상황에서 이제 겨우 알파벳 소리를 배우느라 고생하고 있는 남자아이가 있었다. 윌리엄스는 일주일에 두 번씩 다른 아이들과 함께 그 아이 수준에 맞게 개별 지도를 했다. 스파크 아카데미에서라면 어땠을까? 별도의 교사와 함께 매일 소규모 그룹 수업을 받았을 것이다. 뿐만 아니라 학사지도사에게 추가 수업을 받을 수 있었을 것이다. 이 남자아이의 어머니와 나눈 개별면담에서, 윌리엄스는 혹시 유치원 교육이 실패할지도 모른다는 위기에 대해 설명했다. 다음 학년으로 진급하려면 아이들은 시작, 본문, 결말을 담고 있는, 적어도 네다섯 문장으로 이루어진 이야기를 쓸 수 있어야 한다고 말했다. 물론 아주 '창의적인(creative)' 단어를 사용하는 정도는 용인될 수 있을 것이다. 그 아이의 엄마는 되물었다.

"그런데 사실, 이런 기준은 유치원 아이들에게 너무 높은 수준인 거 아닌가요?"

윌리엄스는 전국적인 표준이 있고, 뉴어크의 아이들도 그 표준에 반드시 도달해야 한다고 설명하며 대답했다. 이 대답에 그 엄마는 따지지는 않았다. 대신, 아들을 향해 몸을 돌리고는 말했다.

"엄마는 네가 커서 윌리엄스 선생님 같은 선생님이 되면 좋겠다. 엄마 소망이야." 윌리엄스는 매일 저녁 완전한 두 개의 문장을 쓸 수 있도록 아들의 학습을 도와주라고 그녀에게 부탁했다. 거기에 더해 낱말 카드로 단어를 더하고 빼서 문장 연습을 할 수 있도록 도와주면 좋겠다고 했다. 교실 수업을 주기적으로 방문해 아들의 진도를 확인하고 격려해주면 좋겠다고도 했다. 그러나 집에서의 학습 지원은 한결같지 않았다. BRICK 아카데미에는 이를 강화해줄 다이앤 아담스같은 사람이 없었던 것이다. 그 아이는 진급시험을 통과하지 못했고, 결국 유치원 과정을 반복해야 했다.

다비어가 있는 스파크 아카데미 유치원 교실의 아이들은 윌리엄스가 이끄는 학급 아이들과 비교될 만한 읽기와 쓰기 평가 성적으로 시작했다. 시험을 치른 25명의 윌리엄스 학급의 아이들 중 단 4명만이 유치원 과정 준

#13 미국의 유치원 과정을 마친 아이들의 수료식 모습

비 기준에 부합했다. 결국 윌리엄스의 학급에서는 23명 중 단 1명만이 통과
했다. 그러나 그해 말, 스파크 아카데미의 유치원 학급에서는 25명 중 24명
이 1학년으로 진급하는 전국표준에 부합했고, 25명 중 16명이 표준을 훨씬
넘어선 것으로 나타났다. 윌리엄스 학급의 아이들은 7명 정도가 기준 성적
을 간신히 넘어섰을 뿐이다. 다른 7명은 한 문제가 모자라는 수준이었다.
두 학교의 유치원 학급에는 비슷한 수준의 아이들이 있었다. 그런데 이렇게
두 학교간 서로 다른 결과를 가져온 요인들은 많다. 두 교사 모두 열정적이
고 잘 가르치는 교사라는 점을 고려한다면, 아이들과 가족들을 지원하는
데 도입한 재원이 큰 역할을 담당했다고 할 수 있겠다.

　　여전히 BRICK 아카데미의 교사와 리더들은 학교에 대해 새로운 희망
과 목적을 불어넣고 있었다. 2012년 6월 22일, 유치원 수료식에 참석한 부
모와 아이들 또한 이 점에 대해 잘 알고 있었다. 윌리엄스 교사의 학급에 있
던 23명 중 19명은 당당히 행진할 수 있었지만, 4명은 뒤에 남았다. 수료생
들은 일요일에 교회에 갈 때나 입을 법한 가장 좋은 옷을 입고 아침 일찍
도착했다. 여자 아이들은 꽃 그림이 있는 드레스와 리본이 위아래로 달려
있는 흰색 스타킹, 드레스와 어울리는 화려한 색깔의 머리핀과 구슬로 장식

된 꼰 머리를 하고 있었다. 남자아이들은 정장 바지와 셔츠를 입었다. 윌리엄스는 흑백으로 맞춘 드레스를 입고 힐을 신었다.

아이들은 각자 선생님에 대한 기억을 나누느라 열심이었다.

"윌리엄스 선생님이 얼마나 착한 분인지, 얼마나 옷을 잘 입는 사람이었는지 기억날 것 같아요."

조나단이 말했다.

"윌리엄스 선생님은 저희에게 정말 특별한 분이에요. 선생님은 정말 훌륭한 선생님이고, 얼굴에는 늘 미소를 담고 계셨어요."

페이스의 말이다. 래리도 말한다.

"선생님은 우리가 모르는 것들을 가르쳐주었어요. 책 읽는 법과 글씨 쓰는 법도 알려주셨고요."

조나단은 하나 더 생각이 났다며 이야기해도 되냐고 물었다.

"읽는 법을 배웠다는 건 제가 정말 좋아하는 기억이에요."

바깥 온도는 거의 섭씨 32도가 넘어갔다. 112호 교실도 엄청 더웠기 때문에 윌리엄스는 불을 껐다. 이마와 볼에 맺힌 이슬같은 땀을 닦으며, 윌리엄스는 정말 신이 나 있는 아이들 사이로 걸어갔다. 그러고는 조용히 하라고 말했다.

"더울 때는 친구들이 더 빨리 화가 나는 법이란다. 제발, 제발, 제발 친구들에게 친절하게 대해주세요."

곧 그녀의 학생들이 줄을 서서는, 마지막으로 걸어나가는 순서가 되었다.

"자, 우리는 1학년처럼 걸을 거예요!"

긍지를 가득 담은 미소를 띤 채 윌리엄스가 말했다. 마치 큐 사인을 한 것처럼, 모두가 좀 더 큰 키로 일어섰다.

BRICK 아카데미 유치원의 세 학급은 'Pomp and Circumstance'를 합창하며 카페테리아로 들어갔다. 가는 길에 '당신의 선택(Your Choice), 당신의 행동(Your Actions), 당신의 삶(Your Life)'이라고 선언하듯 적힌 배너를

#14 Lift Every Voice and Sing의 악보

지났다. 백 명도 넘는 가족들이 기다리고 있었다. 손에는 모두 마일라 풍선 다발이 가득 들려 있었다. 많은 사람들이 스마트폰, 태블릿, 캠코더 등을 높이 들어올려 이 순간을 찍고 있었다. 아이들은 국기를 향해 경례를 하고는 "America"와 "Lift Every Voice and Sing" 같은 노래를 불렀다. 두 번째 노래는 흑인들에게 있어 거의 국가와도 같았다. BRICK 아카데미에서 가장 즐겨부르는 노래이기도 했다. 이쪽저쪽으로 몸을 기울이면서, 수료 학생들은 힘차게 합창했다. 그들의 노래는 마치 자기들 앞의 교사와 리더들이 지닌 미션을 직접적으로 말하는 듯했다.

"어두운 과거가 우리에게 가르쳐준, 믿음에 찬 노래를 불러라. 현재가 우리에게 가져다준 희망에 찬 노래를 불러라!"

교사들은 각자 맡았던 아이들의 이름을 한 명씩 불렀다. 자그마한 아이들은 무대를 가로질러 걸어가 둥글게 말린 수료장을 받았다. 그사이 프로젝트 스크린에는 아이들의 사진이 등장했다. 윌리엄스의 학생들은 추가로 더받은 것이 있었다. 수주 동안, 윌리엄스는 아이들에게 어떤 말을 해주는 것이 좋을지 고심해왔다. 유치원 생활을 오래도록 기억할 수 있을 메시지 말이다. 어느 날 저녁, 좋은 생각이 떠올랐다. 윌리엄스가 공개적으로 학생들에게 직접, 미래에 어떤 사람들이 되면 좋을지 말해주는 것이었다. 학생들의 마음에 큰 꿈을 심어놓아서, 어른이 된 다음 언젠가 스스로 이렇게 되뇌기를 희망해보면서 말이다.

"내가 이런 사람이 될 거라고 윌리엄스 선생님이 말씀하신 걸 기억해. 난 정말 이렇게 되고 싶었어. 바로 지금 내 모습 말이야."

그녀는 가장 처음 제시카를 불렀다.

"제시카는 우리의 미래 정치인입니다. 늘 질문하기를 좋아했고, 친구들을 변호하는 말을 했어요."

뒤이어 자샤아를 불렀다. "자샤아는 우리의 미래 기상학자입니다. 기상캐스터 역할을 무척 좋아했고요, 늘 우리에게 가장 먼저 날씨에 대해 알려줬지요."

자먀에게는, "우리의 미래 작가입니다. 자먀는 늘 책 속에 빠져 있었어요."

케오나에게는, "우리의 미래 외무부 장관입니다. 평화로운 걸 좋아하지요."

조나단에게는, "우리의 미래 수학자입니다. 조나단은 숫자로 마술을 잘 부리지요."

테이븐에게는, "우리의 미래 법률가입니다. 늘 도전을 즐겼으니까요." 라고 말했다.

줄의 맨 끝에는 늘 스스로를 평가절하하는 똑똑한 남자아이, 바로 타릭이 있었다. 윌리엄스는 타릭의 자신감을 오랫동안 키우려면 무슨 말을 해야 좋을지 고민하고 또 고민했다.

작은 아이가 눈을 자기 선생님에게 고정한 채 무대를 가로질러 걸어가는 동안, 윌리엄스가 말했다.

"타릭은 경찰관이 되고 싶다고 했어요. 그러나 이제 사실대로 말할게요. 타릭은 미래의 천재예요. 이 아이는 너무 똑똑해서, 자꾸 그 점을 숨기려고 해요."

멋진 말과 함께 수료장을 나누어주면서 윌리엄스는 진심을 가득 담아 말했다.

"네가 얼마나 똑똑한지 꼭 보여줘, 타릭 앤더슨."

9장

혁신적인 변화, 정치 소시지 공장을 만나다

2011년 12월~2012년 11월

뉴어크는 미 전역의 교육개혁운동 차원에서 주목을 받게 되었다. 앤더슨과 서프는 컨퍼런스의 패널리스트로 초청되었다. 앤더슨은 <타임>이 주관하는, 세계에서 가장 영향력 있는 100인 중 한 명으로까지 선정되었다. 앤더슨에 대해 부커가 추천사를 썼는데, 부커는 이미 그 전해 같은 목록에 이름을 올린 바 있다. 2011년 말, TFA의 설립자 웬디 콥(Wendy Kopp)과 KIPP 재단의 회장인 그녀의 남편 리차드 바르트(Richard Barth)가 뉴어크로 와 후원자들을 위한 만찬에서 연설했다. 주지사, 시장, 교육감, 그리고 관대한 자선사업가들이 모인, 아주 보기 드문 협업에서 건져올린 가능성에 대한 연설이었다.

바르트는 경고했다.

"정말이지 사실상, 여러분이 실패한다면 이 도시와 이 나라에 커다란 비극일 것입니다. 이 모든 수단으로 이곳에서 이 일을 해내지 못한다면, 미국 그 어느 곳에서도 교육개혁 성공의 모델을 만들어낼 수 없을 겁니다."

교육개혁이라는 이름으로 '무언가 시도한다는 것'. 그건 별수 없이 미

#1 웬디 콥과 리차드 바르트 부부의 모습

국의 정치 지형에서 강력한 두 세력 사이에서 벌어지는 권투 경기와 같다. 그 세력 중 하나는 교원노조이다. 오랫동안 옹호자들의 정치적 후원 관계가 깊숙이 자리잡고 있는, 권력과 돈이 있는 세력이다. 다른 하나는 최근 당선된 신진 정치인들이 모인 연합체이다. 교육개혁 운동의 기금 후원자들의 지지에 힘을 입어 급부상하고 있다. 이 두 정치세력 간의 갈등은 지금까지도 뉴어크에서 공적으로 진행된, 전쟁과도 같은 여러 분쟁을 부채질해왔다. 유출된 컨설턴트 보고서에 언급된 학교 폐쇄 건이 대표적이다. 학교 폐쇄에 따른 후속조치로, 교사들은 대량 해고될 것이고, 폐쇄된 공립학교 건물에는 차터스쿨이 이전 확장될 것이다.

그러나 부커, 크리스티, 주커버그가 소위 '혁신적인' 교사계약이라 했던 정책을 실현하려 했을 때, 관련해 벌어진 그 어떤 권력투쟁도 겉으로는 잘 드러나지 않았다. 교사계약을 혁신하면, 전국에서 가장 유능한 대학 졸업생들을 끌어들일 모델을 만들어, 아주 열악한 도시에서도 학생을 가르치고 싶도록 이끌 수 있을 거라고 기대했다. 목표 중 하나는, 비즈니스 방식에 따른 책무성을 교사의 급여에 적용하는 방식이었다. 꽤 오랫동안 이어져 온 근무연수에 따른 급여산정 방식을 없애고, 대신 학생들의 성적에 따라 교사의 성과를 측정하는 방식이다. 다시 말해 최악의 평가를 받은 교사들을 더 쉽게 해고하도록 하고, 최고의 평가를 받은 교사들에게는 봉급 인상, 두둑한 상여금, 그리고 바람직한 경력 개발 기회를 제공하는 계약을 원했다. 다른 전투와는 달리 이 싸움은 오로지 보이지 않는 곳에서만 전개되었다. 당선된 정치 수장들의 개인 사무실, 청사, 사치스러운 기업 회의실, 교육청 내의 유리창 없는 회의실, 그리고 정치인과 억만장자 간의 전화통화 등.

2012년 초, 서프는 워싱턴으로 가 와인가르텐(Randi Weingarten)과 사적으로 만났다. 랜디 와인가르텐은 뉴어크 교원노조(the Newark Teachers Union)의 모기관 단체인 전미 교원노조(The American Federation of Teachers, AFT)의 위원장이었다. 지난 2년간, 뉴어크 교사들은 특정 계약도, 봉급 인상도 없이 일해 왔

RANDI WEINGARTEN
PRESIDENT, AMERICAN FEDERATION OF TEACHERS

#2 전미 교원노조위원장인 와인가르텐의 TV 방송 모습

다. 전임 교육감과의 협상은 어느새 어디론가 사라져버렸다. 서프가 클라인 시장의 부관이 되고 와인가르텐이 AFT 뉴욕지부 책임자가 된 이후, 두 사람은 우호적인 관계로 지내왔다. 분명 철학적인 차이가 있었지만, 와인가르텐은 서프가 교직을 존중하는 신실한 중개인이라고 생각했다. 마찬가지로 서프는 와인가르텐을 지도자로서 인정했다. 교원노조가 아이들을 희생양 삼아 막상 어른들의 이익을 취한다는 공공의 인식에 도전장을 내걸고 있다는 점을 높이 샀다.

워싱턴에서 서프는 너무 솔직해서, 무뚝뚝하고 퉁명스럽게 느껴질 정도였다. 그와 크리스티는 주커버그의 기금을 두 가지 중 한 부분에 쓸 수 있다고 했다. 최악의 교사들에게는 결과에 대해 책임을 지우고, 최상의 교사들에게는 보상을 해주도록 교사계약에 서명을 하는 것. 또 다른 하나는 미국의 도시 전부를 차터스쿨로 뒤덮는 방책으로, 결국 공립학교의 붕괴로 이어질 게 뻔했다.

"저는 뉴어크가 뉴올리언스처럼 차터스쿨 교육구가 될 거라고 생각했어요."

와인가르텐이 말했다. 뉴올리언스에서는 2005년 허리케인 카트리나가 도시 대부분의 학교들을 파괴한 이후, 거의 모든 학교가 차터스쿨 시스템으로 바뀌었다. 한마디로 뉴올리언스는 교원노조를 근본적으로 위협하는 지

역이었다. 공립학교 교사들은 노조를 갖추었지만 차터스쿨에서 근무하는 교사들은 그렇지 않았다. 협상으로 바뀌는 부분들이 있긴 하겠지만, 서프와 대화한 이후 와인가르텐은 새로운 교사계약이야말로 공립학교 교사들과 노조 내의 자리를 유지하게 할 길이라고 보았다.

와인가르텐은 2008년 이후 AFT 위원장이었다. 그러나 뉴욕시와 수십 년간 일해 오면서 그녀는 고통스럽게도 실패를 거듭하고 있는 뉴어크의 상황을 잘 알고 있었고, 공립학교 교사들이 혁신전략에 따라 단결해야 한다고 확신했다.

"AFT 위원장이 되고 나서 저는 가장 먼저 뉴어크에 가서 '조(Joe)'를 만났어요. 저는 도와야만 한다고 했습니다. 우리에게는 당신을 도울 만한 뭔가가 필요해요."

#3 뉴어크 교원노조위원장인 조지프 델 그로소의 모습

'조'는 거의 20여 년간 AFT 뉴어크 지부장을 맡고 있는 조지프 델 그로소(Joseph Del Grosso)이다. 지금은 흑인과 히스패닉의 도시에서 이탈리아계 미국인의 헤게모니가 남긴 잔재로서, 그는 교육개혁가들이 그토록 깨부수고자 하는 시스템을 만들어 왔다. 그는 측근들에게 승진 기회를 마련해주고, 장기근속할 경우 임금을 크게 인상해 주었고, 거의 열흘에 하루를 병가든 사적 용도로든 상관없이 유급 휴가를 쓰도록 허가했다. 1970년대 2학년 교사로 근무하던 때 걸출한 선동가였던 그는 파업에 동참했다는 이유로 세 달 동안 수감되었다. 이제 델 그로소는 백발이 성성한 65세가 되었다. 그는 여전히 주정부의 지방학교 통제와 차터스쿨 '음모'에 대해 통렬히 비판하는 연설을 하고 있다. 그러나 그는 눈에 띄게 힘겨워 보였다. 당시 크론병을 앓았기 때문이다.

"조와 나는, 공립학교를 관할하는 교장들이 공교육 시스템을 무력화하

는 데 반대하도록 지원할 때, 이
점이 중요한 수단이 될 수 있다고
생각했어요."

#4 교원노조에 대해 강하게 비판하고 있는 크리스티 주지사

와인가르텐이 서프의 제안을
가리키며 말했다.

와인가르텐은 뉴저지 교원노
조 위원장을 맹비난한 사건 이후
전국적으로 유명해진 크리스티를 경계하고 있었다. 그러나 그녀는 이 주지
사와 9·11 사건 10주기 뉴욕 행사에서 마주칠 기회가 있었다. 그 자리에서
와인가르텐은 어쩌면 그와 함께 앞일을 도모할 수도 있겠다고 생각하게 되
었다. 크리스티는 그녀 옆으로 다가와, 자신이 어린 시절 뉴어크에서 살았다
고 말했다고 기억했다. 그러고는,

"저는 뉴어크에서 뭔가 해보고 싶습니다."라고 그가 진지하게 말했다고
와인가르텐은 회상했다.

"저는 의심이 많은 사람이었어요. 그래서 그를 쳐다보며 물었죠. '지금
이념적으로 뭔가를 하지 않겠다는 말을 하시는 건가요? 지금 뉴어크의 공
립학교를 위해 정말로 뭔가 하기를 바란다는 거죠?' 그러자 그가 그렇다고
하더군요."

두 사람은 다음 해 2월 워싱턴 D.C.의 백악관 출입기자 만찬 자리에서
다시 만나게 된다. 협상이 시들해질 즈음, 크리스티는 양 진영을 한껏 밀어
붙이기로 다짐했다고 한다. 그는 이렇게 말했다고 기억했다.

#5 크리스티 주지사와 와인가르텐 교원노조위원장

"정말 멋진 이야깃거리
가 되지 않겠어요? 크리스티
와 와인가르텐이 뉴저지주 뉴
어크에서, 기자회견 자리에 나
란히 서서, 새로운 교사계약에
대해 발표한다는 자체만으로

도요!"

오프라쇼에서의 발표가 있던 날 부커에게 전달된 문서를 보면, 주커버그는 교사계약의 규정을 바꾸는 데 자기 돈의 절반, 즉 5천만 불을 사용하고 싶다는 뜻을 분명히 밝혔다. 주커버그는 2010년 미셸 리가 워싱턴 D.C.의 교사들과 함께 만든 노동합의서에서 강한 인상을 받았다. 전국의 교육개혁운동을 흥분시키고도 남을 사건이었다. 그 합의서에 따르면, 교육감은 근무연수와 상관없이 교사들의 능력에 따라 해고를 허용하고 있다. 그리고 네 곳의 벤처 자선사업가들(엘리와 이다이더 브로드, 로라와 존 아놀드, 월튼 가족, 줄리언 로버트슨 등)로부터 거둬들인 6천 450만 불로, 워싱턴 계약(the Washington Contract) 체계 아래 가장 높은 평가를 받은 교사들에게 두둑한 보너스를 지급했다. 정년보장 권리를 포기하겠다고 합의한다면, 그들은 4년 차 기준 10만 불까지도 벌 수 있었다.

주커버그의 문서에는 이와 비슷한 목표가 담겨 있었다.

"봉급체계를 다시 구조화해 신임교사들의 최저임금을 인상할 수 있도록 한다. … 인사업무 결정에서 작용하는 근속연수제도를 없애고, 형편없는 교사들을 해고하는 데 따른 인센티브 제도를 도입한다."

그는 또한 최고의 교사라면 본인 월급의 50%까지도 보너스를 받을 수 있기를 바란다고 썼다. 마치 실리콘밸리에서 일하는 최고 수준의 노동자들에게 두둑하고 적절한 인센티브가 지급되듯이 말이다.

그러나 그 젊고 열정적인 자선사업가는 뉴어크와 워싱턴 D.C.의 가장 중요한 차이점을 모르고 있었다. 정년보장은 뉴저지주법에 정식으로 기술되어 있는 내용이다. 즉 계약서 하나만으로 교사 정년보장제도를 수정하거나 없앨 수 없었다. 서프와 크리스티는 주 전체 차원에서 이 법을 바꾸려고 노력했다. 그러나 그러려면 주 의회를 장악해야 했는데, 주의회는 알다시피 빈틈없는 홍정을 하는 민주당 정치거물들이 지배하고 있었다. 게다가 미국교육협의회(the National Education Association)의 지부이자 뉴저지주에서 가장 큰 교원노조인 뉴저지교육협의회(the New Jersey Education Association,

NJEA)는, 선거 캠페인에 가장 기부를 많이 하는 단체였다. NJEA와 크리스티는 이미 전쟁을 벌이고 있었다. 노조는 2009년 선거에서 크리스티가 지기를 바라며 수백만 불을 선거전에 쏟아 부었다. 최근에는 그가 내놓은 공공부문 근로자들은 건강보험비용을 좀 더 부담하도록 한 긴축정책안에 맞서 치열하게 싸웠으나, 끝내 패배했다. 승리에 취해 기운이 솟아난 크리스티는, NJEA를 가리켜 뉴저지판 악당의 소굴이자 이기적이고 욕심 많은 놀이터 '골목대장'이라 비난하며 공격의 고삐를 바싹 당겼다. 여론조사에 따르면 주 주민들은 점차 크리스티 쪽 의견을 지지하고 있었고, 민주당 의회 의원들은 고집 센 투표자들과 가장 강력한 후원자 사이에 갇히게 된 것이다.

끈질긴 협상 끝에 2012년 여름, 의회는 정년보장 획득은 더 어려워지고, 반대로 정년보장 상실은 더 수월해지도록 하는 법안을 통과시킨다. 오바마 정부의 Race to the Top 기금을 받는 기준을 충족하려고 많은 주에서 통과시키곤 하는 법규 가운데 하나의 사례이기도 하다.

#6 뉴어크 노조위원장 델 그로소와 교육감 앤더슨이 새로운 교사 계약에 함께 서명하고 있다.

최근 콜로라도주 교육개혁안의 일부로 모양새를 갖춘 것처럼, 뉴저지법은 교육청에게 힘을 실어 2년 연속 가장 낮은 성과평가등급을 받은 교사들로부터 정년보장 권한을 박탈할 수 있도록 했다. 표준학업성취도 평가에서는 학생들의 성적을 교사평가의 주요인으로 삼았다. 다만 교원노조의 지지에 보답하는 차원에서, 뉴저지 입법의원들은 선임교사의 특권보호에 관련된 영역은 건드리지 않았다. 교원노조 지도자들은 학교예산을 점점 옥죄는 상황에서, 수많은 교육청이 가장 근무연수가 길고 급여가 높은 교사들을 능력의 여하에 상관없이 해고할 것이라 주장했다. "이 조치 때문에 우리 노조뿐만 아니라 모든 노조들이 사라지게 될 겁니다."

델 그로소가 말했다. 이 방안은 상·하원 모두 만장일치로 통과되었다. NJEA와 와인가르텐이 이끄는 AFT의 강력한 지지도 이 결과에 한몫했다. 그러나 뉴어크를 제외하고는 뉴저지주 내 지방 교원노조들은 거의 포함되지 않았다.

그런데 연간 학생 성적이 얼마나 올랐는지, 그 여부에 따라 매겨지는 교사평가가 과연 타당한지에 대해 전국 차원에서 점차 문제가 제기되었다. 사실상 고위험 책무성 브랜드에 대해 의문을 제기하는 가장 열렬한 비판자는 베테베너 박사(Dr. Damian Betebenner)였다. 통계분석학자인 그는 뉴저지주와 다른 30여 주에서 학생들의 성적 향상을 측정하는 시스템을 개발했다. 뉴햄프셔 도버에 있는 전국교육평가향상센터(The National Center for Improvement of Educational Assessment) 내 사무실에서 그는 말했다. 학생성장비율(Student Growth Percentile)이라고 알려진 시스템은 그저 학생들의 성적이 얼마나 올랐는지, 또는 얼마나 떨어졌는지 측정하기 위해 고안되었을 뿐, 학생들을 책망하거나 칭찬하려고 만든 게 아니라고 했다.

"학생들의 성적 향상에서 잠재적 요인으로 작용하는 교사에 초점을 두는 것, 그것이야말로 제가 정말 관심을 갖고 연구하는 주제입니다."

이 자료들은 개별 학생의 학력이 상승했는지 아니면 낮아졌는지, 그 이유에 대해 교사가 학생들과 논의하도록 북돋는 일종의 시작점으로서 더 유용하다고 했다. 물론 학력의 상승과 하락은 학교 안팎의 많은 다양한 요인에 따라 결정될 수 있다.

"고위험 책무성의 많은 부분은 오로지 나쁜 학교, 형편없는 교사들을 골라내는 데 초점을 맞추는 바람에 점차 자멸하고 있어요. 이는 연구와 변화를 이끄는 과정에서 동기를 만들어내고 교사들을 제대로 동참시키는 것과는 완전히 반대되는 셈입니다."

그가 말했다.

그런데 학생의 학업을 위한 성적 기반 교사 책무성은, 교육개혁운동 현장에서 변하지 않는 핵심 목표로 남아 있었다. 크리스티는 이 법을 전국 곳곳에 선전하고 다녔다. 민주당 텃밭에서 일군 또 하나의 승전보라는 차원에서 더 그랬다. 그러나 선임특권에 대한 법적인 보호는 주커버그가 제시했던 뉴어크 계약에 반하는 것이다. 당시 서프, 앤더슨, 그리고 델 그로소가 함께 협상을 진행하면서, 교사들의 선임특권보호 조항이 어느 순간 빠져버렸다.

"교육개혁에서 우리가 내놓는 게 이 조항이 된다면, 정말 실망이 클 겁니다."

서프가 의원들에게 한 말이다. 차터스쿨이 확대되면서 공립학교 학생수는 줄어들었고, 학교를 배정받지 못한 교사들도 점점 더 늘어났다. 앤더슨은 정년보장을 받지 못한 교사들의 수를 줄일 방도가 없었고, 따라서 가장 최근 임용된 신규 교사들을 해고하는 수밖에는 달리 도리가 없었다. 선임교사와 신규교사 중 누가 더 학생들의 요구에 부응할 수 있을지 여부와는 전혀 상관없이, 그저 선임교사들을 계속 배치할 수밖에 없는 노릇이었다.

"'후입선출(LIFO)'을 없애지 못한 채 혁신적인 계약을 시행할 방법은 없는 거죠."

'선임자는 남기고 신임자부터 내보내는'(Last In, First Out, LIFO) 선임특권 시스템. 당시 앤더슨이 이에 대해 언급하며 한 말이다.

그래도 서프와 앤더슨은 이 계약을 통해, 당장 손댈 수 없는 중요한 목표로서 아주 의미가 큰 교사책무성평가를 획득했다. 물론 주커버그의 기금이 보여준 힘 덕분이다. 당시 전국의 여느 교사들과 마찬가지로 뉴어크의 교사들도 얼마나 잘 가르치고 있는지 여부와는 상관없이 자동으로 임금을 인상받고 있었다.

"숨만 쉬고 있어도 월급은 오릅니다."

서프와 다른 많은 교육개혁가들이 기존 관행을 조롱하며 하는 말이다. 델 그로소는 와인가르텐의 지원에 힘입어, 자기가 이끄는 단체 소속 노조원들이 새로 도입되는 엄격한 평가시스템에 따라 '효과적인' 또는 '더 나은' 교사 등급으로 분류되지 않는 한, 더는 자동 봉급 인상의 혜택을 누릴 수 없다는 서프와 앤더슨의 요구에 동의했다. 모든 교사들의 봉급이 동결될 예정이었다. 게다가 최고 등급으로 분류된 교사들은 능력 보너스 명목으로 5,000불에서 1만 2,500불을 더 받게 될 예정이었다. 이는 뉴저지에서 최초로 도입한, 능력에 기반한 보너스 지급 시스템이었다. 그러나 이 모두를 받아들이는 대가로 델 그로소는 3,100만 불을 요구했다. 임금인상 없이 자신의 노조원들이 일하게 될 2년이라는 시간에 대해 보상을 요구한 것이다. 사실상 그는 협상 테이블에 계속 남아 있는 조건으로 이러한 보상을 요구했는데, 교육개혁가들은 적어도 델 그로소가 요구한 대로 계약 기간을 정하려고 했다. 이 점에 있어서는 델 그로소가 옳았다. 주커버그의 대변인과 함께 한 회의 이후, 서프와 앤더슨은 자선사업가들의 장부에 3,100만 불을 더했다.

#7 뉴어크 교원노조위원장인 델 그로소가 새로운 교원계약을 설명하기 위해 자리에 오르고 있다.

노동개혁 비용은 엄청나게 불어나기 시작했다. 앤더슨은 교사들과 계약을 체결하는 데 드는 비용을 5000만 불로 추산했다. 단일 비용으로는 가장 큰 비중을 차지하는 능력별 상여금과, 교사들에게 단일 급여 수준으로 전환하도록 장려하기 위한 일회성 상여금(stipends)이 포함되어 있었다. 기존 시스템에서는 급여 수준이 3단계였다. 그리고 석사 학위나 박사 학위가 있는 교사들에게는 더 높은 급여를 지급했다. 그러나 평균적인 단일 수준에서 교사들은 어떠한 학위를 취득한다고 해도 별도로 급여를 인상받지 못했다. 대신 대학원 과정의 학위 취득을 위해 등록금을 지원받을 수 있도록 했다. 앤더슨은 이를 각 교사들이 스스로 더 효과적인 교수학습 능력을 키우는 문제와 연관이 있다고 보았다. 여기에 별도로 850만 불의 비용이 계상되었다. 또한 앤더슨은 비효율적인 교사들이 스스로 교직을 떠나는 데 필요한 명예 퇴직금 명목으로 2000만 불을 추가했다. 이에 더해, 교사들과의 합의에 따라 마련된 새로운 교장들과의 계약을 부추기기 위한 자금으로 1500만 불이 요청되었다.

앤더슨은 노동 관련 합의에 소요되는 총 비용을 1억 불로 추산했다. 부커와 주커버그가 예상했던 숫자를 완전히 초과한 액수였다. 이 금액은 주커버그의 기금 1억 불과 그에 따른 추가 기금 1억 불 등, 예정된 자선기금의 절반에 해당했다. 뉴어크미래재단 직원들의 전략기획안에 따르면, 교육개혁 노력을 둘러싸고 계속해서 벌어지는 지역사회 조직과 영유아교육 프로그램에 투자가 많이 필요했다. 그러나 이러한 계획들은 앤더슨이 계산했던 대로, 노동개혁 비용을 충당하기 위해 취소되었다.

아무런 기술도 희망도 없이 학교를 중도에 그만둔, 거의 4000여 명에 이르는 십대 청소년들을 위한 프로그램에 5000만 불을 사용하겠다는 계획 또한 날아갔다. 그들은 뉴어크에서 확산되고 있는 갱조직의 잠재된 후보가 되고 만 것이다. 주커버그는 이에 대해 크게 신경쓰지 않았지만, 부커는 개인적으로 '불평 많고 위기에 처한 청소

#8 연방정부로부터 위기에 처한 청소년들의 범죄예방을 위해 지원금을 받은 뉴어크시, 부커와 경찰청장 사무엘 드마이오

년(disaffected and at-risk youth)'이라는 프로젝트를 시작했다. 그리고 어린 중도 탈락자들을 배움과 경제적 자립 기회로 안내하는 일이 얼마나 중요하고 시급한지에 대해 감동적으로 이야기했다. 그러지 않으면 이 중도탈락자들은 학교에서 감옥으로 직행할 수밖에 없는 운명이라고 보았다. 그러나 이 프로젝트에 소요되는 재원을 마련하고자 별도의 기금을 모으지는 않았다. 사실 이 기획은 조용히 사라졌고, 심지어 점점 더 심해지는 갱폭력으로 인해 시장의 걱정거리가 여전했는데도 말이다.

#9 뉴어크차터스쿨펀드 임직원들

　　이러한 상황은 교사와 교장간의 노동 계약이 뉴어크 교육청 업무를 변혁하는 데 가장 중요한 역할을 하리라는 점을 시사했다. 그러나 계약 타결은 2012년 여름에야 완료된다. 부커는 자금 사용의 조건이었던, 젊은 억만장자의 기금에 맞추기 위한 자금을 충분히 확보하지 못했기 때문이었다.

　　2010년 9월 오프라쇼에서 발표가 있던 시기, 부커의 모금 책임자인 메이츠(Bari Mattes)는 부커가 추수감사절 혹은 적어도 크리스마스 때까지는 1억 불에 달하는 자금을 확보할 수 있으리라 예상했다. 그러나 끝내 그러한 기대는 현실이 되지 않았다. 2011년 초 그는, "거의 다 되었어요"라고 했다. 다음 해 여름, 부커는 차터스쿨과 워싱턴 D.C.의 개혁에 큰 돈을 기부했던 텍사스 소재 아놀드 재단(the John and Laura Arnold Foundation)이 2500만 불을 기부하리라 믿는다고 말했다. 그러나 역시 아놀드 재단도 기부하지 않았다. 부커는 오프라쇼 발표 1주년이 다가오는 즈음 한 인터뷰에서 이렇게 말했다.

　　"사실은 이렇습니다. 저는 지금 이 일에 대해 그다지 신경쓰지 않습니다. 페이스북의 주식이 상장되면 주커버그는 거의 100억 불을 벌게 될 거예요. 그러면 그 이익금으로 도와줄 수 있지 않겠어요?"

　　페이스북은 2012년 5월 주식을 상장했다. 그러나 새로운 억만장자들은

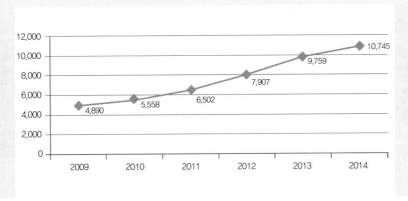

#10 뉴어크 차터스쿨 등록학생수의 변화 (2009-2014)

누구도 뉴어크에 기부금을 내놓지 않았다.

문제는, 애크먼이나 주커버그와 달리 개혁을 지향하는 많은 자선사업가들이 학교구들을 개선 불가하다고 보고 있다는 점이었다. 따라서 그들은 오로지 차터스쿨에만 기금을 투자하려 했다. 실리콘밸리 벤처 캐피탈리스트인 존 도어르(John Doerr)는 자신의 뉴스쿨벤처펀드를 통해 뉴어크 차터스쿨에 각 천만 불씩을 투자했다. 월든, 피셔, 그리고 로버트슨 재단들은 뉴어크차터스쿨펀드를 통해 1425만 불을 투자했다.

이들이 내건 조건은 자신들의 기금에 주커버그가 매칭한다는 것이다. 주커버그는 동의했다. 그리고 그의 기금은 개별 학교에 투입된 다른 기부자들의 기금과 통합되었다. 자선사업가들이 내놓은 2억 불 중 6000만 불이 차터스쿨의 확산과 지원에 사용되었다. 실제로 주커버그와 매칭 기부자들은 2016년까지 1만 6,000명의 학생들을 차터스쿨에 등록시키겠다는 계획을 달성하는 데 도움을 주었다. 2009년을 기준으로 비교할 때 1만 1,000명이나 많은 숫자였다.

뉴어크에서 가장 학력 수준이 높은 차터스쿨 네트워크 두 곳, 즉 노스 스타와 TEAM은 현재 학교를 두 배로 늘리는 데 충분한 재원을 확보했고, 그렇게 된다면 결과적으로 차터스쿨 등록 학생 수가 만 명 이상 늘었

#11 뉴어크 학부모들이 시청 앞에서 차터스쿨을 확장하고 공립학교 폐쇄를 내세운 앤더슨 교육감의 정책에 반대하는 시위를 하고 있다.(2015. 5. 22)

#12 앤더슨 사퇴를 요구하는 뉴어크 학생들

다. 상당수의 교육개혁가들이 차터스쿨의 빠른 성장이야말로 도시 전체에서 교육의 질을 높이는 가장 빠른 방법이라 보았고, 주커버그의 기금을 통해 실현할 수 있는 최고의 성취라고 생각했다. 그러나 차터스쿨에 총 어느정도의 자금이 쓰였는지 공개적으로 이야기된 바는 없다. 당시에는 학교 폐쇄에 대한 사람들의 저항이 극에 달한 상태였다. 앤더슨은 5700만 불의 예산 적자와 힘겹게 씨름하는 중이었다. 학생들이 공립학교에서 차터스쿨로 옮겨가는 바람에 전체 학생수가 감소했고, 따라서 교원 수당 지급이 초과되어 발생한 결과였다. 사적인 자리에서 뉴어크미래재단 이사회는 결론을 내렸다. 차터스쿨에 기금을 집행하는 것은, 교육청이 거의 같은 액수의 예산 적자를 메우려고 전력을 다하고 있는 상황에서 당연히 '대중에게 부정적으로 보이게 될 것'이라고.

7월 말, 부커, 서프, 앤더슨은 전국에서 부자로 소문난 교육 자선사업가들 중 몇몇의 대변인들을 모았다. 주커버그의 완전 기부조건이었던 1억 불의 매칭 모금을 완수할 수 있도록 도와달라고 부탁하기 위해서였다. 그렇게라도 해서 교사들과의 계약 비용을 지원하려는 것이었다. 뉴어크의 교사 계약이 전국차원에서도 상당히 '혁신적'이라고 주장하며 그들을 설득하고자 했다. 그러나 앤더슨이 개인적으로 알아차렸듯, 뉴어크의 교사 계약이 특별히 더 혁신적이라 할 수는 없었다. 심지어 뉴어크에서조차 그리 새롭지 않았는데, 선임특권보호가 여전히 유지되고 있었기 때문이다. 윌리엄 애크먼은 창문 너머로 센트럴파크가 내려다보이는 맨해튼 사무빌딩 42층에 위치한 헤지펀드 회사인 퍼싱스퀘어캐피탈매니지먼트(Pershing Square Capital Management)사의 회의실에서 발표할 수 있도록 수락해주었다.

발표를 시작하며 부커가 말했다.

"저는 이 특별한 순간에 이 자리에 오신 모든 분들을 환영합니다. 저희는 그저 우리 뉴어크의 아이들만을 위해서 뿐만 아니라 전 미국을 위해 진정한 승리를 거둘 수 있습니다. 지금이 바로 그 순간입니다. 이 기회를 잡을 수도 또 놓칠 수도 있는 바로 그곳입니다."

종종 부커는 경매사 같은 소리를 냈다.

"전국적으로 기대치를 높이도록 판을 바꾸는 새로운 계약이 될 것입니다. 그러려면 여전히 2천 7백만 불이 더 필요합니다."

"우리가 승리하면 계약의 표준을 마련하게 될 것이고, 전국 다른 도시에서도 모든 일들이 원활히 진행될 것입니다."

서프가 말했다.

월튼, 로버트슨 그리고 피셔재단 및 다른 선도적인 자선사업가들을 대신해 참석한 사람들이 회의실 테이블에 둘러앉아 TV 두 대를 통해 펼쳐지는 파워포인트 슬라이드를 쳐다보고 있었다. 그들이 던지는 질문들을 잘 들어보면, 서프의 발표를 그다지 신뢰하지 않는다는 사실을 알 수 있다. 즉, '주커버그의 기금이 바닥날 경우, 교육청이 어떻게 계속해서 보너스를 지급할 수 있을지 보여줄 구체적인 자료는?', '가장 나이 어린 교사들도 아니면서 최악인 교사들을 해고할 수 없다면, 도대체 어떻게 혁신이라고 할 수 있나?', '그저 교원노조가 협상테이블에 참여하도록 하는 데 3100만 불, 교사계약을 갱신하는 데만 총 5000만 불을 지급하는데, 도대체 혁신을 어디에서 찾을 수 있나?' 등. 어떤 자선사업가의 실무 대변인은 다음과 같이 질문하기도 했다.

"뉴어크에서 진행되는 자선사업이 결코 다시 만들어낼 수 없는 어떤 것만 만들고 있다는 두려움에 대해 전해 들었습니다. 왜냐하면 그 비용이 어마어마하기 때문이지요. 도대체 얼마나 많은 도시들이 수억 불에 이르는 자금을 모을 수 있겠어요?"

"코리를 고용하면 가능해요."

앤더슨이 농담을 던졌다. 하지만 누구도 웃지 않았다. 그리고 나서서 수표를 써주려고 하는 사람도 아무도 없었다. 그때까지는 말이다.

"'이 정도의 투자가 요구되는 자금 부족'에 대해 구체적으로 보여주기보다는, '얼마나 혁신적인지'라고 설명하는 데 정말 더 많은 시간을 썼어요."

테이블에 있던 재단 대변인 가운데 한 사람이 말했다.

결국 2012년 가을, 주커버그의 매칭기금을 마무리짓는 2,500만 불을 약속한 사람은 크리스티였다. 정치적으로 그를 지지하는 몇몇 후원자들도 동참했는데, 홈디포 설립자인 케네스 랑곤(Kenneth Langone), 헤지펀드 거물인 스

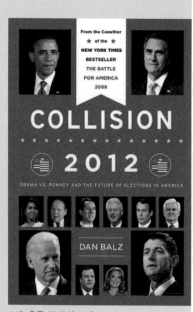

탠리 드러큰밀러(Stanley Druckenmiller), 그리고 줄리안 로버트슨(Julian Robertson)이었다. 하나같이 교육개혁이라는 명분을 가진 일들마다 열렬히 후원하는 사람들이다. 당시 크리스티는 전국적인 정치유망주로 급부상 중이었다. 바로 이전 해, 랑곤, 보수적인 기업가이자 억만장자인 데이비드 코크(David Koch), 전임 모건 스탠리(Morgan Stanley) 회장인 존 매크(John Mack), 그리고 수십 명의 기업회장 등을 포함한 주요 공화당 정치모금가들이 비밀리에 만나, 2012년 대통령 선거에서 오바마와 겨루도록 종용했다. 댄

#13 충돌 2012의 표지

발츠(Dan Balz)가 쓴 『충돌 2012(Collision 2012)』라는 책에서 자세히 다뤄졌듯이, 그들은 얼마가 되든 주지사가 솔직하게 말하면 그 요구대로 자금을 모금해 주겠노라 약속했다. 크리스티는 이 제안에 반대했다. 대신 그는 미트 롬니(Mitt Romney)의 대통령 선거캠페인에서 대리인이 되어 공화당전당대회에서 키노트 연설을 했다.

크리스티가 전화를 걸어 주커버그 기금의 매칭자금을 도와주기를 바란다고 말하자, 랑곤은 기꺼이 그러고 싶다고 말했다.

"이 일을 잘 해내는 건 뉴어크를 위해 상당히 중요했어요. 저는 다른 사람들에게 가서, 설득해서 그들을 참여시켰습니다."

크리스티가 말했다. 랑곤은 특히 가장 형편없는 교사들을 명예퇴직시키기 위해 자선사업가들을 이용한다는 계획이 퍽 인상적이었다고 말했다. 줄리언 로버트슨(Julian Robertson)은 이 계획을 잘못 이해하는 바람에, 블룸버그 TV 인터뷰에서 과거형으로 말해버렸다.

"저희는 나쁜 교사들을 명예퇴직시켰고, 훌륭한 교사들은 계속 남게 했어요."

부커는 전국적인 주목을 받고 인기를 누리면서 오바마 대통령의 중요한 대리인으로 전국을 돌아다녔다. 그는 노스캐롤라이나주 샬롯데에서 개최된 민주당전당대회의 플랫폼위원회(platform committee)의 공동의장을 맡기도 했다. 그 자리에서 그는 선전용으로 힌트를 떨구었다. 다가오는 주지사 선거에서 크리스티에 도전할 수 있을지도 모른다는

#14 오바마 대통령과 부커 (2007)

것. 그 발상 덕분에 당내 활동가들은 열성적으로 그를 지지했다.

크리스티는 10월 12일 자신의 트랜튼 사무실에서 서프, 델 그로소, 그리고 앤더슨과 모여, 개선장군과도 같은 교사 계약 발표 계획을 내놓았

#15 2012년 DNC에서 연설하고 있는 부커 시장

다. 그 자리에 당연히 있을 법한 부커는 없었다. 참석했던 두 사람에 따르면 크리스티가 차갑게 말했다고 한다.

"부커는 이 기자회견 근처에도 얼씬하지 못하게 할 거예요."

주지사는 화가 나 있다는 사실을 분명히 한 것이다. 부커가 다가오는 선거에서 상대당 후보가 될 수 있다고 말하고 다닌다는 사실에 말이다. 크리스티는 이름만 반대당인 사람이라는 명목을 내세워 민주당원들의 지지를 받고 있었다. 결과적으로 다음 선거에서 압도적인 승리를 거머쥐고, 2016년 대통령 선거에서 민주당 강세주(blue-state)들과 공화당 강세주(red-state)들에서 모두 강력한 대선주자로 자리매김하기를 바랐다.

그런데 델 그로소가 교사계약과 관련해 노조원들에게 캠페인을 벌이고 있을 때, 전국 교육개혁운동의 영향, 특히 주커버그 자본의 영향력은 매우 뚜렷했다. 새로운 교사계약을 조합원들에게 끈질기게 권유하면서, 나이 많은 노조위원장은 반복해서 말했다. 힘든 환경 속에서 그가 할 수 있는 최선의 협상을 했다고 말이다. 그는 그 계약이 자랑스럽다며, 교사를 전문가로 대우하기 때문이라는 이유를 들었다. 또한 동료들의 평가를 가늠하게 하는 '동료검토'라는 권한을 포함하게 되었다고 힘주어 말했다. 그가 보기에, 책무성을 강화해가는 이 시기에 상당히 중요한 보호장치였다. 그러나 그는 새삼 가장 강력한 주장을 반복하고 있다. 주커버그의 호의에 따라 교사들이 미지급분 급료 3,100만 불을 받게 된다는 것이다. 델 그로소에 따르면, 뉴저지 또한 경기침체의 여파 때문에 거의 100개도 넘는 지방도시들이 아무런 미지급분 없이 강제 해결로 문제들이 처리되고 있다고 한다.

협상을 종합하면서 그는 말했다.

"우리에게는 주커버그의 돈을 받을 수 있는 기회가 있었습니다. 그렇지만 그 기회를 잡았더라면? 그 돈은 차터스쿨로 넘어갔을 거예요. 저는 적을 먹이고 입힐 수는 없다고 결단 내린거죠."

교원노조는 10월 29일 투표로 결정하기로 했다. 그러나 허리케인 샌디가 뉴저지 해변과 주 전체를 휩쓸고 지나가면서, 자연재해를 이유로 투표일이 연기되었다. 재설정된 투표일은 11월 14일. 그때까지 교사와 다른 노조원들에게 지급해야 할 미지급 급료 준비금은 훨씬 더 높게 나타났다. 전화조사 결과에 따르면, 그 이유는 3명 중 1명의 뉴저지 주민들은 태풍으로 큰 손실을 당했거나, 그런 손실을 입은 친지들을 도와야 했다. 노조 간부가 설명한다.

"사람들은 차를 잃었고, 새로운 지붕을 얹어야 했고, 집을 잃어버린 친지들을 먹여살려야 했습니다. 이런 상황에서 다들 '제기랄, 이 계약은 당장 내 호주머니에 몇 천 불을 넣어주겠지?'라고 생각하게 된거죠."

계약은 62%의 찬성으로 통과되었다.

페이스북 본사에서는 주커버그가 성명을 발표했다.

"우리가 바라는 바는 모든 면에서 능력있는 교사들을 늘 돕고 보상하겠다는 것입니다. 아이들에게 그들이 필요로 하고 받아 마땅한 최고의 교육을 선사하기 위해서. 모든 일에 있어 능력있는 교사들을 늘 돕고 보상하겠다는 것입니다. 이것은 여전히 가장 중요한 일이지요."

이 계약은 실제로 뉴어크 교사들의 책무성을 높였다. 그리고 앤더슨은 낮은 등급을 받은 교사들에게는 그에 해당하는 조치를 취하고, 최고 등급을 받은 교사들에게는 새로운 보상 장치를 적극적으로 휘둘렀다. 학교구 전체에 걸쳐 새로운 평가 시스템의 후속조치로 집행된, 강력한 교장들을 통한 교육의 질에 새롭게 관심이 모였다. 강화된 교장은 수업 디자인, 학생참여 전략, 교수학습에서의 데이터 활용, 학급당 '성적향상의 문화'를 창출하는 데 있어 교사들을 지도하는 가이드 역할을 할 것이었다.

그러나 깔끔히도 인쇄된 계약서에 따르면, 높은 비용을 유발하는 노조 임직원의 특권은 여전히, 아무런 변화 없이 그대로 안전하게 남아 있었다. 15일간의 유급 병가라든지, 3일간의 유급 개인휴가 등. 이러한 사항은 교육청이 모든 교사들을 위해 매 10일당 하루씩 대체교사를 고용해야 하는 올가미에 걸린 것과 같았다. 또한 오랫동안 유지되어 왔던 오랜 경력교사들의 연봉인상(15년 경력에 2,025불에서부터 시작하여, 30년 경력이면 8950불에 이르는)에 대해서는 전혀 손대지 않았다. 급여 등급을 보다 오랜 경력교사에게 유리한 방식으로 기울게 하는 조항이었다. 심지어 이들 중 560명은 연간 9만 2000불 이상을 받고 있었다. 주커버그는 촉망받는 젊은 교사들이 뉴어크에 남을 수 있도록, 그들의 봉급을 더 빨리 높일 수 있는 계약을 원했다. 그러나 교육청은 등급의 양끝에서 봉급 인상을 감당할 수가 없었다. 일관되게 잘 가르친다고 평가되는 새로운 교사는 기본급여체제에서 6만 불을 벌려면 적어도 9년을 일해야만 했다. 주커버그가 그토록 끌어들이려 하는 전도유망한 훌륭한 졸업생들을 위한 유인책이 되기는 어려웠다. 심지어 보너스를 포함하더라도, 4년차 교사들은 워싱턴 D.C.에서 최고로 잘 가르친다는 교사에게 지급 가능한 10만 불을 버는 데는 채 근접하지도 않았다. 주커버그는 교사봉급의 50%에 이르는 능력별 보너스 지급을 내세운 자신의 목표를 제대로 이해하지 못했던 것이다. 돈이 떨어진 교육청은 주커버그의 기금이 바닥난 이후, 보너스를 지급할 여력이 없었다.

게다가 이렇게 교원의 노동개혁을 위해 기금모금 쟁탈이 벌어지는 와중에, 수백만 불의 돈이 여전히 사용되지 않은 채 남아 있었다. 랑군과 로버트슨이 기부에 대한 가장 중요한 이유로 내세우며 줄기차게 이야기해 온 항목인, 약한 교사들을 명예퇴직시키자는 제안은 전혀 시행되지 않았다. 또한 교장들과의 새로운 계약 또한 시행되지 않았다. 노조가 협상을 거부했기 때문이다. 앤더슨은 가장 학업을 필요로 하는 학교에 교장과 교감을 붙들어

#16 크리스티 주지사 취임식 장면 (2014년 1월 21일)

두기 위한 보너스로 30만 불 이상을 사용했다. 그러나 이 보너스의 혜택을 받은 이들 중 반 이상은 1년 안에 그 자리를 떠났다.

2012년 11월 16일 시행된 새로운 계약에 대한 공식 발표는 크리스티의 주지사 취임식과 아주 비슷했다. 그와 AFT 의장인 와인가르텐은 MSNBC 의 <모닝 조>에 등장해, 쇼진행자인 조 스카보로우(Joe Scarborough)로부터 박수갈채를 받았다. 정치보다 아이들을 더 생각하고 아이들의 이익을 앞세웠다는 이유였다. 허리케인 샌디로 고통당하는 동안 크리스티가 보여준 의연함을 거론하며, 와인가르텐은 말했다.

"이야말로 소위 정부가 일해야 하는 방식입니다. 집합적인 협상테이블에서든 아니면 자연재해에 맞닥뜨린 상황에서든 말이지요."

크리스티의 정치적인 자본은 허리케인 샌디가 낳은 결과로 인해 높이 치솟았다. 전국 TV 방송사들은 그가 매일같이 황폐해진 해변을 터벅터벅 걸어가며 희생자들을 위로하는 장면을 내보냈다. 많은 공화당원들을 짜증 나게 하는 연출된 장면에서 그는 오바마와 더불어 파괴된 정도를 묻는 설

#17 오바마 대통령이 허리케인 샌디로 인해 피해가 큰 뉴저지주 방문시 크리스티와 함께 있는 장면

문조사를 하는 등, 연방정부의 도움을 지지했다. 대통령 선거 바로 전 주말이었다.

의회가 제출한 법안에 대해 그가 인준하는 비율이 순식간에 70%를 넘어섰고, 뉴저지 민주당원들의 절반 이상이 크리스티의 재선을 점쳤다. 나중에 부커는 2014년 11월 치러지는 미 연방 상원의원 선거에 출마하기 위해 주지사 선거에 나가지 않겠다고 발표한다. 상원의원 선거는 89세의 현직에 있었던 상원의원 프랭크 라우텐버그(Frank Lautenberg)를 승계하는 것이었다.

기자회견장에서 와인가르텐과 나란히 서 있는 크리스티의 상상마저도 현실이 되었다. 기자회견은 뉴어크의 스피드웨이 초등학교 체육관에서 열렸는데, 유니폼을 입은 수백 명의 아이들을 크리스티 뒤에 정렬시켰다. 그가 하는 말을 녹화하는 수십 명의 TV 기자들도 참여했다. 크리스티, 와인가르텐, 서프, 앤더슨, 델 그로소, 그리고 뉴어크미래재단의 CEO들, 그렉 테일러 등, 그 자리에 참석한 모두가 마이크를 잡을 기회가 있었다. 그들은 하나같이 입을 모아 뉴어크의 아이들을 위한 승리라고 선언했다. 크리스티의 명령에 따라 부커는 청중석에 앉아 있었다.

흰 손수건을 가슴에 꽂은 회색 정장 차림의 델 그로소는 감정이 북받쳐 올라, 마치 교원노조와 교육개혁가들 사이에 치러진 오랜 전쟁에서 평화가 다다른 듯 말했다.

#18 크리스티 주지사가 교사계약 관련 발표를 하고 있다.

"우리의 도시 뉴어크가 더 나아지려면, 교육이 더 좋아져야 합니다. 이제 우리 모두 솔직히 말해야 할 때입니다. '우리가 어디에서 실패했는지,' '도대체 무엇을 잘못해 왔는지,' 그리고 '어떻게 고쳐 나갈지' 말입니다."

앤더슨은 델 그로소에 이어 연단에 올랐다. 그는 앤더슨을 한 번 안아 주었고 그들이 통과시킨 '미래의 인과응보'를 껴안았다. 앤더슨에 이어 크리스티가 연단에 올라 앤더슨의 볼에 입을 맞추었다. 크리스티는 감정을 고스란히 드러내며 말했다.

"오늘은 지금까지 제가 주지사직을 수행하는 동안 가장 즐거운 날입니다. 이 도시의 아이들에게는 더 나은 것을 받고 누릴 권리가 있습니다. 이 계약에 투표함으로써 교사들은 '더 좋은 교육'을 아이들에게 선사하겠다고 했습니다."

3년 전 교원노조의 탐욕을 대놓고 비난하면서 전국적 거물로 우뚝섰던 주지사가 내놓은, 놀라울 만큼 평화로운 제스처였다.

크리스티는 오바마의 재선 이후 다가오는 대통령 선거 캠페인의 주제를 소리로 표현한다면 어떨까 고민했다. 그는 말했다.

"만약 와인가르텐(Randi Weingarten)과 함께 출마할 수 있고, 아무쪼록 대통령 오바마, 존 보에너(John Boeher), 그리고 나머지 사람들도 함께 올

수 있다면, 지옥이겠지요. ⋯ 오늘 아침 누군가 제게 물었습니다. '이 선거 이후 미래 정부는 어떨 것 같냐고 말이지요. 지금 바로 여기가 미래입니다."

3년 뒤 그 계약의 유통기한이 다 되었을 때, 그의 노조가 책무성기반 교육개혁을 계속할지에 대해 투표할 것 같냐고 누군가 물었다. 그러자 델 그로소는 다음과 같이 대답했다.

"또 다른 주커버그가 살아있기를, 다 함께 기도합시다."

10장

—

알리프의 선전

2012년 9월~2013년 6월

정치판에서는 혁신적인 교사계약을 둘러싼 전쟁에 돈과 권력이 쏟아지고 있었다. 그런데 뉴어크 전체의 학교에서는 학생 개개인의 교육을 향상시키려는 전쟁이, 표준학업성취도평가를 둘러싼 전쟁과 별다를 것 없는 수준에서 치러지고 있었다.

2010년, 베르나데트 스콧(Bernadette Scott)은 알리프가 6학년 국어교실에 들어와 있는 모습을 보고 읽기 실력이 정말 형편없다는 사실을 금방 알아차렸다. 알리프는 마치 실패를 위한 모든 조건을 갖춘 듯했다. 그런데 흥미롭게 알리프는 그 사실을 숨기려고 아주 인기있는 사람인 양 행동했다. 말하자면 아주 사랑스러운 게으름뱅이처럼 말이다. 스콧은 알리프가 풋볼을 정말 좋아한다는 사실을 눈치채고, 그와 협상했다. 스콧은 알리프가 글쓰기반에 들어가 글을 쓰게 된다면, 알리프가 좋아하는 풋볼 게임에 대해 쓸 수 있도록 해주겠다고 했다. 만약 그렇게 되면 스콧은 알리프에게 경기 해설에 맞는 에세이를 잘 쓸 수 있게끔 지도할 것이고, 그는 합격에 해당하는 학점을 받게 될 터였다.

"그가 저를 빤히 쳐다보더니, '알겠어요. 스콧 선생님' 하고 말하던 장면이 생각나요."

그녀는 다른 작문 과제들을 수행하는 것과 똑같은 형식을 따르도록 알리프를 가르쳤다.

"알리프는 펑펑 울었어요. '저는 배우고 싶어요. 그런데 선생님 수업에 앉아 있는 다른 흑인 남자아이들 말고, 저를 위해 가르쳐주셨으면 좋겠어요. 선생님이 저만 봐주길 바라요.'"

여전히 대부분의 수업에서 알리프는 시끄럽게 방해하고 종종 쫓겨나곤 한다. BRICK 리더십팀은 자기 학년에 해당하는 실력이 없는 학생은 다음 학년으로 진급시키지 말자고 맹세했다. 그렇게 알리프는 이미 두 번이나 같은 학년에 머물러 있는 상태였다. 2012년 가을 7학년이 되자 알리프는 고등학교 1학년생이 될 만큼 나이를 먹었지만, 성적은 반 아이들보다 훨씬 뒤처져 있었다. 그러나 그의 엄마 라키에샤 밀즈(Lakiesha Mills)는 알리프의 변화를 눈치챌 수 있었다. 그는 엄마에게 새로운 교장선생님, 즉 헤이굿을 무척 좋아한다고 말했다. 심지어 그가 이런 말을 한 바로 그날, 헤이굿 교장은 그가 수업을 방해한다며 혼내기까지 했었다. 쉬는 시간에는 헤이굿 교장이 아이들을 감독하고 있었다. 다 놀고 난 후 아이들이 시간에 맞춰 줄을 서서 조용히 학교 건물로 다시 들어가도록 하는 역할이었다. 그녀는 주로 이렇게 말했다.

"줄을 잘 서기 바란다. 나는 너희가 엄하게 훈육되고, 그래서 성숙해지겠다고 결단 내리라고 말하는 거야. 카운트다운이 끝나기 전까지 교실에 앉아 있지 않는다면, 나하고 함께 서 있어야 할걸?"

알리프는 물론 그녀와 여러 번 함께 서 있었다. 그녀가 말했다.

"우리 아이들은 제가 자기들을 사랑하고 또 걱정하기 때문에 이렇게 한다는 걸 알게 되지요. 저는 아이들이 좀 더 잘하면 좋겠어요. 그래서 더 나아지기를 바라요. 제 목표는 아이들 스스로 배울 수 있다고, 자신의 진정한 가치를 이해한다고, 그들 또한 중요한 사람이라는 걸 제대로 알게 하는 것입니다."

헤이굿 교장이 알리프를 낙제시켰는데도, 알리프와 그의 엄마 밀즈는 다음 학년도가 시작하자 어쩔 수 없이 학교에 끌려다니기 보다는 즐거운 마음으로 다녔다. 알리프는 엄마에게 말했다.

"헤이굿 교장 선생님은 저를 보고 싶어하세요. 선생님이 제가 보고 싶다고 말했어요."

2012년 가을, 평상시 인지장애 학생들을 담당하는 특수교사 캐서린 칼슨 (Kathleen Carlson)은 읽기 평가에 통과하지 못한 학생들을 위한 일반학급용 읽기프로그램 수업을 마쳤다. 그녀가 특수교사 자격증을 취득하려고 필수로 들었던 마지막 과정은 '윌슨 읽기시스템(The Wilson Reading

#1 윌슨읽기시스템(WRS) 교구들

System)'이라는 프로그램 교육이었다. 이 프로그램은 장애아동으로 분류되지는 않지만, 읽기에 있어 상당한 문제를 보이는 아이들 한 명 한 명을 위한 읽기지원 프로그램이었다. 멀린다 와이드만(Melinda Weidman) 교감이 칼

#2 와이드만 교감

슨 선생님과 함께 알리프를 맡았다. 칼슨 선생님은 뉴어크에서 거의 20여 년간 특수교사로 일해 왔다. 그래서, 아주 심각한 행동장애 경력을 가진 아이들이 학습 문제를 제대로 다룰 때, 아주 극적으로 달라지는 모습을 보는 데 익숙해져 있었다. 그녀는 알리프를 판단하지는 않겠다고 말했다. 그러나 직접 자기 입으로 왜 그토록 자주 문제를 일

으키는지 듣고 싶다고 했다.

　그의 대답은 그녀의 기억에 그대로 각인되었다. 알리프가 말했다.

　"저는 도대체 뭐가 어떻게 돌아가는지 이해되지 않으면 좌절감을 느껴요. 제가 수업시간에 밖으로 쫓겨나면, 아무도 눈치채지 못하죠. 제가 읽지 못한다는 걸 말예요."

　"알리프가 이런 사정을 말로 표현할 수 있다는 데 저는 큰 감동을 받았어요."

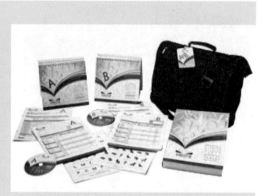

#3 우드콕 읽기정복 평가 도구

칼슨 선생님이 말했다. 그녀가 가르치는 다른 많은 학생들도 마찬가지였지만 알리프의 수업태도는 그의 소란한 행동과 아주 밀접하게 연결되어 있었다. 그러나 칼슨 선생님의 경험에 따르면 아이들은 이러한 연관에 대해 대체로 알아차리지 못했고, 어쩌면 아이들은 자신의 상황을 말로 제대로 설명하지 못했다. 칼슨 선생님에게 있어 알리프는 마치 도망다니다가 지친 도망자 같았다. 그런데 이제 비로소 도망을 멈추고 머물 만한 안전한 장소를 찾은 듯했다. 자기 감정을 아무런 판단 없이 있는 그대로 받아들여줄 수 있는, 진짜 관심을 기울이는 교사에게서 말이다.

　칼슨 선생님은 기본 실력을 알아보려고 '우드콕 읽기정복'에 있는 색인으로 알리프를 테스트해 보았다. 14살인 알리프의 읽기는 겨우 2학년 수준이었다. 단어를 소리내어 표현하는 능력은, 자기 학년에서 기대되는 단어들 중 겨우 4%만 읽을 수 있었다. 오리[duck] 또는 꽥[quack]처럼 아주 단순한 단어들조차도 제대로 못했다. 그는 겨우 자음소리 24개 중 18개만을, 56개의 모음 소리 중 단 7개만을 알고 있었다. 영어에 있는 120개의 소리 중 겨우 40개를 알고 있었는데 이는 겨우 33%에 해당하는 수치이다.

"유치원에서 3학년까지 배웠어야 할 모든 기초적인 능력들을 모르고 있었어요. 어떻게 된 일이지요?"

칼슨 선생님이 물었다. 대조적으로 표준화평가에서 그의 수학성적은 매년 자기 학년 평균 수준이었다. 심지어 어떤 해에는 평균보다 높았다.

와이드만은 알리프의 시간표를 재조정했다. 그가 매일 2시 칼슨 선생님과 그녀의 특수교육 자료실에서 만날 수 있도록 했다. 첫째 주, 아마 그즈음부터 알리프는 제시간에 온 적이 단 한 번도 없었다. 가끔 결석하기도 했다. 그러나 칼슨 선생님은 알리프가 어디에 있는지 늘 확인했고, 계속 노력해보도록 설득했다. 남의 눈을 피해 자료실에서 일대일로 교습을 받으면서, 알리프는 2학년 수준밖에 안 되는 자신의 본 실력을 받아들이게 되었다. 아직 잘 읽지 못하는 아이들을 위한 또 다른 윌슨 프로그램을 사용하는 윌리엄스 교실의 유치원생들처럼, 알리프는 각 글자와 소리의 관계를 익히면서 소리를 냈다. 그럴 때마다 엄지손가락으로 짚어가며 그 글자를 가리켰다. 이제 막 글자를 읽기 시작한 상황, 그러나 그는 각 글자가 어떻게 소리를 만들어내는지, 각 소리들은 어떻게 단어로 만들어지는지 배우게 된다. 좌절과 절망에 사로잡혀 있는 알리프를 돌려세우는 건, 칼슨 선생님이 알리프와 치르는 공부 전쟁에서 겨우 절반 정도 분량에 지나지 않았다. 칼슨 선생님은 알리프가 앞으로 가야 할 길이 얼마나 먼지 생각하기보다, 지금까지 얼마나 먼 길을 지나왔는지에 대한 생각으로 주의를 전환하도록 매일 애썼다. 윌슨 프로그램에서는 알리프가 맞추는 문제들을 보여주기 위해 매주 그가 직접 채워넣는 막대그래프를 제공했다. 칼슨 선생님은 그의 성공을 축하하려고 주별 행사를 만들었다. 글을 읽는 사람으로서 결코 알지 못했던 무언가를 말이다. 물론 그녀가 가져가는 스낵은 마음을 상하게 하지 않았다. 오히려 빼빼마르고 성장기인 이 남자아이는 기꺼이 그 스낵들을 먹어치웠다. 곧 알리프는 수업 시작 시간에 맞춰 오기 시작했다. 심지어 어떤 때는 일찍 오기도 했다. 어느 오후, 칼슨 선생님이 워크숍에 참석하려고 자리를 비웠을 때,

알리프에게 그날은 '만날 수 없다'는 말을 전했다. 다음 날 알리프는 칼슨 선생님이 어디에 다녀왔는지 알고 싶다며 자료실 문 앞에서 기다리고 있었다. 그는 칼슨 선생님을 한 명의 교사이자 '자기 삶에 있어' 중요한 사람이라고 이야기하기 시작했다. 알리프는 자신의 경험을 말하면서 친구들에게 칼슨 선생님이 담당하고 있는 보충수업에 가보라고 권했다.

"선생님이 도와주실 거야, 정말로."

알리프가 말했다.

칼슨 선생님과 함께 한 학기 동안 공부한 후 1월에 치른 우드콕 평가에서, 알리프는 소리낼 수 있는 말의 수가 5배 많아졌다고 기록했다. 물론 아직 자기 학년에 비해 몇 년 뒤처져 있기는 했지만, 궁극적으로 읽기 실력이 점점 나아지고 있다는 칼슨 선생님의 확신을 믿게 되었다. 와이드만 교감과 헤이굿 교장은 일반적으로 알리프의 행동이 몰라볼 정도로 나아졌다는 사실을 깨닫게 되었다. 물론 그에 관한 변화에 있어 일부에 지나지 않았다. 알리프가 연중 가장 좋아하는 시기, 농구 시즌이 시작되었기 때문이다. 알리프는 농구 게임을 6살 때부터 정말 좋아했다. 그때는 두 형과 엄마와 함께 살았던 공공주택단지 주위의 농구장에 다녔다. 그곳에 있는 누구와도 함께 어울려 농구를 즐겼다. 그의 엄마는 중학생 때 뉴어크에서 알아주는, 아주 전도유망한 농구선수였다. 아빠 또한 이웃 이스트오렌지 고교(East Orange High School)에서 학교 농구팀의 선수로 활동한 바 있다. 명백히 그의 핏속에 있는 유전적 소질에 더하여, 운동선수로서 알리프가 가진 탁월함은 농구골대를 향해 맹렬한 집념을 갖고 있다는 점이다. Zoo Crew라고 알려진 지방 리그에서 알리프가 1학년 때부터 그를 지도했던 숀 맥크레이(Shawn McCray)에 따르면, 알리프는 누가 앞을 가로막든 골대를 향해 맹렬히 돌진했다. 중학생이 되자 그는 뉴어크의 동네 경기장에서 가장 뛰어난 기량을 가진 선수가 되었다. 이를 본 어른들은 그를 두고 미래가 밝은 아이라고 했다.

#4 숀 맥크레이 감독이 센트럴 고교 농구팀과 함께 있는 모습

2012년도 학사 일정이 한창 진행되고 있는 상황에서, BRICK 아카데미의 램즈(Rams) 농구팀을 지도하고 있는 7학년 과학 교사 마크 해리스(Marc Harris)는 알리프가 많이 달라졌다는 걸 알게 되었다.

"작년에 알리프는 뭐 그냥 운동선수였죠. 몇몇 경기에 나타나지도 않는 그런 운동선수 말이에요. 그리 열성적이지 않았죠. 그런데 올해는 경기마다 마치 제 쿼터백 같아요. 수비, 리바운드, 돌진, 골대까지의 드라이빙 등, 필요한 곳이면 어디나 그가 나타나죠."

팀 동료들은 알리프를 주장으로 뽑았다. 해리스 코치는 알리프가 결코 과시하지 않으면서 겸손하게 팀을 이끌어가는 과정을 보았다. 해리스 코치의 지도에 따라, 이 남자아이들은 하나의 분대처럼 탄탄한 팀플레이어들로서 단합했다. 공을 무모하게 탐내기보다는 동료를 믿고 패스했고, 매 게임마다 믿기지 않을 만큼 안정된 점수를 획득했다. 에이븐 램즈(Avon Rams)팀은 소위 '이기는 조합'으로, 무패 성적을 기록하며 뉴어크시 플레이오프에 진출한다. 그리고는 2013년 6월 6일, 결승전 경기에 진출했다. 결승전은 위커힉 고교(The Weequahic High School) 체육관에서 열렸는데, 가장 최근 화려하

#5 BRICK 아카데미 교사들(왼쪽에서 두 번째 마크 해리스, 네 번째 와이드만 교감)

게 단장되어 요즘 애용되는 경기장이었다. 빅게임이 있던 당일 알리프는 교장 선생님을 만나려고 BRICK 아카데미 교무실에 잠시 들렀다.

"걱정 마세요, 헤이굿 교장 선생님. 제가 교장 선생님을 위해 오늘 밤 이 경기를 꼭 이길 거예요."

결승전 경기 시간이 다가오면서, 위커힉 고교 체육관의 관중석은 바닥부터 천장에 이르기까지 경쟁 학교의 가족, 친구, 동문들로 가득찼다. 이 경기에서 사우스 워드에서 온 BRICK 아카데미는 센트럴 워드에서 온 알마플랙 학교(Dr. E Alma Flagg School)와 맞붙게 되었다. 지금은 센트럴 고교 농구팀의 수석감독이 된 Zoo Crew 청소년팀 코치였던 숀 맥크레이(Shawn McCray)가 경기 해설을 맡았다. 그는 알리프가 6살 때부터 얼마나 열심히 배웠는지, 농구선수라면 익혀야 하는 속도와 품위는 어때야 하는지 등에 대해 잠시도 쉬지 않고 재잘대며 이야기를 풀어놓았다. 뉴어크는 늘상 길거리 폭력이 일어나고 어디를 가도 불안해지는 곳이었지만, 경기장은 이와 반대로 축제 분위기 같았다. 무거운 뉴어크 칩(the Newark Chip)을 어깨에 둘러맨 맥크레이는 타임아웃 시간 동안 말했다.

#6 농구 결승전에서 승리한 후 기념촬영

"자, 이 게임이 내일 <스타 레저>의 1면을 장식하게 될지 두고 봅시다. 이 자리에서 누군가 체포된다면 신문에 우리 얼굴을 집어 넣겠지요. 물론 좋은 기사는 아니겠지만."

그는 또한 거창한 약속들을 퍼뜨리고 있는 외부자들에 대한 경고 또한 잊지 않았다. 뉴어크에서 아주 친숙한 주제였다.

"그 사립학교들은 당신의 자녀들을 꾀어내려고 학부모들에게 우리 공립학교에 대해 부정적인 말들만 늘어놓고 있습니다. 유능한 아이들을 모두 데려가려고 합니다. 집에 머무르세요. 뉴어크는 당신이 필요합니다."

그가 던진 경고였다.

알마플랙 학교팀은 키도, 덩치도 더 컸다. 그러나 에이븐은 전반전이 끝날 때까지 두 자릿수만큼이나 앞서갔다. 그런데 게임 종료를 2분도 채 남겨두지 않고 알마플랙학교가 BRICK 아카데미를 앞서가며 열을 올리고 있었다. 그 순간 머릿속을 가득 채우던 생각에 대해 알리프는 나중에 이렇게 말했다.

"그들이 공을 안으로 패스할 때마다, 난 공을 반드시 뺏거나 득점을 해야 해. 게임이 우리와 멀어지도록 해서는 안 되지."

등번호 2번의 빼빼마른 슈팅가드 알리프는 이후 30초 동안, 미사일처럼 자기와 골대 사이에 있는 모두를 지나 번개처럼 내달렸다. 볼을 세 번이나 빼앗았고, 8점을 득점했다. 알리프는 바닥에 쓰러진 이후 다시 비슬비슬 일어나서는 공 뺏기에 성공했는가 하면, 골대 바로 밑에 막혀 있는 동안 언더핸드로 골 그물에 공을 높이 던져 올려 득점했다. 해리스 코치는 타임아웃을 요청했고, 알리프는 팀 회의 자리로 천천히 걸어갔다. 주위의 모든 사람들이 흥분을 감추지 못했다. 그의 어깨를 흔들고 등을 때리는가 하면 머리를 마구 문질러댔다. 관중석에 있던 그의 엄마가 외쳤다.

"알리프! 알리프를 누구도 막을 수 없어!"

시간이 다 되어 게임이 끝났다. BRICK 아카데미는 챔피언이 되었다. 맥크레이는 알리프가 이 토너먼트 게임에서 MVP라고 말했다. 그는 황홀경에 빠져 정신이 나간 듯, 해리스 코치와 함께 경기장 중앙으로 안내되었다. 각자에게 높다란 트로피가 주어졌다. 알리프에게는 MVP가, 해리스 코치에게는 챔피언십 타이틀이. 수상 소감을 묻는 질문들과 함께, MC는 해리스에게 뉴어크의 젊은 남자들에게 농구란 무엇을 의미하는지 물었다. 그는 대답했다.

"만약 그 아이들에게 농구가 없었다면, 제 팀의 선수들 중 대부분이 바로 지금 어디에서 무엇을 하고 있었을지 모르겠습니다. 이렇게 이 자리에 있는 게 저 바깥 거리에 있는 것보다야 훨씬 낫죠."

해리스 코치는 재빨리 다시 자리를 잡았다. 그런데 알리프, 엄마 그리고 남동생들이 그날 밤 집에 도착해 들은 첫 소식은, 그들이 살고 있는 아파트 뒤에서 누군가 총에 맞아 죽었다는 소식이었다.

MC는 알리프에게 진행 중인 게임의 마지막 타임아웃 동안 팀동료들에게 무슨 말을 했냐고 물었다.

"저는 그들 머리에 대고, '우리는 지려고 이렇게 멀리 온 게 아니야'라고 말했어요. 우린 절대 포기하지 않았고 끝까지 싸웠어요."

알리프는 대학농구팀에서 경기하는 것을 꿈에 그려 왔다. 그러나 자신의 읽기 실력으로는 NCAA에서 요구하는 학점을 절대로 받기 어려울 것이라는 사실을 지난 수년간 똑똑히 알게 되었다.

"그 어떤 감독도 바보 같은 선수를 원치 않아요. 언제든 바보보다는 똑똑하고 괜찮은 선수들을 고르려고 하지요."

몇 년 동안 그는 자신을 바보라고 여겼고, 자신이 그리는 삶에 적합하지 않다고 생각했다. 그러나 이런 그가 달라지고 있었다. 어느 날 오후, 칼슨(Kathleen Carlson) 선생님의 교실에 앉아 그가 말했다.

"글을 읽지 못하는 채로 계속 살고 싶지는 않아요. 그 무엇을 하더라도, 반드시 읽을 줄 알아야 한다고 다들 이야기해요. 저는 농구를 하고 싶어요. 제 계약서에 뭐라고 써 있는지 정도는 읽을 수 있어야 하지 않겠어요? 그래야 제 변호사가 제 돈을 사기치지 못할 거 아니에요."

무언가를 하고 싶다는 희망이 알리프를 송두리채 바꾸었다. 그리고 와이드만 교감, 헤이굿 교장, 그리고 칼슨 선생님은 이번 기회를 놓치지 말자고 다짐했다. 그들은 뉴어크 공립학교에 이 상황에 대한 책임이 있다고 느꼈다. 어쩌면 상황이 나아지도록 노력하지 않았다고 해야 할지도 모르겠다. 어쨌든 알리프가 읽지도 쓰지도 못하도록 한 처참한 유산들과 싸워 극복하는 것. 그들의 의무였다. 그들이 내세운 전략은 두 갈래였다. 하나는 엄마와 함께 알리프가 계속 공부하도록 해 제 수준의 학습능력을 찾도록 하는 것, 다른 하나는 그가 인생을 걸고 있는 농구를 계속하도록 하는 것이었다. 그러나 이 두 목표는 함께하기 어려웠다. 7학년인 알리프의 읽기 수준은 자기 나이보다 2학년이나 낮은 수준이었고, 대학농구팀의 스카우트이 예상되는 고교 3학년이 되면 농구하기에는 나이가 너무 많기 때문이다. 어찌되었든, 그들은 알리프를 다가오는 가을학기에 고등학교에 보내야 했다. 와이드만 교감이 말한다.

"알리프의 공부 문제이기도 하지만, 인생의 문제이기도 했어요. 그는 대학에서 농구특기 장학생으로 선발될 수 있어요. 저희는 그 기회를 그가 스스로 놓치게 하고 싶지 않습니다."

와이드만 교감은 코네티컷 대학교의 대학원을 졸업했다. 대학원 재학 당시 하루에 수시간을 투입해 개별 지도를 받는 농구스타들을 알게 되었다. 대학에서 그러한 지원을 해준 것이다. 그런데 3학년 수준의 읽기 실력밖에 안 되는 알리프를 도대체 어떻게 가을까지 고등학교 수준의 읽기 수준으로 만들 수 있단 말인가?

결승전 경기가 끝나고 며칠이 지나, 알리프는 '우드콕읽기정복' 연말시험을 치르기 위해 칼슨 선생님의 특수교육 교실로 갔다. 노란 폴로셔츠와 네이비카키의 BRICK 유니폼을 입은 알리프는 나무 책상 앞에 놓인 플라스틱의자에 앉았다. 그는 긴 다리를 쭉 뻗고 있었고, 따라서 등이 살짝 굽어 있었다. 칼슨 선생님은 그의 맞은편에 앉았다. 그가 입고 있는 검은색 폴로셔츠의 주머니 위로, BRICK이라는 작은 글씨가 파스텔색으로 박혀 있었다. 그 둘 사이에는 나선형으로 높이 쌓아올려진 단어책들이 놓여 있었다. 두터운 눈썹으로 둘러싸인 알리프의 검은 눈동자들은 이 책에 익숙해져 있었다. 알리프는 평소의 버릇대로 검고 두꺼운 머리카락을 두세 손가락으로 꼬아대며 긴장된 마음을 표현했다. 그 행동만 제외하면 그는 완벽하게 조용히 앉아 있었다. 칼슨 선생님이 페이지를 넘기자, 알리프는 앞에 나타는 단어를 읽기 시작했다.

"black" "house" "away" "wonderful" "without" "question" 등과 같은 단어들은 쉽게 읽었다. 그러나 "piece"[그는 "picey"라고 발음했다] "brought" "cattle" 같은 단어에서는 제대로 하지 못했다. 점점 어려운 단어들이 등장하면서, 마치 악기를 연주하듯 그는 손가락을 각 글자에 대고 소리내는 Wilson 방법(Wilson technique)을 사용했다. 그렇게 그는 "dangerous" "garage" "entrance" "extinguish" 등의 단어들을 정확히 발음했다. 그러나 "cruel" "budget" "ache" 등은 잘 발음하지 못했다. 그는 단지 초등학생용 단어들을 대하고 있었기 때문에, 상대적으로 쉬운 단어들에는 오히려 익숙하지 않았다. "pioneer" "circumstance" 같은 단어들을 발음하는 것은, 마치 뒤범벅되어 있는 넌센스 단어의 글자들을 맞춰 나가는 것처럼 고된 일이었다. 단어들이 점점 읽어내기 어려워지면서, 알리프의 기분도 눈에 띄게 가라앉았다. 칼슨 선생님이 말했다.

"알리프, 네가 실망하고 있는 게 보인다. 물론, 이 모든 단어들을 알 수는 없어. 하지만 우리는 내년에도 계속 공부할 거잖니. 결국 너는 이 모든 걸 다 해내게 될 거야."

그는 계속했다. "baroness" [그는 o를 길게 발음했다]를 거의 맞췄고, "lethargic"를 가까스로 읽어냈다.

"이 단어가 무슨 뜻인지 아니?"

칼슨 선생님이 물었다.

알리프는 고개를 가로저었다.

"바로 지금 너를 가리키는 말이야. 피곤하다는 뜻이지."

그는 옅은 미소를 지어 보였다. 알리프는 잘못 읽는 횟수가 늘어나면서도 멈추지 않고 계속했다. 그러다가 결국 6개의 단어를 제대로 발음하는 데 연이어 실패했다. "transient" "edifice" "verbatim" "ptomaine" "itinerary" "jujitsu". 학생이 연이어 6개의 단어에서 틀리는 이 부분에서 시험은 멈춘다. 그는 활기 없이 칼슨 선생님을 쳐다보며 축 처진 모습으로 의자에 앉아 있었다. 완전히 공기가 다 빠져버린 듯 보였다.

"자 보라구, 네가 얼마나 많이 향상되었는지?"

칼슨 선생님은 알리프의 1월 평가 결과를 꺼내 보이며 말했다. 그때는 64개의 단어를 읽은 다음 시험이 종료되었었다. 오늘은 92개의 단어를 읽어냈다.

"자, 지금은 나를 믿을 수 있겠지?"

그녀가 물었다. 알리프는 고마운 표정으로 그녀를 쳐다보았다. 그는 점점 좋아지고 있다는 사실을 인정해야만 했다. 모음과 자음 소리, 합성음, 그리고 다른 많은 소리들을 분리 해보고 다시 모아 보면서, 가능한 많은 단어들을 가르치는 게 칼슨 선생님의 미션이었다. 그리고 칼슨 선생님은, 알리프가 농구에서 보여준 불굴의 자세처럼 이 공부에서도 포기하지 않도록 끊임없이 용기를 북돋아야만 했다.

　"우리는 지려고 이렇게 멀리 온 게 아니야!"

　알리프는 다른 평가도구들을 가지고 몇 가지 시험을 더 치렀다. 칼슨 선생님은 이 결과들을 교육청에 보내 분석과 채점을 의뢰했다. 1주일 후 채점 결과가 도착했을 때, 그녀는 잠시 숨이 멎을 듯했다. 알리프의 읽기 실력이 2학년에서 5학년 수준으로 올라갔기 때문이다. 한 영역, 즉 단어 읽기 능력에서, 그는 2학년 중간 단계의 실력에서 8학년 시작단계의 실력으로 향상되었다. 이 사실을 알리프에게 바로 알리는 대신, 그녀는 그를 다음 날 아침 7시 50분까지 엄마와 함께 결과를 보러 오라고 했다. 칼슨 선생님은 헤이굿 교장과 와이드만 교감도 함께 불렀다. 알리프와 엄마를 빼고 다들 제시간에 도착했다. 그들은 조금 늦게 도착했다. 엄마는 알리프가 굳이 아침에 샤워를 해야 한다고 해서 좀 늦었다고 사과했다. 전날 이미 샤워를 했는데도 말이다. 알리프는 마치 깊은 잠에 빠져 있는데 누가 와서 괴롭히기라도 하는 듯, 가만히 서서 눈을 비벼대고 있었다. 칼슨 선생님은 스마트보드(the Smart Board)에 보여줄 파워포인트 발표를 준비했다. 발표 자료는 읽기의 6개 하위 영역(cluster) 성적과 전체 읽기 실력을 담고 있었다. 제목에는 "알리프의 우드콕읽기정복 시험성적"이라고 써 있었다.

　"알리프, 저기 밝게 보이는 글 속에 네 이름이 있는 거 보이지. 그렇지?"

　칼슨 선생님이 물었다. 그는 눈을 거의 감은 채 머리카락을 손가락으로 꼬면서 고개를 끄덕였다. 왼쪽 칸에는 9월부터 시작된 그의 처음 점수들을, 그리고 오른쪽 칸에는 가장 최근의 점수를 배치했다. 그녀는 한 줄 한 줄 이전 성적과 이후 성적을 큰 소리로 읽어 내려갔다. 알리프는 자기가 8학년처럼 단어를 읽는다(sounding out words)는 이야기를 듣고 아래 입이 떡 벌어졌다. 전체 읽기 실력이 5학년 수준으로, 거의 3개 학년 실력이 껑충 뛰어올랐다고 하자, 알리프는 손으로 입을 틀어막고 눈이 휘둥그래진 채 스마트보드를 쳐다보았다. 졸린 듯 보였던 표정은 온데 간데 없이 사라지고, 이제는 정신 바짝 차린 표정으로 얼굴 전체에 웃음기가 가득했다. 헤이굿 교장은 아주 자랑스러운 엄마처럼 팔을 쭉 벌리고는 그를 향해 걸어갔다. 눈에서는 눈물이 흐르고 있었다. 그는 교장선생님을 기다리고 서 있었다. 그러고는 서로 팔을 감싸안았다. 더 많은 포옹이 이어졌다. 와이드만 교감, 칼슨 선생님, 그리고 그의 엄마까지. 알리프는 다른 사람에게 이야기하는 듯 혼자서 중얼거렸다.

"나는 열심히 했어. 정말 열심히 했어. 나, 정말 자랑스러운걸?"

그러고는 잠시 아무 말 없이 서 있었다. 마치 학교에서 이처럼 멋지게 성공했다는 경험을 음미하기라도 하듯 말이다.

"저한테 읽기는 점점 더 쉬워지고 있어요. 이제 다음 학년이 되면 실력을 좀 더 많이 올릴 거예요."

교육청은 알리프를 고등학교 단계로 진급시키는 데 동의했다. 단, 여름방학 동안 알리프는 8학년 수준의 수학 실력을 보여야 했다. 그는 A− 성적으로 수학 교과를 통과했다. 같이 수업 들었던 학생들 중 3등이었다. 그리고 BRICK 아카데미 선생님들과 공동서약을 마련했다. 이에 따르면 알리프는 혼자 읽기 연습을 하고, 매일 밤 40분 이상 온라인 보충수업을 해야 했다. 엄마는 알리프가 혼자 읽기 연습하는 과정을 감독했다. 칼슨 선생님은 그가 온라인 수업을 잘하고 있는지 점검해 그의 엄마에게 주기적으로 알려주었다. 엄마는 시간표에 정해진 대로 하지 않으면 알리프의 외출을 허락하지 않았다. 서약서의 내용에 따라 알리프는 의사의 지시가 있지 않는 한 고등학교를 충실하게 다녀야 했다. 그리고 매일 오후 3시 15분에 칼슨 선생님과의 개인교습을 위해 BRICK 아카데미로 돌아와야 했다. 게다가 품행을 바로해야 했다. 학교뿐 아니라 농구에서도 조금의 일탈은 곧 유기정학 또는 무기정학으로 이어지기 때문이다.

알리프의 성적을 축하하고 며칠이 지나, 칼슨은 교육청의 새로운 평가 시스템에 따라 "최우수" 등급을 받았다. 이로써 그녀는 5,000~10,000불을 능력에 따른 보너스로 받게 되었다. 거기에 5000불을 더 받는다. BRICK 아카데미의 학생들은 뉴어크에서 공부면에서, 또한 경제적인 면에서 가장 열악한 환경에 처해 있다고 분류되기 때문이다. 이는 새로운 교사계약의 결실이었다. 성과급 제도는 주커버그와 다른 자선사업가들이 최고의 교사들을 끌어들이고 붙들어 두는 데 꼭 필요하다고 본 내용이었다. 보너스로 주어지는 인센티브가 알리프 또는 다른 아이들과 함께 공부하는 데 어떤 영향을 끼쳤느냐고 묻는 질문에, 칼슨 선생님은 이렇게 대답했다.

"전혀 그렇지 않아요. 그렇다고 오해하지는 마세요. 돈이란 좋은 거죠. 그러나 제 학생들이 만들어내는 학업 향상, 알리프가 얻은 큰 진전, 그로 인한 그애 인생의 변화 … 이런 것이 제게 진정한 보너스인 거죠."

칼슨 선생님은 다른 학교로의 전근을 심각하게 고민했다. BRICK 아카데미의 수업시간이 연장되었기 때문이었다. BRICK 아카데미의 하루 일과는 공식적으로 4시 15분에 끝났다. 그녀에게는 입양한 두 아이들이 있었고, 이제 각각 7살, 8살이 되었다. 그녀는 이 아이들이 학교를 마친 후 집에 돌아오면 함께 보내고 싶었다.

"저는 이 아이들에게 보다 나은 삶을 주려고 입양했어요. 어쩌면 이 아이들이 겪었을 다른 인생보다는 더 나은 삶을 살게 하고 있다고 저는 생각해요. 하지만 저는 이 아이들에게 좀 더 잘 해주어야 해요. 그게 힘드네요."

결국 그녀는 BRICK 아카데미에 남기로 했다. 이유의 일부라면, 다가오는 해에 알리프와 함께 공부하겠다고 약속했기 때문이다. 그녀가 말했다.

"제가 집에 머물러 있게 된다면, 제 아이들에게는 좀 더 낫겠죠. 그러나 알리프에게 지금 일어나는 일들은 곧 제가 교사로 일하는 이유이기도 해요."

학년도가 끝날 무렵, 헤이굿 교장은 볼륨 높은 스피커로 안내방송을 했다. 그녀는 스펠만 대학교(Spelman College)를 막 졸업한 자신의 딸이 뉴어크에서 교사가 될 것이라고 했다. 그녀는 모든 학생들이 교장실에 들러, 뉴어크에서 교사가 되려는 자신의 딸에게 전해줄 충고를 한두 문장으로 써달라고 부탁했다. 알리프는 가장 먼저 나타난 아이들 중 한 명이었다. 그는 이렇게 적었다.

"아이들을 절대 포기하지 마세요."

11장

지도자들, 자기 길을 가다

2012년 2월~2013년 6월

교사계약 건은 주커버그, 부커, 크리스티, 앤더슨에게 우승컵과도 같았다. 그러나 앤더슨에게는 동시에 경영해야 할 학교구가 있었다. 교육감으로 부임하고 나서 18개월이 지난 2012년 어느 금요일 저녁, 그녀는 뉴어크 공립학교를 쇄신할 만한 가장 극적인 제안을 공개한다. 다른 많은 도심 학교구의 교육감들처럼, 학생수가 감소하자 재정 위기를 막고자 학교를 폐쇄하려고 한 것이다. 그러나 다른 도시와는 달리, 또 뉴어크에서 서프와 컨설턴트들이 좌우해 오던 이전 시기와는 달리, 그녀는 잃은 부분에 대해서는 어떤 보상이 있으리라고 약속했다. 그녀는 학교구 내 가장 낮은 성적을 유지하고 있는 12개의 초등학교(유치원~8학년)들을 통합해 8개의 '혁신학교(Renew Schools)'로 재편성하겠다고 했다. 각 학교들은 자율성을 허락받은 최고의 교장들이 담당할 것이며, 최고 수준의 교사 선발, 학교 수업시(일)수 연장, 새로운 교육과정 도입, 새로운 기자재(컴퓨터 등) 설비지원, 강화된 교사연수 프로그램, 그리고 학부모들의 폭넓은 참여 등을 관장할 권한을 수행할 것이라고 했다. 앤더슨은 이 8개의 학교들이 시험대가 되기를 바랐다. 다시 말해 자신의 전략을 뉴어크 학교들을 쇄신할 증거로 삼고자 했다. 교육감과 그의 리더십팀은 화난 부모들에게 전할 답변을 준비했다.

"여러분 아이들이 다니는 학교는 성공에 필요한 조건을 갖추고 있지 않아요. 저희가 그 조건들을 만들어주어서, 아이들이 날아오를 수 있도록 하겠습니다."

#1 러트거스 대학교 폴로버슨센터

앤더슨은 발표 장소로 러트거스 대학교 다운타운 뉴어크캠퍼스의 폴 로버슨센터(the Paul Robeson Center) 강연장을 골랐다. 그녀는 주로 초청되는 시민사회지도자들 및 교육지도자 200여 명의 청중들을 고무하고자 했다. 그런데 거의 1천 명에 이르는 사람들이 그 장소에 나타났다. 주로 폐쇄될 학교에 다니는 아이들의 학부모, 교사들, 교원노조 활동가들, 정치인들, 그리고 부커, 크리스티, 그리고 음모라고 알려진 것을 통렬히 비판하기 위해 공개 포럼마다 모습을 드러내는, 일련의 야유꾼들이 뒤섞여 있었다.

그 어느 것도 앤더슨이 계획한 대로 진행되지 않았다. 공식 석상에서 앤더슨을 소개하기로 했던 러트거스 대학교의 존경받는 행정가는, 하루 전날 전화를 걸어와 부모님의 병환으로 당일 참석이 어렵다고 했다. 무대에 같이 올라 발표 자리를 마무리해주기로 했던 목사는 후두염으로 앓아누웠다고 전화했다. 게다가 꼭 참석하겠다고 했던 영향력 있는 목사님은 뉴욕시 교통체증에 막혀, 도저히 시간을 맞출 수 없다고 연락해왔다.

앤더슨이 발표를 시작하자마자 거의 동시에 야유가 쏟아져 나왔다. 앤더슨이 "이렇게 발표할 기회를 가지게 되어 영광입니다"라고 말하자, "우리는 당신이 발표하는 것을 원하지 않아!"라는 몇몇 외침이 군중 사이에서 들려왔다. "앉아라!" 또 다른 외침이 강연장에 울려퍼졌다. 앤더슨은 바로 옆의

스크린에 나타나는 파워포인트 슬라이
드를 보며 말을 이어갔다. 마치 비즈니
스 컨퍼런스를 하듯이 말이다. 마틴 루
터 킹(Martin Luther King Jr.)의 말을 인
용한 어느 슬라이드에는 이런 문장이
비쳤다.

"서서히 가라앉기 위해 호사스러운 물건을 쓰거나, 점진주의라는 안정
제를 먹을 시간은 없습니다."

#2 발표회장에 나타난 학부모 중 한 명의 의견발표 모습

앤더슨은 대상으로 삼은 12개 학교에서 학생들의 형편없는 성적을 다
시 되뇌는 것을 포함해, 자기 말을 이해시키려고 애썼다. 거의 대부분의 학
교에서 등록 학생수가 줄었고, 따라서 학교 건물의 1/3에서 1/2이 비어 있
으며, 이 유지비가 너무 높다고 말했다. 몇몇 학교에서는 20% 정도의 학생
들만이 자기 학년 수준의 읽기 실력을 지니고 있었다.

"우리 아이들이 21세기에 제대로 진입하도록 성공의 길에 들어서게 하
려면 어떻게 해야 할지, 보다 솔직한 대화가 필요합니다."

이 말에 청중은 잠시 주의를 기울이는 듯했다.

그러나 그녀가 학교 폐쇄를 제안하자 야유는 다시 계속되었다. 앤더슨
은 잠시 고개를 숙이더니, 이내 입술을 꽉 깨문 채 고개를 들었다. 두 손으
로는 마이크를 더 꽉 잡고, 화가 난 군중에게 시선을 고정했다. 앤더슨이 큰
소리로 "우리가 제안하려는 것은…"이라고 말하자, 군중 가운데 수십 명이
그녀의 소리를 죽이고자 소리를 질러댔다.

"우리가 제안하려는 것은…"

한 여성이 시끄러운 소리 위로 크게 함성을 질렀다.

"카미는 사퇴하라!" 그리고 한 노조활동가는 "악마는 뉴욕으로 돌아가라!"
라고 외쳤다.

물러나라는 소리가 들리는 와중에, 누구도 그녀를 도우려 하지 않았

#3 이날 열린 회의에서 앤더슨이 학교개혁 방안을 발표하고 있다.(2014. 6. 14)

다. 심지어 누구 하나 사람들에게 좀 침착하라는 말조차 하지 않았다. '뉴어크는 거대한 규모로 아이들을 실패로 이끌고 있으며, 뭔가 변화가 필요하다'는 아주 분명한 내용을 말한다는 게 점차 힘을 잃어갔다. 위기가 쌓여온 지난 몇 해 동안, 공공장소에서 이만큼 강한 비판은 어디에도 없었다. 2005년 외로운 학교위원회 의원이던 리차드 카마리에리(Richard Cammarieri)만이, 긴급한 행동이 필요하다고 외쳤다. 그는 주표준학력평가에 겨우 20명도 통과하지 못하는 고등학교들과, '공부회피자들(voids of academic exercise)'이라고 하는 가장 형편없는 교사들만을 모아놓은 초등학교들, 특히 사우스 워드에 위치한 학교들을 예로 들었다. 이러한 문제를 해결하기 위해 그는, '시급하고 체계적인 대응'을 요구했다. 교육청은 곧 연구를 발주했지만, 이후 변한 것은 전혀 없었다. 카마리에리는 당시를 회상하며 말했다.

"이건 완전히 수동적이에요. 뭐라 설명하기 어렵습니다. 말 그대로 저희는 차터스쿨들이 우리를 향해 발사할 수 있는 탄환을 만들고 있었던 겁니다."

로버슨센터가 점점 더 시끄러워졌지만, 학교위원회 위원들은 침묵을 지키고 앉아 있었다. 경찰관들도 제자리를 지키고 있었다. 청중에게는 여전히 미궁 속 존재인 앤더슨의 실무진은 첫줄에서 미동도 없이 앉아 있었다. 그들은 거의 백인이었고 모두 뉴욕에서 건너온 사람들이었다. 서프는 자기가 끼어들면 이 소동에 기름을 끼얹을 것이라는 사실을 잘 알고 있었다. 따라서 조용히 앉아 있었다. 부커는 그 자리에 없었다. 사실 앤더슨은 부커에게 그 자리에 참석하지 말아달라고 요청했다. 그가 참석하면, 반대하는 사람들을 오히려 더 자극할 수 있다고 생각했기 때문이다.

앤더슨은 발표의 나머지 부분을 서둘러 끝내려 했다. 폐쇄된 학교 건물들을 차터스쿨에 빌려준다고, 그 차터스쿨들은 정말 도움이 필요한 아이들을 걸러내 받아들이지 않는 학교 시책을 없앨 거라고 말했다.

#4 앤더슨 교육감에 반대하는 시위대의 모습 (2014. 6. 26)

"차터스쿨은 공정하지 않아!"

폐쇄 대상인 학교의 교사들이 소리 질렀다.

한꺼번에 외쳐대는 화난 목소리 말고는 그때까지 그 어떤 소리도 들리지 않았다. 불협화음이 요동치는 가운데, 앤더슨은 그것이 끝이 아니라, 지역사회에서 논의하기 위한 시작점이기를 바란다는 식의 이야기를 했다. "우리 아이들을 위해 함께하기 바랍니다"라고 말했지만, 거의 들리지 않았다.

"오늘 와주신 분들께 감사합니다. 앞으로 더 많은 대화를 바랍니다."

이 말을 마치고 그녀는 강단을 내려와 옆문을 통해 강연장을 떠났다. 발표의 마지막 슬라이드가 스크린에 그대로 남아 있었다.

"우리 아이들은 더는 기다릴 수 없습니다. 지금 당장 행동해야 합니다. 다 함께 참여해주세요."

이 장면은 이상하게도 그녀가 11살 때 박수갈채를 받았던 연극 공연을 떠올리게 했다. 그때 앤더슨은 악당을 무찌르고는, 의기양양하게 무대에 혼자 서 있었다. 그러나 이번에는 그녀의 반대자들이 여전히 서 있었고, 그녀는 떠나버렸다.

로버슨센터 청중은 뉴어크에서 시행되고 있는 하향식 교육개혁에 대해 점점 더 반대 목소리가 커지고 있다는 엄연한 사실을 잘 보여주는 예였다. 학교가 폐쇄되고 차터스쿨이 확대되면서 수백 명의 일자리를 위협했기 때문에, 교사와 교장노조들이 교육청건물(the house)을 둘러쌀 것이라고 보았다. 정말로 노조는 시위를 벌이고 있었다. 교사, 교장뿐만 아니라 학교구 바깥에서는 안정된 일자리를 거의 찾아볼 수 없는 노동자들, 예를 들어 카페테리아직원, 서기, 보안요원, 시설관리자 등도 집회에 참여하고 있었다. 학부모들도 있었는데, 그들은 자녀가 다니는 학교가 문을 닫으면 갱 관할 지대를 통과해 다른 학교를 다녀야 하거나, 새로 배정된 학교로 등하교하기 위해 교통량이 많은 대로를 건너다녀야 한다는 사실을 염려하고 있었다. 대상 학교의 교장들은 바로 그날 아침 이 계획에 대해 알게 되어 직원들에게 알렸다. 그리고 직원들은 부모들에게 알렸다. 부모들은 자녀의 학교가 처한 운명에 대해 말할 권리가 침해되었다고 주장하며 시위 장소에 나온 것이다. 다시 그 용어가 등장했다. '무시(disrespect)', 이 단어는 강당의 대화 여기저기에서 튀어나왔다.

그렇다고 노조들은 이 말을 가지고 '학교폐쇄와 차터스쿨이 돈 많은 모리배들(profiteers)에 의한 음모의 일부'라는 두려움을 선동하지는 않았다.

"어떤 사람들은 그런 두려움을 정말 진지하게 믿었고, 어떤 사람들은 그러한 믿음을 활용했죠."

카마리에리가 말했다. 시의원인 라이스(Ron Rice Jr.)는, 주커버그의 기금이 발표되고 난 바로 뒤인 2010년, 뉴어크에서 극도로 외부인 혐오(xenophobia)가 돌고 있다고 말했다. 특히 도시의 향방을 쥐고 흔들며 바꾸려는 백인 외부자들을 향한 혐오가 주를 이뤘다. 희생되었다는 담화(victimization narrative)는 이전의 도시재생프로젝트와 백인의 이주까지로 거슬러 올라갔다.

"우린 어머니의 가슴을 젖과 함께 먹어버린 셈이지요."

1년 전 교육개혁을 둘러싸고 벌어진 소란 속에서, 한 저명한 시민사회

지도자가 부커와 서프에게 한 말이다.

분명한 장애물이 있었는데도, 도시의 많은 지도자들은 교육에 관한 대화에서 변화할 수 있는 가능성을 보았다.

"시민사회운동가, 싱글맘, 정치운동가, 학교퇴직교원, 사서 등, 우리가 만난 사람 중 그 누구도, 우리가 학교를 더 좋게 만들 수 있다는 사실을 믿지 못하겠다고 하지 않았어요."

남아프리카공화국의 흑백분리에 반대하는 운동에서 두드러진 역할을 한 이후 뉴어크로 옮겨 온, 침례교회 윌리엄 하워드 목사(Reverend William Howard)의 말이다. 그는 앤더슨을 가장 먼저 지지했고, 당시 그녀에게 인내심을 가지고 안에서부터 겸손하게 변화를 키워가라고 조언했다. 그는 말했다.

"저는 남아프리카공화국과 짐바브웨에서의 혁명을 기준으로 판단하는 거예요. 인간 공동체에서 영속하는 그 어떤 변화도, 강요되어서는 안 됩니다."

대중으로부터 거센 항의를 받은 발표회가 끝나고 이틀이 지난 뒤, 앤더슨은 학부모들이 자기 계획을 이해하게 된다면 반대하지 않을 것이라고 확신하며, 단념하지 않았다. 뉴어크에서 수퍼볼 파티준비가 한창 진행되고 있던 때였다. 앤더슨은 자이언트 풋볼팀 윗도리를 입고 로버슨센터에서 있었던 발표에 대해 이야기했다.

"B-야. 적어도 서너 가지라도 바꿀 수 있었다면, 그 발표회는 A가 될 수 있었을 거야."

교육청 관련 문서가 잔뜩 쌓여 있는 식탁에 앉아, 그녀는 다시 되돌아갈 의향이 없다고 말했다. 그녀는 실제로 대상 학교의 부모들과 가질 정보전달 세션을 열 리더십팀과 함께 추진계획을 세워놓고 있었다. 서프가 그녀에 대해 이야기했듯이, 앤더슨은 "똥을 확실히 치울 수 있고" 앞으로 전진하는 능력이 있었다. 그녀는 금요일 저녁 발표회에서 큰 교훈을 얻었다고 했다. '학부모들을 만날 때면, 교육청 보안요원들이 쳐놓은 경계를 열어

주겠다'는 것이었다. 그녀는 진짜 지역주민들과 만나 이야기하고 싶어 했다.

앤더슨의 첫 번째 기회는 13번가 학교(Thirteen Avenue School)에서 찾아왔다. 교육감이 문을 닫겠다고 했던, 바로 옆의 마틴루터킹 초등학교(Martin Luther King Jr. Elementary School)와 함께 진행된 회의였다. 두 학교 모두, 자기 학년 수준의 읽기 실력을 갖춘 학생들이 채 20%가 안 되었다. 13번가 학교는 유치원부터 8학년까지 학생이 600여 명 있었지만, 머지 않아 다가올 큰 변화에 대해 궁금증을 안고 나타난 학부모는 겨우 25명 정도였다. 만약 이들이 진짜 지역주민들이라고 한다면, 앤더슨이 생각하는 지역주민과도 그리고 분노했던 시위자들이 표방했던 지역주민과도 맞지 않게 된다. 대신, 학부모들은 공립학교를 고쳐놓겠다고 약속하는 그 누구에 대해서도, 구조적으로 신뢰할 수 없다는 태도를 보였다.

#5 13번가 학교의 모습

"저는 이 학교를 다녔었어요. 제 조카들, 제 형제들, 제 누이들이 다녔죠. 그리고 이제 제 딸이 다니고 있어요. 왜 학교가 바뀌어야 한다고 하는지 도무지 이해할 수 없네요."

7학년에 다니는 딸을 둔 엄마, 셀레타 카터(Seleta Carter)가 말했다. 비참할 정도로 낮은 성적에 대해 묻자, 카터는 그 점이 정말 큰 걱정이기는 하지만, 딸이 읽기와 수학 모두 숙달된 수준에 있다고 대답했다. 도대체 그녀에게 이 문제를 어떻게 설명할 것인가?

"저는 제 딸아이의 교사들을 골랐어요."

카터가 말했다.

"저희가 만약 그 교사들을 좋아하지 않는다면, 우리 딸을 다른 곳으로 옮기면 되죠."

카터는 실력이 평균 이하인 학교 교사들이 약 40%이며, 딸 아이 앞에 그런 교사들을 보이지 않게 하는 건 부모로서의 책무라고 여기고 있었다. 그러면서, "다른 학부모가 같이 참여하고자 한다면, 아이들 성적은 좀 더 좋아지겠죠"라고 덧붙였다.

달리 말해, 카터는 학교의 기능 장애를 뉴어크 공립학교의 어쩔 수 없는 조건이라 여기고 있었다. 그녀는 단지 자신의 사회적 자본을 이용해 딸 앞에 놓인 방해물을 치우고 있었다. 모임에 참여했던 다른 학부모들 20여 명 또한 대부분 이와 똑같은 입장이었다. 13번가 초등학교의 수백 명에 이르는 학부모 중, 그들은 자녀의 교실수업에 귀중한 시간과 에너지를 투자하는 사람들이었다. 그들이 문제를 제기하면, 행정가들은 귀 기울이곤 했다. 이것이 그들이 이해하는 학교선택(school choice)이라는 개념이다. 즉, 피할 수 없는 재앙의 길에서 아이들을 교묘히 빼내는 능력. 앤더슨과 교육개혁가들이 제시한 '학교선택'이라는 비전은 결코 실현되기 어려운, 또 다른 약속처럼 들렸다. 즉, 그들은 같은 개념을 사용하여, '기능하지 않는 학교시스템을 훌륭한 학교들의 조합으로 교체해, 학부모가 자녀를 위해 가장 잘 어울리는 학교를 선택하게 하는 것을 의미했다. 앤더슨의 주문(mantra), 즉 "모든 것은 모든 것"이라는 말은 상당히 고귀하게 들렸지만, 카터의 삶에서 그녀의 딸은 그녀에게 있어 모든 것이었다. 그녀는 결코, 그녀에게 딱 들어맞는 시스템을 상상할 수 없었다. 갱과 어울리는 아이들, 학년에 비해 몇 년씩 뒤처져 있는 아이들, 또는 수없이 수업을 빼먹는 아이들이 훨씬 적은 학교 시스템 말이다. 만약 앤더슨이, 몇몇 교사들을 다른 곳으로 보내고, 잘 가르친다고 하는 다른 교사들을 고용해 데려오도록 직원들을 종용한다면, 그 커다란 변화가 아무것도 바꾸어놓지 않은 상황에서 카터는 딸을 어디로 보내야 할지 어떻게 알겠는가?

13번가 학교에서의 회의가 끝나자 앤더슨은 곧바로 뉴어크교육고문단

#6 뉴어크교육고문단 로고

(The Newark Trust for Education)에게 발표했다. 이 단체는 수십 년 동안 학교에서 일해온 비영리 지역사회 재단들의 보호 조직이다.

뉴어크에서 좀 더 존경받는 지도자들 중 몇 명이, 지역사회의 지지 없이 전속력으로 움직이지 말라고 그녀에게 경고했다. 프린스턴 대학교에서 정치학 박사를 받은 로버트 커빈(Robert Curvin)은 평생 뉴어크에서 살아온 주민이자 1960년대 시민권운동의 지도자로, <뉴욕타임즈> 편집기자, Ford Foundation의 부회장, 그리고 New School의 학장이라는 권위를 내세워 이야기했다.

"저는 당신이 뒤에서 지원하는 역할로 충분하다고 생각합니다. 그리고 주민들이 어떻게 하면 보다 잘 이해할 수 있도록 할지 생각해보세요. 여기는 뉴어크입니다. 풍부한 역사가 있는 곳이에요. 특히 작년에 누설된 보고서로 인한 에피소드를 기억하시기 바랍니다. 학교 폐쇄에 대해 분노가 사무쳐 있다고요."

"저는 '트라우마(trauma)'라는 표현을 쓰고자 합니다."

뉴어크 역사학자인 러트거스 대학교 프라이스 교수가 말했다.

"이 도시는 항상 뭔가를 잃고 있는 게 아닌가 하는 박탈감에 휩싸여 있어요." 이 말에 앤더슨은 "알고 있어요." 라고 대답했다. 그리고는 "그러나 그것에 대해 이야기하는 것과 이를 행동에 옮기는 것 사이에 진짜 긴장이 있다구요. 이 문제를 해결하기 위해서는 신념의 도약, 즉 괜찮다는 생각을 벗어

#7 클레멘트 프라이스 교수

#8 로버트 커빈

나 빠르게 옮겨가야 할 필요가 있습니다."

그러자 커빈은,

"신념의 도약이란 이런 상황에서는 가능하지 않습니다. 당신은 좀 더 구체적이어야 해요."라고 말했다. 이에 대해 교육감은 "당신 이야기를 잘 듣고 있습니다. 그런데 아이들이 기초를 익히는 데 실패하게 된다면 학교에 갇혀 잠자는 아이들을 잃게 됩니다."라고 대답했다.

한 달 후 앤더슨은 혁신학교(Renew Schools) 안내를 위해 한 번 더 발표의 기회를 마련했다. 기자회견에는 초대받은 사람들만 참여하도록 했고, 몇몇 뉴어크의 인사들을 연사로 모셨다. 이 자리에는 잘 알려진 목사, 존경받는 공립학교 교장, 부커, 뉴어크 출신인 교육청 유치원 담당 국장, 교육위원회 의장 제프리스 등이 참석했다. 발표회는 센트럴 워드에 있는 퀴트만가 커뮤니티 학교(Quitman Street Community School)에서 열렸다. 이 학교 또한 폐쇄 대상 학교였다.

앤더슨에게 차례가 돌아왔을 때, 그녀는 혁신학교들의 성취에 대해 놀랄 만한 예측을 내놓았다.

"저희는 2년 내에 학생들 50%가 우수 등급에 이르도록 할 것입니다. 4년 내에는 우수 등급의 아이들이 75%에 이르도록 할 것입니다. 정말 적절한 교장을 뽑

#9 퀴트만가 커뮤니티 학교

게 된다면, 바라건대 이보다 더 좋은 성과를 올릴 것이라고 기대합니다."

대상 학교 중 그 어느 곳도, 읽기와 수학에서 자기 학년에 해당하는 수

준의 실력을 갖추었다고 평가되는 아이들이 채 30%가 되지 않았다. 앤더슨은 5월 또는 6월이 될 때까지도 새로운 교장들이 누구인지 밝히려 하지 않았다. 그들에게는 새로운 교사들을 뽑고, 학부모들을 참여시키고, 가을의 제 날짜까지 학교 이미지를 새롭게 할 수 있는 시간이라곤 겨우 3개월 정도밖에 남지 않았다.

다음 월요일, 앤더슨의 임시 인사팀장인 앨리슨 에이베라(Allison Avera)는 영화 속 권투선수 로키(Rocky)처럼 손을 높이 들고는, 리더십팀 회의에 성큼성큼 걸어 들어왔다. 그녀는 기자회견이 '정말로 효과가 있었다'고 선언했다. 테이블 주위에 있던 모든 사람이 이번 기자회견은 지난번보다 말할 필요 없이 더 나았다는 데 동의했다. 그러나 몇몇 팀원들은 학부모가 초대되지 않았다고 문제를 제기했다. 선임직원 중 한 명은 퀴트만 PTA 회장 및 지역 활동가들과 이야기하느라 바깥에 있어야 했다. 그들은 앤더슨의 초청자 명단에 없어, 보안요원들로부터 참석을 제지당했었다.

"이 일은 오래된 뉴어크의 이야기에 사례 하나를 더 보탠 꼴이 되었어요. 큰 일들이 이곳 뉴어크에서 일어나지만, 우리 뉴어크 주민들은 그 일에 대해 가장 나중에 알게 됩니다." 그가 말했다.

서둘러야 하는 일정에도 불구하고, 혁신학교를 이끌기 위해 앤더슨이 선발한 교장들은 이 학교들이 인생에서 중요한 기회가 될 거라고 생각했다. 과거에는 학교를 혁신하려는 공동의 비전을 위해 교장이 교사를 뽑거나 또는 직원으로 팀을 구성한다는 게 허락되지 않았다.

32세의 바네스(Chaleeta Barnes)는 데이튼가 학교(Dayton Street School)의 교장이었다. 그 학교는 폐쇄되었고, 1마일 떨어져 있는 사우스 워드 소재 페쉰네가 학교(Peshine Avenue School)에 통합되었다. 사업가답게 대담한 방식으로, 바네스 교장은 학교를 늘 흥미롭도록 만들었다. 그녀의 헤어스타일까지도 흥미로웠다. 그녀는 거의 매주 머리모양을 바꾸었다. 불룩 튀어나온 머리모양을 하는가 하면, 언젠가는 마리화나풍으로, 그리고 포니테일 머리

#10 페쉬네가 학교 전경

모양 등으로 말이다. 바네스 교장은 통합된 학교를 이끌도록 지명되었다. 그녀는 교감으로는 뉴어크에서 태어나 자란 교사 출신의 태미숀 루이스(Tameshone Lewis)를, 행정담당 교감에는 지난 십여 년 동안 뉴어크 차터스쿨의 확장을 도왔던 전 공립학교 교사 사브리나 메아(Sabrina Meah)를 선택했다.

앤더슨이 아니라, 신뢰했던 지역 교육가들에 의해 학교폐쇄에 대한 대화를 전해듣는 것은 충격이었다. 먼저 데이튼가 학교의 학부모들은, 자기 동네 학교가 폐쇄된다는 소식에 몹시 화를 냈다.

"제 아이는 버스를 타러 가지 않을 거예요."

이 학교 아이들은 페쉬네가 학교까지 버스로 다니게 될 것이라는 이야기를 듣고 나서, 한 엄마가 바네스 교장에게 선언하듯 말했다. 수십 명의 학부모들이 페쉬네가 학교의 도서관에서 열린 회의로 모여들었다. 데이튼가 교복인 연파랑 폴로셔츠와 네이비색 바지를 입은 젊은 교장이, 매력적인 미소로 그들을 맞이하고 있었다. 그녀는 들뜬 표정이었지만 평정을 유지하고 있었다.

#11 바네스 교장

"이 모든 변화에 대해 우리 모두 확신하지 못하고 또 두려워하고 있다는 걸 알아요. 저 또한 그렇고요. 당신 이야기를 듣고 있어요. '그들이 우리를 내리누르고 있어요. 또다시 말이에요!'"

누구라도 기회가 생기면 제기할 법한 말을 채 꺼내기도 전에, 바네사 교장은 '무시(disrespect)'라는 이슈를 꺼내놓았다.

"그러나 저를 믿으세요. 이것은 우리 시간이에요. 이곳은 여러분들이 원하던 곳이에요. 그리고 여러분의 자녀들이 있기 원하는 곳이기도 해요.”

그녀는 학부모들에게 늘어난 수업일수, 헌신적인 교사들로 이루어진 교직원, 각 교실마다 비치된 더 많은 컴퓨터, 교실수업을 보강하게 될 야외수업 등의 장점들을 늘어놓았다.

“우리 학교의 성적이 낮다는 점은 분명합니다. 그러나 우리는 함께 이 문제를 바꿔나가려고 합니다.”

바네스 교장은 신념 가득한 태도로 계속 말을 이었다.

“누구도 실패하는 학교에서 자녀들이 중도탈락하기를 원치 않아요. 누구도 실패하는 학교에서 일하고 싶어 하지 않습니다. 그리고 이 학교에는, 실패를 인정해버리고 ‘그래도 괜찮아’라고 생각하는 사람들이 이제 없습니다. 전혀 괜찮지 않아요.”

그녀는 모든 학부모들의 질문에 솔직하게 답변했다. 초기 반대했던 사람들을 포함해 몇몇은 일어나서 이제는 함께하겠다고 말했다.

“어마하게 큰 일이 될 거예요. 그러나 저희는 준비된 거 맞죠?”

바네스 교장이 물었다.

“그럼요!”

학부모들이 합창하듯 대답했다. 몇몇은 손뼉도 쳤다. 교육청은 학부모들에게 저녁식사를 대접했다. 학부모들이 도서관에서 확인하고 카페테리아로 향하고 있을 때, 음식조달담당자(caterer)는 바네스 교장과의 개인적인 만남을 기다리고 있었다. 그녀는 젊은 교장의 팔을 두드리면서, 그녀는 존경을 담아 미소를 보냈다.

“이봐요, 난 당신의 태도가 맘에 들어요. 당신은 꼭 야구방망이를 들지 않은 클락(Joe Clark , 영화 Lean on Me의 주인공) 같거든요.”

차리타 바네스 교장은 학부모들에게 깊은 인상을 남겼다. 이 학부모들은 앤더슨으로선 결코 모을 수 없는 사람들이었다. 앤더슨이 비록 크리스티의 주정부 권력을 등에 업는다고 하더라도 불가능했을 것이다. 그녀는 뉴어크의 진정한 딸이었다. 엄마는 데이튼가 학교에서 35년도 넘게 교사 생

#12 페쉬네가 학교 교사들 (왼쪽에서 첫 번째 태미숀 루이스 교감)

활을 했다. 부모 모두 도시 공립학교 출신이었다. 바네스 자신도 페쉬네가 학교에서 4년, 그리고 데이튼가 학교에서 5년간 교사로 보냈다. 그리고 나서 데이튼가의 교장이 되었다. 페쉬네가 학교 학부모들은 그녀가 응원단(cheerleading squad)을 조직하던 모습을 기억한다. 당시 교육청이 유니폼을 제공해줄 수 없다고 하자, 그녀는 손수 유니폼을 바느질했다. 데이튼가 학교의 학부모들은 그녀가 어떻게 '영화의 밤(movie night)'과 방과후 댄스수업을 감독했었는지 자세히 이야기했다. 당시 그 지역에서 아이들이 방과후에 안전하게 놀 수 있는 곳이라곤 전혀 없었다. 그녀는 심각한 수준의 학습장애아들까지 포함해 모든 학생들에게 '탁월한 지도자'로 평판이 자자했다.

교감으로 선발된 태미숀 루이스(Tameshone Lewis)는 가장 난폭하고 반항적인 아이들에게조차, 최선을 다하자고 설득하는 데 이골이 난 사람이었다. 그녀는 비참한 뉴어크에서의 아동기를 무사히 보내고 살아남았다. 약물중독자의 딸이었고, 5명의 형제 중 유일하게 고등학교와 대학교를 졸업했다. 그녀는 아이들에게, '내가 공부할 수 있었다면, 너희들도 마찬가지로 할 수 있어야 해'라고 말하곤 했다. '너희들이 죽을지 살지는 공부에 달려 있다'고 말했다.

"아이들은 자신들이 늘 학대받아 왔기 때문에 성공할 수 없다고 합니다. 그러면 저는 말하지요. 이해한다고요. 그 아이들은 부모로부터 버림받았다고 이야기합니다. 그러면 저는 또 이해한다고 말합니다. 또 아이들은 자기 아버지가 누구인지 모른다고 말합니다. 저는 그 또한 이해한다고 말합니다. 그들은, '이봐요 루이스 선생님, 선생님은 더럽고 불결한 집에서 자라지 않았잖아요?' 그럼, 저는 이해한다고 말합니다. 그러면 아이들이 말할 겁니다. '루이스 선생님, 칫솔 좀 가져다주실 수 있어요? 선생님 냉장고에서 물 좀 가져가도 돼요? 하고 싶은 말이 있을 때 선생님께 전화해도 돼요?'"

바네스와 두 교감, 루이스와 메아는 페쉬네 근처 4개 블럭의 집들을 모두 방문해, 학부모들과 아이들을 위한 여름 바베큐 파티에 참여해달라고 초대했다. 루이스 교감은 집집마다 누가 있는지 아는 듯했다. 루이스가 불러내린 한 여자는 잠옷을 걸친 채 한 계단 위에 서서, 지금 자고 있어서 갈 수 없다고 말했다.

"프랜, 옷 좀 차려입고 여기로 좀 나와봐!"

루이스가 소리를 질렀다. 곧이어 커다란 웃음 소리가 들려왔다. 그 둘은 루이스가 고등학교에 다닐 때 DMV(자동차사무소, Department of Motor Vehicles)에서 함께 일했었다.

바네스 교장은 BRICK과 파트너십을 맺었다.* BRICK 아카데미에서 괄목할 만한 노력을 주도하고 있는 교사들, 그들은 특히 교사들을 선택하는 데 있어 몇 가지 교훈거리를 주었다. BRICK 설립자인 도미니크 리(Dominique Lee)는 페쉬네가 학교의 리더들에게 먼저, (앞으로 교사가 될 사람들의) 능력(ability)과 심성(mindset)을 보라고 했다. 빈곤이 가져오는 불의에 대해 깊이 고민하는 교사들, 그리고 정말 간절히 자신의 교수방법 향상을 바라는 교사들 말이다. 리는 말했다.

---

* 페쉬네 학교는 2012년부터 교명을 변경하여 BRICK Peshine Academy가 되었다.

"심성과 지성을 갖춘 사람들이라면, 우리가 그들을 지도해서 좋은 교사, 아니 훌륭한 교사로 만들 수 있어요. 제대로 준비된 훌륭함을 기대하지는 마세요. NPS의 교사들 대부분은 지도를 잘 받지 않았어요. 교수학습방법에 있어 좋은 지도자라고 할 만한 교장들이 얼마나 되겠어요?"

바네스 교장, 루이스 교감, 메아 교감은 여름 내내 새로운 학교프로그램 디자인에 몰두했다. 그들은 어떤 새로운 아이디어라도 얻을까 싶어, 100년이나 된 커다란 페쉬네 학교 건물에서 매주 학부모회의를 열었다. '일주일에 몇 번이나 학생들에게 숙제를 내주는 게 좋을까요?' '매일'. 돌아온 대답이었다. '부모들이 아이들의 숙제를 점검하고 있다는 걸 어떻게 알 수 있을까요?' 부모들은 대답했다. '아이들에게 꼭 부모의 서명을 받아오게 하라'고. 30명이 채 되지 않는 사람들이 첫 모임에 참여했다. 그러나 두 번째 모임에는 참석 인원이 50명이 넘었다. 그리고 8월 말 마지막 모임이 있기까지, 강당은 2백여 명도 넘는 부모들로 꽉 들어찼다. 그들은 바네스 교장이 학교 리더십팀을 소개할 때 큰 소리로 호응했다. 5학년 엄마인 크리스탈 윌리엄스(Crystal Williams)는 참석한 사람들에게 말했다.

"제 남편과 저는 이전 교장 선생님과의 경험이 그리 좋지 않았어요. 첫 모임에 우리는, 바네스 교장 선생님의 으르렁거리는 소리에 오게 되었지요. 그녀는, '침착하세요, 제게도 기회를 주셔야지요'라고 말했죠. 저희는 계속 여기 왔고, 많은 변화를 목격했어요. 그리고 흥분된 분위기를 발견할 수 있었지요. 행복해하는 사람들을 보았습니다. 아마도 이곳에 변화가 찾아올 거라고 봅니다. 오늘 밤 우리를 돌아봐주세요, 바네스 교장 선생님. 이 사람들 모두를 보세요. 이전 일들은 이전 일들이에요. 지금 우리는 이 일을 할 수 있어요. 네, 우리는 할 수 있어요."

가슴과 마음을 얻고자 했던 전쟁에서 앤더슨에 앞서 승리를 거두면서, 루이스 교감, 바네스 교장, 메아 교감은 도시에서 가장 가난한 구역에서의 교육이 당면한 도전들에 관심을 돌렸다. 문제가 많은 학생들을 지원하고, 훈육을 명확히 하며, 교수학습의 엄격함을 높이기 위해 온갖 노력을 동원했다. 아이들의 행동과 성적에 있어 학부모의 기대수준을 높여 달라는 주문에 하나하나 호의적으로 대응했다. 관리자로부터 지원을 많이 받고 있다고 느끼지 못하는 교사들을 위해, 교직원 간의 단결심을 배양하도록 했다.

그러나 BRICK 아카데미에서처럼, 교사들은 형편없는 수업, 가난, 뉴어크에 만연한 폭력 등으로 인해 매일같이 전쟁을 치르고 있었다. 뉴어크에서 학교를 졸업했고, 교사 경력 14년인 5학년 수학교사 쉐이클 넬슨(Shakel Nelson)은 이러한 문제들에 대해 주목할 만한 기술과 해결책을 갖고 있었다. 그녀는 문제아들을 설득했다. 도대체 그들을 혼란스럽게 만드는 것이 무엇인지 분명하게 말하라고 말이다. 그러고는 같은 반 친구들을 끌어들여 그 위기를 넘어설 수 있도록 돕게 했다. 그러다 보면 결과적으로 모든 기술 수준의 학생들이 전부 관여하게 된다. 정상적이라면 3학년에 배우게 되는 곱셈표에 대해 아는 학생들이 거의 없다는 사실을 알게 된 후, 넬슨은 리듬을 넣은 노래로 아이들의 시선을 끌었다.

"… 16, 20, 24, 이것이 4단 외우는 방법이야."

이 방법으로 아이들은 보다 쉽고 즐겁게 배울 수 있었다. 그녀가 아이들에게 들이는 공은 그녀가 얼마나 열심히 일하는지 살펴보면 더 분명해진다. 아이들은 지속적인 주의집중과 훌륭한 태도로 그녀에게 보답한다. 2014년 주표준학력평가 결과가 도착했을 때, 넬슨이 가르친 몇 안 되는 5학년 수학반 학생들은 페쉬네에서 가장 높은 우수등급, 즉 57%를 기록했다. 지난해 치러진 성적 평가와 비교해 보면, 5학년의 수학 성적 향상은 주 전체적으로 60% 이상 앞선 것이었다. 엄청난 학업 성취였다. 한편 훌륭한 교사들의 혜택을 받을 수 있었음에도, 5학년의 40% 이상 학생들은 여전히 부족한 상황이라는 것을 의미하기도 했다.

넬슨 선생님이 맡은 학생들의 경우, 그들의 어려움은 학업과 관련된 문제 이외에도 잘 해결되어 갔다. 가을학기가 시작되고 며칠 지나지 않은 어느 아침, 한 남자아이의 아버지가 살해되었다. 넬슨이 그 남자 아이의 책상 옆에 서서 위로하고 있을 때, 마치 아무렇지도 않은 듯 그 아이는 열심히 노력하면서 수학 문제를 풀어 나갔다. 그런데 그녀가 다른 아이를 봐주려고 움직이자 그 아이는 갑자기 고개를 들더니 바닥에 연필을 떨어뜨렸다. 마치 자기만을 봐달라는 듯이…. 정서장애 부모를 둔 한 여자아이는 소원하게 지내던 부모들이 어느 날

#13 페쉬네가 학교 아이들이 읽기 수업에 참여하고 있다.

다시 연락해오자, 노력하던 것을 멈추었다. 그러고는 교실에서 다시 싸우기 시작했다.

페쉬네가 학교는 앤더슨표 혁신학교로 수학코치를 채용하기 위해 별도 재원을 지원받았다. 그는 넬슨 선생님과 다른 수학교사들을 정기적으로 만나, 아이들의 성적자료를 살펴보고 다시 가르칠 필요가 있는 세밀한 기술들을 짚어주었다. 한 시험지의 평가 항목들은 서술형 문제(words problems)였다. 넬슨 선생님이 가르치는 아이들 대부분이 그 평가문항 중 반 이상을 틀렸다. 궁금증이 발동한 넬슨 선생님은 서술형 문제를 수식문제(number problems)로 바꾸어 학생들에게 다시 치르도록 했다. 성적은 최소 30점이 올랐다. 그녀는 수학코치에게 이야기했다.

"아이들은 읽기가 없는 문제를 훨씬 더 잘 풀었어요."

이러한 사실이 밝혀지자, 넬슨 선생님의 학생들은 수식문제뿐만 아니라 서술형 문제까지 다루게 되었다. 주표준학력평가에 따르면, 5학년의 단 1/5만이 자기 학년 수준의 읽기 실력을 갖고 있을 뿐이었다. 그러나 새로운 핵심표준교육과정(Common Core State Standard)에서 읽기는 수학보다 더 중요해지고 있었다. '무엇'과 함께, '왜'에 대해 분명히 답하도록 요구하는 논리적 합리성이 강조되고 있었기 때문이다.

한 수학교사는 에마누엘이라는 이름을 가진 아이의 낮은 성적을 보고는, 고개를 가로저었다. 그에게는 읽기나 수학보다 훨씬 더 시급한 문제가 있었다. 그녀가 말했다.

"그 아이의 누이가 에섹스카운티 대학교(Essex County College)에서 총에 맞았어요. 걔는 늘 이 생각에 사로잡혀 있는 거예요."

612명의 학생이 있는 학교에서, 페쉬네가 학교의 외로운 사회복지사는 매일 문제아들을 돌봐야 하는 교사들 모두에 대해 지원을 시작할 수도 없었다. 바네스 교장과 페쉬네가 학교 교사들은, 트라우마를 겪고 있는 아이들을 위해 특별 수업을 만들었다. 안정 취하기와 태극권, 요가, 댄스, 스트레칭, 심호흡, 그리고 나름 점잖은 뮤지컬 반주에 맞춘 율동 등을 수업시간에 포함시켰다. 교사들은 반에서 특별히 슬퍼하거나 분노가 많은 아이들을 찾아내서는 그 수업에 참여하도록 독려했다. 수업 대상 학생은 결코 적지 않았다. 아이들은 그 수업을 정말 좋아했다. 아이들끼리 그리고 교사와 대화를 나누면서, 스스로 감정을 열도록 하는 음악과 율동을 통해 눈에 띄게 안정감을 찾는 듯했다. 그 학급에 모인 아이들 중 단 두 명을 빼고는 엄마가 없었다. 한 남자아이의 형은 살해당했다. 여자아이 한 명은 마약중독에 빠진 엄마, 그리고 갓난 쌍둥이 형제들과 함께 집에서 쫓겨나 노숙자가 되어 길바닥에서 살아야 했다.

앤더슨이 아이들에게 보다 좋은 환경을 제공해주자는 취지에서 혁신학교를 준비했다는 데는 의심할 여지가 없다. 앤더슨은 강한 교장과 교사들, 학생들의 학력을 측정할 수 있는 시험, 핵심교육표준에 맞춘 교육과정, 교수학습을 개별화하도록 한 온라인 학습프로그램 등을 제공했다. 교장들은 새롭게 개발된 항목에 따라 교사들을 평가했다. 이 결과를 바탕으로 자선기금으로부터 수백만 불의 보너스가 지급되었다. 새로운 평가체제는, 각 교사가 학생들을 얼마나 잘 가르치고 있는지 구체적인 단계로 구분하도록 하고, 그에 따라 코칭을 받도록 하고 있다. 부교육감들(assistant superintendents)을 모은 새로운 팀이 구성되었다. 그들은 교육청 산하 모든 교장들을 관찰하되, 평가, 교육과정, 핵심교육표준이 단위학교별로 일관되게 이행되고 있는지 확인하는 임무를 갖고 있었다. 그러나 페쉬네가 학교와 다른 혁신학교에서의 경험에서 분명히 나타난 것처럼, 형편없는 교수학습, 가난, 깊숙이 스며든 폭력 등의 잔재로 인한 낮은 읽기 실력, 불안한 정서 문제 등을 지닌 학생들에게는 더 많은 것들이 필요했다. 새롭고 개선된 시스템이 아무리 잘 이행된다고 해도 말이다.

한 가지 문제는 혁신학교의 교사들이 동일한 수준의 역량을 지니고 있지 않다는 점이었다. 차터스쿨들은 해당 지역뿐만 아니라 전국적으로 가장 최고인 교사들을 찾아다닌다. 이를 위해 주커버그나 다른 기금후원자들이 지원을 아끼지 않는다. 새로운 교사 한 명을 찾아 고용하고 훈련하는 데 평균 17,500불을 쓴다. 새로운 교장 한 명을 위해서는 20만 불 이상이 든다. 그러나 공립학교들은 대부분 기존 뉴어크에서 일하던 교사들 중에서 선발할 수밖에 없다. 어떤 학교에서도 원하지 않는 교사들의 수가 늘어나면서, 교육청 예산이 그만큼 떨어져나가고 있기 때문이었다.

앤더슨은 학생들에게 보다 많은 사회적, 정서적 지원을 해야 한다는 사실을 잘 알고 있었다. 그러나 교육청에서는 혁신학교 교장들에게 그러한 프로그램을 지원할 예산이 당장은 없다고 했다. 앤더슨은 교장들에게 예산 내에서 알아서 사용하라고 말했다. 예를 들어, 소규모 학급들을 통합해 교사 1명 자리를 없애면, 남는 돈으로 튜터나 상담가를 고용할 수 있을 것이라고 말이다. 그러나 이것은 KIPP 네트워크의 스파크 아카데미가 보조 교사, 튜터, 사회복지사, 그리고 오로지 가정지원 임무만 맡고 있는 학생과장 등의 인력에 투입하고 있는 재원에 비하면, 비교할 수 없을 정도로 모자랐다.

근무 이외의 시간에, 페쉬네가 학교 교직원들은 학생들의 겉모습을 좀 더 밝게 할 수 있는 방법을 찾았다. 학교-가정연계 담당인 살리마 고든(Salimah Gordon)은 "아빠-딸 댄스(Daddy-Daughter Dance, DDD)"라는 아이디어를 제안했다. 아버지-딸(father-daughter)이라고 하면 안 되었다. 생물학적인 아버지가 없는 여자아이들이 소외감을 느낄지도 모른다는 생각 때문이다.

"아빠(a daddy)는 너의 인생에서 어떤 남성도 될 수 있어. 네 아버지, 할아버지, 삼촌 또는 나이든 오빠까지도."

그녀는 매 수업에서 여자아이들에게 설명했다. 페쉬네가 학교가 지난해 가을에 혁신학교로 문을 열었기 때문에, 고든은 2013년 4월에 행사를 개최하려고 계획했다. 그녀는 '아이들이 절대 잊지 못할 순간, 어린 시절 가장 행복했던 기억이라고 늘 떠올릴 수 있는 것'을 만들어주고자 했다.

아이들의 반응은 가히 폭발적이었다. 그녀의 정말 무모했던 기대조차 넘어섰다. 여자아이들은 함께할 참가자 목록에 삼촌, 사촌, 이웃, 가족의 친구, 그리고 물론 아버지 등을 적어 넣었다. 어떤 아이들은 평소 함께하지 않던 아버지들이 '좋다'고 말했다며 흥분을 감추지 못했다.

마침내 행사의 밤이 다가왔다. 63쌍의 아빠-딸은 분홍색, 흰색, 검정색 풍선으로 장식된 아치통로를 지나, 야간 무도회장으로 변신한 페쉬네 카페테리아에 들어섰다. 천장으로부터 커다란 띠들이 나풀거려 분홍색, 흰색, 검정색으로 이루어진 캐노피를 만들어냈다. 이러한 장식은 자원한 학부모들이 하루 종일 사다리를 타고 올라가 만든 것이었다. 이날 DJ를 맡은 페쉬네가 학교 음악교사인 피트만(Steve Pittman)은, 시대를 넘나드는 모든 음악 장르에 걸쳐 느리거나 빠른 사랑 노래를 들려주었다. 바네스 교장은 매끄

#14 DDD 사진(2013)

럽고 비단결 같은 무지개색 가운을 입고 있는 여자아이들의 행진을 이끌었고, 피트만은 "Isn't She Lovely"를 노래하는 스티비 원더 역할을 했다. 아빠-딸로 이루어진 쌍은 몇 시간 동안이나 사진 포즈를 취했다. 사진 촬영은 페쉬네가 학

교 1학년 교사인 조안 러더 포드—파스트라스(Joanne Rutherford—Pastras)가 담당했다.

#15 DDD 사진(2013)

아빠들은 돌아가면서 딸들이 대견하다는 말과 함께, 한공간에 이렇게 많은 뉴어크 남자들이 모여 있다니 신기하다고 말했다. 의붓딸을 데리고 온 뉴어크 소방공무원 압두스 살람(Muraad Abdus Salaam)은 한곳을 둘러보더니 말했다.

"이곳 뉴어크에서 산 지 53년이 되는 동안, 이런 행사를 하는 학교를 본 적이 없네요. 여기 계신 분들은 뉴어크의 남자들에게 '자, 이제 춤출 시간이에요'라고 보여주고 있네요."

학교—가정연계 담당인 고든은 뉴어크에서 나고 자란 또 한 명의 뉴어크의 딸로서, 아빠들 모두를 위해, 딸들에게 걸어주라며 가는 줄의 은팔찌를 준비했다. 자기 돈으로 말이다. 바네스 교장은 (참석한) 남자들이 딸들의 손목에 팔찌를 채워줄 때, 처다보면서 사랑한다고, 잘 이끌겠다고, 그리고 격려하겠다는 맹세를 반복하라고 했다. 팔찌는 두 마음이 엮여 하나가 된다는 상징이었다. 바네스 교장은 그들의 사랑을 공개적으로 선언하라고 했고, 많은 사람들이 그렇게 했다.

딸이 입고 있는 분홍색과 흰색 파티 드레스에 맞춰 흰 정장셔츠와 반짝이는 분홍색 넥타이를 맨 한 남성이 앞으로 걸어나왔다. 그는 딸의 손을 잡은 채 마이크에 대고 말했다.

"나는 네가 무엇을 하든 너를 돕기 위해 여기에 있단다. 네 등 뒤엔 항상 내가 있어. 아빠는 너를 사랑한단다. 너를 위해 항상 여기 있을게. 무슨 말인지 알지?"

감정이 북받쳐오르면서, 그 딸아이는 아버지의 가슴에 머리를 묻었다. 아버지는 그런 딸아이를 손으로 감싸 안았다.

앤더슨이 뉴어크에 도착해 마주했던 재정 위기가 2013년, 총체적인 난국에 들어섰다. 교육감은 3월에 이미 5천 7백만 불의 적자가 있다고 이야기하면서, 학교예산 중 1천 8백만 불을 삭감했다. 그리고 200여 명의 출석 상담가(attendance counselors), 행정실 직원, 수위, 학교-가정연계담당자, 보안요원의 거의 대부분을 해고했다. 앤더슨은 비통한 심정으로 기금후원자들에게 말했다.

"우리는 학교개혁이라는 미명 하에 뉴어크의 빈곤율을 높이고 있어요. 이 문제와 싸우기란 쉽지 않습니다."

그러면서도 그녀는 동시에, 자기 휘하에 있는 리더십팀의 급여를 상당한 수준으로 인상했다. 물론 이러한 내용은 공개되지 않았다.

고통스러운 예산 삭감으로 인해, 교육개혁 노력을 비판하는 사람들은 점점 목소리를 높여가고 있었다.

"도대체 주커버그의 돈은 어디로 간 거냐?"

언제 어느 곳에나 교육개혁반대자로 나타나는 할머니인 빌헤미나 홀더(Wilhelmina Holder)가 신랄하게 꼬집었다.

"고구마 파이는 꼭 은(silver)처럼 보이지."

대량 해고는 앤더슨이 내놓은 교육청 사업계획에 대한 저항을 더 부채질했다. 그러나 그녀는 2013년 3월에 열린 연간 예산청문회에 도착해, 정보부족이 확연히 드러나는 지출계획을 제시하여 또다시 반대자들을 짜증나게 했다. 학교위원회 위원들은 그녀가 내놓은 감축안에 따라, 어떤 직위, 어떤 내용이 퇴출되어야 하는지 구체적으로 제시하라고 압박했다. 학교는 미술과 음악 교사들을 내보내야 하는가? 이미 각 학교에는 사회복지사들이 거의 없지 않은가? 그러나 앤더슨의 측근은 그러한 정보를 구할 수 없다고 답변했고, 그저 자문만을 제공하는 위원회는 이를 (강하게) 요구할 권한이 없었다. 게다가 예산의 절반 이상은, 오갈 데 없는 교사들에게 치르는 비용이 차지하고 있었다. 예산 적자가 발생하는 가장 큰 원인이기도 했다. 위원회는 다가오는 회기년도의 앤더슨 예산안을 부결시켰다. 그리고 앤더슨을 신임할 수 없다고 결정했다. 이 두 표결 모두 만장일치 의견으로 결정된 것이다. 그러나 주정부가 학교(업무)를 관할하고 있었기 때문에, 아무런 효력이 없었다.

앤더슨은 예산 관련 표결을 무시했다. 그러고는 자신이 세운 지출계획을 강행했다. 그녀는 그 표결들이 전혀 투명하지 않은 예산 설명을 비난하는 것이 아니라, 해고에 대한 공격이라고 보았다. 나중에 그녀는 차터스쿨의 옹호자이자 위원회 위원인 제프리스를 '위선자'라고 언급했다. 그녀 눈에는 그가 장차 시장에 출마할 것이고, 따라서 해고에 관련된 표결에서 교육감을 옹호할 수 없었기

#16 앤더슨 교육감이 의회 예산 관련 청문회에 출석하여 답변하고 있다(2014).

때문에 예산에 반대표를 던졌다고 보았다. 차터스쿨을 옹호하는 그가, 차터스쿨의 확장으로 인해 교육청의 재정이 점차 줄어들었고, 해고가 불가피하다는 사실을 알고 있으면서도 말이다. 제프리스는 투표에 대해 단호한 입장을 보였다. 그는 앤더슨의 예산(안)이 학교에 어떤 영향을 끼치는지 알지도 못하는데 무작정 지지할 수는 없었다고 말했다.

"앤더슨은 어떻게 지출할지 전혀 알리지도 않으면서 10억 불을 요구했습니다."

점차 앤더슨은 자신을 반대하는 사람들을 교육개혁의 반대자로 매도했다. 심지어 자신의 접근에 문제를 제기하는 협력자들조차도 아이들에게 최

선인 것들을 충분히 하려 하지 않는다고 비판했다.

2013년 봄, 라스 바라카(Ras Baraka)는 시장 선거에 후보로 나선다고 선언했다. 열정적인 출마선언에서 그는, 외부인들이 통제하고 있는 "뉴어크를 되찾아 오겠다"고 맹세했다. 그는 앤더슨이 주요 타깃이라고 분명히 했다. 그는 사우스 워드 구역의 한 강당에 꽉 들어찬 청중들에게 말했다.

"우리는 지금 학교 개혁과는 아무 상관없는 학교개혁 과정을 목도하고 있습니다."

그는 교육개혁가들의 전술을 정말 싫어하면서도, 그들이 내세운 목표의 많은 것들을 공유하고 있다는 점은 밝히지 않았다.

"우리는 학교를 개혁해야 합니다. 헤지펀드그룹이나 특수한 이해관계를 가진 사람들이 아니라, 우리를 도울 수 있는 선량한 의지와 공정한 성정을 지닌 사람들을 찾아야 합니다."

시의원으로서 교육분과위원장을 맡고 있는 바라카는, 책무성을 내세운 교육개혁운동의 주장이 담긴 페이지를 펼쳐 보이며 제안했다. 아이들의 성적이 향상되고 있다는 데이터를 보여줄 때까지, 앤더슨 제안(initiatives)의 모든 내용에 대해 일시정지할 것을 결의하자고. 결의안은 만장일치로 통과되었다. 물론 시의회는 학교에 대해 아무런 권한이 없기 때문에 효력은 없었다. 며칠 내로 앤더슨은 바라카에게 측근을 보내 말했다. 바라카가 시장 후보인데도 학교 교장이나 할 법한 제안반대운동을 하고 있기 때문에 역할 갈등을 보일 수밖에 없다며, 의원직에서 물러나야 한다고 주장했다.

그는 당연히 거절했다. 그리고 다음 날 이 일에 관한 그의 무례한 답

#17 시장 후보로 자리매김한 바라카

변을 담은 동영상이 다음과 같은 질문을 담아 그의 지지자들에게 뿌려졌다.

"이런 바보 같은 사람(chumps)을 뽑을 겁니까? 우리 중 한 명을 희롱하고 있는 이 참견쟁이 아웃사이더를 받아들일 겁니까?"

페쉬네가 학교 교직원들은 자신들이 기울이는 노력과 헌신을 자랑스럽게 생각했다. 그런데 곧 그러한 노력과 헌신이 심각할 만큼 낮게 평가되고 있다고 느끼게 되었다. 2013년 6월, 앤더슨은 "Election to Work Agreement"라고 불리는 뭔가를 전환학교(the turnaround)와 혁신학교들에 보냈다. 그 학교 교직원들은 곧 새로운 교사계약에 따라 추가된 내용에 노동일수 및 햇수가 늘어났다는 사실을 알게 되었다. 이러한 부가적인 근무 연장에 따라 교사들은 연간 단 3000불의 인센티브를 일률적으로 받게 되어 있었다. 전년도의 경우 페쉬네, 에이븐, 그리고 몇몇 다른 학교들의 교사들은 연장된 근무일·시간으로 인해 교사당 1만 2000불에서 1만 5000불까지 지급받았다. 초과된 근무시간에 대해 시간당 50불이 책정되었다. 이 재원은 연방정부의 학교향상기금(school improvement grant)에서 지출되었고, 전임 교육감과 툭탁거리던 교원노조에게 있어 나름 괜찮은 거래였다. 교사들은 더 이상의 횡재는 없다는 걸 알게 되었다고 말했다. 즉, 새로운 교사계약에 따른 인센티브는 연장 근무, 즉 여름에는 2주 동안의 정상근무, 매일 1시간씩의 야근, 그리고 연간 주말근무 세 번을 기준으로 했을 때, 시간당 10.50불보다 낮은 금액이라고 계산했다. 교원노조위원장인 델 그로소는 교사계약을 찬성하는 캠페인을 벌이는 동안, 위에서 이야기했던 일률 지급되는 1회성 인센티브에 대해 언급한 적이 없었다. 많은 교사들은 곧, 자신들이 새로운 교사계약에 대해 너무 간과했음을 인정하지 않을 수 없었다. 계약에 따르면 전환학교의 교사들은 계약서(the agreement)에 사인하고 계약 내용을 준수하거나, 아니면 과잉교사풀(excess teacher pool)로 가야만 했다. 그것이 계약 조건이었다. 교사들은 깜짝 놀라 자기들이 속한 노조에 전화를 걸어댔지만, 그래봐야 노조는 이 거래의 공범자였다는 사실을 깨달게 될 뿐이었다.

학교 수업일수 연장은 학생들의 학업성취도를 높이기 위해 전국적으로 치러지는 수많은 접근 중 가장 보편적인 방법이었다. 앤더슨은 뉴어크 공립학교 모두의 수업시수를 늘리고자 했다. 그녀는 정규교과 외 수업시간에 따른 연장근무수당 지급은 금지될 것이라고 말했다. 특히, 전임 교육감이 협상했던 시간당 50불은 절대 안 된다고 선을 그었다.

"완전히 말도 안 되는 기대를 심어놓았으니 문제가 된거죠. 세상에 어떻게 지속적으로 1만 5000불을 지불할 수 있겠어요?"

그녀가 물었다.

"저는 연장근무에 대해 시간당 수당을 지급하지 않을 겁니다. 시계만 쳐다보고 있는 사람들에게 경종을 울릴 거예요. 이는 교사들을 전문가로 대우하는 게 아닙니다."

꽤 긴 기간 동안, 일당 1000불의 비용으로 컨설턴트를 고용하면서 설명했던 논리와 대조되는 그녀의 말을 교사들은 이해할 수 없었다.

페쉬네가 학교 미술교사이면서 노조집행위원인 데이비스 한나(Davis Hannah)는 노조위원들이 모인 한 회합에서 앤더슨과 그의 집행팀을 겨냥해 말했다.

"그들 또한 우리와 같은 협상조건을 가져야 합니다. 우리가 노예 봉급 정도만 받아야 한다면, 그들 또한 마찬가지여야죠."

주커버그는 사회적으로 교사들의 지위를 높일 수 있는 계약을 원했다. 이로써 교사들이 착취받고 있다는 생각이 들지 않게끔 말이다.

페쉬네가 학교 강당에서 열린 노조회의가 1시간이 지나가는 동안, 그들의 분노는 앤더슨과 노조집행부로 향했다. 이후 교사들은 한 명씩 일어나 말했다. 급여 감소를 가져온 계약에 동의할 수밖에 없더라도 페쉬네 학교를 떠나고 싶지는 않다고. 부상하는 문제는 학교구 전체적으로 점차 악화하는 근로환경이었다. 그들은 보다 좋은 교사가 되고 싶어 하는 자신들을 돕고 지지하는 리더들이 있다는 데 대해 더할 수 없이 행운이라고 여긴다고 말했다. 그들은 이미 아무리 잘해봐야 무능하고, 최악의 경우 자신들을 괴롭히는 수많은 교장들과 일해 본 경험이 있었다.

"이 학교구에서 보낸 30여 년 동안 올해가 최고의 해였어요."

학교 음악교사가 말했다. 전임 교장이 수업을 관찰하기 위해 들어온다는 신호였던, 교실 문 손잡이가 돌아가는 소리가 나면 아랫배가 긴장되었다고 또 다른 교사가 말했다. 관찰 결과 따라오는 피드백이라는 것은 전혀 쓸모가 없었고 하나같이 사납기만 했다. 바네스 교장, 루이스 교감, 메아 교감이 들어오면서 수업 관찰과 피드백은 처벌하기 위한 것이 아니라 건설적인 것이 되었다.

이 사례는, 만약 교사들에게 선택권이 주어진다면, 성과에 따른 인센티브보다 오히려 훌륭한 교장과, 상호 지지하는 근무여건을 선택하겠다고 일관되게 연구자들에게 대답하는지 그 이유를 잘 보여주고 있었다. 실제로 교육개혁가들과 벤처자선사업가들이 새로운 교사계약에 반드시 포함시키겠다고 열심히 싸웠지만, 연구에 따르면 성과인센티브와 학생의 학업성취에는 상호 인과관계가 나타나지 않았다.

출중한 5학년 수학교사인 넬슨은 가족을 위해 소득이 늘어야 했기 때문에, 페쉬네가 학교를 떠나려고 결심하고 있었다. 그녀가 계산해본 바에 의하면, 근무시간이 짧은 학교로 옮겨 저녁에 부업을 하는 게 재정적으로 보다 나았다. 뉴어크 교육청에 소속된 교사로 14년을 보내면서, 그녀는 새로운 교사봉급 체계를 따르게 되는 다른 교사들과 마찬가지로 이전 봉급체계 기준보다 2만 불이나 적은 6만 6,000불을 받게 되었다. 가능한 모든 인센티브 보너스를 다 얻는다 하더라도 여전히 이전 수준에 미치지 못했다.

"저는 이 상황이 두려워요. 마치 이런 거죠. 당신이 발 아래 길을 내려다봅니다. 인생의 계획을 세우지요. 그리고 생각합니다. '난 괜찮을 거야'라고요. 그런데 당신은 당신이 있을 곳이라고 생각했던 그곳에 있지 않은 거예요. 저는 교사들을 지지하기보다는 싸우려고 달려드는, 정말 끔찍한 교육행정가들(교장)과 일한 적이 있어요. 그런 상황에서 삶이란 지옥 같았죠.

저는 그날 하루를 잘 버티기 위해 정신을 차리고 있어야 했어요. 그러니 제 온전한 정신을 위해서는 여기 이곳에 있는 것이 더 낫죠. 그래서 돈 문제가 고통스러운 만큼 저는 거기 더 머물러 있게 되는 겁니다."

넬슨이 말했다.

#18 델 그로소가 회의 도중 전화를 받고 있다. 그는 2015년 67세의 나이로 운명했다.

교원노조는 몇 주가 지나 선거를 치렀다. 델 그로소는 교사계약에 대한 반발 때문에 9표 차이로 권한을 잃고 축출당했다. 지방대회(caucus)에서 좌파 사회운동과 연계하여 노조를 재건하고자 하는 세력이 집행부를 차지했다. 교사계약에 대해 노동자와 교육개혁가들 사이, 짧지만 상호 예의를 차리던 순간은 끝났다. 결과적으로 델 그로소와 그의 교원노조는, 앤더슨과 그녀가 내세운 개혁안 모두를 반대하는 사람들의 세력을 더욱 강하게 만들었다.

뉴어크에서의 분쟁에도 불구하고, 앤더슨은 2013년 6월 맨해튼에 소재한 애크먼의 퍼싱스퀘어재단(the Pershing Square Foundation) 이사회에 활기 넘치는 모습으로 들어섰다. 이사회는 재단에서 뉴어크에 후원한 2,500만 불의 기금이 뉴어크의 교육개혁을 어떻게 자극하고 있는지 듣고자 했다. 주커버그를 제외하면 가장 큰 규모의 후원금이었다.

"수단을 찾고 이정표를 세우는 데 집착하는 사람으로서, 저는 저희가 세웠던 목표 대비 도달한 지점을 비교해볼 때 놀라지 않을 수 없습니다."

그녀는 성취한 것들을 한참 쏟아냈다. 자선기금으로 가능했던 새로운 교사계약은 교사들의 책무성을 확보할 수 있는 신호탄이었다. 교육청의 업

무에 어떤 구체적인 변화가
있는지도 제시했다. 모든 교
장들을 지도 감독하고 코
치하고 있는 새로운 직책
의 부교육감 5명을 채용했
다는 이야기, 앤더슨이 가
장 자랑스럽게 여기는 성과
로 8개의 혁신학교에 도입

#19 퍼싱스퀘어재단 이사장인 빌 애크먼

된 교사 및 교장에 대한 새로운 평가시스템도 있었다. 교실에서 나타난 성
과에 대한 질문에, 그녀는 많은 학교들이 최저 학력수준에서 중급 수준으
로 올라갔다고 말했다. 그리고 일부 중급수준의 학력을 가진 학교들은 최상
위 수준으로 향상되었다고 했다. 이러한 향상을 가능하게 한 전략의 핵심은
강한 교장이었다는 점을 강조하면서, 앤더슨은 75개 학교 중 거의 절반에
이르는 학교 교장들을 교체했다고 보고했다. 가장 나중에 있었던 교장채용
에 대해서는 "꿈인가 싶어 내 살을 꼬집을 만큼 정말 훌륭했다"라고 말했다.

그토록 심각한 문제들이 상존하고 있는 학교구에서 예견할 수 있듯이,
이 이야기의 사실 여부는 그리 단순하지 않았다. 분명한 점은 앤더슨 또는
혁신적인 변화를 좇는 많은 교육개혁가들이 이야기하고자 했던 방식과는
상당한 거리가 있다는 것이다. 그녀가 보고한 학교에서의 향상은 스스로 세
운 학교평가등급표(school-rating rubric)에 따른 것이었다. 그러나 주표준학
력평가 결과에 따르면, 앤더슨 부임 이후 뉴어크 아이들은 수학 교과의 경
우 모든 학년에서, 언어예술 영역의 경우 두 개 학년을 제외하면 우수등급
비중이 오히려 감소했다. 더욱이 앤더슨은 자기가 만든 학교평가 등급표에
따른 8개의 혁신학교 학생들이 학교구의 다른 공립학교에 비해 오히려 성적
이 '낮았다'는 점은, 의도적으로 보고하지 않았다. 다음 해가 끝나갈 무렵,
앤더슨은 자신이 세웠던 '출중한' 신임교장들에 대한 믿음을 잃게 되었고,
결국 그들을 치워버렸다.

앤더슨이 오로지 긍정적인 것들에만 초점을 두어 발표했는데도, 이사회는 뉴욕시 TV 뉴스에도 등장했던, 앤더슨표 교육개혁에 대한 악의적인 저항에 대해 잘 알고 있었다.

"그러니까, 당신에게 경호원이 필요하다는 것 말고는 모든 게 다 잘되고 있는 거네요."

전국적으로 유명한 교육개혁 옹호자인 퍼싱스퀘어재단 이사인 휘트니 틸슨(Whitney Tilson)이 간단하게 요약 정리했다.

바로 그 순간, 운동선수처럼 덩치가 큰 사람이 복도를 지나 회의실로 들어섰다. 고개를 돌려 확인해보니 그는 다름 아닌 부커였다.

"여기 왔네요, 제 경호원 말이에요."

앤더슨이 웃으며 대답했다.

"대단한 타이밍이군요."

틸슨이 감탄하며 말했다.

대단한 등장이었지만, 부커의 입장은 사실 그가 공식적으로 뉴어크를 떠나게 되는 시발점이기도 했다. 상원의원인 프랭크 라우텐버그(Frank Lautenberg)가 이틀 전 죽었고, 부커는 근처 회당에서 열린 그의 장례식 참석한 후 막 도착한 것이었다. 며칠 내로, 부커는 라우텐버그의 유고로 공석이 된 상원의원 선거에 출마할 예정이었다. 따라서 그는 갑작스러운 10월 보궐선거를 위해 1,100만 불의 선거운동자금을 모으려고 온 미국을 돌아다녔다.

그는 퍼싱재단 이사들에게, 비록 자기가 시장직을 떠나고 누가 후임이 되더라도 교육개혁 노력은 결코 중단

#20 상원의원 후보로 연설하고 있는 부커

되지 않을 것이라고 보증했다. 즉, 주지사가 여전히 진짜 힘을 발휘하고 있고 뉴어크 시장은 거기에 끼어들 권한이 없었기 때문이다. 적어도 크리스티의 남은 임기 2년 동안 더 의지할 수 있는 앤더슨에게 부커는, "모든 학교들이 희망과 약속, 그리고 높은 학업성취도를 올리기까지는 아직 2년이

#21 크리스티가 2016년 대통령선거에 출마할 것을 선언하고 있다.(2015년 6월 30일)

남아 있어요."라고 말했다. 한번 더, 부커는 이 땅에서 벌어지는 사실과는 멀리 떨어진, 아주 고차원적인 수사적 표현으로 마무리했다.

　　뉴어크로부터 주의를 돌리고 있는 사람은 부커뿐만이 아니었다. 크리스티는 대통령선거캠페인을 위해 밑작업을 하고 있었다. 1억 불의 대부분은 이미 지출되었거나 지출될 예정이었는데, 그 돈의 반은 교사계약을 위한 어려운 싸움에 투입되었고, 1/4은 차터스쿨에 들어갔다. 주커버그는 이후에 보일 자선사업 후보군을 찾기 시작했다. 앤더슨은 3년 전 함께한 이들이 시작했던 일들을 추진하면서 대체로 혼자 남게 되었다.

12장

하나의 뉴어크, 누구의 뉴어크인가?

2013년 6월~2014년 5월

서프는 앤더슨에게 "임시방편적인 것들을 벗어날" 때가 되었다고 말했다. 이는, 2009년의 어느 늦은 밤, 시장의 SUV 타호 뒷좌석에서 이루어졌던 크리스티와 부커의 대화에서부터 등장했던 뉴어크 공립학교의 급진적인 변화를 다시 제자리에 두겠다는 걸 의미했다. 크리스티의 수족이었던 앤더슨은 주지사의 권력을 포괄적으로 사용하면서, 수년 동안 줄어드는 등록생 수에 맞춰 학교구를 상당히 작게 쪼겠다. 그리고 차터스쿨 확장에 길을 내주었다. 학부모들은 차터스쿨의 확장을 요구했고, 크리스티는 이를 승인했으며, 주커버그와 다른 후원자들은 차터스쿨 초기 정착 비용을 후원함으로써, 지난 3년 동안 뉴어크의 40%에 이르는 학생들이 차터스쿨에 등록하는 길을 만들어왔다.

뉴어크는 이제 '혼합(hybrid)' 학교구가 되어가는 중이었다. 차터스쿨이 44%의 학생들을 수용하고 있는 워싱턴 D.C., 55%의 학생들을 수용하고 있는 디트로이트, 28%의 학생들을 수용하고 있는 필라델피아와 비견될 법했다. 공립학교 중 차터스쿨의 비중이 점차 늘어나고 있는 이러한 학교 지

#1 KIPP 학교 행사에 참여하고 있는 주커버그

형은 점점 더 많은 도심 학교구에서 공립학교의 형태로 떠오르고 있었다. 미 전역에 걸쳐 차터스쿨은 하나의 일관된 결과를 보여주지는 못했다. 그러나 뉴어크 차터스쿨들이 공립학교보다 더 좋은 성적을, 몇몇의 경우 훨씬 더 높은 수준의 탁월성을 보여주고 있다는 데 대해 의문을 제기하는 사람은 거의 없었다. 물론 가난한 학생들의 비중이 더 낮다는 점은, 여전히 이러한 결과를 가져온 중요한 요인으로 지적되고 있지만 말이다. 그러나 뉴어크에서뿐만 아니라 미 전역의 다른 도시들에서도 점점 집요하게 던져지는 질문이 있다. '그래서 공립학교에 남겨진 아이들은 어떻게 되는 것인가?' 필라델피아와 디트로이트의 학교 시스템은 재정 붕괴를 막기 위해 고군분투하고 있었다. 지금 뉴어크는, 점점 더 많은 아이들과 주정부 예산이 차터스쿨로 빠져나가는 분기점에 놓여 있었다.

부커, 크리스티, 주커버그는 이러한 난국을 계획하지는 않았다. 부커가 이 일을 착수하면서 말했던 가장 큰 도전과제는, "결코 움직일 것 같지 않고, 수십 년 동안 실패하고 있는 학교라는 빙하를 깨는 것이다. 이 학교들은 아주 다양한 학교 모델들로 녹아 부서질 터였다. 그 학교들은 브랜치 브룩 공원에 있는 벚꽃처럼 꽃피울 것이다."였다. 실패로부터 유토피아로 가는 믿을 수 없는 길의 지도를 그 누구도 확실히 갖고 있지는 않았다. 어쩌면, 그것은 앤더슨에게 부여된 임무였을 것이다. 아이들의 삶, 어른들의 직업, 오랜 기간 동네학교들과 맺어온 지역사회와의 관계에 커다란 분열이 드리웠다. 그런데도, 그녀는 자신의 계획에 조화와 낙관을 전한다는 의미를 담아 이름을 붙였다. "하나의 뉴어크"라고.

앤더슨은 2013년 6월, 뉴저지 극예술공연센터의 널찍한 로비에서 초대 인사들과 함께 칵테일 파티를 열고, 그 자리에서 비전을 발표했다. 작년 러 트거스 대학교에서 있었던 혁신학교에 대한 연설에 수백 명의 초대받지 않은 지역민들이 야유를 쏟아부었을 때 받았던 패배감을 기억하며, 그녀는 혹 문을 부수고 들어올 사람들을 차단하기 위해 사설 경호원까지 고용했다.

그 자리에는 뉴어크 차터스쿨 지도자들, 뉴욕에서 온 교육개혁가들, 앤 더슨을 위해 일하면서 자선기금에서 수백만 불을 긁어 모으고 있는 회사 의 컨설턴트들이 한가득 참석하고 있었다. 물론 뉴어크 성직자들과 시민사 회 지도자들도 많았다. 그러나 재조직화로 인해 가장 크게 영향받을 수밖 에 없는 학부모들, 그리고 학부모단체의 지도자들은 초대명단에서 빠져 있 었다. 이들을 명단에서 제외한 이유는 참석한 지역사회인사들 가운데 퍼져 있는 불신 때문이었다.

차터스쿨 리더, 공립학교 교장, 서프가 감사의 인사를 전한 후, 앤더슨 이 20여 분 동안 연설했다. 그녀는 공립학교와 차터스쿨 모두에 온라인으 로 접속가능한 단일 등록시스템을 만들겠다고 약속했다. 차터스쿨이 가득 들어찬 도시들, 뉴올리언스, 워싱턴 D.C., 덴버 등에는 유사한 시스템이 이 미 채택되어 있었다. 그녀는 차터스쿨 등록을 위한 추첨제를 새로운 시스템 으로 바꿈으로써, 공립학교 등록만큼이나 차터스쿨 등록이 쉽도록 만들겠 다고 했다. 그에 따라, 가장 열성적인 가족들에게 몰리는 선발 치우침 현상 (selection bias)이 크게 줄어들 것이라고 보았다. 지난 2년 동안 차터스쿨을 향해 들고 있던 경계등을 끄면서, 그녀는 가장 강한 어조로 말했다. '학부모

#2 앤더슨이 하나의 뉴어크 계획을 발표하고 있다.

들은 아이들을 위해 차터스쿨을 선택할 권리가 있다'고.

"누가 그들을 탓할 수 있겠습니까?" 그녀가 묻고 덧붙였다. "우리가 우리 일을 함께하는 동안 어떻게 우리가 감히 … 그들은 실패하여 주저앉은 학교에 갇혀 있어야 한다고 말할 수 있을까요?"

공립학교가 줄어든다는 것을 인식하면서, 그녀는 교육개혁운동의 지도자들과 기금후원자들을 찾아가, 차터스쿨이 하는 것처럼 성과에 근거해 고용하고 해고하도록 하는 유연성을 공립학교에도 허용하도록 하는 법 개정을 로비했다. 비록 규모는 작아질지라도 오로지 이 방법으로만이 공립학교가 경쟁할 수 있고 살아남을 수 있을 거라고 그녀는 말했다. 기립박수가 꽤 오래 이어졌다.

앤더슨은 교육개혁을 위한 계획의 밑그림만을 갖고 있었다. 상세한 내용은 개발되어야 했지만, 로고에 쓰인 "하나의 뉴어크"만큼은 공문서철과 손님들을 위한 유인물, 벽 포스터, 방에 걸려 있는 평면TV에서 나오는 광선 등 모든 곳에 박혀 있었다. 이야기를 들어줄 사람들을 직접 걸렀기 때문에, 앤더슨은 연설을 재포장할 기회로 삼았다. 무질서하고 혼란스러웠던 지난 2년 동안의 임기 활동을 불공정하고 정치적인 공격으로 감지하기 어려웠던

큰 공적으로 말이다. 벽면을 따라 '성과게시판(accomplishment storyboard)'
이라고 스스로 이름 붙인 커다란 포스터들이 붙어 있었다. 각 포스터에는 크
고 빨간 잉크로 "완료(DONE)"라는 글씨의 도장이 찍혀 있다. 학생 학업성취도
향상, "완료". 실패하는 학교들의 혁신, "완료". 지역사회 참여시키기, "완료". 그
러나 사실 이 의제들은 엄밀히 말해 제대로 된 것이 없었다.

연설이 있고 며칠이 지나, 앤더슨은 자신의 비전과 당일 행사에 대한
피드백을 받고자 설문문항을 담은 링크를 참석자 모두에게 이메일로 보냈
다. 그날 저녁 행사 때와 마찬가지로 그 결과는 상당히 긍정적으로 나올 것
같았다. 각 문항은 6개의 가능한 답변이 제시되었다. 그중 5개는 잘했다는
칭찬과 관련된 것이었다. 예를 들어, "'성과게시판'에 대해 어떻게 생각하시
나요? 해당하는 것을 전부 표시하세요."라는 질문에는 다음과 같은 제시
답변들이 따라왔다.

- 멋졌어요.
- 정말 많은 성취에 놀랐어요.
- 정보가 풍부했어요.
- 그 공간에 어울리는 전시물이었어요.
- 좀 더 많은 성취를 포함했어야 해요.
- 공간만 차지한 것 같아요.

앤더슨은 가을 내내 자신의 10층 집무실에서 공립학교 생존을 위한 종
합계획 수립 작업에 몰두했다. 공격적으로 차터스쿨의 성장을 경험한 다른
지역 학교시스템을 자문했던 파르테논 그룹에 계획 수립에 필요한 자료분
석을 부탁했다. 줄어드는 재정과 비용 압박 등으로 "전 미국의 학교구들은
GM처럼 파산하기까지 돈을 내보내고 있어요." 한 컨설턴트가 말했다. "목
표는 3년 동안 일어날 예상가능한 변화에 적응하는 것입니다."

앤더슨은 도심교육에 많이 나타나는 중첩된 문제들을 해결할 수 있는
계획을 원했다. 그녀의 상관들은 소홀히 여겼던 생각거리들이다. 차터스쿨

들이 확장되는 와중에 어떻게 뉴어크의 가장 가난한 아이들의 비중만큼 차터스쿨에 입학하도록 할 것인가? 어떻게 가족들에게 공립학교에 머무르라고 설득할 수 있을 만큼, 공립학교를 빠르게 개선할 것인가? 어떻게 이웃을 황폐하게 하지 않으면서 학생수가 적은 학교들을 폐쇄할 수 있을 것인가? 향후 3년 동안 약 1천 명의 교사들을 해고해야만 하는 상황에서, 어떻게 최고의 교사들을 계속 남아 있도록 할 것인가? 평균 건물 연령이 80인 학교들을 현대적으로 바꿀 수 있는 돈을 어떻게 확보할 것인가? 장기적으로 살아남기 위한 교육청의 재정을 어떻게 안정화할 것인가? 그녀는 종종 "이건 16차원의 체스경기 같아요"라고 말했다.

인구분포자료는 교육청에 근본적으로 위기가 도래했음을 보여주고 있었다. 향후 3년 동안 교육청 소속 공립학교들은 5600명의 학생들을 잃게 될 것이고, 따라서 주정부 예산 중 2억 4천 9백만 불이 차터스쿨로 옮겨갈 것이었다. 그 결과 12개의 공립학교를 폐쇄하도록 요구할 것이었다. 폐쇄 대상 학교들 중 절반은 사우스 워드와 웨스트 워드에 있고, 흑인가정들이 가장 많이 모여 살아가고 있는 곳이었다. 또한 학업성취도가 가장 낮은 학교들로서, 학생들이 차터스쿨로 가장 많이 이동하는 건 우연이 아니었다. 여전히 뉴어크의 가장 많은 아이들을 가르칠 책임이 있는 교육청은, 광범위한 해고를 요청하는 1억 불의 구조적인 적자에 당면해 있었다.

"데이터를 보세요. 보고 있는 모든 것은 열차의 잔해입니다."

앤더슨이 말했다.

회의실 벽에 붙어 있는 전임 교육감들의 유물에 둘러싸인 채, 그녀와 직원들은 뉴어크 역사에서 가장 광범위한 교육 구조조정(rearrangement of education) 방안을 만들고 있었다. 시간문제이긴 하지만, 공립학교의 1/3이 폐쇄되거나, 재개교하거나, 장소를 옮기거나, 단계적 폐쇄 과정을 밟거나, 목표를 다시 설정하거나, 재설계되거나, 차터스쿨에 양도될 것이었다. 지난 한 세기 동안 그랬던 것처럼 아이들을 자동으로 동네 학교에 보내는 대신, 가족들은 남아 있는 55개의 공립학교와 추첨 입학을 없애는 데 동의한 16개의 차터스쿨 중에서 선택할 것이다. 학부모들은 온라인으로 8개의 학교를 우선 선택하도록 하고, 선발배치공식에 따라 학교를 배정하게 될 것이었다. 폐쇄되는 학교 학생들과 최저소득가정의 아이들, 그리고 학습장애를 가진 아이들에게 우선권이 주어질 터였다. 필요도가 가장 높은 학생들에게 가장 우선적인 선택권에 따라 보다 나은 자리를 배정하자는 취지였다. 차터스쿨에 입학할 수 있는 길을 확대한다는 계획의 일부로, 앤더슨은 각 차터스쿨에 도시에서 가장 가난한 지역에 위치한 공립학교를 인수하도록 부탁했다.

앤더슨과 그녀의 팀은 차터스쿨 지도자들과 십여 차례 모임을 갖고 이 계획을 상세히 살펴보도록 했다. 그러나 떠들썩한 변화를 미리 살펴보기 위한, 앞서 차터스쿨 지도자들과의 모임에 필적할 만한 학교 아이들의 부모들과의 모임은 없었다. 앤더슨은 학교위원회와 같은 공개 청문회가 "오로지 방해할 목적을 가진 정치세력"에 의해 오도될 것이라는 점을 두려워했다고 말했다. 그리고 종합적인 디자인을 제시하지 않고는 개개인의 염려거리를 해결하기란 불가능했을 것이라고도 말했다.

"이것이 소위 16차원 체스게임의 특징이에요. 한 장소에서 문제를 일으키는 데 다른 장소로 갔다고 이권을 만들어낼 수는 없겠죠."

그녀가 말했다.

재정적인 파산, 과잉시설문제, 시급한 개선요구 등의 위기에 몰린 교육청에 있어 급격한 변화는 불가피했다. 앤더슨의 아이디어 중 일부, 특히 차터스쿨에 가장 가난한 아이들이 더 많이 입학하도록 요구해야 한다는 점을 강조한 부분은, 만약 이 과정에서 지역주민들에게 발언할 기회를 주었다면 대중적인 지지를 받았을 것이다. 그러나 '상향식 교육개혁'을 내세운 다수의 약속들이 실현되지 않은 채, 가족과 지역사회가 영향받을 수밖에 없는 학교 재조정 시스템을 단기간에 이행하려는 교육청의 전략은 당연히 사람들의 반발을 부를 수밖에 없다. 곧, 교육청의 계획은 이를 저지하려는 주민 폭동과 맞닥뜨리게 되었다.

앤더슨이 공식 발표를 하기 하루 전날. 공립학교 학부모들은 2013년 12

#3 앤더슨 교육감의 사퇴를 주장하는 시민들의 시위

월 16일, 학교 재조정이 급진적이라며 경고하는 내용을 은밀히 전해 받았다. 편지 한 통이 아이들의 가방에 담겨 집으로 배달되었다. 다음 날 저녁 학교별로 열리는 회의에, '대담하고 시급한 행동들'이 뭔지 알아보도록 참석을 요청하는 편지였다. 비록 변화라는 말은 삽시간에 퍼졌지만, 안내 기간이 단 하루였던 탓에 참석률은 극히 저조했다. 앤더슨은 폭동에 대비했다. 그녀는 폭동을 "12월의 팔루자"라고 불렀다. 결국 그녀는 그중 하나와 맞부딪혔다. 학부모들은 즉각 폐쇄 대상 학교 앞에서 시위를 벌이기 시작했다. 많은 학부모들이 아이들의 안전이 걱정된다고, 결국 익숙하지 않은 이웃 학교를 강제로 다녀야 할 것이라고 말했다. 그 두려움은 지난 4년 동안 살인범죄가 70% 높아진 사우스 워드에 널리 퍼져 있었다. 공립학교에 두 아이를 보내고 있는 엄마 재클린 에드워드(Jacqueline Edward)는 어느 날 오후, 자리에도 없는 앤더슨에게 따지듯 이야기를 던졌다.

"내 딸들의 안전을 보장할 수 있나요?"

그녀는 딸들이 재배정될 학교 근처에서 일어나는 갱들의 활동과 마약 거래를 이야기했다.

"내 아버지는 갱이었어요. 28년 전입니다. 우리는 그를 내쫓으려고 억척스럽게 싸웠습니다."

그녀가 말했다.

"제 지난 22년은 수많은 분노로 가득 차 있었습니다. 그동안 아빠가 없었으니까요. 저는 단지 또 다른 세대가 같은 길을 가는 걸 눈뜨고 볼 수 없는 겁니다."

'하나의 뉴어크'가 학부모들에게 처음으로 실패한 동네학교를 선택하지 않을 기회를 주었는데도, 이 계획에 대해 많은 뉴어크 가족들이 갖는 이미지는 전혀 달랐다. 즉 부모들은 이 계획이 시행되면 자기 아이들이 제대로 보호받을 수 없을 것이라고 확신하고 있었다. 동네학교는 정교하게 조화된 생태계(ecosystem)의 일부로, 가족들에게 필요한 부분을 많이 채워주고 있었다. 앤더슨은 차터스쿨들을 설득해 K-8 동네 공립학교 세 곳을 인수하도록 했다. 이러한 학교의 변화가, 최저소득가정의 아이들이 가장 수요가 많은 프로그램에 참여하도록 할 수 있는 기회라고 표현했다.

그러나 차터스쿨들은 유치원부터 단 4학년까지의 학생들만 맡겠다고 했다. 그보다 높은 학년의 학생들은 다른 학교를 찾아야 했다. 이러한 조건은 나이 많은 형제가 어린 동생들을 등하교길에 데리고 다니도록 했던, 부모들의 신뢰할 만한 아동보호 시스템을 제거해버렸다. 교육청에서 마련한 간담회에서, 공립학교와 차터스쿨에서 온 학부모들 모두 새로운 등록 시스템에 대해 제대로 듣지도 못했고, 그 시스템이 불편하

#4 앤더슨 교육감이 '하나의 뉴어크' 계획을 실행한 이후 학교에 방문해 학생들을 맞이하고 있다. (2014년 1월 27일)

#5 BRICK과 TEAM 차터스쿨이 함께 있는 학교 전경. 학부모들이 학교 앞에서 시위를 벌이고 있다. (2014년 2월 7일)

고 만족스럽지 않다며 불평을 늘어놓았다. 이 간담회의 회의록에서 두 참석자의 코멘트를 발췌해보면, "억지로 이 시스템을 받아들여야 하는 게 아니라면, 지역사회는 이 변화를 좀 더 잘 받아들일 수 있을 겁니다.", "마치 하나의 큰 실험같네요." 이런 반응들이었다. 앤더슨의 직원은 학부모들의 선택을 돕기 위해 각 차터스쿨과 공립학교의 수행등급표(performance ratings)를 나누어주었다. 그러나 간담회에 참석한 한 학부모가 말했다.

"대부분의 학교 등급이 실패네요."

앤더슨은 학부모들의 선택권을 높이고 우수한 성적을 내고 있는 차터스쿨을 확장한다는 교육개혁가들의 목표를 전달했지만, 이전보다 더 좋은 선택을 할 가능성은 높지 않았다.

그 이유 중 하나는, 앤더슨의 야심찬 계획에 따른 8개 혁신학교의 첫 학업성취도평가 결과가 상당히 실망스러웠기 때문이다. 그녀는 이 학교들이 성공해서 이 학교들이 아니라면 차터스쿨로 옮겨 갈 학부모들을 유인하기 바랐다. 실제 거의 모든 학교의 모습은 개선되었다. 잘 가르치는 교사들, 협조적인 교장, 보다 엄격한 교육과정, 늘어난 수업일수, 눈에 띄게 좋아진 교수학습환경 등. 2014년 평가결과가 도착했을 때, 앤더슨은 기자회견을 열어

지난해보다 "믿을 수 없을 만큼 높아진 성적향상"에 대해 발표했다. 그러나 회복이 시급히 필요하다며 이 학교들을 통폐합 대상으로 지정한 이후 지난 2년 동안의 성적을 살펴보면, 8개 학교 중 1개 학교를 제외하면 수학과 언어영역 모두에서 성적이 떨어졌다. 심지어 두 자리 숫자만큼 성적이 떨어진 곳도 있었다. 앤더슨은 이 사실을 발표하지 않았다. 그런데도 앤더슨은 이 전략이 궁극적으로는 결실을 맺을 거라고 주장하며, 더 나아가 '하나의 뉴어크'의 일부로 8개 학교를 추가 혁신학교로 지정했다.

사실상, 앤더슨은 학부모들과 지역사회에 자신의 전략이 조만간 아이들을 위해 좋은 결과를 가져다줄 것임을 믿어달라고 했다. 교사와 학생들이 한꺼번에 일어나 그 많은 변화들을 학교와 교실 수준에서 맞춰야 하기 때문에, 성적 향상이 더딜 수밖에 없다는 생각은 나름 그럴듯하다. 그러나 '믿어달라는' 신뢰의 가치는, 부커, 크리스티가 이미 취하고 있던 하향식 접근에 대한 때 이른 희생양이었다. 심지어 앤더슨이 도착하기도 전에 신뢰는 자취를 감추었다. 학생 성취도 자료에 관한 불충분한 발표에 더해 그녀가 승리를 선언한 건, 불안을 오히려 더 악화시켰을 뿐이었다. 그녀는 졸업률이 10% 높아졌다고 발표했다. 크리스티가 주 의회 연설에서 극구 칭찬한 성과이기도 했다. 그러나 모든 3학년 학생들이 치러야 하는 ACT 대학입학 평가의 결과에 따르면, 마그넷 프로그램이 없는 공립 고등학교의 단 2~5%만이 대학 수학능력을 갖추었을 뿐이다. 그런데 교육청 소속 학교들을 통틀어, 앤더슨이 도착하기 바로 전해인 2011년도 주표준학력평가에서 시험을 치른 모든 학년의 언어영역과 수학 교과 숙달 수준(proficiency)이 떨어졌다. 주정부는 그 기간 동안 시험을 좀 더 어렵게 내긴 했지만, 주 전체적으로 학생들의 결과는 그리 나쁘지 않았다.

앤더슨은 교육청이 그토록 오랫동안 받아들이지 않겠다고 저항했던 책무성을 꼭 이행하겠다고 맹세했지만, 왜 성적이 떨어졌는지에 대해서는 대답할 필요가 없다고 했다. 그녀는 주정부의 표준학력평가에 '치명적인 문제'가 있다고 하면서, "좀 더 좋은 평가지가 있다면, 보다 좋은 성적을 올릴

#6 앤더슨의 교육개혁안에 반대하는 사람들이 교육청 앞에서 시위를 하고 있다.

수 있을 것입니다"라고 말했다. 교육개혁이 이제 현장 차원에서 일어나고 있다는 혼란스러운 생각을 의미심장하게, 잘 전달해주는 대답이었다. 앤더슨은 성적이 저조하다는 이유로 학교폐쇄를 결정하기 위해 어떤 학교를 선택할지에 대해 주정부 표준학력평가에 크게 의존해왔다. 그러나 많은 노조 지도자들과 평가기반 책무성에 반대하는 사람들이 이야기하듯, 앤더슨은 그 시험들이 과연 아이들이 제대로 배우고 있는지를 정확히 측정하지 못하고 있다고 말했다.

또한 앤더슨은, 약한 교사들을 추려내고 최고의 교사들에게 보상하는 교사계약의 새로운 힘을 사용해 전 교육청 관할 학교 교원의 질을 높였다고 주장했다. 물론 이 말은 학생들의 보다 높은 학업 성취도로 번역되기는 했지만 말이다. 그러나 다시 반복하지만, 성적 향상은 선전하는 것보다는 훨씬 적었다. 앤더슨은 낙관적으로, 교육청을 떠난 교사들 중 '유능한(effective)' 또는 '최고(best)' 등급으로 분류되는 교사들이 단 5%뿐이었다고 했다. 이는 '무능한(ineffective)' 등급으로 분류된 교사들의 40%가 떠났다는 것과 비교될만한 내용이었다. 그러나 그녀가 발표하지 않은 실제 숫자는 아주 다른 그림을 보여준다. 떠난 사람들이 포함된 교사들 가운데 많은 수가 유능 등급으로 분류되어 있었다. 이들은 등급이 가장 낮은 사람들보다 많았다. 그런데도 앤더슨은 중요한 변화지표로 이러한 종합적인 경향을 큰 소리로 내세웠다. 다가오는 해에, 가장 낮은 등급을 받은 교사들에게는 정년보장을 취소하는 새로운 주법을 이용해, 그녀와 그녀의 팀은 더 균형잡힌 상태로 움직여 가려 할 것이다.

앤더슨이 교육감이 된 이후 공립학교 학생들의 성적이 향상되었는지 증명할 만한 데이터가 아직 없었다. 때문에, 유치원에 등록하는 학생들의 절반 이상이 '하나의 뉴어크' 등록시스템에서 첫 번째 선택지로 차터스쿨을 선택한다는 건 놀랄 만한 일이 아니다. 그렇다고 해서 차터스쿨의 인기가 높다는 현상이, 곧 '하나의 뉴어크'에 대한 지지로 해석되지는 않는다. 차터스쿨에 아이들을 보내는 학부모 또한 공립학교에서 일하는 친척을 두고 있거나 다른 자녀들을 공립학교에 보내고 있다. 그들 또한 학교폐쇄와 그에 따라 직업이 소멸되는 것을 강경하게 반대한다. 물론 이는 차터스쿨의 확장에 따라 불가피하게 생기는 결과라는 게 분명한데도 말이다.

"아마 당신은 학부모들이 아이들을 차터스쿨에 내려주고는 곧 교육청 건물이 위치한 투세다가(Two Cedar Street)의 시위에 참여하는 모습을 보았을 겁니다. 사촌들이 해고되었거든요."

앤더슨이 말했다.

크리스티는 앤더슨과 앤더슨의 교육개혁 의제에 확고부동히, 열정적인 모습을 공개적으로 드러냈다. 비록 뉴어크에서 그녀를 돕는 방식은 아니었지만 말이다. 2013년 재선을 위한 선거캠페인 동안, 뉴어크에서 거세게 일어나는 앤더슨에 대한 저항에 관해 어떻게 생각

#7 크리스티와 앤더슨 교육감이 함께 앉아 이야기를 나누고 있다.

하냐고 묻는 질문에 그는 이렇게 답변했다.

"저는 지역사회에서 하는 비판에 대해 별로 신경쓰지 않습니다. 우리는

뉴어크에서 공립학교를 운영합니다. 그들이 하는 것이 아니지요."

크리스티는 22% 표차로 재선에 성공했고, 이를 기반으로 공화당 대선 후보로서 기반을 단단히 할 수 있었다. 크리스마스가 끝난 어느 날, 그와 앤더슨은 트랜튼 집무실에서 비밀리에 만났다. 어떤 반대가 있더라도 그는 적극 지원하겠다고 약속했다.

"'크리스티는 뉴어크 교육개혁에 완전히 발을 깊이 담그고 있다'고 생각했어요."

앤더슨의 회상이다.

2주 후, 브리지게이트(Bridgegate)라는 스캔들이 발생했다. 2013년 9월 조지워싱턴교(the Geroge Washington Bridge)에서 아주 엄청난 교통체증을 유발한 사람이 있었다. 그런데 그가 다름 아니라 크리스티가 임명한 선임직원이라는 게 드러난 사건이다. 당시 민주당 시장인 리(Fort Lee)에게 보복의 빌미를 제공한 사건으로, 크리스티에게는 분명한 약점거리였다. 리 시장의 관할 도시는 하루 종일 차 때문에 고함소리가 그치지 않는 곳으로, 크리스티의 재선 지지를 거부했었다. 주지사는 이 음모에 대해 전혀 아는 바가 없다고 말했다. 연방검사가 조사한 바에 따르면, 크리스티는 이 사건과 상관없이 걱정해야 할 일이 따로 있었다.

크리스티의 세력이 약화되면서 반대자들은 보다 대담해졌다. 앤더슨의 계획에 대한 저항은 더욱 거세져, 유명한 어느 목사는 주지사에게 시민사회의 동요가 걱정된다고 말했다. 앤더슨은 가족의 안전이 걱정된다고 친구들에게 이야기한 이후 뉴어크에서 이사 나갔다. 2014년 1월 말, 앤더슨은 더 이상 학교위원회 공개회의에 참석하지 않았다. 자신을 신랄하게 비꼬는 말들 때문에 일을 제대로 할 수 없다는 이유로 말이다.

그해 3월, 서프가 루퍼트 머독의 새로운 기업에 있는 교육기술사업체인 Amplify에 있는 클라인(Joel Klein)을 돕기 위해 주교육위원을 사임하자, 앤더슨은 가장 든든한 수호자를 잃게 되었다. 다음 달, 77명의 성직자들이

'하나의 뉴어크'에 대한 활동 정지를 요구하며 서명한 공개 서한이 크리스티에게 전달되었다. 이 서한에는 '원한을 품은' 대중의 분노와 '절망, 지역민들의 박탈감과 소외감'이 담겨 있었다.

분노는 당시까지 한참 진행 중이던 시장 선거를 삼켜버렸다. 그리고 바라카 측이 내놓은 외부인들의 간섭을 반대하는 외침을 더 강화하도록 했다. "제가 시장이 되면, 우리 모두가 시장이 되는 것입니다." 바라카의 선거 슬로건 내용이다. 이 문구는 그의 연설에서 반복될 뿐만 아니라, 그가 이곳저곳 돌아다니기 위해 타고 다니는 캠페인 버스를 화사하게 꾸미고 있었다. 바라카는 앤더슨을 대체로 '그들'이라고 지칭되는 외부인 모두를 위한 꼭두각시로 묘사했다. 토요일 아침 집회에 참석한 사람들은 '하나의 뉴어크'를 발표한 이후 바로 2배로 늘어났다.

"그들이 우리 학교를 폐쇄하려고 합니다. 뉴어크를 고치겠다는 그 아이디어는 결국 우리를 몰아낼 것입니다."

이전에는 거의 지지를 받지 못한 지역이었던 노스 워드를 가득 메운 집회에서 큰 호응에 힘입어 부르짖었다.

"우리는 악마의 얼굴을 똑똑히 쳐다보고 말해야 합니다. '당신들이 틀렸다는 것뿐만 아니라, 당신들이 여기 있는 그 자체를 원치 않아!'"

'하나의 뉴어크'에 대한 반발로 앤더슨에 대한 저항을 크게 부각한 것, 그리고 부커 이후의 첫 시장선거는 결국 하나이자 동일한 것이 되었다.

"앤더슨은 바라카에게 그의 무기창고에 있는 가장 큰 무기를 사용할 수 있도록 해준 거죠."

바라카의 선거명부가 아니라, 다른 선거명부에 이름을 가지고 교육위원 선거에 나섰던 시의원이 말했다.

시장 선거는 교육개혁가들과 공교육의 패권을 잡고자 하는 노조원들 사이에서 전국적인 대리전 양상을 띠었다. 바라카는 교사, 교장, 관리인, 행정서기, 보안요원, 식당종업원 등 뉴어크 소재 학교에 고용된 사람들을 대표하는 모든 노조로부터 강력하고도 전폭적인 지지를 받고 있었다. 그들과

#8 라스 바라카가 선거캠페인에서 연설하고 있다.

전국의 노조들은 선거를 위하여 60만 불의 선거 후원금을 마련해주었다. 전국적인 교육개혁운동은 거의 500만 불을 모아 바라카의 상대 후보인 제프리스(Shavar Jeffries)를 후원했다. 제프리스는 정말 형편없는 학교들을 폐쇄하고, 이 건물을 차터스쿨에 사용하도록 빌려주는 방안을 적극 찬성했던 전직 교육위원회 위원장이었다. 뉴저지의 가장 막강한 민주당 정치계 거물이 제프리스의 뒤를 봐주고 있었다. 그는 바라카를 자기 권력에 대한 위협으로 여겼기 때문이다.

제프리스가 교육위원회 교육위원으로 있으면서 공개적으로 교육개혁 의제를 지지했는데도, 그는 그들의 접근에 대해 매정할 만큼 비판적이었다. 주커버그의 기금이 발표된 이후로, 그는 이 돈을 쓰는 데 하향식 전략을 사용해서는 안 된다고 반복해서 말해왔다. 그 또한 뉴어크 토박이였고, 10살 때 엄마가 살해되어 고아가 된 후에도 듀크 대학교와 콜럼비아 대학교 로스쿨의 우등생이 되었던, 감동적인 인생사를 가지고 있다. 그는 오로지 지역사회가 교육개혁을 껴안을 때만 성공적인 학교혁신이 있을 수 있다고 주장했다. 그가 말했다.

"이곳에 수십 년 살아온 사람들에게 교육개혁이란 마치 식민지배 같다는 느낌으로 다가왔습니다. 협력한다기보다는 사람들에게 너무 선전적이고,

위압적이며, 명령적이었습니다"라고 말했다. 그는 앤더슨이 그녀 자신의 목적에 손해를 입혔다고 말했다. 그리고 제프리스 자신의 목적에도 그러했다고 했다.

"그는 전체 배역에서 마치 악당처럼 행동

#9 선거에서 승리한 라스 바라카

했어요. 우리 지역사회를 대하는 태도는, 정말이지 무시 그 자체였어요"

선거 자금 모금에는 제프리스가 훨씬 큰 차이로 이겼을지는 몰라도, 정작 그 전쟁의 승자는 바라카였다. 그는 2014년 5월 확실한 승리를 거머쥐며 억만장자들과 민주당 거물들을 무찔렀다. 초만원을 이룬 승리의 파티에서 후보자와 그의 지지자들은, 마치 독립운동을 하는 것처럼 말했다.

"오늘 선거결과는 그들에게 '뉴어크 사람들은 거래 대상이 아니'라고 말했습니다."

바라카는 마지막 순서로 안내되자 외쳤다.

"민주주의에서 사람은 돈보다 위에 있습니다. 브로드가는 월가보다 더 중요해야 합니다."

모든 교육 관련 종사자들의 노조, 수십 명의 센트럴 고교 출신 제자들, 선거를 도운 동지들이 무대에서 그를 에워싸고 있었다.

"우리가 시장입니다!"

바라카는 환호하는 사람들에게 쉰 목소리로 말했다. 군중은 이 구호를 따라 외쳤다. 이 말들은 식민지 시기 뉴어크를 세운 사람의 이름을 따라 지은, 역사적으로 유서가 깊은 로버트 트리트 호텔의 연회장에 울려퍼졌다.

시장으로 보인 첫 번째 행동으로 바라카는 크리스티를 만나 뉴어크의 학교 통제권을 돌려달라고 요구했다. 그러나 크리스티 주지사는 단호하게

안 된다고 대답했다. 그리고는,

　"학교 시스템에서 일어나는 일들은 우리가 결정합니다!"라고 말했다. 크리스티의 이 말은 궁극적으로, 운명처럼 때가 된 듯 커지는 저항에 직면해 자신의 권위를 주장한 것이었다. 어쨌든 지금은 아니었다. 적어도 크리스티가 패를 쥐고 있는 한 말이다. 주커버그의 기금으로 뉴어크에 뿔뿔이 흩뿌려진 돈은 실제로 아직까지 영향을 끼치고 있다. 여기에는 윌리엄스 교사 학급의 가장 어린 유치원생들부터 영향력 있는 정치인들, 줄어든 공무원들과 이 땅의 가장 야심찬 자선사업가들에 이르기까지. 이것이 미친 파급효과는 정말 많은 사람들에게 제시된 공립학교와 그 모든 것들이 포함되어 있다.

결론

——

변명은 없다

2014년 11월 5일, 69세의 시민사회 지도자인 프라이스 교수가 뇌졸중으로 죽었다. 그의 갑작스러운 사망 소식이 퍼지면서 뉴어크의 모든 것은 조용히, 그러나 큰 충격에 빠진 듯했다. 프라이스의 장례식에서 바라카 시장은 감동적인 추도사를 낭독하며, 이 도시가 그의 '명확하면서도 차분한 목소리'의 울림을 잃었다고 말했다. 그는 "우리 모두를 서로 존중하도록 만들었고, 우리 뉴어크의 집단적인 이야기 즉 우리 자신의 이야기 속에서 서로를 바라보게 만들었다"고 표현했다.

교육을 두고 양쪽으로 갈라진 이 적대적인 증오 속에서, 뉴어크에는 그 어느 때보다 그와 같은 목소리가 필요했다. 그가 죽기 바로 직전 했던 짧은 인터뷰에서, 언제나 그렇듯 낙천적인 프라이스 교수는 교육개혁 노력에 대해 모진 평가를 내렸었다. 그가 말했다.

"이 일이 시작되는 순간부터 공교육이 뉴어크 시민사회 의제의 핵심에 놓여질 수 있는 좋은 기회였다고 생각했습니다. 글쎄요. 저는 그 기회가 날아갔다고 생각합니다. 학교에 급진적인 개혁이 필요하다는 점에는 의견이 일치했었죠. 그러나 지금 이를 위한 대화의 틈은 거의 사라졌다고 봐야겠지요."

4년 동안 교육개혁가들은 뉴어크의 주민들과 함께 대화를 나눌 노력을 거의 기울이지 않았다. 그들의 이야기를 들어줄 청중은 늘 다른 어딘가에 있었다. 그들은 아주 열심히 공부해야 할 필요가 있고 미래를 위해 경쟁해야 하는 자녀들, 그리고 손주들을 둔 사람들이 아니었다. 부커, 크리스티, 그리고 주커버그는 뉴어크에서 미국 전역에 '시험대(proof point)'를 만드는 작업을 시작했다. 그들은 내부에서 돌아가고 있는 복잡한 지역 생태계에 거의 관심을 기울이지 않았다. 그러나 이는 교육개혁가들이 이를 구하겠다고 하기 전 반드시 이해가 선행되었어야 할 문제였다. 2억 불의 돈과 5년이라는 시간이 지나면서, 적어도 교육개혁만큼이나 강력한 증오가 남게 되었다.

뉴어크는 가장 가난한 아이들의 교육 개선이 정치적인 만큼 또한 교육적인 도전과제라는 사실을 미국 전체에 걸쳐 잘 보여주었다. 수십 년 동안 절망에 휩싸여 있는 도시에서, 교육청은 안정적인 일자리들을 보장하는 고용자일지는 몰라도 학교 교실에서 이루어지는 교육을 담당하는 거대한 관료행정으로서는 쉽게 믿을 수 없는 조직이었다. 이 도시에서는 잘 조직된 공무원들, 정치 단체들, 그리고 기존질서를 유지하는 데 투자하는 노조들이 동시에 활동하고 있다. 2013년 뉴욕, 그리고 2014년 뉴어크, 2015년 시카고에서 있었던 시장 선거에서 투표자들은 교육개혁가들을 거부하는 결과를 만들어냈다. 그곳에서 살아가야 하는 사람들에게 별다른 도움을 주지도 않고, 외부의 힘에 의해 만들어지는 분열적이고 파괴적인 변화란 것이 얼마나 나약한지를 잘 보여주는 결과다.

밀워키의 전교육감이자, 흑인으로는 처음으로 교육개혁운동에서 유명해진 하워드 풀러(Howard Fuller)는 2014년 가을, 자전적인 이야기를 다룬, 『No Struggle, No Progress』라는 책을 홍보하고자 뉴어크를 지나게 되었다.

그는 교육개혁이 이미 자리잡았다고 하는 정치적인 광경을 목격하고 문자 그대로 심한 염증을 느꼈다.

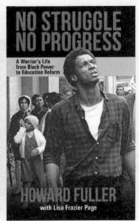

#1 하워드 풀러와 그의 책 표지

"저는 저희 같은 교육개혁가들에 대해 정말 많이 생각해봅니다. 이 사람들은 정말 거만합니다. 그네들이 언젠가 할 일에 대해서뿐만 아니라, 이 일을 하는 과정에서 사람들을 다루는 방식에서도 그렇습니다. 만약 한 방에 똑똑하다는 사람들을 잔뜩 모아놓고, '그 사람들'이 무엇을 필요로 하는지, 우리는 그것을 어떻게 추진할 수 있을지를 고민한다고 합시다. 당장 결정해야 하는 첫 번째 이슈는 당신이 똑똑한가의 여부입니다. 왜 당신은 그냥 방에 들어가기만 하면 지역사회와 주민들을 위해 결정할 수 있다고 생각하는 거죠? 왜 당신은 당신이 할 수 있는 만큼 그들은 할 수 없다고 생각하는 거죠? 저는 아무런 저항 없이 이런 종류의 변화를 언젠가는 만들어낼 수 있다고 말하려는 게 아닙니다. 저는 이런 부분이 정치적으로 어떻게 계속 이어질 수 있을지 모르겠습니다."

'하나의 뉴어크'에 반대하는 폭동이 지나간 후에도, 뉴어크에서 노력하는 데 있어 주정부차원의 핵심 설계자인 서프는 결코 후회하지 않는다고 말했다. 일방적으로 변화를 강요했던 부분에 대해서도 말이다. 그는 좀 더 포괄적인 개혁을 한다면 더 다양하게 향상될 수 없을 거라고 말했다. 그는 특히 높은 성적을 올리고 있는 차터스쿨 네트워크에 의해 운영되는 학교들

#2 바라카 시장이 크리스티 주지사를 만나고 있다.

을 예로 들며 말했다.

　"근본적으로 지역의 정치 시스템(political infrastructure)을 그대로 둔 채로 아이들이 마땅히 누려야 할 삶의 기회를 만들어 줄 수는 없을 겁니다. 그런 기회는 전혀 없을 겁니다. 솔직히 저는 이를 반박할 만한 논리적인 주장은 없다고 생각합니다. 정치문화가 다음 질문, 즉 누가 무엇을 얻는가라는 질문보다 더 위에 자리잡을 수 있을 기회란 없습니다."

　1년이 지난 2015년 여름, 주정부는 갑작스러우면서도 놀라운 전략 변화를 발표한다. 그의 인기가 추락하고 있었음에도 불구하고, 크리스티는 백악관을 향해 대선 예비후보로서 선거운동을 하고 있었다. 앤더슨과 그의 교육개혁 의제에 반대하는 세력은 곧 전국적으로 주목을 끌게 되었다. 천 명이상의 학생들이 교실 밖으로 뛰쳐나와 다운타운의 도로를 행진하는 모습, 가장 최근의 개혁 내용을 이행하기 거부하는 교사들, 그리고 <뉴욕타임즈> 기고란에 실린 글을 통해 학교 통제권을 넘겨달라고 싸우고 있는 바라카에 이르기까지. 6월 초순, 크리스티는 바라카를 은밀히 트렌튼 집무실로 초대해, 교육에 대한 이야기를 나누었다.

　그가 공식적으로 대선 캠페인을 시작한다고 발표하기 며칠 전, 공화당

#3 크리스티 주지사와 바라카 뉴어크 시장

주지사와 민주당 시장은 합동 기자회견을 열었다. 뉴어크가 오랫동안 잃고 있었던 공립학교 통제 권한을 다시 돌려주는 협상 과정을 시작하는 데 합의했다고 발표하기 위해서였다. 주지사는, 이 새로운 전기의 주인공은 앤더슨이 아니라고 했다. 그녀는 3시간 내로 자기 자리를 사임할 것인지, 가만히 앉아 해고를 통보받을지 결정해야 했다. 그녀는 사의를 표했다.

"저는 앤더슨이 이러한 결정을 내린 데 대해 그 어떤 비난도 하고 싶지 않습니다. 그녀에게 있어 계속 전진할 수 있는 시간이었다고 생각합니다."

크리스티가 기자들에게 말했다. 앤더슨의 전 후견인(부커)은 재빠르게 움직여, 그녀에게 뉴어크의 교육개혁에 대한 이야기에서 빠지라고 요구했다.

"그녀는 여기에 왔고, 서비스를 제공했습니다. 그리고 이제 자기 길을 갈 겁니다." 부커가 말했다.

그는 교육개혁이 이미 자리잡았다고 하는 정치적인 광경을 목격하고 문자 그대로 심한 염증을 느꼈다.

그런데 이 모든 광경들은 이미 어디선가 본 듯한 느낌이다. 백인 공화당 주지사와 뉴어크의 흑인 민주당 시장이 함께 등장해, 공립학교를 살리겠다고 공동 기자회견을 갖는 장면 말이다. "우리 아이들의 미래는 결코 축소되면 안 됩니다." 그리고 극적인 장면을 완성시키기 위해, 크리스티는 새

#4 바라카는 서프와 함께 2016년 1월 11일 뉴어크차터스쿨협정(Newark Charter School Compact) 을 체결했다.

로운 교육감으로 교육개혁의 노력에 기초를 닦은 지도자인 서프가 적임자 라고 발표했다. 그는 클라인(Joel Klein)이 지휘하는 교육기술 회사에 취직 해 뉴어크를 떠난 바 있다.

그러나 새로운 뉴어크 시장은 주정부의 협력자로서 부커와는 확실히 다른 사람이었다. 바라카는 뉴어크의 '기금(prize)'을 거의 회수할 듯한 기 대를 주었다. 여전히 주 차원의 입법부와 행정부의 장애가 해결되어야 했다. 즉, 서프는 최소 1년간, 또는 그보다 더 길게 뉴어크에 잔류해야 했다. 크리 스티에 의해 선임된 5명, 그리고 바라카에 의해 선임된 4명으로 구성된 위 원회가 전환 과정을 감독할 예정이었다. 서프는 곧바로 신호를 보냈다. 차터 스쿨의 확장, 학교 선택권 확대, 교사책무성 제고를 내용으로 하는 의제를 진행하는 잠정조치에 전념하겠다고 했다.

학생은 물론 가족, 이웃에게 사회복지 서비스를 제공하는 지역사회학 교 같은 자신만의 교육개혁 브랜드를 만들면 어떻겠냐는 제안이 있었다. 물 론 비용은 앤더슨이 다 지출하지 않았던 주커버그의 기금 일부로 충당하면 서 말이다. 실제로 바라카의 선거 이후, 남아 있는 주커버그의 돈 중 일부가 시스템 개혁 대신 지역사회 기반 이니셔티브에 흘러들어갔다. 예를 들어 시장이 주도하는 여름방학 청소년고용 프로그램과 대학 졸업률 제고를 위한 시 전역의 캠페인 등이었다. 지역사회기반 이니셔티브는 뉴어크미래재단의 직원들에 의해 꽤 오랫동안 추진되어 왔던 변화로, 재단 이사회에 의해 최근에야 채택되었다. 겉으로 드러난 것으로 치자면, 이제야 뉴어크의 목소리가 전달되기 시작한 것이다.

뉴어크미래재단의 새로운 방향 설정을 칭찬하면서, 바라카는 서프가 새롭게 타협적인 행태를 보인 데 대해 그다지 흔들리지 않는다고 분명히 말했다. 서프는 자신을 교육감으로 임명한 데 대해, "크리스티가 여전히 '주지사' 크리스티라는 점을 기억해야 합니다. 그가 저를 교육감으로 임명한 것은 뉴어크의 교육에서 기대하는 바가 있다는 확실한 증거입니다." 그는 이에 덧붙여 "우리는 이 싸움에서 우리 삶을 다스리고 책임져야 합니다. 주지사는 뉴어크에서 더 많은 것을 기대해야만 합니다."라고 말했다.

서프는 워싱턴 D.C.에서 보여준 교훈, 즉 미셸 리의 독단적인 리더십보다 2010년 좀 더 협력적인 교육감인 카야 헨더슨(Kaya Henderson)에게 자리가 이어졌던 사실에서 교훈을 얻었다. 헨더슨은 리와 유사한 의제를 추구했기에 2013년 15개 학교를 폐쇄했다. 그러나 1년 내내 그 학교 폐쇄 때문에 영향받을 가족들에 대해 철저한 조사를 진행한 이후, 그들이 전한 이야기들을 진행되는 변화에 반영했다. 그녀는 천천히 그러나 단호하게 학업성취도 향상을 관장했다. 미셸 리에 대한 반발이 2010년 워싱턴 시장의 축출을 부추겼다. 그러나 2014년 새로 당선된 워싱턴 D.C. 시장은 헨더슨을 유임하겠다고 약속하며 말했다.

"수혜자들을 고려하지 않는 운동은 결국 실패하게 될 운명이죠."

다른 방식으로 이야기해보자면, 교육개혁은 교육개혁가들에게만 맡겨놓기에는 너무도 중요한 문제다. 뉴어크로부터 이 교훈을 도출한 단 한 사람은 주커버그였다. 그는 이 일을 시작하면서 경험으로부터 배울 것이고, 배운 것을 이후 더 나은 자선사업가가 되는 데 활용하겠다고 맹세했었다. 계속되

#5 주커버그 부부가 함께 산책하고 있는 모습 (2013. 7. 11)

는 자선사업 구상에 토대를 두고, 그는 정말 많은 것을 배웠다. 그와 아내 찬은 여생을 자선사업가로 보내겠다고 공개적으로 말했다. 자선사업을 통해, 전국에서 가장 취약한 계층의 아이들을 위한 교육을 개선하는 데 매진하겠다고 했다. 2015년 말에 끝나기로 예정된 뉴어크 사업으로, 그들은 자신들의 스타트업, 즉 집에서 가까운 샌프란시스코 베이 지역(the Bay Area)의 저소득층을 위한 교육재단에 다시 집중하게 되었다. 홀러랜(Jen Holleran)에 따르면, 그때부터 재단의 우선순위는 기금을 투입하려는 지역사회의 필요에 대해 먼저 이해하고 아는 것이었다. 엄청나게 많은 정보들이 필요할 것이다. 출처를 명시하지 않은 미래 기금(gifts)을 위해 실리콘 밸리 지역 재단에 거의 10억 불에 이르는 기부금을 주식형태로 조성해, 주커버그와 찬은 2013년 미전역에서 가장 후덕한 자선사업가가 되었다. 그들은 2014년 5월 1,200만 불을 베이 지역의 여러 극빈 지역에 있는 학교들에 기부하겠다는 계획을 발표했다. 총액으로야 뉴어크에 기부했던 기금과 비슷하다. 그러나 방법은 그렇지 않았다. 주커버그 부부는 <산호세 머큐리뉴스(San Jose Mercury News)>의 기고란에 글을 게재해, "다른 사람들이 놓치고 있는 학생들의 필요를 이해하기 위해" 학부모, 교사, 학교 지도자들, 그리고 차터스쿨과 공립학교의 행정직원들을 통해 일하고 있다고 밝혔다. 대조적으로, 뉴어크에서 그들은 정치인들을 통해 일했고, 혜택 받을 지역, 학교, 개혁의 장애물 등에 대해 전혀 아는 것 없이 그저 밀고 들어갔던 것이다.

뉴어크에 기금을 전달하기 직전, 찬은 뉴어크에서 가장 힘들게 살아가고 있는 아이들을 대상으로 개인적인 일을 추진하고 있었다. 취약계층 아이들을 치료하는 소아과의사로서, 그녀는 확신하게 되었다. 아이들이 다니는 학교가 극심한 가난과 폭력 속에서 자란 학생들의 필요를 채워주는 것 같지 않다고. 교사 및 연구자들과 협조하면서, 그녀는 지역보건센터(community health center)와 나란히 운영할 학교를 개발하고 있었다. 지역보건센터는 가장 많은 도움이 필요한 학생들을 유아기부터 지원할 수 있는 네트워크를 만들고, 이를 토대로 교육 및 지역기반 서비스와 협력해 신체적, 정신적인 건강보호를 제공하게 될 것이다. 학교와 지역보건센터는 가난, 트라우마, 또는 방치 등 온갖 역경에 처한 아이들의 경험을 공동으로 다룰 신경과학연구를 끌어들일 것이다. 연구 결과는 학생들의 학습 능력과, 심지어 유치원 이전의 유아기의 학습 상황에 개입하도록 할 것이다. 뉴어크에서의 접근과는 대조적으로, 찬의 시작 포인트는 아이들, 그들의 필요, 그리고 그들에게 역점을 두도록 한, 준비된 학교였다.

이러한 지원시스템이 알리프 베야에게 어떤 영향을 미칠 수 있었을지 상상해보고 싶다. BRICK 아카데미의 교장, 교감, 특수교육 담당교사, 그리고 농구코치가 엄마와 협력해 자신들만의 안전망을 만들고 그를 붙들고 있는 동안, 그는 기대 이상의 성취를 보였다. 놀랄 만한 진전으로 솟아오르는 희망을 안고, 알리프는 2013년 가을 뉴어크직업 고교(Newark Vocational High School)에 갔다. 그러나 그를 도왔던 지원시스템까지 그와 함께 가지는 않았다. 신입생이 된 그는 그곳 농구팀에 들어간다. 그러나 학업에 있어서는 고전을 면치 못했다. 농구코치와 엄마에게 엄청난 격려를 받기는 했지만, 그는 결국 빠르게 희망을 잃어갔다.

"저는 애들 수준에 훨씬 못 미쳐요."

알리프는 자기 선생님들에게 계속 이렇게 말했다.

두 번째 학기는 뭐라 말할 수 없을 정도로 처참했다. 3월, 알리프의 어릴 적 친구가 14살의 나이로 칼에 찔려 죽었다. 알리프의 친구 중 두 명이 픽업 농구경기를 마치고 집으로 돌아가던 중이었다. 그 어떤 아이라도 탈선하게 만들 수 있을 불행한 계기였다. 이미 위기를 겪고 있는 사람에게는 더

할 수 없이 파괴적인 동기이기도 했다. 수 주 동안 알리프는 울면서 잠들었고, 거의 모든 의욕을 잃었다고 그의 엄마는 말했다. 학기말 영어, 수학, 역사 성적은 F였고, 그는 여름 계절학기에 가야 했다.

앤더슨이 임명된 후 첫 주간에, 그녀는 거의 제대로 기능하지 않고 있는 공립학교 계절학기 시스템을 고쳐놓겠다고 맹세했었다. 그러나 그렇게 해서 이루어진 개선이 알리프에게는 전혀 효과가 없었다. 영어와 수학을 재수강해야 했고, 그 와중에 영어 교사는 그만두기까지 했다. 결국 그는 그저 연습할 자료들을 나누어주기만 하는 순환대체교사에게 배웠다. 수학은 어찌어찌해서 통과했지만, 영어과목은 낙제했다.

2014년 가을, 뉴어크직업 고교는 앤더슨이 추진했던 '하나의 뉴어크' 재조정의 일환으로 웨스트 사이드 고교 내 불용 공간으로 옮겨 갔다. 알리프는 2학년 과정 이수에 필요한 총 학점에서 2학점이 모자랐다. 이 때문에 가장 든든한 버팀목이던 농구팀에서 쫓겨났다. 광범위한 변화를 이행하고 실천하는 데 초점을 둔 교육청의 관심으로, 특정 고등학교의 학생 시간표와 같은 가장 기본적인 기능들이 완전히 망가져 제대로 돌아가지 않고 있었다. 가을학기를 통틀어, 알리프는 영어와 수학 과목을 수강할 수 없었다. 교육청의 졸업추적 프로그램에 따라 수업을 낙제한 학생들은 다시 학점을 취득해야 하는데도, 알리프에게 1학년 때의 영어와 역사과목을 벌충할 수 있도록 강좌를 다시 조정해주지는 않았다.

알리프는 지각과 결석이 늘었다. 어떤 때는 마리화나 연기가 자욱한 장면들을 찍은 동영상을 자신이나 친구의 페이스북에 올리기도 했다. BRICK 아카데미의 와이드만 교감은 어느 날 페이스북에서 그의 동영상을 발견했다. 너무 당황스러웠던 와이드만 교감은 알리프와 그의 엄마에게 연락한다. 그리고 자신을 진로상담가, 사회복지사, 방과후수업 코디네이터 혹은 교감이라고 소개하며 웨스트 사이드의 그를 찾아가기 시작했다. 이렇게 하면서 그녀는 또 다른 안전망을 만들 수 있기를 바랐다. 와이드만 교감이 말했다. "할 수 있는 모든 총체적인 노력을 다하고, 하고, 또 했어요."

이러한 시스템의 붕괴는 BRICK 아카데미의 타고난 유치원 교사인 윌리엄스까지도 극적이면서도 전혀 예기치 않았던 경로로 들어서게 했다. 그녀가 교육가(educator)가 되기로 마음먹은 것이다. 교직에 처음 들어선 이후, 그녀는 어찌 되었든 차터스쿨로 옮겨 교사를 하지 않겠다고 했었다. 차터스쿨은, 자신처럼 가장 손이 많이 가야 할 아이들을 가르치려 하지 않는다고 확신했기 때문이다. 도시의 병리학에 뿌리를 둔 문제 많은 역사를 지닌 아이들처럼 말이다. BRICK 아카데미에서의 2013~14 학년도 내내 윌리엄스는 자기 유치원 학급에 있는 심각한 문제아이들을 도울 수 있는 보조교사를 보내달라고 교육청을 설득했다. 두 명의 아이들은 교사와 교실 친구들에게 의자나 책상 등을 집어던지기도 했다. 그러나 이렇게 노력했는데도 아무런 결과를 얻지 못했다. 그녀는, 다른 아이들이 전혀 안전하다고 느끼지 못했고, 수업에 집중하고 뭔가 배우는 데 방해가 된다고 말했다. 2014년 가을, 그녀는 교육청 소속 공립학교를 떠나 KIPP 소속 초등단계 차터스쿨인 스파크 아카데미로 옮겨 가겠다는, 어찌 보면 상당히 감정적인 결정을 내린다. 윌리엄스는 뉴어크에서 교육지도자가 되고 싶다고 말했다. 어쩌면 그보다 더 많은 일을 하고 싶어했다. 지금은 공교육 체제 속에 주요하게 자리하고 있는 차터스쿨에 근무하면서, 그녀는 자기가 담당한 아이들과 같은 아이들에게 최고의 교사들이 제공해줄 수 있는 것들을 직접 보고 느끼며 크게 감탄하고 있었다.

윌리엄스는 다른 방식으로 바뀌었다. 교회에서 만나 수년 동안 사귀었던 로날드 피스아미와 결혼해, 이름이 Princess Fils Aime로 바뀌었다. 2014년 여름, 콜롬비아 대학교에서 교육지도성(Education leadership) 전공으로 석사학위를 취득했다. 학위 과정을 통해서 그녀는, 자신이 교수(teaching)—학습(learning)에 대해 갖고 있던 전제들을 다시 돌아볼 수 있었다.

#6 프린세스 피스아미의 사진

"석사과정에서 저희는 윤리학과 비판 윤리에

대해서, 그리고 어떻게 우리의 첫 번째 우선순위가 아이들의 웰빙이어야 하는지에 대해 토론했어요. 교육청, 교장, 교사 등 모두는 웰빙에 무엇이 필요한지에 대해 서로 다른 생각을 갖고 있습니다. 어떤 순간에도 '아닌 것(no)'을 인정하면 안 됩니다. 반드시 '아니다'라고 말해야 합니다. 저는 앞으로 시스템에 대해 비판하게 될 겁니다."

그녀가 할 비판의 핵심은, 교육청이 더 많은 재원을 학교 교실과 자원이 필요한 학생들에게로 가져오는 데 실패했다는 점이 될 것이라고 말했다.

따라서 112호 대신, 피스아미는 스파크 아카데미의 202호에 있다. 5살짜리 아이들에게 글자와 소리를 가르치는데, 늘 그녀를 돕는 부엉이 소리가 여전히 울린다. 그녀의 새로운 교실은 역사적으로 미국 최초의 흑인들을 위한 학위수여대학을 따라 링컨 대학교라고 불린다. BRICK 아카데미에서처럼, 반 아이들이 산만해지면, 조용한 목소리가 들려온다.

"피스아미 선생님은 슬퍼요. 링컨 대학교의 학생들이 지금 최선을 다하고 있지 않기 때문이에요."

그러면 BRICK 아카데미에서처럼, 아이들은 마치 마법에 걸린 듯 다시 하던 일로 돌아온다. 그녀가 스파크 아카데미에서 만난 아이들은 BRICK 아카데미에서 만났던 아이들과 마찬가지로 가난하다. 물론 그 이유가 전부는 아니지만, 피스아미는 인지장애나 학습장애를 가진 아이들, 그리고 몇몇은 트라우마 증세가 있는 아이들이 포함된 통합수업을 담당하고 있기 때문이다. 그러나 26명의 아이들이 있는 이 학급에서, 피스아미는 상당한 지원을 받고 있다. 피스아미는 두 명의 전임 교사 중 하나이다. 여기에 학습전문가가 있어 8~9명의 소그룹에서 아이들을 가르친다. 그녀는 BRICK 아카데미의 학급보다 덜 소란스럽다고 말했다. 정서적으로 문제가 있는 아이들이 오히려 더 집중을 잘하기 때문이다. BRICK 아카데미에서처럼, 정말 화를 잘 내는 아이들이 급우를 때리려고 하기도 한다. 그러나 이런 상황에 대해 교육청 행정체계를 통해 지원받으려고 수 개월을 기다리는 대신, 학교의 사회복지사가 거의 즉각 도착해 아이들을 관찰하고 대응책을 제시해준다고 피스아미는 말했다. 어떤 경우 사회복지사는 여러 건을 한꺼번에 관찰해, 특정한 아이의 분노를 자극하는 교실의 특수한 환경을 확인하기도 한다. 그러면 피스아미와 함께 해당되는 환경을 바꾸고자 노력한다. 그녀가 내린 잠정적인 결론은, 차터스쿨이 근본적으로 더 낫다는 게 아니라, 교실로 자원을 전달할 때 교육청보다 더 수월한 구조라는 것이었다.

"예산은 무엇을 더 가치롭게 생각하는지에 대해 많은 것을 이야기해줍니다. 제 생각에 교육청은 가치 면에서 큰 변화가 필요해요."

어떤 순간에는 이러한 변화를 만들어내기 위해 교육청 소속으로 다시 돌아갈 수 있기를 바란다고 피스아미는 말했다.

이제 30세인 피스아미가 뉴어크 공립학교의 모습을 다시 정비할 수 있도록 힘을 키워야 한다는 포부를 갖는 것은 중요하다. 피스아미는 뉴어크 공립학교에서 자란 인물이지만, 함께 학교를 다닌 다른 많은 친구들과는 달리 이 학교들의 불충분함을 중대한 사회 부정의라고 생각한다. 피스아미는 뉴어크의 도시구조에서 역사적 변천 과정의 한 부분이다. 피스아미가 포함된 한 세대는 폭동, 백인이주, 거의 붕괴된 공립학교 속에서 자라나, 다시 자신이 자라난 곳으로 돌아오고 있다.

바라카는 폭동을 주도했던 이탈리아계 전 상원의원 아도니지오 이후 뉴어크에서 태어난 첫 시장이다. 첫 흑인 시장인 케네스 깁슨(Kenneth Gibson)과 샤르페 제임스(Sharpe James)는 모두 딥 사우스(Deep South)에서 태어나 대이주시기(the Great Migration)에 북쪽으로 옮겨 왔다. 부커는 교외에서 자란 아이였다. 그러나 뉴어크의 비극적인 유산을 물려받았고, 그 이야기를 증언할 수 있도록 살아가고 있는, 아마도 이를 바꾸고자 하는 세대가 지금 다가오고 있다. 공립학교와 차터스쿨을 아우르는 도시의 모든 학교에 피스아미와 같은 신념을 지닌 교사와 교장들이 있다. 그들은 공교육이 반드시 변화해가야 하는 힘든 길에 대해, 뉴어크를 위해서, 동시에 뉴어크에게 말할 수 있는 잠재적인 지도자들이다.

피스아미는 2015년 1월 페이스북을 통해 이러한 노력에 참여하는 사람들에게 체화되어 있는 이해관계에 대해 메시지를 남겼다.

"사실, 우리 가족과 이웃이 우리에게 평범함 이상으로 성공하라고 요구할 때, 우리는 우리의 성공이 정말 필요한지에 대해 종종 확신하지 못합니다."

피스아미는 변치 않는 마음으로 작금의 교육개혁 파동이 지나간 이후에도 뉴어크 학교를 개선하고자 일할 것이다. 그 책무를 위해서 그녀는, 아이들과 지역사회의 복잡한 필요를 채워줄 수 있도록 만들어진 기관으로서 모든 학교들을 품을 수 있는 길을 찾는 데 있다고 본다. 이러한 작업은 차터스쿨이냐 공립학교냐에 관한 양극화 논쟁을 넘어서는 것이다.

"이러한 세계들을 연결하는 길을 찾아내는 것. 그것이 지금 제가 초점을 두고 있는 과제입니다. 그래서 모든 학교에 이렇게 물을 수 있어요. '어떤 특수한 상황에 처해 있는 이웃 문제를 해결하기 위해, 특정한 학교에 무엇이 필요한가요?' 그럴 때에, 바로 그 필요한 것을 제공해주면 됩니다. 우리는 아이들에게 다음 질문에 대한 대답을 보여주어야 합니다. '왜 교육이 중요하지?' '정말 많은 것들이 제대로 돌아가지 않는다면, 네가 어떻게 그것을 가능하게 할 수 있을까?'

아이들과 교실의 눈으로 교육을 바라보려는 피스아미 같은 사람들에게, 도심의 공립학교들은 분명 빈곤의 결과를 극복하도록 요구받고 있다. 그녀는, 정말 잘 가르치는 것과 훌륭한 리더십이 필요하다고 주장하는 교육개혁가들이 옳다고 피스아미는 말한다. 그러나 뉴어크와 전국의 다른 많은 가난한 도시에서 나타나는 결과들을 살펴보면, 그 필요를 채울 수 있는 자원이 무척 부족했다는 점이 분명해진다. 피스아미 그리고 찬에게서 나온 것들은 어떤 변명이 아니다. 단순하지만 긴급한 요청이다. 교육개혁에 관한 전국적인 대화에서 진짜 아이들이 무엇을 필요로 하는지를 중심에 두자는 것이다. 교육개혁을 둘러싼 이념적인 대립 때문에 정작 아이들은 뒤로 내팽개쳐져 있다. 교육개혁이 위기에 있다는 의미이다.

후기

이 책이 출판되고 얼마 지나지 않아, 미국에서 가장 가난한 도시에서의 교육에 대해 양극단의 대화가 오갔다. 당파적인 이해관계에 있는 사람들은 뉴어크에서의 일화를, 자신들이 늘 싸워오던 전장에서 쓰던 탄약처럼 사용했다. 차터스쿨이 도시의 문제를 해결해준다고 주장하는 사람들 중 일부는, 뉴어크에서 2억 불을 들인 개혁의 노력이 충분하지 못했고 그로 인해 전통적인 공립학교를 개선하려는 노력을 헛되게 만들었다고 비난했다. 스펙트럼상의 다른 진영에서 교육개혁가들에 대항하는 많은 비판가들은, 교육개혁가들이 전국적에서 가장 가난한 아이들을 속였다는 증거로 이 실험의 결과를 비판했다.

내가 이 책, 『Prize(프라이즈)』를 쓰면서 가졌던 목표 중 하나는, 뉴어크의 공립학교에서 일어나는 가르치고 배우는 일상의 노력들을 협상의 시각으로 보도해, 이러한 정치 논쟁을 초월하는 것이었다. 뉴어크에서는 아이들의 필요가 그 어떤 이념적인 갈등(disagreement)마저도 초라하게 만들 지경이었다. 흥미롭게도 오프라 윈프리쇼에서 찬란하게 조명받으며 발표되어 시작된 뉴어크에서의 노력과 시도는, 텔레비전에서 약속한 것보다 실제 삶의 도전에 더욱 많은 관심을 갖도록 하며 끝맺었다. 논쟁의 모든 면면은 차터스쿨이 지금 뉴어크라는 도시에 영속적으로 자리잡아 가고 있다는 점을 보다 분명히 인정하고 있다. 시장이 된 라스 바라카는 이와 관련해, "우리는 이미 아이들이 있는 학교들을 폐쇄하지는 않을 것"이라고 말했다. 또한 이들의 관심사가 다른 많은 도심교육시스템이 맞닥뜨리고 있는 관련된 도전들로 옮겨 가고 있다. 즉, 급작스럽게 줄어들었고 또 여전히 문제 많은 공립학교구를 어떻게 안정시키고 강화시킬 것인가라는 문제 말이다.

마크 주커버그의 1억 달러로 굴러가기 시작한 5년짜리 노력의 유산은, 뚜렷이 대비되는 뉴어크의 두 현실에서 확실하게 나타난다. 주커버그와 다른 기부자들의 자선으로, 차터스쿨은 극적으로 늘어났다. 등록한 학생수가 그 전에 비해 두 배 이상 증가했다. 전국적인 차터스쿨과는 달리, 뉴어크의 차터스쿨들은 전통 공립학교에 비해 학업성취율이 높았다. 최근 수정된 교육개혁 연구자들의 연구에 따른 결과이다. 이들의 연구에 의하면, 뉴어크에서 거의 40%의 학생들이 차터스쿨을 다니고 있으며, 이 학교에 다니는 저소득 및 사회적 소수계층 학생들의 주표준학력평가 점수는 주평균을 넘어서고 있다. 즉 뉴어크의 학력성장은 주로 차터스쿨 때문이라는 결과가 도출된다. 이 연구에서 50개의 도심교육시스템들 중 뉴어크는 이러한 소위 '역경을 이겨낸(beat the odds)' 학교들의 비중이 가장 높게 나타나고 있다.

그러나 차터스쿨로 이렇게 빠르게 옮겨 간 결과의 일부로, 교육청 소속 공립학교는 극심한 재정난에 빠져들었다. 이 학교들에는 여전히 뉴어크 아이들의 60% 이상이 다니고 있고, 특별한 필요와 극심한 가난, 영어구사 결손 등을 겪고 있는 아이들의 비중이 가장 높다. 그러나 사업 시작 이후 원한과 비난 속에 수년을 보내오는 동안, 위기는 지역사회의 전열을 정비하고 결집시켰다. 교육감 서프와 시장 바라카, 그리고 모든 교육위원회는 주지사인 크리스티에게 주정부의 지원을 청원했다. 소위 그들이 말하는 재앙과도 같은 교육청 직원들의 감원, 학급당 학생수의 급증, 특별한 지원이 필요한 아이들에 대한 서비스 재정 삭감을 피하기 위해서였다. 대통령 선거 캠페인에서 중도하차한 이후 뉴저지주 주지사로 복귀한 크리스티는, 2016~2017년 예산에서 2천 억의 지원 예산을 편성해주었다. 이만한 규모의 재정이 위기 상황을 끝낼 수 있을 만큼 충분하지는 않았지만, 교육청이 당장 입을 타격을 완화할 정도는 되었다. 물론 주정부의 지원이 다음 해에 보장되지 않는다면, 분명 또다시 예산 적자가 불거질 것이다.

이러한 교육예산 위기는 크리스티 주지사가 뉴어크에 차터스쿨을 시급히 성장, 확대시키면서도 뉴어크 교육예산을 동결하면서 발생한 것이다. 다른 많은 도심 지역사회에서나 그렇듯, 교육청은 학생들과 예산이 차터스쿨로 옮겨 가는 속도만큼 빠르게 축소될 수는 없다. 동시에 전체 학생 인구는 상승했는데, 이로써 예산 동결 상황에서 학생당 교육비는 더 줄어들 수밖에 없었다. 흥미롭게도 이러한 결정들이 불러온 결과와 사투를 벌이고 있는 서프가, 그러한 결정들이 만들어지던 당시 크리스의 휘하에 교육자문관으로 있었다는 사실은 누구나 알고 있었다.

"그렇게 많은 차터스쿨들이 역경을 이겨내고 있다는 게 너무나 놀랍습니다. 우리가 반드시 신경 써야 하는 것들이 바로 그런 것들이죠."

주정부 교육위원회에서 문제를 설명하면서 서프가 한 말이다.

"그러나 이러한 일들로 인해 벌어지는 경제적인 문제는 그리 긍정적이지 않아 보입니다."

서프가 던진 이 코멘트는 전통적인 공립학교의 부수적인 피해에 상관하지 않고 차터스쿨의 확장을 옹호하는 전국 교육개혁운동의 전략적인 결점을 강조한다. 이제, 이 일을 처리하는 게 교육감으로서 서프가 할 일이었다. 달리 말하면, 개혁 건축가에서 이제 개혁 정비공이 된 것이다.

서프는 말한다.

"이게 내가 여기 있는 이유예요. 저는 이 문제를 고치고 싶습니다. 재정 적자 문제뿐만 아니라 구조적이고 학업적인 부분까지도요."

이 과정에서 거의 5년 동안 서로 적대 관계에 있던 서프와 바라카는 놀라울 정도로 공통된 이해관계를 발견한다. 특별히 공립학교 관할 통제권한을 뉴어크시에 되돌려주자는 운동에 대해서다. 뉴어크에 엄청난 변화를 불러온 공립학교 주정부통제권한을 행사해온 크리스티와 서프에게는, 이 권한을 되돌려주는 나름대로 전략적인 이유가 있었다. 많은 사람들이 믿고 있듯이, 뉴저지주가 크리스티의 후임자로 민주당 출신 주지사를 선출하게 된다면, 후임 주지사는 어쨌든 뉴어크에 공립학교 통제권한을 돌려줄 것이다. 크리스티가 재임하는 동안 이 일을 해냄으로써, 서프가 주커버그의 자금으로 끌어들였던 개혁의 일부를 제도화할 기회를 줄 수 있는 것이다. 즉, 교사들과의 새로운 계약 체결, 새로 도입한 엄격한 수준의 교사평가 및 훈련 시스템, 시 전체적으로 학부모들이 학생 등록을 할 경우 갖게 되는 학교선택권 확대 등의 사안에서 말이다. 바라카로서는, 이러한 움직임이 공립학교뿐만 아니라 뉴어크에서 가장 큰 공공기관의 통제권을 안방으로 가져올 기회를 의미했다. 이러한 권한 위임에는 적어도 2~3년이 소요되기 때문에, 피할 수 없는 예산 적자로 야기되는 해고문제를 감당할 사람은 아무래도 바라카보다는 서프일 것이다.

바라카는 교육을 주제로 한 공공포럼에서 이렇게 말했다.

"이봐요들, 하나님이 유머감각이 있는 거죠. 문제를 만들어낸 사람들이 문제를 해결해야만 하다니. 제가 이래서 하나님을 사랑한다니까요."

바라카와 서프가 새롭게 결성한 조합은, 뉴어크에서 가장 이상한 조합이었다. 이 두 사람은 정기적으로 만난다. 그리고 시정 기관이 주최하는 만찬에 함께 앉는다. 많은 사람들 앞에서 서로를 크게 칭찬한다.

"저는 그가 하고 있는 일에 대해 정말 감사하게 생각하고, 또 존경하고 있습니다."

서프가 바라카를 향해 한 말이다.

"서로 겹치는 부분이 무척이나 많습니다. 분명 그중 하나는, 그의 시 행정부가 하고 있는 놀라운 일을 마음 깊이 존경한다는 것이지요."

바라카가, 평소 깎아 내리던 사람의 정책에 대해 긍정적으로 말한 부분이다. 물론 진정성이 별로 없어 보이기는 하지만 말이다.

"서로 합의하지 않는 것들이 있습니다만, 우리는 서로의 입장을 잘 이해하고 있습니다. 제가 감사하는 건 그 모든 사안이 협의된다는 점입니다. 방에 그 어떤 코끼리도 없습니다. 따라서 우리가 합의한 내용이 어떤 방식으로든 다시 깨어지는 건 허용하지 않습니다."

바라카가 힘주어 말했다.

이 새로운 타협 정신의 증거로, 서프는 바라카가 내세운 지역사회 학교(community schools)를 승인했다. 아이들과 이웃주민들의 극심한 가난의 결과들을 돌보기 위해 건강, 정신건강, 기타 사회복지서비스를 갖춘 학교이다. 뉴어크미래재단은 주커버그의 자금에서 남은 재원 중 천만 불을, 뉴어크에서 가장 가난하고 가장 폭력적인 사우스 워드 다섯 학교에서 이러한 서비스를 제공하도록 승인한다. 이 구상은 2015년 12월 발표되었다. 이 자리에는 바라카와 함께 어깨를 맞댄 크리스, 그리고 뉴어크미래재단 이사장 킴벌리 맥레인이 참여했다. 재단에서 일찍이 강조했던 교사책무성강화, 차터스쿨 확장, 교육청 경영개혁 등 전국적인 교육개혁운동의 상징과도 같던 것들을 반영한 의제에서 벗어난다는, 의미심장한 신호탄이었다. 이는 오히려, 학업성과 정책만큼이나 사회적 조건이 뉴어크 학교 실패의 핵심에 중요하게 작용한다는 바라카의 주장과 맞닿아 있었다. 시장의 주장이다.

"미국 교육에 위기는 없습니다. 오로지 흑인과 히스패닉 지역사회에 위기가 있을 뿐이죠."

보다 원대한 자선사업가로서의 도약을 준비하면서, 주커버그는 뉴어크에서 자신이 했던 5년 동안의 노력을 2015년 11월 페이스북 담벼락에 요약해서 보여주었다. 그는 놀라울 만큼 향상된 학업 성취를 보이고 있는 차터스쿨의 성장과 공립학교 고교생들의 졸업률 증가, 교사들과 맺은 새로운 계약 건 등을 성공이라 말한다. 그는 이 사안들 가운데 교육청을 도와, 최고의 능력을 발휘하는 교사들을 선발해 확보하는 일이 가장 중요하다고 보았다. 주커버그는 말한다.

"이와 같은 노력을 하는 과정에서, 선한 의도를 가진 사람들끼리 도전하고 또는 실수하며, 진실한 차이점들이 드러나기 마련입니다. 우리는 이 일을 통해 얻은 배움과 깨달음에 대한 총체적인 분석과 논쟁을 환영합니다. 그러나 긍정적인 결과가 있었다는 점을 결코 간과하지 않는 것, 이것이 가장 중요합니다."

전국적으로 자선사업가들, 개혁가들, 그리고 교육 지도자들이 뉴어크에서의 경험에서 어떤 교훈을 얻었는지, 이를 다른 지역사회에 어떻게 적용할 것인지를 검토하기 시작했다. 이러한 일련의 논쟁 중 좀 더 유명한 결과는 주커버그 본인에게서 나왔다. 뉴어크시 지역사회학교 이벤트가 열리던 바로 그날, 주커버그와 아내 프리실라 찬은 자신들이 소유한 페이스북 주식의 99%(약 45억 불)를 자선 사업과 전세계적인 빈곤, 질병, 그리고 교육 불평등을 없애기 위한 목적성 투자에 내놓겠다고 발표한다. 찬주커버그 구상(The ChanZukerberg Initiative)이라는 이 자선 프로젝트를 위해 그들은 여섯 가지 원칙을 내놓았다. 앞의 두 원칙은 바로 뉴어크에서의 직접 얻은 교훈에서 비롯되었다. 첫 번째 원칙은 "장기 투자가 필요하다"는 점이었다. 25년, 어떤 경우 100년까지도 긴 안목의 투자가 필요하다고 보았다. 적어도 뉴어크에서 시험했던 5년보다는 길어야 한다는 건 확실했다. 그들에 의하면 '단기적인 사고(short-term thinking)'로는 우리들의 시대가 지닌 거대한 도전과 문제들을 효과적으로 겨냥할 수 없다.

두 번째 원칙은 "지원하려는 사람들을 직접 상대한다. 우리가 그들이 살고 있는 지역사회의 필요와 요구를 이해할 수 없다면, 그들을 제대로 돕고 성장시킬 수 없다." 뉴어크에서 교육개혁가들은 대체로 지역사회를 무시했다. 정치적으로 재앙과 같은 결정이었다. 뿐만 아니라 아이들이 매일 교실로 가져오는 심오한 감정적인 결핍을 채워줄 자원을 공립학교에 제대로 마련하지 않는 안건들을 양산하고 말았다. 부모들과 교사들이 반드시 필요하다고 강조했을 부분들이다. 만약 부모와 교사들이 협의 과정에서 고려되었다면 말이다.

주커버그와 찬은 이 45억 불 구상을, 새로 태어난 딸 맥시마 찬 주커버그에게 헌정했다. 페이스북 담벼락을 통해 딸에게 보낸 공개 편지에서, 그들은 딸이 직면할 "가장 큰 기회이자 또한 가장 큰 문제"에 힘 쏟기 바란다고 썼다. 만약 이러한 노력이 맥시마와 그녀의 세대에서 결실을 맺는다면, 아마도 그 이유의 일부는, 그녀의 부모가 거칠고 힘겨운 뉴어크의 교육 세계에서 얻은 교훈 덕분일 것이다.

저자의 글

1990년 중반부터 2008년까지 <워싱턴포스트> 뉴욕 지부의 기자로 근무하는 동안 뉴어크를 알게 되었다. 제임스(Sharpe James)와 부커(Cory Booker)가 시장으로 있던 때였다. 이 도시에 관한 기사를 작성하면서 프라이스 교수를 처음 만났고 곧 친구가 되었다. 그의 깊은 식견과 뉴어크에 대한 감정이 나를 뉴어크의 발전과 명백한 도전과제들을 탐색할 기회들을 찾아내게끔 이끌었다. 그와 커빈(Inside Newark이라는 책의 저자이자 또한 내 친구가 되었다)은 뉴어크를 미국 도시에 대한 많은 것들 담고 있는 은유(metaphor)로 보라고 알려주었다. 미국 도시들은 오랫동안 인종차별주의와 불평등이 빚어낸 결과에 휩싸여 있다. 따라서 잘못 조언된 정부의 정치적인, 경제적인 변화에 맞물려 점점 더 악화되어 왔다. 시간이 지나면서, 나는 뉴어크를 제임스 볼드윈이 자신의 책 『Notes of a Native Son』 서문에 쓴 다음 문장을 통해 바라보게 되었다.

"나는 나를 만든 시간, 환경, 역사 그 자체이다. 확실히 그러하다. 그러나 나는 또한 그보다 훨씬 더 나아간, 더 많은 것의 집합체이기도 하다. 우리 모두 마찬가지다."

2010년 9월 주커버그가 뉴어크 학교에 후원한 1억 불의 기금(gift)은, 이 도시에 상당한 행운을 가져다주리라는 기대를 안겼다. 다른 많은 사람들처럼, 나는 한발 떨어져서 교육개혁과 뉴어크 학교들을 바라보고 있었다. 약속으로 가득한 시민사회운동으로, 그리고 변화와 도움이 절실하게 필요한 곳으로. 이렇게 긍정적이고 호의적인 기금이 도대체 어떤 일들을 몰고 올지, 그리고 그 과정에서 어떻게 오랫동안 이 도시를 끌어내렸던 세력들과 협력하고 또는 완화하게 될지 조사하고 싶었다. 이 책에 등장한 이야기들은 내가 처음에, 원래 기대했던 것보다 훨씬 덜 희망적이다. 내가 발견한 이유들로 책 한 권을 채울 수 있었다. 다양한 성향을 지닌 거의 모든 사람들이 좋은 의도를 가지고 있었다는 것이 경쟁해 이기는 것이 무엇보다 중요한 사업에서의 성공뿐만 아니라 실패마저 가져온 요인이었다. 나는, 나를 믿고 자신의 경험과 관점을 이야기해준 많은 사람들, 사건들, 그리고 맥락에 충실하게 이 작업을 진행해왔다. 부커 시장의 SUV 뒷좌석에서 있었던 이야기부터, 뉴어크 아이들이 있는 수십 개의 교실, 가정, 이웃들 이야기, 정책결정자들이 일하고 있는 교육청 건물의 창문 없는 회의실, 부유한 자선사업가들의 호화로운 집무실, 전국 교육개혁가들의 집회, 크리스티 주지사 집무실, 주커버그의 페이스북 회의실, 그리고 뉴어크에서 열린 수십 차례의 대중집회, 시위, 간담회 등 지난 4년 반 동안 일어난 일들을 펼쳐 시간순으로 기록했다. 모든 등장 인물은 실제 인물이다. 단 타릭(Tariq Anderson)만은 가명을 사용했다.

모든 과정을 투명하게, 낱낱이 공개한다는 취지에서 밝혀야 할 것이 있다. 내 아들 퍼디(Sam Purdy)는 학교개혁운동에 참여하고 있다. 그는 TFA를 통해 텍사스주 리오그란데밸리의 공립학교구에서 교직을 시작해 지금 중학교 교사로 일하고 있다. 내 아들 또한 뉴욕의 KIPP 차터스쿨에서 2년 동안 가르쳤다. 그러나 내가 이 책에서 다루고 있는 KIPP 초등차터스쿨인 스파크 아카데미에 대해 자료를 모으고 기사를 쓰고 있을 무렵, KIPP에 더는 머무르지 않게 되었다.

하나 더 공개할 내용이 있다. 내가 이 책을 시작하게 된 이유는 내 평생의 관심사인 인종차별과 불평등이라는 주제 때문이다. 나는 공식적으로 분리차별이 남아 있던 마지막 시기에 앨라배마주 버밍햄에서 백인 아이로 태어나, 그곳에서 성년이 되었다. 모든 학생들이 백인인 교외 학교에 다녔고, '백인용' 수도꼭지에서 물을 마신 기억이 생생하다. 백인 전용 엘리베이터를 탔고, 오로지 백인에게만 배정된 텍사스주의 야간 축제에 참석했었다. 부모님들은 그 당시 평범하지 않았던 버밍햄 백인이었다. 그들은 이 모든 상황이 심각하게 잘못되었다고 보았고, 아주 어린 내게도 끊임없이 질문하고 문제를 삼도록 일깨워주었다. 이러한 이유로, 나는 이 책을 그들의 기억에 바치고 싶다.

나는 이 책과, 내가 이 책을 쓸 만한 능력을 지녔다고 믿어준 많은 이들에게 빚지고 있다. Houghton Mifflin Harcourt(출판사)의 편집자인 Deanne Urmy는 2011년 토요일 저녁, 이 책에 관한 내 제안서를 읽고 흥분 상태로 이메일을 보냈다. 그녀가 보여준 헌신은 결코 흔들리지 않았다. 전문가로서 그리고 개인적인 인연으로서도 너무나 훌륭한 재능을 보여주었다. 대리인이자 친구인 Joelle Delbourgo에게 감사를 보낸다. 그는 나를 정말 잘 이끌어주었고, 통찰과 격려를 아끼지 않았다. Dorothy Wickenden은 <뉴요커>의 첫 연재 편집인으로, 내가 정말 훌륭하게 이 이야기를 기고할 수 있도록 인내심을 갖고 도와주었다. 이 책을 구상하는 데 David Barstow 와 Sara Mosle가 보여준 지혜와 시간에, 더할 수 없는 혜택을 입었다.

부커, 주커버그, 크리스티, 서프, 앤더슨은 뉴어크에서 교육개혁에 관한 이야기 전개를 증언해주는 귀한 기회를 제공했다. 그들 모두에게 깊이 감사한다. 그들은 심층적인 언론의 가치를 이해와 인내를 갖춰 인정해주었고, 4년 반 동안 그들의 회의에 참석을 허락하고, 끊임없는 질문을 결코 마다하지 않았다.

친구들 중 재능 있는 작가들이 있다는 건 정말 행운이 아닐 수 없다. 그들 중 몇몇은 내가 쓴 초고를 너그러운 마음으로 읽어주고 코멘트를 아끼지 않았다. Michael Sokoloff—Rubin, Natalie Wexler, Carol Rodgers, Emma Sokoloff—Rubin에게 먼저 감사 인사를 하고 싶다. 여러 번의 대화를 통해 교육에 관한 풍부한 지식을 나누어준 Nicholas Lemann에게도 감사를 보낸다. 뉴어크에서 고군분투하고 있는 유력인들을 만나는 데 보증을 서준 Don Graham과 Bill Bradley의 도움에 또한 깊은 감사를 드린다.

뉴어크와 이 책에서 언급한 일들을 이해하도록 도왔던 모든 사람들의 이름을 거명하기란 불가능하다. 이미 책 속의 이야기에 그들의 이름이 인용되어 있기는 하지만, 이름이 밝혀지기를 원치 않았던 수십 명의 도움이 더 있었음을 밝힌다. 다시 그들에게 감사드린다.

프린세스 피스아미, 조안나 벨처, 체리티 헤이굿, 도미니크 리, 크리스 퍼피치, 밀라그로스 해리스, 라스 바라카, 샤바르 제프리스, 차리타 바네스, 태미숀 루이스, 쉐이클 넬슨, 윈스톤 잭슨, 알리프 베야, 레키샤 밀스, 다이니카 맥퍼슨, 주니어스 윌리엄스, 리차드 카마리에리, 캐서린 뉴전트, 젠 홀러랜, Paul Bernstein, 킴벌리 맥레인, Kevin Callaghan, Renee Harper, Matthew Frankel, Dan Gohl, Chuck Crafts, Gordon MacInnes, Ryan Hill, Steve Small, Ben Cope, Norman Atkins, Khaatim Sherrer—El, Bashir Akinyele, Jamani Montague, Irene Cooper—Basch, Barbara Reisman, Mashea Ashton, 티네샤 맥 해리스, Mike Maillaro, Bruno Tedeschi, Cynthia King Vance, David Sciarra, Rob Reich, Lizabeth Cohen, Jelani Cobb, Rick Hess, Ronin Lake.

나는 동료 저널리스트 David Giambusso, Jessica Calefati, John Mooney, Tom Moran, Paul Tough, Sara Neufeld, Kate Zernike, Lyndsey Layton, Jonathan Alter, Elizabeth Green, Dana Goldstein, Bob Braun, Nicolas Stavros Niarcos, and Aaron Miguel Cantú의 작업에서 도움을 받았다. 그리고 이 여정의 중요한 지점마다 특별히 사려 깊은 청취자가 되어준 친구들에게 감사한다. Joanmarie Kalter, Donna Rifkind, Felicity Barringer, Michael Taubman, Trish Perlmutter, Gabrielle

Glaser, Meg Campbell, Sara Rimer, Steve Luxenberg, Carolyn Acker, David Greenstein. 특히 시부모님인 Arthur와 Thelma Purdy가 그래주셨다. 개인적으로, 메모리얼 슬론 케터링 암센터(Memorial Sloan Kettering Cancer Center)의 Drs. Manjit Bains, David Ilson, Karyn Goodman의 뛰어난 의술과 인간성에 특별히 무척 감사함을 전한다.

마지막으로 가장 큰 빚을 진 사람이 있다. 내 남편, 매트 퍼디(Matt Purdy)이다. 아플 때나 건강할 때나 헤아릴 수 없는 믿음과 사랑의 원천으로, 내가 이 여정을 지나는 동안 할 수 있는 모든 역할을 맡아주었다. 상당히 품이 많이 드는 작업이라는 것을 알면서도, 이 책을 써보라고 제안한 사람이 바로 그였다. 늘 곁에 있어주면서, 그는 이 책의 비공식 편집자이자, 사려 깊은 협력자, 응원자, 집에서 웃음을 주는 사람, 적절한 단어와 문구를 제공해주는 사람이었다. 재능 있는 두 아들 샘(Sam)과 아담스(Adams)와 함께했던 모든 날들에 감사한다. 아이들은 내 앞의 모든 장애물들을 뛰어 넘을 수 있도록 무한한 사랑을 보냈고 자신감을 갖게 해주었다.

(단위: 백만 불)

대항목	중간항목	소항목	지출금액
인건비 및 계약비용	(새로운)교사계약비용	교사보전비용	31
		다른 인센티브	18
		성과급	6
		학자금지원	4
	교장계약비용		1
		※ 13.7이 예산으로 배정되었으나 실제 이대로 집행되지는 않았음	
	교직원퇴출비용		21
	행정비용		1.7
	계		89.2
차터스쿨 비용	계		57.6
		※ 이 금액중 14.25는 NCSF에서, 10은 NSVF 및 기타 개인지원이 포함되어 있음	
컨설팅 비용	계		21
		※ 커뮤니케이션, 데이터시스템구축, 전략기획, 재정분석, 인사관리, 교육청구조개편, 교원평가틀, 교사계약협상, 학교등록시스템디자인, 학생성적자료분석 등의 업무관련 컨설팅에 투입된 재원임	
지방자선프로젝트 비용	계		12
TFA	계		1
지역사회발전기금 (총액 제시하지 않음)	4개 신설고교운영비		2.1
	My Very Own Library		3
	뉴어크학습협의체		1.5
	방과후프로그램지원		1.2
	영유아프로그램지원		1
	교사혁신기금		0.6
	BRICK & SWCA		0.5
	청소년리더십&개발		1
	지방교육재단지원		0.65

뉴어크 인구 변동 현황

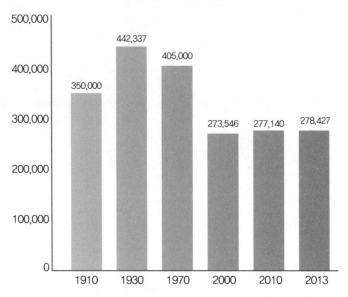

뉴어크 공립학교 등록학생수 변동 현황

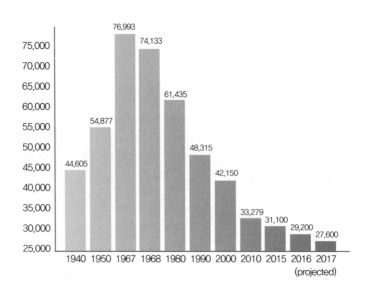

뉴어크 차터스쿨 등록학생수 변동 현황

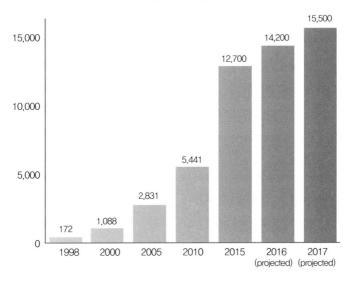

학생당 공교육비(2014-2015)

뉴어크 공립학교: 19,650불

- 이 비용은 학생 1인당 주정부에서 지급되는 총액을 의미하며, 여기에서 유치원과 차터스쿨로 빠져나간 학생들의 비용을 빼야 한다. 따라서 전체 19,650불의 학생당 공교육비 중 정작 학교에 배정되는 금액은 학생당 9,604불 정도가 된다.

뉴어크 차터스쿨: 16,400불

- 실제 학생당 학교에 얼마만큼 배정되는지에 대한 자료가 없어 공립학교에서처럼 자료를 제시하지는 못한다. 그러나 뉴어크 소재 KIPP 학교인 스파크 아카데미 초등학교의 경우 학생당 학교에 배정되는 금액이 12,664불 정도라고 보고되고 있다.

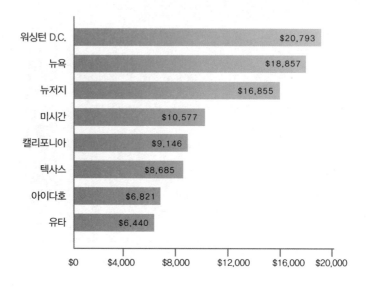

학생 1인당 공교육비용, 전국 비교

워싱턴 D.C.	$20,793
뉴욕	$18,857
뉴저지	$16,855
미시간	$10,577
캘리포니아	$9,146
텍사스	$8,685
아이다호	$6,821
유타	$6,440

뉴어크시 빈곤통계

　　편부·모가정: 71%

　　빈곤가구 학생비율: 42%

　　자녀가 있는 가정의 연소득 중간값: 27,038불

뉴저지주 빈곤통계

　　편부·모가정: 30%

　　빈곤가구 학생비율: 14%

　　자녀가 있는 가정의 연소득 중간값: 83,208불

이해를 돕기 위해 원서에는 없는 그림 자료를 넣었습니다.

1장

1. 크리스 크리스티
2. 코리 부커
3. 뉴어크 박물관
   https://en.wikipedia.org/wiki/Newark,_New_Jersey#/media/File:Newark_
   Museum_Facade.jpg
4. 뉴어크 공공 도서관
   http://www.downtownnewark.com/Portal/VirtualTour
 * 뉴어크 폭동 장면
   http://www.blackpast.org/aah/newark-riot-1967
5. 웨스트사이드 고등학교
   http://jamesbetelle.com/2007/05/10/more-newark-more-schools/
6. Let's Move 캠페인. 뉴어크에 온 퍼스트레이디 미셸 오바마와 시장 코리 부커(2010년 11
   월 18일)
   https://theobamadiary.com/tag/avenue/
7. 존 코르진
   http://www.politico.com/story/2013/06/feds-go-after-corzine-093526
8. 뉴어크시 교육청
   https://en.wikipedia.org/wiki/Newark_Public_Schools#/media/File:Newark_
   Public_Schools_HQ_jeh.jpg
9. Nation At Risk 보고서를 전달받는 레이건 대통령(1983)
   http://www.greatthoughtstreasury.com/author/national-commission-
   excellence-education)
10. NCLB 법안에 서명하는 부시 대통령(2002년 1월 8일)
    http://usatoday30.usatoday.com/news/education/story/2012-01-07/no-child-
    left-behind-anniversary/52430722/1
11. TFA 교사모집 공고
    http://teachforall.org/en/national-organization/teach-america)
12. 뉴스쿨 벤처기금의 로고
    http://www.newschools.org/about-us/team/board/
13. 뉴스쿨 벤처기금의 킴 스미스
    http://www.newschools.org/about-us/team/board/
14. Race to The Top을 발표하는 오바마 대통령(2012년 6월 1일)
    http://www.conversationsonearlylearning.org/race-to-the-top-and-the-ma-
    early-education-career-ladder/
15. 밀워키 공립학교 학생들과 있는 하워드 풀러(1990년대 초)
    http://educationnext.org/origins-milwaukee-parental-choice-program-no-
    struggle-no-progress-fuller/

16. 뉴어크 센트럴 워드 지역의 저소득층 주택단지
    http://www.nj.com/news/index.ssf/2010/01/newark_central_ward_housing_
    co.html
17. CBS 뉴스에 등장한 코리 부커(2016년 2월 12일)
    http://www.cbsnews.com/videos/sen−cory−booker−on−supporting−hillary−
    clinton−new−book/
18. 지역 화재에서 인명을 구한 코리 부커 CBS 영상
    www.rsvlts.com
19. 제임스와 부커
    http://www.salon.com/2013/08/13/elites_deplorable_double_standard_on_
    corruption/
20. <교육개혁을 위한 민주당원들>과 오바마 대통령
    https://creativesystemsthinking.wordpress.com/2015/03/02/so−called−
    education−reform−the−art−of−deception/
21. 위커힉 고교 엽서에 등장하는 학교전경
    http://weequahicalumni.org/
22. 오래된 엽서에 등장하는 배링거 고교 전경
    https://www.cardcow.com/108352/barringer−high−school−st−patrick−
    cathedral−branch−brook−park−newark−jersey/
23. 도심재생사업이 흑인들의 보금자리를 뺏기 위한 것이라는 논평을 실은 신문기사(1965년 9
    월 25일)
    https://thenewsouth.wordpress.com/author/winford24/
24. 클레멘트 프라이스 교수
    http://politickernj.com/2015/06/essex−county−honors−dr−clement−price/
25. 1967년 뉴어크 폭동의 한 장면
    https://www.popularresistance.org/remembering−the−newark−rebellion−
    of−1967/
26. 1967년 뉴어크 폭동의 한 장면
    https://rbgstreetscholar.wordpress.com/courses/raptivist−revolutionary−poets−
    playwrights−and−writers−studies−collection/1967−newark−rebellion−7/
27. 리차드 휴즈
    http://governors.rutgers.edu/testing/wp−content/uploads/2014/03/hughes.jpg
28. 케네스 깁슨 시장
    http://www.gottahaveit.com/Mayor_Kenneth_A__Gibson_Signed___Inscribed_
    Photograph−ITEM11990.aspx

2장
 1. 셰릴 샌드버그
    http://dazeinfo.com/2015/08/28/happy−birthday−sheryl−sandberg−thanks−
    making−facebook−inc−fb−awesome/
 2. 코리 부커와 마크 주커버그
    http://baristanet.com/2010/09/newarks−shout−out−to−mark−zuckerberg−six−
    thumbs−up/

3. 프리실라 찬과 마크 주커버그
   http://www.kisu.or.kr/times/times_view.asp?tm_idx=183
4. 프리실라 찬
   http://www.dailymail.co.uk/news/article−2644098/Mark−Zuckerbergs−wife−
   Priscilla−Chan−reveals−donated−120m−education.html
5. 페이스북 본사
   http://www.pcworld.com/article/2999537/software−social/facebook−revs−up−
   a−new−money−machine−to−tackle−emerging−markets.html
6. 부커와 크리스티
   http://www.politifact.com/new−jersey/article/2012/dec/20/cory−booker−
   versus−truth−o−meter/
7. 던컨 교육부장관, 존킹, 오바마 대통령
   http://www.buffalonews.com/city−region/buffalo−public−schools/integration−
   grants−could−help−buffalo−draw−suburban−students−20141230
8. 크리스티 주지사가 교원노조와의 타운홀미팅에서 질문에 답변하고 있다.(2012년 7월 25일)
   http://www.nj.com/news/index.ssf/2012/07/gov_christie_apologizes_to_tea.html
9. 다큐멘터리 영화 <슈퍼맨을 기다리며> 포스터
10. 영화 <소셜 네트워크> 포스터
11. 레이 체임버스
    http://alchetron.com/Ray−Chambers−452547−W
12. 윌리엄 애크먼
    http://dealbook.nytimes.com/2013/08/21/ackman−acknowledges−mistakes−in−
    letter−to−investors/?_r=0
13. 오프라 윈프리쇼에 함께 앉아 있는 크리스티, 부커, 주커버그(2010년 9월 24일)
    http://www.ew.com/article/2010/09/24/oprah−facebook−founder−mark−
    zuckerberg−officially−gives−away−100−million−on−show
14. 발표 후 박수를 받고 있는 주커버그
    http://www.fastcompany.com/3004509/how−100−million−really−gets−
    donated−mark−zuckerberg−style

3장

1. 프린세스 윌리엄스와 학생들, CNN
   http://www.newarkpulse.com/news/detail/avon−brick−featured−on−anderson
2. 뉴어크 홈리스 쉼터
   http://www.homelessshelterdirectory.org/cgi−bin/id/city.cgi?city=Newark&state=DE
3. 에이븐가 공립 초등학교
   http://content.nps.k12.nj.us/avn/wp−content/uploads/sites/56/2014/08/Avon_
   School_Building.jpg
4. 1910년대 에이븐가 공립학교
   http://www.nps.k12.nj.us/avn/our−school/avon−history/
5. 도미니크 리
   http://bricknewark.org/leadership−team/

6. 말콤 X 샤바즈 고교 전경
  http://www.optimumcommunity.net/events/new-jersey/2015/shabazz-high-school-hosts-meet-the-leaders-at-school-taping
7. 체리티 헤이굿 교장
  http://bricknewark.org/leadership-team/
8. BRICK 로고
  http://bricknewark.org/leadership-team/
9. TEAM 아카데미 학생들의 모습
  http://kippnj.org/schools/team-academy/
10. TEAM 아카데미 로고
  http://www.edweek.org/ew/articles/2008/10/08/07newark_ep.h28.html
11. 노스 스타 아카데미
  http://northstar.uncommonschools.org/nsa/2986/west-side-park-middle
12. 노스 스타 아카데미 로고
  http://ncsfund.org/what-we-do/grantees
13. 클리포드 자니
  http://www.nj.com/news/index.ssf/2011/01/newark_schools_superintendent_4.html
14. 도미니크 리와 체리티 헤이굿의 학교 운영 관련 강연(2011년)
  https://vimeo.com/19909169
15. BRICK 아카데미 교실 수업 모습
  http://bricknewark.org/enroll/
16. 미국의 학생생활기록부(Cume Card). 단, 교육청 및 학교설립유형에 따라 서로 다른 양식을 갖는다.
  http://stjosephschools.net/index.php?page=scr

4장
1. 미셸 리 교육감과 펜티 시장
  http://www.washingtontimes.com/news/2010/jun/2/dc-teachers-get-raises-accept-merit-pay-in-pact/?page=all
2. 카야 핸더슨
  https://www.washingtonpost.com/local/education/chancellor-kaya-henderson-names-15-dc-schools-on-closure-list/2013/01/17/e04202fa-6023-11e2-9940-6fc488f3fecd_story.html
3. 브래들리 터스크
  http://www.wired.com/2015/08/tusk-ventures/
4. 티네샤 맥해리스
  http://www.brooklyncommunityfoundation.org/news/publications/brooklyn-insights-next-steps-meet-tynesha-mcharris-and-more
5. 2011년 6월 20일 총에 맞아 죽은 13살 소년 단테 영과 사망 장소에서의 추모 광경
  http://www.nj.com/news/index.ssf/2011/06/shooting_death_of_13-year-old.html

6. 부커와 그의 기금담당 자문관인 바리 메이츠
   http://www.realclearpolitics.com/2013/01/16/cory_booker039s_next_act_299887.html

7. 그렉 테일러
   http://www.njspotlight.com/stories/12/11/16/facebook-fund-helps-seal-the-deal-for-newark-teachers-contract/

8. 크리스토퍼 서프
   http://www.nj.com/news/index.ssf/2012/06/students_choose_schools_as_par.html

9. 부커와 서프
   http://www.nj.com/news/index.ssf/2011/02/nj_schools_chief_chris_cerf_ma.html

10. 왼쪽부터 서프, 교육감 클라인, 뉴욕시장 블룸버그, 브로드 교육감 라일즈(2012년)
    http://hudsonreporter.com/view/full_story/19157269/article-Super-search-It%E2%80%99s-not-over-School-board-selects-Lyles-to-run-schools--but-new-questions-raised-over-state-role#

11. 15번가 학교 전경
    http://mapio.net/s/24411326/?page=2

12. 데보라 터렐
    http://blog.nj.com/njv_bob_braun/2011/03/newarks_interim_school_superin.html

13. 프라이스 교수
    http://www.nj.com/essex/index.ssf/2014/11/rutgers_professor_and_newark_historian_clement_a_price_dies_following_stroke.html

14. 프라이스 교수와 부커 시장
    http://www.nj.com/essex/index.ssf/2014/11/rutgers_professor_and_newark_historian_clement_a_price_dies_following_stroke.html

5장

1. 뉴어크 센트럴 고교의 학생들이 교사의 수업을 듣고 있다.
   http://www.nj.com/news/index.ssf/2012/09/newark_teachers_would_earn_mer.html

2. 밀라그로스 해리스
   http://www.nj.com/news/index.ssf/2012/02/25_teams_of_newark_teachers_to.html

3. 뉴어크 폭력조직[The Grape Street Crisps] 관련 폭력범 검거 현황
   https://www.justice.gov/usao-nj/pr/seventy-one-defendants-charged-long-running-investigation-grape-street-crips-street-gang

4. 라스 바라카와 그의 아버지 아미리 바라카
   http://www.wnyc.org/story/ras-barakas-100-days/
   http://www.theguardian.com/books/2014/jan/09/amir-baraka-playwright-poet-dies

5. 뉴어크의 갱관련 피살 사건의 추이(1982-2003)
   http://www.nj.com/news/index.ssf/2012/12/newark_homicide_trend_is_treat.html

6. 라스 바라카
   http://patch.com/new-jersey/newarknj/opinion-one-newark-plan-bad-for-

city-schools

7. 뉴어크의 한 단체가 마련한 폭력추방캠페인 포스터
   http://www.unheardvoicesmag.com/2013/10/20/organizations-newark-come-
   together-hold-public-funeral-bury-violence/
8. <브릭시티> 촬영 중인 부커시장
   http://www.sundance.tv/blog/tag/brick-city
9. 뉴어크 시청건물
   http://www.city-data.com/forum/new-jersey/804541-nj-urban-decay-
   picture-thread.html
10. HELP USA의 로고와 HELP USA 대표인 마리아 쿠오모 콜
    http://www.self.com/fashion/celebrity/2011/01/maria-cuomo-cole-slideshow/
11. 부커 시장이 트위터를 이용해 폭설로 인한 문제를 해결하고 있는 모습
12. 제설 작업을 하고 있는 부커 시장
    http://theweek.com/articles/476419/6-strange-ways-cory-booker-helps-
    constituents-updated
13. 뉴어크 시청에서 추진하는 대규모 해고 청문회를 기다리고 있는 경찰과 소방공무원들(2010
    년 11월 23일)
    http://www.nj.com/news/index.ssf/2010/11/newark_police_director_mccarth_1.
    html
14. 저지(Jersey)시 경찰의 무차별적인 해고에 대한 반대시위(2011년 1월 17일)
    http://njmonthly.com/articles/towns-schools/police-stalemate-is-deadly-
    business/
15. 부커가 화재에서 주민을 구해내고 그 과정을 술회하고 있는 장면
    http://www.sundance.tv/series/brick-city/blog
16. 타임지 올해의 100인에 선정된 코리 부커
    http://www.zimbio.com/pictures/sCubtPpoptZ/TIME+100+Gala+TIME+100+M
    ost+Influential+People/JinShTlbmoi/Cory+Booker
17. 엘렌쇼에 등장한 코리부커, MC로부터 슈퍼맨복장을 선물받았다.
    http://www.nbcnewyork.com/news/local/Cory-Booker-Ellen-DeGeneres-
    Show-TV-Newark-Mayor-Fire-Rescue-148768055.html
18. 스테판 아두바토 주니어
    https://en.wikipedia.org/wiki/Steve_Adubato,_Sr.

6장

1. 장클로드 브리자드
   http://www.chicagomag.com/Chicago-Magazine/March-2012/100-Most-
   Powerful-Chicagoans-Jean-Claude-Brizard/
2. 크리스티와 아두바토
   http://www.nj.com/news/index.ssf/2011/04/in_failing_to_pounce_on_divinc.html
3. 람 이매뉴얼 시카고 시장과 브리자드 시카고 교육감
   http://www.huffingtonpost.com/2013/08/23/jean-claude-brizard-rahm-
   _n_3805608.html

4. 부커, 주커버그, 크리스티가 1억 불의 교육개혁기금에 대해 설명하고 있다.(2010년)
   http://www.wsj.com/articles/newarks−100−million−education−debate−1441752228
5. 젠 홀러랜, 셰릴 샌드버그와 마크 주커버그
   http://www.nj.com/news/index.ssf/2010/09/facebook_ceo_names_head_of_edu.html
6. 젠 홀러랜
   https://www.exeter.edu/governance/7856_7869.aspx
7. <브릭 시티> 방송으로 연예인 같은 인기를 보이고 있는 부커 시장
   http://nj1015.com/newark−mayor−corey−booker−hero/
8. 비스트를 껴안고 있는 부커 시장
   http://www.lifewithdogs.tv/2014/02/mark−zuckerbergs−dog−beast−rules−facebook/
9. 루이즈 스펜서 초등학교
   http://newyork.cbslocal.com/2015/04/15/newark−police−search−for−man−accused−of−following−attempting−to−abduct−young−girl/
10. TEAM 학교 학생들의 유니폼
    https://www.youtube.com/watch?v=mxKnh247l40
11. 노스 스타 아카데미 학생들이 교육부장관과 만나고 있다.
    http://blog.ed.gov/topic/what−we−heard/page/3/
12. 샤바르 제프리스가 베링거 고교에서 열린 회의에서 회의를 진행하고 있다.(2011년 6월 16일)
    http://www.nj.com/news/index.ssf/2011/06/bulk_of_newark_seniors_who_won.html
13. 뉴어크의 차터스쿨 홍보 포스터
    http://ncsfund.org/whats−happening/entry/newark−parochial−school−is−first−to−use−n.j.−law−to−become−charter−school
14. 뉴욕시장인 블룸버그가 바르드 고교−초급대학을 방문한 모습
    http://blogs.bard.edu/bhsecnews/2014/01/14/new−york−city−mayor−michael−bloomberg−visits−bhsec−queens/
15. 페이스북 본사 건물 내부의 동기유발 문장들
    https://es.pinterest.com/pin/257197828690571828/
16. 카미 앤더슨
    http://nj.gov/governor/media/photos/2011/20110504.shtml
17. 비즈니스 위크 잡지 표지의 딕 파슨즈
    http://www.adweek.com/fishbowlny/is−time−warners−dick−parsons−eyeing−gracie−mansion/3973
18. 앤더슨과 그의 남편, 그리고 그녀의 친구 허핑튼
    https://twitter.com/ariannahuff/status/194961237317124096
19. 뉴어크 사이언스파크 고교 전경
    http://rutchem.rutgers.edu/students−newark−science−park−high−school−visiting−ccb
20. 2011년 5월 4일 크리스티, 부커, 서프, 그리고 앤더슨이 함께 자리하여 교육감 지명을 발표하고 있음
    http://www.bloomberg.com/news/articles/2014−02−27/why−arent−chris−christie−mark−zuckerberg−and−cory−booker−defending−newarks−school−

chief
21. 교육감 발표 자리에서 길게 연설하고 있는 부커 시장
http://nj.gov/governor/media/photos/2011/20110504.shtml
22. 카미 앤더슨의 가족
http://madamenoire.com/567665/cami−anderson−driven−to−change−newark−
public−schools/
23. 교육감 발표 자리에서 연설하고 있는 앤더슨
http://nj.gov/governor/media/photos/2011/eventphotos/20110504/20110504Newark
Sup126.JPG

7장
1. 카미 앤더슨
http://www.nj.com/news/index.ssf/2012/04/newark_superintendent_cami_and.
html
2. 앤더슨 교육감이 학교 수업을 참관하고 있다.
http://www.wsj.com/articles/superintendent−defends−newark−
schools−1420596156
3. 스피드웨이 학교
http://www.cecengineers.com/ourproject.aspx?typeid=33
4. 학령기 수감자들을 대상으로 하는 교육프로그램에 참여하고 있는 학생들
http://bpi.bard.edu/
5. 학교 선택 가이드북을 소개하는 뉴스의 한 장면
http://www.theindychannel.com/video?videoId=31181173
6. 뉴욕시에서 이루어지는 광범위한 차터스쿨의 확대를 반대하는 거리시위
https://weaponsofmassdeception.org/3−charter−school−kid−prisons/3−2−
the−crooks−behind−the−charter−school−scam
7. "승자와 패자"라는 제목이 달린 크리스티, 앤더슨, 서프, 그리고 부커 시장의 모습
https://todayshub.wordpress.com/
8. 학교위원회에 참석한 앤더슨 교육감(2013년 4월 25일)
http://www.nj.com/essex/index.ssf/2013/04/newark_board_votes_no−confiden.
html
9. <슈퍼맨을 기다리며>에 등장하는 러버룸과 교사들
http://www.rjpblog.com/2012/09/07/the−challenge−of−educational−reform−
in−the−united−states/
10. 짐 콜린스가 강연하고 있는 모습
http://ernohannink.com/striving−successful−useful/
11. 뉴어크 미래재단 웹사이트의 모습
http://www.websignia.net/breadcrumbs/
12. 새학년 새학기가 시작되는 날 등교하는 아이들의 모습
http://www.tulsaschools.org/enroll
13. 새학년이 시작되는 날 등록확인하는 모습
http://jhs.bowieisd.net/apps/album/index.jsp?dir=08477/80852&backLink=&back
Title=

8장

1. 카버 초등학교 건물의 모습
   https://www.njsda.gov/njsda/Schools/schools/pr_descr_det.asp?schoolid=13-3570-435

2. 스파크 아카데미 교사가 학생과 함께 일대일 지도를 하고 있다.
   http://mychild-mychoice.org/the-latest/the-myth-about-charter-schools-and-students-with-special-needs

3. 문해능력평가를 단계별로 제시한 STEP 포스터
   https://uchicagoimpact.org/step

4. 애봇 대 버크 판례에 따른 학교재정지원 청문회(2011)
   http://photos.nj.com/star-ledger/2011/04/abbott_v_burke_school_funding_22.html

5. 애봇 대 버크 판결에 참여한 주대법관들
   http://patch.com/new-jersey/montclair/abbott-v-suburbs-the-next-school-funding-struggle

6. 스파크 아카데미 학교설립 행사에 참여하고 있는 크리스티, 부커, 앤더슨
   http://kipplife.blogspot.kr/2013/10/how-is-life-doing.html

7. 벨처 교장이 아이들과 포즈를 취하고 있다.
   https://college.georgetown.edu/collegenews/spark-education.html

8. 아담스가 아이들과 함께 수업을 진행하고 있다.
   http://kippnj.org/jobs/why-kipp-nj/

9. 스파크 아카데미 배너 두종류

10. 차터스쿨(KIPP) 학생선발을 위한 추첨 행사
    http://www.manhattanmoviemag.com/interviews/madeleine-sackler-documents-the-lottery.html

11. 헤이굿 교장과 페르피치 교감이 아이들과 인사하고 있다. 뉴욕타임즈는 BRICK 아카데미의 혁신사례를 대대적으로 다루어주었다.(2010년 9월)
    http://www.nytimes.com/2010/09/07/education/07teachers.html

12. BRICK 아카데미 학부모들이 연수에 참여하고 있다.
    http://www.nps.k12.nj.us/news/empowerment-leadership-summit-inspires-girls-academy-newark-students/

13. 미국의 유치원 과정을 마친 아이들의 수료식 모습
    https://www.youtube.com/watch?v=jH0S_oBpsZ4

14. Lift Every Voice and Sing의 악보
    http://jopiepopie.blogspot.kr/2013/12/lift-every-voice-and-sing-1923.html

9장

1. 웬디 콥과 리차드 바르트 부부의 모습
   http://www.forbes.com/pictures/mkl45film/wendy-kopp-and-richard-barth/

2. 전미 교원노조위원장인 와인가르텐의 TV 방송 모습
   http://nycpublicschoolparents.blogspot.kr/2013/06/afts-randi-weingarten-letter-about.html

3. 뉴어크 교원노조위원장인 조지프 델 그로소의 모습
   http://politickernj.com/2015/08/former-newark-teachers-union-president-joseph-del-grosso-has-died/
4. 교원노조에 대해 강하게 비판하고 있는 크리스티 주지사
   http://www.rawstory.com/2015/08/chris-christie-vows-to-punch-the-national-teachers-union-in-the-face-because-they-deserve-it/
5. 크리스티 주지사와 와인가르텐 교원노조위원장
   http://www.politico.com/story/2013/11/new-jersey-governor-chris-christie-teachers-union-randi-weingarten-099482
6. 뉴어크 노조위원장 델 그로소와 교육감 앤더슨이 새로운 교사계약에 함께 서명하고 있다.
   http://www.njtvonline.org/news/tag/joseph-del-grosso/
7. 뉴어크 교원노조위원장인 델 그로소가 새로운 교원계약을 설명하기 위해 자리에 오르고
   있다.
   http://www.educationnews.org/education-policy-and-politics/newark-new-jersey-teachers-contract-to-include-merit-pay/
8. 연방정부로부터 위기에 처한 청소년들의 범죄예방을 위해 지원금을 받은 뉴어크시. 부커
   와 경찰청장 사무엘 드마이오.
   http://www.nj.com/news/index.ssf/2011/09/newark_gets_2m_juvenile_crime.html
9. 뉴어크차터스쿨펀드 임직원들
   http://ncsfund.org/whats-happening/entry/newark-parochial-school-is-first-to-use-n.j.-law-to-become-charter-school#.VxMV5vl96Un
10. 뉴어크 차터스쿨 등록학생수의 변화(2009~2014)
11. 뉴어크 학부모들이 시청 앞에서 차터스쿨을 확장하고 공립학교 폐쇄를 내세운 앤더슨 교육
    감의 정책에 반대하는 시위를 하고 있다.(2015. 5. 22)
    http://www.nj.com/essex/index.ssf/2015/05/newark_students_leave_school_in_protest_block_majo.html
12. 앤더슨 사퇴를 요구하는 뉴어크 학생들
    http://america.aljazeera.com/articles/2014/4/3/newark-budget-charters.html
13. 충돌 2012의 표지
14. 오바마 대통령과 부커(2007)
    http://newimgbase.com/cory-booker-obama.html
15. 2012년 DNC에서 연설하고 있는 부커 시장
    http://www.nj.com/politics/index.ssf/2012/09/full_text_of_cory_booker_speec.html
16. 크리스티 주지사 취임식 장면(2014년 1월 21일)
    http://www.nydailynews.com/blogs/dc/christie-inaugural-cliches-political-red-meat-blog-entry-1.1698329
17. 대통령 오바마가 허리케인 샌디로 인해 피해가 큰 뉴저지주 방문시 크리스티와 함께 있
    는 장면
    http://newsbusters.org/blogs/noel-sheppard/2014/01/10/leno-now-christie-denying-everything-he-sounds-even-more-presidential
18. 크리스티 주지사가 교사계약관련 발표를 하고 있다.
    http://www.gettyimages.com/detail/video/governor-chris-christie-of-new-jersey-passed-a-new-law-news-footage/150052805

10장

1. 윌슨읽기시스템(WRS) 교구들
   https://store.wilsonlanguage.com/wrs-standard-set-ab/
2. 와이드만 교감
   https://www.linkedin.com/in/mindy-weidman-b7a61b18
3. 우드콕 읽기정복 평가 도구
   http://www.pearsonclinical.com/education/products/100000264/woodcock-reading-mastery-tests-third-edition-wrmt-iii.html
4. 숀 맥크레이 감독이 센트럴 고교 농구팀과 함께 있는 모습
   http://blog.nj.com/njv_sharpe_james/2012/05/kudos_to_newark_central_high_b_1.html
5. BRICK 아카데미 교사들(왼쪽에서 두 번째가 마크 해리스이고, 네 번째가 와이드만 교감)
   https://www.basf.com/press-photos/us/en/photos/archives/11-25-13SciEdBrickAvon.jpg
6. 농구 결승전에서 승리한 후 기념촬영
   http://myemail.constantcontact.com/Week-in-Review--Baseball--Stingrays-and-More-.html?soid=1102315562876&aid=YoSdPic0lmk

11장

1. 러트거스 대학교 폴로버슨 센터
   http://rumaps.rutgers.edu/location/paul-robeson-cultural-center
2. 발표회장에 나타난 학부모 중 한 명의 의견발표 모습
   http://holard.rssing.com/chan-2087716/all_p52.html
3. 이날 열린 회의에서 앤더슨이 학교개혁 방안을 발표하고 있다.(2014. 6. 14)
   http://www.njspotlight.com/stories/14/06/18/newark-school-chief-s-fate-unclear-but-her-vision-for-future-remains-focused/
4. 앤더슨 교육감에 반대하는 시위대의 모습(2014. 6. 26)
   http://www.nj.com/opinion/index.ssf/2014/07/complaint_that_newark_school_reform_discriminates_is_bogus_editorial.html
5. 13번가 학교의 모습
   http://abc7ny.com/education/newark-teachers-aide-accused-of-hitting-student-with-belt/98326/
6. 뉴어크교육고문단 로고
7. 클레멘트 프라이스 교수
   http://www.radius-magazine.info/radius-people-2/
8. 로버트 커빈
   http://bloustein.rutgers.edu/curvin/
9. 퀴트만가 커뮤니티 학교
   http://www.wnyc.org/story/216826-reforms-take-hold-teachers-reapply-or-leave/
10. 페쉬네가 학교 전경
    https://www.njsda.gov/njsda/Schools/schools/pr_descr_det.asp?schoolid=13-3570-600

11. 바네스 교장
   http://bricknewark.org/leadership-team/
12. 페쉬네가 학교 교사들(왼쪽에서 첫 번째가 태미숀 루이스 교감)
   https://www.basf.com/press-photos/us/en/photos/archives/11-25-
   13SciEdBrickPeshine.jpg
13. 페쉬네가 학교 아이들이 읽기 수업에 참어하고 있다.
   http://flickrhivemind.net/Tags/brick,peshine/Interesting
14. DDD 사진(2013)
   https://www.youtube.com/watch?v=z6q_P0Z30Pw
15. DDD 사진(2013)
   https://www.youtube.com/watch?v=z6q_P0Z30Pw
16. 앤더슨 교육감이 의회 예산 관련 청문회에 출석하여 답변하고 있다(2014).
   http://www.bobbraunsledger.com/did-cami-anderson-plead-the-fifth-has-
   she-lost-touch-with-reality/
17. 시장 후보로 자리매김한 바라카
   http://www.slate.com/articles/life/education/2014/05/newark_mayor_ras_baraka_
   tries_to_wrest_control_of_the_city_s_schools_from.html
18. 델 그로소가 회의 도중 전화를 받고 있다. 그는 2015년 67세의 나이로 운명했다.
   http://www.nj.com/essex/index.ssf/2015/08/longtime_newark_teachers_union_
   head_recalled_as_ch.html
19. 퍼싱스퀘어재단 이사장인 빌 애크먼
   https://innovativetrust.wordpress.com/2013/06/18/pershing-square-4-5-
   million-gift-to-oxford-business-school/
20. 상원의원 후보로 연설하고 있는 부커
   http://www.outsidethebeltway.com/cory-booker-wins-new-jersey-senate-
   race/
21. 크리스티가 2016년 대통령선거에 출마할 것을 선언하고 있다(2015년 6월 30일).
   http://www.businessinsider.com/chris-christie-running-for-president-2015-6

12장
 1. KIPP 학교 행사에 참여하고 있는 주커버그
   http://hechingerreport.org/new-study-of-kipp-says-the-charter-chain-
   pulls-in-more-cash-than-other-schools/
 2. 앤더슨이 하나의 뉴어크 계획을 발표하고 있다.
   http://www.njspotlight.com/stories/14/09/05/back-to-school-means-first-
   day-jitters-for-anderson-one-newark-plan/
 3. 앤더슨 교육감의 사퇴를 주장하는 시민들의 시위
   http://www.nj.com/essex/index.ssf/2015/05/newark_students_leave_school_in_
   protest_block_majo.html
 4. 앤더슨 교육감이 '하나의 뉴어크' 계획을 실행한 이후 학교에 방문해 학생들을 맞이하고
   있다.(2014년 1월 27일)
   http://www.nj.com/opinion/index.ssf/2015/01/change_may_be_difficult_but_one_
   newark_plan_is_wor.html

5. BRICK과 TEAM 차터스쿨이 함께 있는 학교 전경. 학부모들이 학교 앞에서 시위를 벌이고 있다. (2014년 2월 7일)
   http://www.nj.com/education/2014/02/four_newark_neighborhood_schools_will_become_charters_in_updated_one_newark_plan.html
6. 앤더슨의 교육개혁안에 반대하는 사람들이 교육청앞에서 시위를 하고 있다.
   http://www.nj.com/essex/index.ssf/2015/05/newark_students_leave_school_in_protest_block_majo.html
7. 크리스티와 앤더슨 교육감이 함께 앉아 이야기를 나누고 있다
   http://www.nj.com/education/2015/06/christie.html
8. 라스 바라카가 선거캠페인에서 연설하고 있다.
   http://www.bobbraunsledger.com/wp-content/uploads/2013/12/LEADERS-_POLITICIANS.jpg
9. 선거에서 승리한 라스 바라카
   http://michaelklonsky.blogspot.kr/2014/05/independent-movement-carries-ras-baraka.html

결론
1. 하워드 풀러와 그의 책 표지
   http://schoolingintheownershipsociety.blogspot.kr/2014/11/howard-fullers-flight-from-civil-rights.html
2. 바라카 시장이 크리스티 주지사를 만나고 있다.
   http://www.bobbraunsledger.com/the-deal-baraka-and-cerf-become-school-reform-allies/
3. 크리스티 주지사와 바라카 뉴어크 시장
   http://newsone.com/3011125/nj-gov-christie-calls-newark-mayor-elect-ras-baraka-hostile/
4. 바라카는 서프와 함께 2016년 1월 11일 뉴어크차터스쿨협정(Newark Charter School Compact)을 체결했다.
   http://www.zimbio.com/photos/Michelle+Mason/Newark+Charter+Schools+Compact+Signing/BYKa3NZtQS5
5. 주커버그 부부가 함께 산책하고 있는 모습 (2013. 7. 11)
   http://time.com/2797142/mark-zuckerberg-donation-schools/
6. 프린세스 피스 아미
   http://www.njspotlightoncities.com/

저자 데일 루사코프 (Dale Russakoff)

데일 루사코프는 워싱턴 포스트 기자로 20여 년을 넘게 근무했다. 주로 정치, 교육, 사회정책 및 관련 주제를 다루었다. 뉴욕지부에서 근무하던 시기(1994-2008) 뉴욕시와 뉴어크를 포함한 뉴저지 일대의 뉴스들을 다루었다. 앨라배마주 버밍햄 지역에서 자라난 루사코프는 세상 돌아가는 이치에 대해 질문을 던지도록 교육받았으며, 이 시기에 이미 미국 남부의 흑백갈등 및 불평등에 관심을 갖게 되었다. <뉴요커(The New Yorker)> 베스트셀러로 소개된 이 책, 『프라이즈』는 그녀의 첫 출판물이다. <뉴욕 타임즈(The New York Times)> 편집인인 남편과 함께 뉴저지주 몬트클레어에 살고 있다. 그녀와 그녀의 책에 관해서는 다음 웹페이지를 참고하면 된다. http://dalerussakoff.com/

역자 유성상

교육과 사회의 복잡 미묘한 관계를 해석하고 설명하는 데 관심을 갖고 있다. 특히 현재의 교육문제를 설명하기 위하여 역사 사료들을 뒤지고, 정치적 이해관계를 분석하는 데 관심이 있다. 미국의 공교육 형성 및 전개과정에 주목하고 있고, 그 일환으로『스쿨: 미국 공립학교 역사 1770-2000』를 번역한 바 있다. 국제사회의 빈곤과 개발문제에 관심을 갖고 아프리카, 아시아, 라틴아메리카 개발도상국을 방문하지만, 교육을 화두로 벌어지는 논쟁은 국경을 넘어 세계화되어 간다는 생각을 갖고 있다. 서울대학교에서 학부와 석사를 졸업하고, 미국 UCLA에서 박사(Ph.D.)를 받았다. 한국교육개발원(부연구위원), 한국외국어대학교(부교수)를 거쳐 현재는 서울대학교에서 가르치고 있다.

교육이 미래라고 믿는 당신에게, PRIZE

초판인쇄   2017년 3월 22일
초판발행   2017년 4월 3일

지은이   데일 루사코프(Dale Russakoff)
옮긴이   유성상
펴낸이   안상준

편 집   문선미
기획/마케팅   이선경 · 나영균
표지디자인   조아라
제 작   우인도 · 고철민

펴낸곳   ㈜ 피와이메이트
               서울특별시 마포구 월드컵북로 400, 5층 2호(상암동, 문화콘텐츠센터)
               등록 2014.2.12. 제2015-000165호
전 화   02)733-6771
f a x   02)736-4818
e-mail   pys@pybook.co.kr
homepage   www.pybook.co.kr
ISBN   979-11-88040-06-3   03370

* 잘못된 책은 바꿔드립니다. 본서의 무단복제행위를 금합니다.
* 역자와 협의하여 인지첩부를 생략합니다.

정 가 16,500원

박영스토리는 박영사와 함께하는 브랜드입니다.